高等职业教育铁道供电技术专业系列教材

# 接触网基础教程

陈江波　武永红　主编
李　伟　主审

中国铁道出版社有限公司
2023年·北　京

## 内 容 简 介

本书是根据全国铁道职业教育教学指导委员会制定的《高等职业学校铁道供电技术专业建设指导标准》编写的，同时注重对最新规章标准文件的运用和解读，并对标铁路现场岗位技能要求。全书共分五章，主要内容为接触网设备与结构、接触网负载计算、接触网设计、接触网施工、接触网运营管理与维修。

本书适合作为高等职业院校铁道供电技术、中等职业学校电气化铁道供电专业的教材，也可作为铁路成人教育和相关岗位员工职业技能培训教材，还可作为各级管理人员、相关技术人员的参考用书。

**图书在版编目(CIP)数据**

接触网基础教程/陈江波，武永红主编. —北京：中国铁道出版社有限公司，2023. 3

ISBN 978-7-113-29962-0

Ⅰ. ①接… Ⅱ. ①陈… ②武… Ⅲ. ①接触网-教材
Ⅳ. ①U225

中国国家版本馆 CIP 数据核字(2023)第 028711 号

**书　　名**：**接触网基础教程**
**作　　者**：陈江波　武永红

---

**策　　划**：阚济存
**责任编辑**：尹　娜　　**编辑部电话**：(010)51873206　　**电子邮箱**：624154369@qq. com
**封面设计**：曾　程
**封面制作**：刘　颖
**责任校对**：安海燕
**责任印制**：高春晓

---

**出版发行**：中国铁道出版社有限公司(100054，北京市西城区右安门西街 8 号)
**网　　址**：http://www. tdpress. com
**印　　刷**：天津嘉恒印务有限公司
**版　　次**：2023 年 3 月第 1 版　2023 年 3 月第 1 次印刷
**开　　本**：787 mm×1 092 mm 1/16　**印张**：20　**字数**：479 千
**书　　号**：ISBN 978-7-113-29962-0
**定　　价**：58.00 元

---

# 前言

本书是根据全国铁道职业教育教学指导委员会制定的《高等职业学校铁道供电技术专业建设指导标准》编写的。本书在原有《接触网基础知识》教材基础上，结合高速铁路的发展，根据2017年中国铁路总公司颁布的铁总运〔2017〕25号《普速铁路接触网安全工作规则》(TG/GD 115—2017)、铁总运〔2017〕9号《普速铁路接触网运行维修规则》(TG/GD 126—2017)、2015年颁布的铁总运〔2015〕362号《高速铁路接触网运行维修规则》(TG/GD 124—2015)和2014年颁布的铁总运〔2014〕221号《高速铁路接触网安全工作规则》(TG/GD 108—2014)等规章标准进行修订，从内容的深度、广度和新技术应用等方面做了较大改动，使本书更加贴近现场从事接触网维修与施工人员的需要。

在编写内容上坚持以突出重点，掌握接触网基本结构，尽量满足接触网工职业技能等级认定要求为原则，用通俗易懂的语言对接触网设备进行了详细的描述。在书中使用了大量新型设备图片，以帮助初学者更好地认识和学习接触网结构。在介绍接触网设备与结构的同时，也对接触网常见故障进行了分析，以帮助学生理解接触网结构及相关技术标准，提高安全生产意识。

本书引入了一部分在高速铁路上已普遍采用的供电技术和设备，如硬横跨、38号道岔接触网结构、锚段关节电分相等。对高速铁路供电运营维修管理进行了介绍，重点介绍了高速铁路供电安全检测监测系统(6C系统)。并结合高速铁路接触网施工，介绍了铁路建设管理的相关规定。书中所有接触网技术标准均与现行规章、规范接轨，为接触网运行检修和施工人员提供可靠的技术支持。

本书由北京铁路电气化学校陈江波、武永红任主编，北京铁路电气化学校李伟任主审。参加编写的人员有北京铁路电气化学校朱晓强，具体编写分工如下：陈江波编写第一章、第三章、第四章，以及全书的统稿，朱晓强编写第二章，武永红编写第五章。

在编写期间得到了西南交通大学，中国铁路北京局集团有限公司唐山供电段、石家庄供电段，北京铁路电气化学校等有关领导和教师的大力支持，在此表示衷心的感谢。

由于铁路发展日新月异，新技术应用不断更新，书中难免存在不足与疏漏之处，望广大读者特别是从事接触网技术、维修和施工工作的人员提出宝贵意见和建议，以期本书能不断完善并提高。

编　者

2022年10月

# 目录

接触网基础教程

# 第一章 接触网设备与结构

## 第一节 电气化铁路概述

### 学习目标

1. 了解我国电气化铁路的发展历程与现状；
2. 掌握接触网和牵引供电系统的供电方式；
3. 掌握接触网的组成，以及各组成部分包括的主要设备和作用；
4. 掌握链型接触悬挂类型；
5. 根据接触线与承力索按相对位置分类，掌握我国采用的悬挂类型。

### 一、中国电气化铁路发展历程

中国电气化铁路发展历程可以分为六个阶段。

#### (一)第一条电气化铁路的诞生(1958—1961)

中国第一条电气化铁路在宝成线宝鸡至凤州段修建，全长91 km。起初按照直流3 000 V设计。经过1957年8月论证对比后，决定改用工频单相25 kV交流制。接触网在区间采用半补偿弹性链型悬挂，在车站采用半补偿简单链型悬挂，机务段采用简单悬挂。宝凤段电气化铁路于1961年8月15日正式交付运营。

#### (二)困难时期的电气化铁路建设(1961—1968)

20世纪60年代初，国民经济遇到严重困难，国家压缩基本建设投资。1961年已施工近2年的包头至白云鄂博电气化铁路工程也停止了建设步伐。我国铁路电气化建设进入了困难时期。

#### (三)恢复调整时期的电气化铁路建设(1968—1980)

这一时期主要围绕一度停建的宝成线，穿越秦巴山区的阳安线，晋煤外运的石太线和襄渝线、宝兰线等山区铁路干线展开电气化工程建设，探索并总结出了一套比较完整的建设电气化铁路的经验。

#### (四)改革发展时期的电气化铁路建设(1981—1996)

这一时期，我国电气化铁路建设速度进一步加快。特别是20世纪80年代以后，制定了利用外资引进国外先进技术,加快电气化铁路建设的开放政策,使我国电气化铁路建设有了蓬勃的发展,电气化铁路开始由山区走向平原。“六五”规划期间,修建电气化铁路 2 507.6 km,比过去 20 年修建的总和还多。以前平均每年修建电气化铁路不足 100 km,“八五”规划期间每年修建电气化铁路已超过 500 km。1985 年,京秦线首次采用外资引进了自耦变压器供电技术及其成套设备,标志着我国电气化铁路装备向世界先进水平迈进。1992 年 12 月 21 日,大秦铁路开通运营,此后单元列车载重由 6 000 t 提升至万吨级。

#### (五)快速发展时期的电气化铁路建设(1997—2007)

这一时期,我国电气化铁路建设得到快速发展。到 2007 年底,电气化铁路里程达到 2.55 万 km。1997 年 4 月 1 日至 2007 年 4 月 18 日,中国铁路进行了六次大提速。列车最高运营时速由 120 km 以下依次提速至时速 140 km,160 km,2007 年 4 月 18 日,实施了第六次大提速,京哈、京广、京沪、陇海等既有干线提速到 200 km/h,部分区段达到了 250 km/h,“和谐号”高速动车组穿行于大江南北,标志着中国铁路既有线提速水平跻身世界先进行列。2002 年 12 月 1 日,秦沈客运专线正式开通运营,成为高速铁路建设的序曲。

#### (六)高速铁路电气化建设快速发展时期(2008 至今)

这一时期,我国高速铁路建设得到快速发展。2008 年 8 月 1 日,京津城际铁路开通运营,设计时速达到了 350 km,成为世界铁路运营速度之最。2011 年 6 月 30 日,京沪高速铁路开通运营,在先导段创造了时速 486.1 km 的中国运营列车试验最高速度记录。新时代十年中国铁路事业取得历史性成就、发生历史性变革。全国铁路营业里程由 9.8 万 km 增加到 15.5 万 km、增长 58.6%,高速铁路营业里程由 0.9 万 km 增加到 4.2 万 km、增长 351.4%,建成了世界最大的高速铁路网和先进的铁路网,130 多个县结束了不通铁路的历史。

### 二、电气化铁路的组成

电气化铁路是由电力机车(除特指动车组外均含动车组,下同)、牵引接触网和牵引变电所组成的,所以人们又称它们为电气化铁路的“三大元件”。为便于全面了解电气化铁路基本状况,以下对电力机车和牵引变电所作简要介绍。

#### (一)电力机车和动车组

电力机车和动车组的工作原理是机车从供电网(接触网)或供电轨中获取电能,再通过电动机驱动车辆行驶。电力机车运行所需的电能由电气化铁路的供电系统提供。

电力机车起动加速快,爬坡能力强,工作不受严寒的影响,运行时不排废气,所以在运输繁忙的铁路干线和隧道多、坡度陡的山区线路上更能发挥优越性。此外,电力旅客列车可为客车空气调节和电热取暖提供便利条件。由于电气化铁路基本建设投资大,设备技术要求高,抗自然灾害能力差,故电力机车应用不如内燃机车广泛,也不可能完全取代内燃机车。

电力机车没有空气污染,且利于保养,牵引列车时速可达几百千米,所以高速列车基本由电力机车牵引。电力机车另一个优点就是能够在短时间内完成起动和制动,这个性能比蒸汽机车和内燃机车要优秀很多,特别适合发车密度高、车站间距短的城市轨道交通列车。因此,电力机车在全球范围内得到重视,世界各国均不断加大力度研制性能更佳的电力机车。

电力机车的牵引力和爬坡能力比内燃机车和蒸汽机车要大得多,在载重过大或坡度较大的情况下无须采用多机牵引。电力机车最大的优点就是无限行程，只要车辆不驶离电气化段，就不会“饿倒”（故障除外），无须像内燃机车和蒸汽机车那样经常补充燃料。

电力机车是由机械部分、电气控制和空气管路系统组成的。机械部分主要包括机车转向架和车体。电气控制部分包括受电弓、主断路器、牵引变压器、半导体整流器组、牵引电动机。空气管路系统包括空气制动、控制及辅助气路系统。

电力机车根据动力分配情况（即牵引电动机配置位置）分为动力集中和动力分散两种类型，牵引电动机主要配置在车头或车尾时称为动力集中型，将牵引电机配置在大部分车辆上，甚至全部车辆均配有牵引电动机的方式称为动力分散型。目前我国高速铁路均采用动力分散型动车组类型。

电力牵引机车从接触网取得电能的电气设备，安装在机车或动车车顶上。受电弓可分单臂弓和双臂弓两种，均由碳滑板、上框架、下臂杆（双臂弓用下框架）、底架、升弓弹簧、传动气缸、支持绝缘子等部件组成。菱形受电弓，也称钻石受电弓，以前非常普遍，后由于维护成本较高，以及容易在故障时拉断接触网而逐渐被淘汰，近年来多采用单臂弓（图 1-1-1）。负荷电流通过接触线和受电弓滑板接触面的流畅程度，与滑板和接触线间的接触压力、过渡电阻、接触面积有关，取决于受电弓和接触网之间的相互作用。

**图 1-1-1 DSA250 型受电弓示意**

1—阻尼器；2—底架；3—下导杆；4—下臂；5—上臂；6—上导杆；7—碳滑板；8—弓头

为保证牵引电流的顺利流通，受电弓和接触线之间必须有一定的接触压力。受电弓升弓系统施加于滑板，使之向上的垂直力为静态接触压力（一般为 70 N 或 90 N）。用电极碳或用黏合剂、石墨制成的碳滑板适用于铜接触线。DSA250 型受电弓允许通过的上限工作电流为每块滑板 500 A，带双滑板的受电弓允许通过的上限工作电流为 1 000 A，当牵引电流较大时，必须增加每辆车的受电弓数量。要求电力机车在运行中，接触网上的接触线应始终与受电弓滑板接触滑行，不得出现瞬间离线或脱离受电弓（又称脱弓事故）的现象。

电力机车上还有一个受电弓故障自动降弓装置（ADD），用来保护受电弓。当发生弓网故障造成滑板断裂或磨损到限时，会导致控制管路内的气压下降。自动降弓装置检测到气压变化后动作，使受电弓快速脱离接触线，以避免接触网和受电弓的进一步损坏。

### (二)牵引变电所

牵引变电所是指将发电厂经电力传输线送来的电能变换成适合机车车辆所需的电压，并分送到接触网或接触轨(第三轨)的场所。分直流牵引变电所和交流牵引变电所。前者将电力传输线送来的高压交流电能经变压器降压，然后经整流器变为直流后，送接触网或接触轨。后者可分为工频、低频单相及工频三相交流牵引变电所，它们分别把电力传输线送来的电能变换成上述三种交流电后，分送到相应的接触网。牵引变电所的主要设备有用于变换电压的变压器、用于接受和分配电能的配电装置，以及用于控制和保护的开关等。

我国电气化铁路牵引网采用单相工频 25 kV 交流制，牵引变电所的主要功能是降压、分相，为牵引负荷供电，其主要设备是牵引变压器。电气化铁路属于一级负荷，为了保证正常供电，要求牵引变电所有两路高压输电线供电。牵引变压器一次电压为 110 kV 或 220 kV，二次电压(按比接触网额定电压高 10% 考虑)一般为 27.5 kV。

牵引变电所可按以下三种方法分类：

#### 1. 按高压输电线的引入方式分类

牵引变电所按高压输电线的引入方式可分为"T"接线(又称分支接线)和"桥"接线两种。"T"接线的特点是外部的电力系统负载电流不进入牵引变电所。"桥"接线又可分为"内桥"接线和"外桥"接线，其共同特点是允许外部的电力系统负载电流穿越牵引变电所一次侧母线。一般来说，"内桥"接线适用于故障较多的长输电线路，以及主变压器不需要经常切换的场合；"外桥"接线适用于故障较少的较短输电线路，以及主变压器按固定备用方式需要经常切换的场合。

#### 2. 按牵引变压器的联结形式分类

牵引变电所按牵引变压器的联结形式可分为单相联结(又称简单单相联结，或纯单相联结)、单相 Vv 联结、三相 Vv 联结、三相 YNd11 联结和三相不等容量 YNd11 联结、斯科特联结、列勃兰联结等。国外，主要在日本，还有伍德桥联结和改进伍德桥联结等。

#### 3. 按承担供电臂的供电任务分类

牵引变电所按承担供电臂的供电任务可分为集中供电方式和分散供电方式。集中供电方式是指每个牵引变电所单独承担所辖供电臂的供电任务。分散供电方式是指每个牵引变电所除了在正常情况下承担所辖供电臂的供电任务外，还能在事故或检修的情况下承担相邻牵引变电所所辖供电臂的供电任务，即越区供电。牵引变电所一般采用集中供电方式，分散供电方式很少采用。

## 三、供电方式

### (一)接触网的供电方式

地方电力网将电能输送到铁路牵引变电所，经变电所主变压器降压至适合于电力机车使用的电压等级后，再经馈电线将电能送到接触网上，因此接触网是向电力机车供电的特殊输电线路。

接触网的额定电压为 25 kV，由于供电距离较长，电能在输电线路和接触网中产生电能损耗，使接触网末端电压降低。为了让接触网末端电压不低于电力机车的最低工作电压，要求两牵引变电所之间的距离一般为 40 ~ 60 km，具体位置须经供电计算确定。图 1-1-2 所示为直接供电方式的供电系统图。

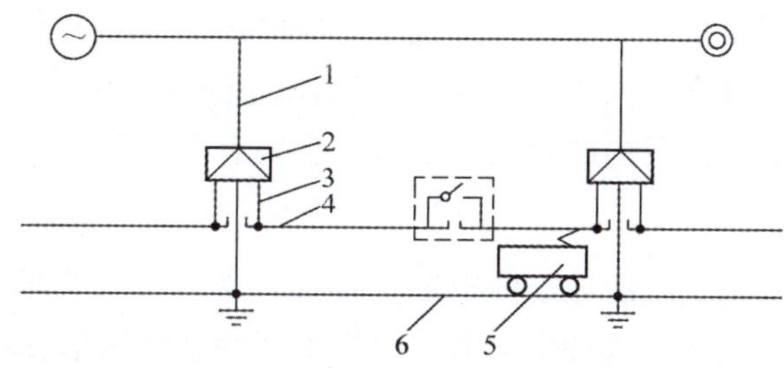


图 1-1-2　直接供电系统图

1—输电线；2—牵引变电所；3—馈电线；4—接触网；5—电力机车；6—钢轨

两个牵引变电所之间将接触网分成两个供电分区（又称供电臂），正常情况两相邻供电臂之间在接触网上是绝缘的，每个供电分区只从一端牵引变电所获得电能的供电方式称为单边供电。若两个供电分区通过开关设备，在电路上连通，两个供电分区可同时从两个牵引变电所获得电能，这种供电方式称为双边供电。双边供电可提高接触网电压水平，减少电能损耗，但馈线及分区所的保护及开关设备都较复杂。因此目前很少采用，我国主要采用单边接触网供电方式。

单边和双边供电为正常的供电方式，还有一种非正常供电方式（也称事故供电方式）称为越区供电，如图 1-1-3 所示。当某一牵引变电所或某一供电分区接触网局部因故障不能正常供电时，故障变电所担负的供电臂，经分区所开关设备与相邻供电臂接通，由相邻牵引变电所进行临时供电，这种供电方式称越区供电。因越区供电增大了该变电所主变压器的负荷，对电器设备安全和供电质量影响较大，因此，只能在较短时间内（一般不超过 48 h）实行越区供电，是避免中断运输的临时性措施。

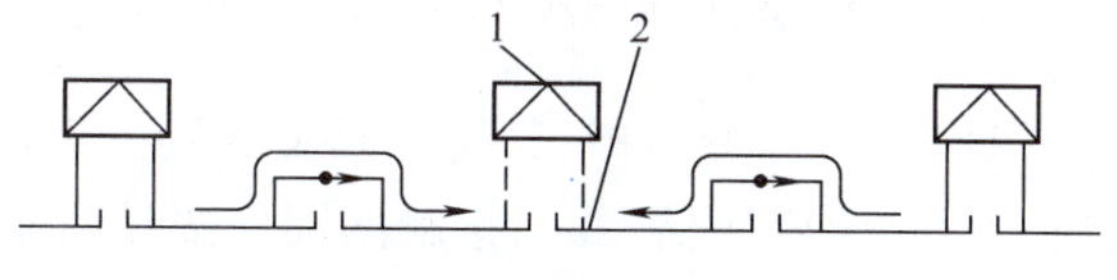


图 1-1-3　越区供电示意

1—牵引变电所；2—馈电线

复线区段供电方式与上述基本相同，但每一供电臂分别向上下行接触网供电，因此牵引变电所馈出线有四条。同一侧供电臂上下行线实行并联供电，可提高供电臂末端电压。越区供电时，通过分区所开关设备来实现。复线区段供电情况如图 1-1-4 所示。

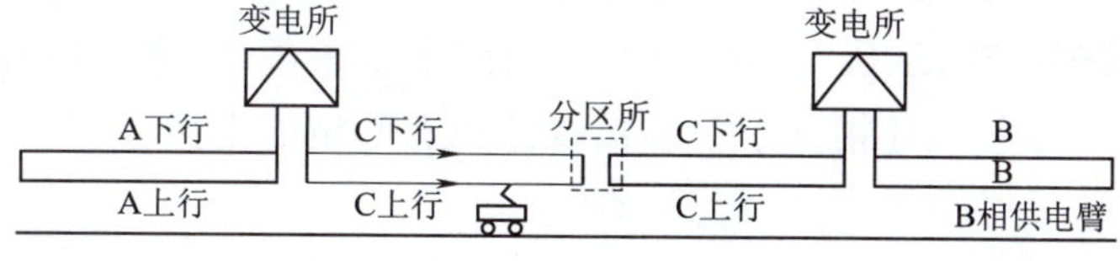


图 1-1-4　复线区段供电示意

## (二)牵引供电系统的供电方式

我国电气化铁路采用单相工频 25 kV 交流制,由于单相大电流在线路周围空间产生较强电磁场,使邻近通信、广播设备等产生杂音干扰和感应电压。为减少电气化铁路对沿线通信设备的干扰,保障其设备、人身安全及正常工作,在牵引供电系统中采取了许多防干扰措施,形成了不同的牵引供电方式。目前我国的牵引供电方式主要有下列四种:

### 1. 直接供电方式

直接供电方式是指牵引变电所输出的电能直接通过接触网输送给电力机车,牵引电流通过钢轨或大地返回牵引变电所。这种供电方式的馈电回路结构简单、造价低,但对邻近通信线路干扰较大。因此,根据我国目前通信设备状况,此种供电方式仅适用于通信线路较少的电气化铁路区段,或将通信线路改迁至远离电气化铁路的地区。

### 2. BT 供电方式

在牵引供电系统中加装吸流变压器和回流线装置的供电方式称 BT 供电方式,这种供电方式适用于电气化铁路穿越大、中城市及铁路两侧分布通信线路较多的地区,能有效地减轻电磁场对附近通信设备的干扰影响,但由于吸流变压器一、二次线圈串入接触网和回流线内,使牵引网阻抗增大,降低了供电臂末端电压,造成牵引变电所间距减小、馈电回路结构复杂、造价较高等弊病,其工作原理如图 1-1-5 所示。

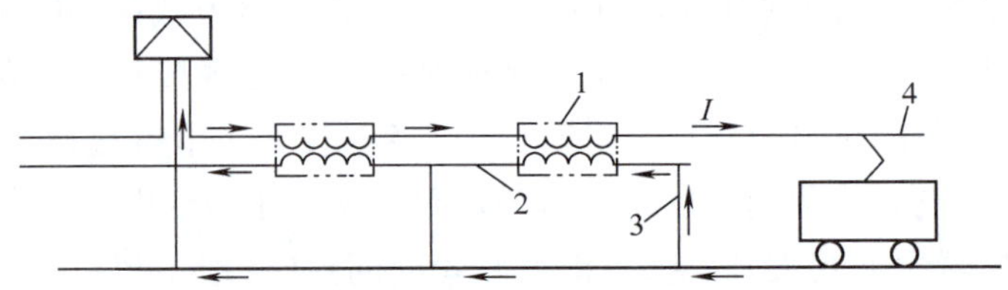


图 1-1-5　吸流变压器和回流线工作原理

1—吸流变压器;2—回流线;3—吸上线;4—接触线

吸流变压器采用变比为 1∶1的特殊变压器,其特点是要求励磁电流小,不超过额定电流值的 2%。每隔 2 ~4 km 装设一台吸流变压器,并与接触网同杆架设回流线。每两台吸流变压器之间,经吸上线与轨道相连。

接触网上的牵引电流流经吸流变压器一次绕组,经电力机车流入钢轨。吸流变压器二次绕组串入回流线内,通过吸流变压器,将钢轨回路中的牵引电流经吸上线吸引至回流线并返回牵引变电所。在理想的情况下,接触网与回流线上的电流大小相等方向相反,它们在周围空间产生的电磁场互相抵消,从而消除了对附近通信线路的电磁干扰。但实际上,回流线的电流总是小于接触网上的电流,仍有少部分牵引电流经钢轨和大地返回牵引变电所。另外,当电力机车位置在吸流变压器附近时,从机车到吸上线之间的半段距离中,牵引电流基本上流经钢轨,这种情况称为“半段效应”,上述情况下对通信线路仍有一定的干扰。

### 3. AT 供电方式

电力牵引 AT 供电方式又称自耦变压器供电方式,是单相工频交流电气化铁路为提高供电质量和减少对通信的干扰而采用的一种设有自耦变压器的供电方式。实践证明,AT 供电方式具有良好的供电性能和防干扰效果，特别适用于重载或高速、大密度的电气化干线。在高铁和城际电气化铁路上全部采用 AT 供电方式，其工作原理如图 1-1-6 所示。

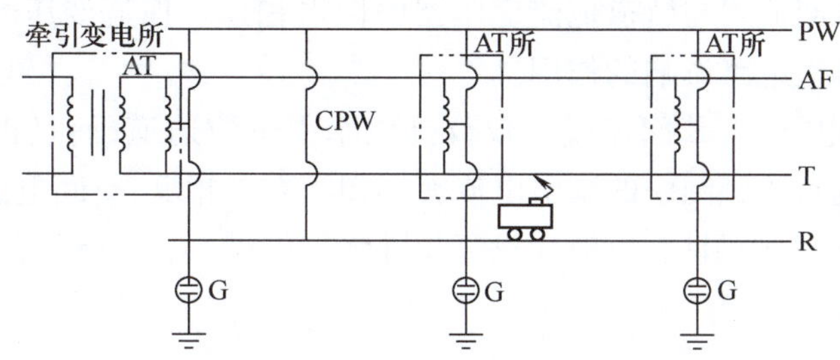


图 1-1-6 AT 供电方式工作原理

AT 供电方式的特点如下：

(1)电力牵引变电所送电电压较电力机车工作电压高一倍，牵引网中的电流只有电力机车电流的 1/2，使牵引网的能耗和电压损失降低，供电质量改善。

(2)无车段接触网中电流与正馈线电流大小相等，方向相反，对通信线路的干扰互相抵消；有车段接触网中电流 $I_1$、$I_2$数值与机车位置有关，但方向相反。因而，AT 供电方式能大大减少牵引负荷对通信线路的干扰。

(3)绝大部分牵引电流经正馈线返回牵引变电所，钢轨对地的泄漏电流极少，钢轨对地电位降低，有利于保证维修人员的安全。

(4)由于有正馈线及自耦变压器，使得牵引网变得复杂，对隧道净空要求较高。

在 AT 牵引变电所中，牵引变压器将 110 kV 三相电降压至单相 50 kV(变电所出口电压 55 kV)，然后经自耦变压器两端分别接到接触网和正馈线上，自耦变压器中心抽头与钢轨相连，则钢轨与接触网间的电压正好是自耦变压器两端电压的一半即 25 kV，与正常接触网工作电压相同。

机车在正常运行时，由于接触网与钢轨及正馈线与钢轨间的自耦变压器线圈上的电压相等，因此接触网和正馈线上各通过二分之一的牵引电流，且大小相等方向相反，消除了对附近通信线路上的干扰，同时减少了电能损耗。正馈线与接触网同杆架设在支柱田野侧。

在 AT 供电方式区段，与接触网同杆架设在田野侧的还有一条保护线，它相当于架空地线，在自耦变压器处保护线经接触悬挂接地部分或双重绝缘子中部同钢轨连接。保护线电位一般在 500 V 以下，正常情况下无电流通过。当绝缘子发生闪络时，短路电流可通过保护线作为回路，减少了对铁路信号轨道电路的干扰。同时对接触网起屏蔽作用也减少对架空通信线的干扰，另外起避雷线的作用，雷电可通过接在保护线上的放电器入地。

横向连接线将钢轨与保护线并联，其目的是在钢轨对地泄漏电阻和机车取流较大时，降低钢轨电位。

除了牵引变电所馈出线处设置自耦变压器外，在供电臂中还要单独设置自耦变压器即 AT 所。AT 所的间隔除考虑防止干扰外，还应考虑供电回路阻抗及钢轨电位的影响，一般按 10～15 km 间隔设置。

### 4. 直供加回流线供电方式

我国在普速电气化铁路上采用一种称为直供加回流线的供电方式(简称 DN 供电方式)。

直供加回流线供电方式也可以看作 BT 供电方式在吸流变压器解裂运行状态下的供电方式。它与直供供电方式不同的是在接触网支柱田野侧,架设一条回流线,不设吸流变压器,每隔一定距离,通过吸上线将回流线与轨道扼流变压器中性点相连。扼流变压器起到平衡两条钢轨间电压,降低对信号轨道电路影响的作用。

直供加回流线供电方式,其回流线不仅仅提供牵引电流通道,而且也起到了防干扰的作用,即回流线中的电流与接触网中的牵引电流大小相等方向相反,空间电磁场互相抵消。去掉了吸流变压器减小了牵引网阻抗,也减少投资和维修工作量,是目前经济技术指标比较好的一种供电方式。

## 四、接触网的组成

接触网是沿铁路上空架设的一条特殊形式的输电线路,它由接触悬挂、支持装置、定位装置、支柱与基础等几部分组成,主要组成构件如图1-1-7 所示。

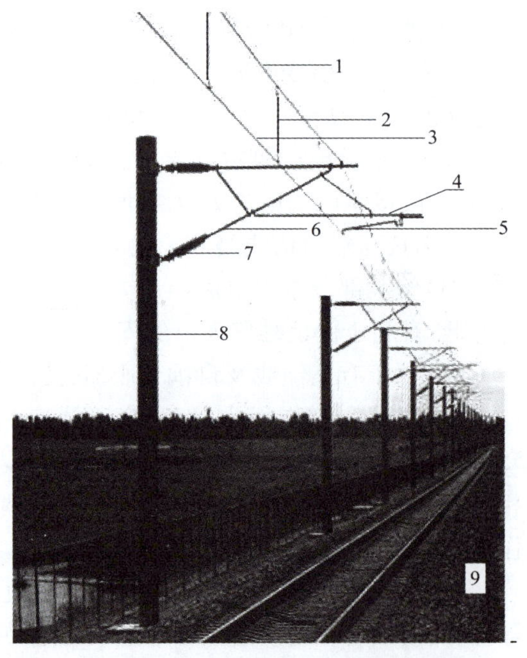


图 1-1-7　接触网的组成

1—承力索;2—吊弦;3—接触线;4—定位管;5—定位器;6—腕臂;7— 棒式绝缘子;8—支柱;9—钢轨

### (一)接触悬挂

接触悬挂包括接触线、吊弦、承力索、补偿器及各种连接零件,接触悬挂通过支持装置架设在支柱上,其作用是将从牵引变电所获得的电能输送给电力机车。电力机车运行时,受电弓顶部的滑板紧贴接触线摩擦滑行取流。为了保证滑板的良好取流,接触悬挂应达到下列要求:

(1)接触悬挂的弹性应尽量均匀,即悬挂点间的导线,在受电弓抬升力作用下,接触线的升高应尽量相等,且接触线在悬挂点间应无硬点存在。

(2)接触线对轨面的高度应尽量相等,若受悬挂条件限制时,接触线高度变化应避免出现陡坡。

(3)接触悬挂在受电弓压力及风力作用下应有良好的稳定性,即电力机车运行取流时,接触线不发生剧烈地上下振动。在风力作用下不发生过大的横向摆动,这就要求接触线有足够的张力,并能适应气候的变化。

(4)接触悬挂的结构及零部件应力求轻巧简单,做到标准化,以便检修和互换,缩短施工及运行维护时间。具有一定的抗腐蚀能力和耐磨性,以延长使用年限。

### (二)支持装置

支持装置包括上下腕臂底座、水平腕臂、斜腕臂及腕臂支撑、棒式绝缘子及吊挂接触悬挂的连接零件。支持装置用以支持接触悬挂,并将其负荷传给支柱或其他建筑物。它根据接触网所在区间、站场和大型建筑物而有所不同，图 1-1-8 所示为支持装置形式。支持装置结构应能适应各种场所，尽量轻巧耐用，有足够的机械强度，方便施工和检修。

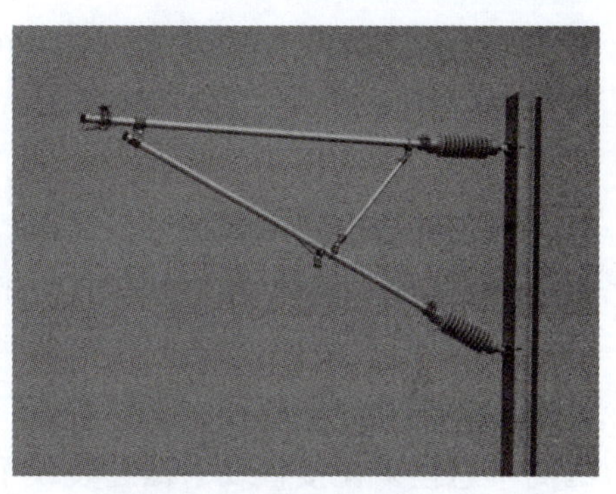

图 1-1-8 支持装置

### （三）定位装置

定位装置包括定位管、定位器、支持器及其连接零件。其作用是固定接触线的位置，在受电弓滑板运行轨迹范围内，保证接触线与受电弓不脱离，使接触线磨耗均匀，同时将接触线的水平负荷传给支柱。

### （四）支柱与基础

支柱与基础用以承受接触悬挂、支持和定位装置的全部负荷，并将接触悬挂固定在规定的位置和高度上，如图 1-1-9 所示。我国接触网中采用预应力钢筋混凝土支柱和钢柱。预应力钢筋混凝土支柱与基础制成一个整体，下端直接埋入地下。支柱基础是对钢支柱而言的，即钢支柱固定在地下用钢筋混凝土制成的基础上，由基础承受支柱传给的全部负荷，并保证支柱的稳定性。

图 1-1-9 支柱与基础

## 五、接触悬挂的类型

接触网的分类大多以接触悬挂的类型来区分。在一条接触网线路上，无论是在区间还是站场，为了满足供电和机械方面的要求，总是将接触网分成若干一定长度且相互独立的分段，这就是接触网的锚段。所讲的接触悬挂分类是针对架空式接触网中的每个锚段而言。接触悬挂的种类较多，一般根据其结构的不同分成简单接触悬挂和链型接触悬挂两大类。

### （一）简单接触悬挂

简单接触悬挂（以下简称简单悬挂）系由一根接触线直接固定在支柱支持装置上的悬挂形式。它在发展中经历了未补偿简单悬挂、季节调整式简单悬挂和目前采用的带补偿装置及弹性吊弦式简单悬挂几个阶段，其结构分别如图 1-1-10 和图 1-1-11 所示。

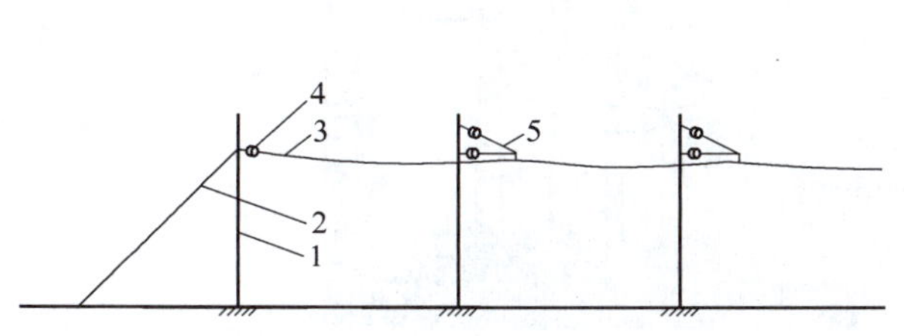


图 1-1-10 未补偿简单悬挂示意

1—支柱；2—拉线；3—接触线；4—绝缘子串；5—腕臂

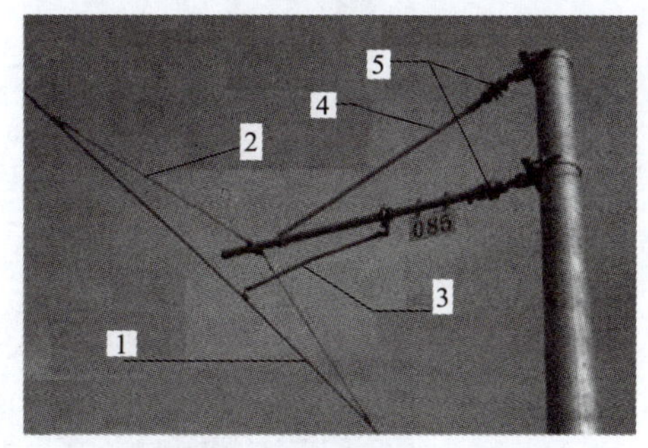


图 1-1-11 带补偿装置及弹性吊弦式简单悬挂示意

1—接触线；2—弹性吊弦；3—定位器；
4—腕臂；5—棒式绝缘子

接触线(或承力索)端头同支柱的连接称为线索的下锚。下锚分两种方法,一是将线索端头同支柱直接固定连接,称为硬锚或死锚。另一种是加装补偿装置,以调整线索的弛度和张力。

未加补偿的简单悬挂结构简单,要求支柱高度较低,因此,建设投资低,施工和检修方便。其缺点是导线的张力和弛度随气温的变化较大,导线的弹性不均匀,不利于电力机车高速运行时取流。

近年来,国内外对简单悬挂做了不少研究和改进。我国现采用的带补偿装置及弹性吊弦的简单悬挂系在接触线下锚处装设了张力补偿装置,以调节张力和弛度的变化。在悬挂处加装 8 ~ 16 m 长的弹性吊弦,通过弹性吊弦悬挂接触线,增加了悬挂点,减小了悬挂点处产生的硬点,改善了取流条件。另外跨距适当缩小,增大接触线张力的同时改善弛度对取流的影响。根据我国的试验,这种弹性简单悬挂在行车速度 90 km/h 时,弓线接触良好,取流正常,所以在多隧道的山区和行车速度不高的线路上可广泛采用。我国在部分铁路线路和地铁线路上采用了这种悬挂。

### (二)链型悬挂

链型悬挂是一种运行性能较好的悬挂形式。它的特点是接触线通过吊弦悬挂在承力索上,承力索通过钩头鞍子或悬吊滑轮悬挂在支持装置的腕臂上,使接触线在不增加支柱的情况下增加了悬挂点,通过调整吊弦长度使接触线在整个跨距内对轨面的高度基本保持一致。减小接触线在跨距中的弛度,改善弹性,增加悬挂重量,提高稳定性,可以满足电力机车高速运行取流的要求。

链型悬挂分类方法较多,按悬挂链数的多少可分为单链型、双链型和多链型(又称三链型)。目前我国采用单链型悬挂,如图 1-1-12 所示。

双链型悬挂的接触线经短吊弦悬挂在辅助吊索上,辅助吊索又通过吊弦悬挂在承力索上,如图 1-1-13 所示。

**图 1-1-12　单链型接触悬挂**

1—承受力;2—吊弦;3—接触线

图 1-1-13　双链型接触悬挂示意

双链型悬挂接触线弛度小、稳定性好、弹性均匀，有利于电力机车高速运行取流。双链型悬挂及其他悬挂类型由于结构复杂、不易施工、维修困难、设计烦琐、造价高等原因，目前没有得到广泛应用。

### 1. 根据线索的锚定方式分

链型悬挂根据线索的锚定方式（即线索两端下锚的方式），可分为下列几种形式。

（1）未补偿简单链型悬挂

这种悬挂方式的承力索和接触线两端无补偿装置，均为硬锚。因此，在温度变化时，承力索和接触线的张力弛度变化较大，一般不采用，其结构形式如图 1-1-14 所示。

（2）半补偿简单链型悬挂

在半补偿简单链型悬挂中，接触线两端设补偿装置，承力索两端为硬锚，如图 1-1-15 所示。

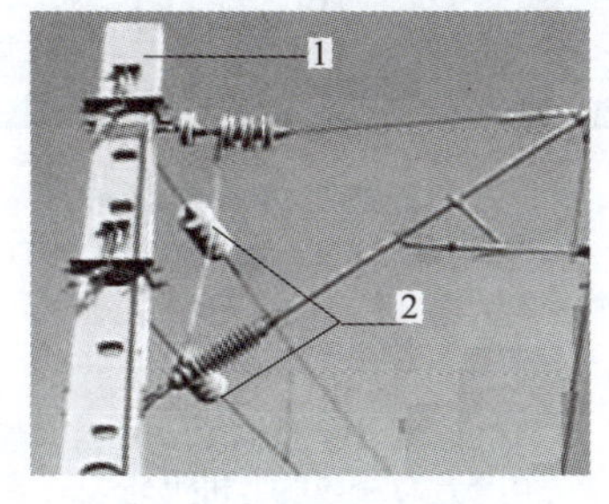


图 1-1-14　补偿简单链型悬挂示意

1—支柱；2—绝缘子串

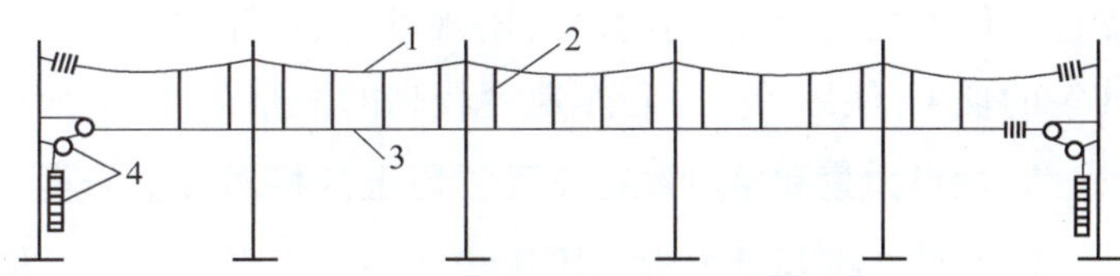


图 1-1-15　半补偿简单链型悬挂示意

1—承力索；2—吊弦；3—接触网；4—补偿器

半补偿简单链型悬挂比未补偿简单链型悬挂在性能上得到了很大改善，但由于承力索为硬锚，当温度变化时，承力索的张力和弛度随之发生变化，对接触线产生一定影响。同时，在温度变化时，承力索的弛度变化使吊弦上端产生上下位移，而吊弦下端随接触线发生顺线路方向偏斜。由于各吊弦的偏斜,造成接触线各断面受力不均匀,特别是在极限温度下,使接触线在锚段中部和下锚端之间出现较大张力差,接触线张力和弹性不均匀,在支柱悬挂点处产生明显的硬点,不利于电力机车高速运行取流。因此,这种悬挂只用于行车速度不高的车站侧线和支线上。

(3)半补偿弹性链型悬挂

半补偿弹性链型悬挂和半补偿简单链型悬挂的区别在于支柱定位点处吊弦形式的不同,如图 1-1-16 所示。

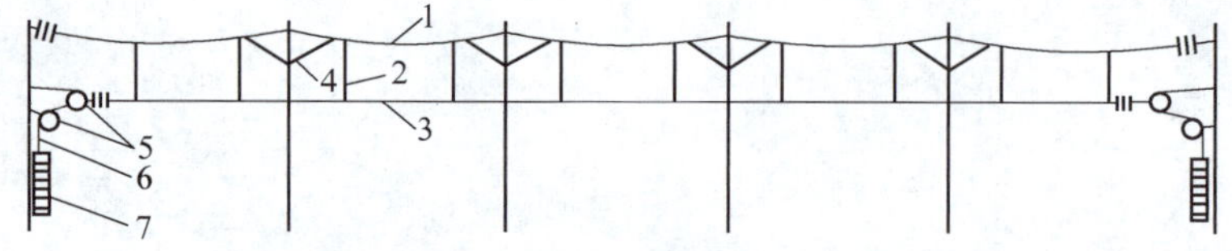


图 1-1-16　半补偿弹性链型悬挂示意

1—承力索;2—吊弦;3—接触网;4—弹性吊弦;5—补偿滑轮;6—补偿绳;7—补偿坠砣

弹性链型悬挂在支柱悬挂点处增设了一根弹性吊弦。弹性吊弦由长 15 m 的辅助绳和一根(或两根)短吊弦构成。安装时,辅助绳两端分别固定在承力索上,短吊弦上端用 U 形滑动夹板同辅助绳连接,下端与接触线定位器相连,当温度变化时,可避免短吊弦产生过大偏斜。弹性吊弦的作用是增加支柱处接触线固定点(又称定位点)的弹性,使其弹性均匀,有利于机车受电弓取流。这种悬挂方式多用于行车速度不超过 100 km/h 的线路上。

(4)全补偿链型悬挂

全补偿链型悬挂,即承力索和接触线两端下锚处均装设补偿装置,如图 1-1-17 所示。

图 1-1-17　全补偿弹性链型悬挂示意

全补偿链型悬挂在温度变化时,由于补偿装置的作用,承力索和接触线的张力基本不发生变化,弹性比较均匀,有利于机车高速取流。因此,得到广泛使用。

全补偿链型悬挂也分为全补偿简单链型悬挂和全补偿弹性链型悬挂两种形式。区别这两种悬挂形式的方法同半补偿链型悬挂一样。全补偿简单链型悬挂因支柱定位点处无弹性吊弦,仍会出现硬点,产生弹性不均匀的现象,使用较少。行车速度较高的线路,多采用全补偿弹性链型悬挂。

### 2. 按承力索和接触线在平面投影上的相对位置分类

链型悬挂按其承力索和接触线在平面投影上的相对位置分类,可分为下列几种形式。

(1)直链型悬挂

直链型悬挂是承力索和接触线布置在同一平面内,该平面垂直于轨面,它们在轨面上的投影是一条直线,承力索支撑位置与接触线定位位置处于连线垂直于轨面,如图 1-1-18 所示。

直链型悬挂的风稳定性较差,在大风作用下接触线易产生横向摆动,造成接触线与受电弓脱离而发生事故。为避免发生脱弓事故,保证普速线路曲线区段支柱定位点处受电弓磨耗均匀，接触线向曲线外侧拉出一定距离，承力索则布置在接触线的正上方，这样便提高了接触线索张力，大大提高了线索的抗风摆能力。目前，我国电气化铁路，在普速线路区段和高铁线路及城际线路上均采用这种悬挂形式。

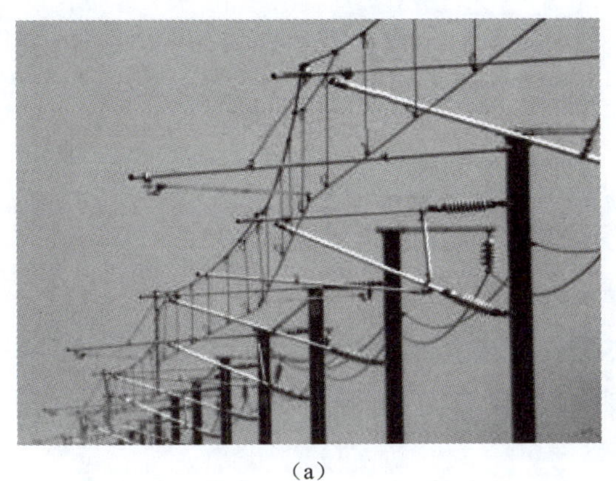
(a)

(b)

图 1-1-18 直链型悬挂

(2)半斜链型悬挂

在半斜链型悬挂中，承力索与接触线不在同一平面内，它们在轨面上的投影有一个较小的偏移，如图 1-1-19 所示。

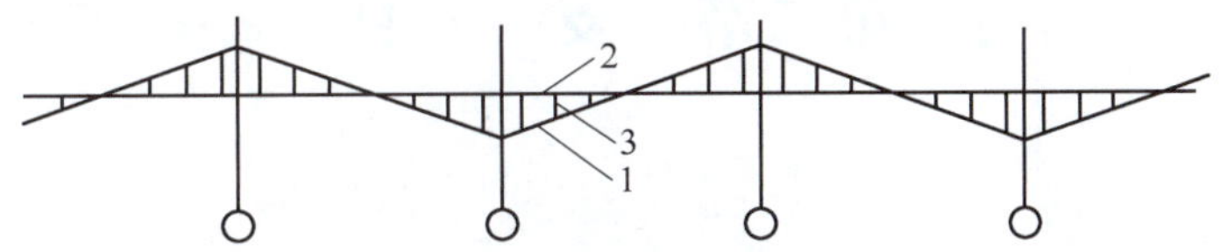


图 1-1-19 半斜链型悬挂示意

1—接触线；2—承力索；3—吊弦

半斜链型悬挂风稳定性好、施工方便，我国在直线区段采用这种悬挂方式，即在直线区段，接触线在每一支柱定位点处，通过定位装置被布置成“之”字形，承力索则布置在线路中心线的正上方。

(3)斜链型悬挂

斜链型悬挂是指接触线和承力索在水平面上的投影有一个较大的偏移。在直线区段支柱处，接触线和承力索均布置成方向相反“之”字形，如图 1-1-20 所示。

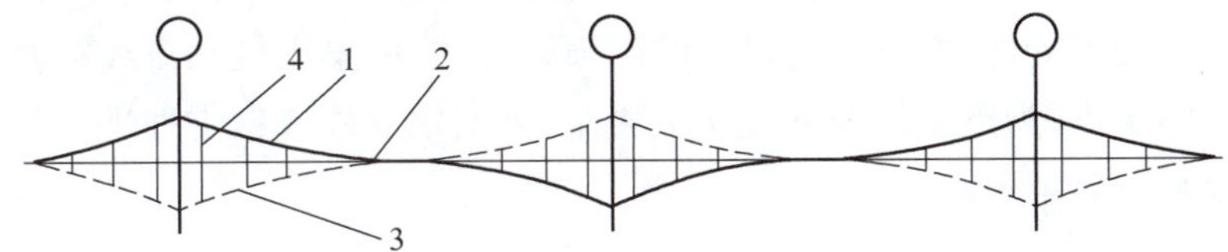


图 1-1-20 直线上的斜链型悬挂示意

1—接触线；2—线路中心线；3—承力索；4—吊弦

在曲线区段，承力索对线路中心线向外侧有一个较大的偏移，吊弦的倾斜角较大。这种悬挂的优点是风稳定性最好,可增大两支柱之间的距离(简称跨距),但其结构复杂,设计计算烦琐,施工和检修困难,造价较高。

我国目前在直线区段一般线路(列车时速 < 160 km)采用半斜链型悬挂,高速铁路(列车时速≥160 km)均采用直链型悬挂。

### 思考练习题

1. 电气化铁路是由哪几部分组成的?
2. 牵引变电所按变压器接线方式,可以分成哪几类变电所?
3. 接触网是由哪几部分组成的? 各起什么作用? 包括哪些主要元件?
4. 为保证滑板良好取流,对接触悬挂应有哪些要求?
5. 根据接触网线索的锚定方式分类,有哪几种悬挂类型?
6. 根据接触线与承力索在平面投影上的相对位置分类,有哪几种悬挂类型? 说明具体布置形式,我国采用何种类型?
7. 牵引供电系统有哪几种供电方式? 各有什么特点?
8. 请详细说明接触网的供电方式。
9. 绘制接触网组成示意图,并标注10个以上零部件名称。

## 第二节 支 柱

### 学习目标

1. 掌握接触网混凝土柱和钢柱型号的意义;
2. 掌握不同用途支柱的分类情况;
3. 了解钢筋混凝土柱和钢柱的优缺点。

我国电气化铁路干线均采用架空式接触网,支柱是接触网结构中应用最广泛的支撑设备,用来承受接触悬挂和支持设备的负荷。

### 一、按支柱材质分类

接触网支柱,按其使用材质分为预应力钢筋混凝土支柱和钢柱两大类。为了节约钢材,我国广泛采用钢筋混凝土支柱,但五股道以上的软横跨支柱、桥梁支柱和双线路腕臂支柱则采用钢支柱。在事故情况下,为迅速抢修恢复送电通车,可用木支柱或钢支柱进行临时过渡。

#### 1. 预应力钢筋混凝土支柱

预应力钢筋混凝土支柱,不同于普通的钢筋混凝土支柱,它采用高强度的钢筋,在制造时预先使钢筋产生拉力。它比普通钢筋混凝土支柱在同等容量情况下更节省钢材,且具有强度大、支柱轻等优点。接触网广泛采用这种支柱,一般称为钢筋混凝土支柱。由于钢筋混凝土支柱本身是一个整体结构,在施工安设时不需要另浇制基础,加快了施工进度。钢筋混凝土支柱使用寿命长，使用中无须维修，因而得到了广泛采用。钢筋混凝土支柱的缺点是比较笨重，且经不起碰撞，因此在运输装卸和安装工程施工中应小心谨慎，在用吊车作业繁忙的站场上，也不宜采用钢筋混凝土软横跨支柱。

钢筋混凝土柱从外观形态上可分为矩形横腹杆式、矩形斜腹杆式及等径圆形杆三种。矩形横腹杆式支柱便于攀登，利于维修和检查。矩形斜腹杆式支柱强度高、支柱承受力矩大、使用寿命长。矩形支柱在安装时均受方向性的限制。等径圆形杆是一种上下直径相等的圆形支柱，该柱加工制造较容易，安装时不受方向性的限制，且受力均匀，但圆杆不利于攀杆检查和维修。我国目前大多采用矩形横腹杆式支柱，在大秦线（大同—秦皇岛）和沪宁线（上海—宁波）等电气化铁路中使用了圆形支柱，矩形斜腹杆式支柱已被淘汰。

钢筋混凝土支柱，按使用场合分为钢筋混凝土腕臂支柱和软横跨支柱，钢筋混凝土腕臂支柱结构如图 1-2-1 所示，软横跨支柱结构如图 1-2-2 所示。

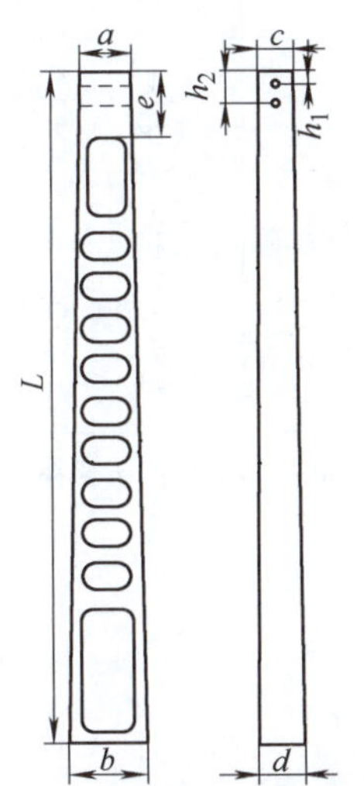


图 1-2-1　钢筋混凝土腕臂支柱

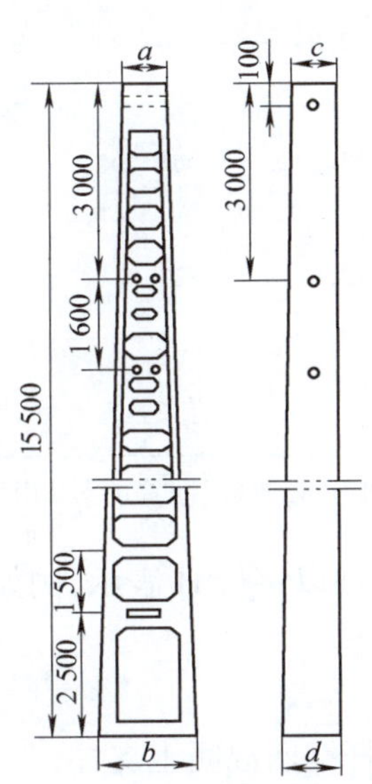


图 1-2-2　钢筋混凝土软横跨支柱
（单位：mm）

钢筋混凝土支柱型号及规格参见表 1-2-1。

表 1-2-1　钢筋混凝土支柱型号及规格参数

| 型号 | 柱长（m） | 柱底尺寸（mm） | | 柱顶尺寸（mm） | | 锥度 | | 质量（t） |
|---|---|---|---|---|---|---|---|---|
| | | $b$ | $d$ | $a$ | $c$ | 窄面 | 宽面 | |
| $H\frac{38}{8.2+2.6}$ | 10.8 | 550 | 290 | 280 | 200 | $\frac{1}{40}$ | $\frac{1}{120}$ | 1.43 |
| $H\frac{38}{8.7+2.6}$ | 11.3 | 550 | 290 | 267 | 196 | $\frac{1}{40}$ | $\frac{1}{120}$ | 1.50 |
| $H\frac{38}{9.2+2.6}$ | 11.8 | 550 | 290 | 255 | 192 | $\frac{1}{40}$ | $\frac{1}{120}$ | 1.54 |
| $H\frac{38}{9.2}FL$ | 9.2 | 485 | 268 | 255 | 192 | $\frac{1}{40}$ | $\frac{1}{120}$ | 1.25 |

续上表

| 型号 | 柱长(m) | 柱底尺寸(mm) | | 柱顶尺寸(mm) | | 锥度 | | 质量(t) |
|---|---|---|---|---|---|---|---|---|
| | | $b$ | $d$ | $a$ | $c$ | 窄面 | 宽面 | |
| $H\frac{60\ 78\ 93}{8.2+3.0}$ | 11.2 | 705 | 291 | 425 | 216 | $\frac{1}{40}$ | $\frac{1}{150}$ | 1.85 |
| $H\frac{60\ 78\ 93}{8.7+3.0}$ | 11.7 | 705 | 291 | 413 | 213 | $\frac{1}{40}$ | $\frac{1}{150}$ | 1.95 |
| $H\frac{60\ 78\ 93}{9.2+3.0}$ | 12.2 | 705 | 291 | 400 | 210 | $\frac{1}{40}$ | $\frac{1}{150}$ | 2.05 |
| $H\frac{60\ 78\ 93}{9.2+1.5}$ | 10.7 | 668 | 281 | 400 | 210 | $\frac{1}{40}$ | $\frac{1}{150}$ | 2.00 |
| $H\frac{60\ 78\ 93}{9.2+3.6}$ | 12.8 | 720 | 295 | 400 | 210 | $\frac{1}{40}$ | $\frac{1}{150}$ | 2.30 |
| $H\frac{60\ 78\ 93}{9.8+1.5}$ | 11.3 | 682 | 285 | 400 | 210 | $\frac{1}{40}$ | $\frac{1}{150}$ | 2.30 |
| $H\frac{60\ 78\ 93}{9.8+3.0}$ | 12.8 | 720 | 295 | 400 | 210 | $\frac{1}{40}$ | $\frac{1}{150}$ | 2.34 |
| $H\frac{60\ 78\ 93}{9.2}FL$ | 9.2 | 630 | 271 | 400 | 210 | $\frac{1}{40}$ | $\frac{1}{150}$ | 1.73 |

注：表内腕臂支柱中露出地面 8.7 m 高的支柱用于半补偿链型悬挂，8.2 m 高的支柱用于全补偿链型悬挂。

钢筋混凝土支柱以字母 H 表示，例如：

$$H\frac{38}{8.7+2.6}$$

其中　H——横腹杆钢筋混凝土支柱；

38——支柱垂直于线路方向所承受的力矩(kN · m)；

8.7——支柱露出地面以上的高度(m)；

2.6——支柱埋入地下的深度(m)。

用于下锚的钢筋混凝土支柱其符号表示方法如下：

$$H\frac{60\ 78\ 93}{8.7+3.0}$$

其中　60、78、93——垂直于线路方向的支柱容量(分别为 60 kN · m、78 kN · m、93 kN · m)；

例如，

$$H\frac{38}{9.2}FL$$

其中　FL——法兰型支柱(支柱与地面基础上的法兰盘连接)；

9.2——支柱地面以上高度 9.2 m。

其余符号意义同前。

钢筋混凝土软横跨支柱型号及规格参见表 1-2-2。

表 1-2-2 钢筋混凝土软横跨支柱型号规格

| 名称 | 型号 | 柱长 (m) | 柱底尺寸 (mm) | | 柱底法兰盘 (mm) | | 柱顶尺寸 (mm) | | 锥度 | | 质量 (t) |
|---|---|---|---|---|---|---|---|---|---|---|---|
| | | | 高 | 宽 | 高 | 宽 | 高 | 宽 | 宽面 | 窄面 | |
| 普通式软横跨支柱 | $H\frac{90}{12+3.5}$ | 15.5 | 920 | 920 | — | — | 300 | 300 | $\frac{1}{150}$ | $\frac{1}{25}$ | 4.20 |
| | $H\frac{130}{12+3.5}$ | 15.5 | 920 | 920 | — | — | 300 | 300 | $\frac{1}{150}$ | $\frac{1}{25}$ | 4.20 |
| | $H\frac{170}{12+3.5}$ | 15.5 | 920 | 920 | — | — | 300 | 300 | $\frac{1}{150}$ | $\frac{1}{25}$ | 4.20 |
| 大容量软横跨支柱 | $H\frac{150}{13}$ | 13 | 820 | 820 | 1 100 | 700 | 300 | 300 | $\frac{1}{150}$ | $\frac{1}{25}$ | 3.90 |
| | $H\frac{200}{13}$ | 13 | 820 | 820 | 1 100 | 700 | 300 | 300 | $\frac{1}{150}$ | $\frac{1}{25}$ | 3.90 |
| | $H\frac{250}{13}$ | 13 | 820 | 820 | 1 100 | 700 | 300 | 300 | $\frac{1}{150}$ | $\frac{1}{25}$ | 3.90 |
| | $H\frac{200}{15}$ | 15 | 900 | 900 | 1 160 | 760 | 300 | 300 | $\frac{1}{150}$ | $\frac{1}{25}$ | 4.60 |
| | $H\frac{250}{15}$ | 15 | 900 | 900 | 1 160 | 760 | 300 | 300 | $\frac{1}{150}$ | $\frac{1}{25}$ | 4.60 |
| | $H\frac{300}{15}$ | 15 | 900 | 900 | 1 160 | 760 | 300 | 300 | $\frac{1}{150}$ | $\frac{1}{25}$ | 4.60 |
| | $H\frac{350}{15}$ | 15 | 900 | 900 | 1 160 | 760 | 300 | 300 | $\frac{1}{150}$ | $\frac{1}{25}$ | 4.60 |
| | $H\frac{400}{15}$ | 15 | 900 | 900 | 1 160 | 760 | 300 | 300 | $\frac{1}{150}$ | $\frac{1}{25}$ | 4.60 |
| | $H\frac{450}{15}$ | 15 | 900 | 900 | 1 160 | 760 | 300 | 300 | $\frac{1}{150}$ | $\frac{1}{25}$ | 4.60 |

大容量软横跨支柱是钢支柱的替代产品，已在哈大、神朔、朔黄、浙赣、京沪、沪杭、渝怀、胶济等线路使用，具有高强度、低造价、不腐蚀、无须维修的优异性能。其符号说明如下：

$$H\frac{90}{12+3.5}$$

其中 H——横腹杆钢筋混凝土支柱；

90——支柱标准设计弯矩(kN · m)；

12——支柱地面以上的高度(m)；

3.5——支柱埋入地下的深度(m)。

例如，

$$H\frac{350}{15}$$

其中 350——支柱标准设计弯矩(kN·m)；

15——支柱地面以上高度(m)。

该支柱与现浇混凝土基础上的螺栓相连接。

目前在新建线路上使用了一种等径圆形支柱，它又称为超高强度等径预应力钢筋混凝土支柱，这种支柱分为杯形基础支柱和直埋式支柱两种类型，其型号规格见表 1-2-3、表 1-2-4 和表 1-2-5。

表 1-2-3 等径圆形支柱型号规格(杯形基础支柱)

| 支柱规格 | 标准检验弯矩(kN·m) | 柱长(m) | 支柱规格 | 标准检验弯矩(kN·m) | 柱长(m) |
|---|---|---|---|---|---|
| $\phi400\frac{60}{9+1.5}$ $\phi350\frac{60}{9+1.5}$ | 60 | 10.5 | $\phi400\frac{120}{9+1.5}$ $\phi350\frac{120}{9+1.5}$ | 120 | 10.5 |
| $\phi400\frac{60}{10+1.5}$ $\phi350\frac{60}{10+1.5}$ | | 11.5 | $\phi400\frac{120}{10+1.5}$ $\phi350\frac{120}{10+1.5}$ | | 11.5 |
| $\phi400\frac{60}{11+1.5}$ $\phi350\frac{60}{11+1.5}$ | | 12.5 | $\phi400\frac{120}{11+1.5}$ $\phi350\frac{120}{11+1.5}$ | | 12.5 |
| $\phi400\frac{60}{12+1.5}$ | | 13.5 | $\phi400\frac{120}{12+1.5}$ | | 13.5 |
| $\phi400\frac{80}{9+1.5}$ $\phi350\frac{80}{9+1.5}$ | 80 | 10.5 | $\phi400\frac{140}{9+1.5}$ | 140 | 10.5 |
| $\phi400\frac{80}{10+1.5}$ $\phi350\frac{80}{10+1.5}$ | | 11.5 | $\phi400\frac{140}{10+1.5}$ | | 11.5 |
| $\phi400\frac{80}{11+1.5}$ $\phi350\frac{80}{11+1.5}$ | | 12.5 | $\phi400\frac{140}{11+1.5}$ | | 12.5 |
| $\phi400\frac{80}{12+1.5}$ | | 13.5 | $\phi400\frac{140}{12+1.5}$ | | 13.5 |
| $\phi400\frac{100}{9+1.5}$ $\phi350\frac{100}{9+1.5}$ | 100 | 10.5 | $\phi400\frac{150}{9+1.5}$ | 150 | 10.5 |
| $\phi400\frac{100}{10+1.5}$ $\phi350\frac{100}{10+1.5}$ | | 11.5 | $\phi400\frac{150}{11+1.5}$ | | 12.5 |
| $\phi400\frac{100}{11+1.5}$ $\phi350\frac{100}{11+1.5}$ | | 12.5 | | | |
| $\phi400\frac{100}{12+1.5}$ | | 13.5 | | | |

符号说明如下：

例如，

$$\phi400\frac{60}{9+1.5}$$

其中 $\phi400$——等径圆支柱的外径(mm)；

60——标准检验弯矩(kN·m)；
9——支柱地面以上的高度(m)；
1.5——插入杯形基础的深度(m)。

表 1-2-4 等径圆形支柱型号规格(法兰盘支柱)

| 支柱规格 | 标准检验弯矩(kN·m) | 柱长(m) | 支柱规格 | 标准检验弯矩(kN·m) | 柱长(m) |
|---|---|---|---|---|---|
| $\phi400\,\frac{60}{9}$FL　$\phi350\,\frac{60}{9}$FL | 60 | 9 | $\phi400\,\frac{120}{9}$FL　$\phi350\,\frac{120}{9}$FL | 120 | 9 |
| $\phi400\,\frac{60}{10}$FL　$\phi350\,\frac{60}{10}$FL | | 10 | $\phi400\,\frac{120}{10}$FL　$\phi350\,\frac{120}{10}$FL | | 10 |
| $\phi400\,\frac{60}{11}$FL　$\phi350\,\frac{60}{11}$FL | | 11 | $\phi400\,\frac{120}{11}$FL　$\phi350\,\frac{120}{11}$FL | | 11 |
| $\phi400\,\frac{60}{12}$FL | | 12 | $\phi400\,\frac{120}{12}$FL | | 12 |
| $\phi400\,\frac{80}{9}$FL　$\phi350\,\frac{80}{9}$FL | 80 | 9 | $\phi400\,\frac{140}{9}$FL | 140 | 9 |
| $\phi400\,\frac{80}{10}$FL　$\phi350\,\frac{80}{10}$FL | | 10 | $\phi400\,\frac{140}{10}$FL | | 10 |
| $\phi400\,\frac{80}{11}$FL　$\phi350\,\frac{80}{11}$FL | | 11 | $\phi400\,\frac{140}{11}$FL | | 11 |
| $\phi400\,\frac{80}{12}$FL | | 12 | $\phi400\,\frac{140}{12}$FL | | 12 |
| $\phi400\,\frac{100}{9}$FL　$\phi350\,\frac{100}{9}$FL | 100 | 9 | $\phi400\,\frac{150}{9}$FL | 150 | 9 |
| $\phi400\,\frac{100}{10}$FL　$\phi350\,\frac{100}{10}$FL | | 10 | $\phi400\,\frac{150}{11}$FL | | 11 |
| $\phi400\,\frac{100}{11}$FL　$\phi350\,\frac{100}{11}$FL | | 11 | | | |
| $\phi400\,\frac{100}{12}$FL | | 12 | | | |

符号说明如下：

$$\phi400\,\frac{60}{9}\mathrm{FL}$$

其中 9——支柱地面以上的高度(m)；
FL——带法兰盘形支柱。

其余符号与杯形基础支柱相同。

表 1-2-5　等径圆形支柱型号规格(直埋式支柱)

| 支柱规格 | 标准检验弯矩(kN·m) | 柱长(m) | 支柱规格 | 标准检验弯矩(kN·m) | 柱长(m) |
|---|---|---|---|---|---|
| $\phi400\frac{60}{9+3}$　$\phi350\frac{60}{9+3}$ | 60 | 12 | $\phi400\frac{120}{9+3}$　$\phi350\frac{120}{9+3}$ | 120 | 12 |
| $\phi400\frac{60}{10+3}$　$\phi350\frac{60}{10+3}$ | | 13 | $\phi400\frac{120}{10+3}$ | | 13 |
| $\phi400\frac{60}{11+3}$　$\phi350\frac{60}{11+3}$ | | 14 | $\phi400\frac{120}{11+3}$　$\phi350\frac{120}{11+3}$ | | 14 |
| $\phi400\frac{60}{12+3}$ | | 15 | $\phi400\frac{120}{12+3}$ | | 15 |
| $\phi400\frac{80}{9+3}$　$\phi350\frac{80}{9+3}$ | 80 | 12 | $\phi400\frac{140}{9+3.5}$ | 140 | 12.5 |
| $\phi400\frac{80}{10+3}$　$\phi350\frac{80}{10+3}$ | | 13 | $\phi400\frac{140}{10+3.5}$ | | 13.5 |
| $\phi400\frac{80}{11+3}$　$\phi350\frac{80}{11+3}$ | | 14 | $\phi400\frac{140}{11+3.5}$ | | 14.5 |
| $\phi400\frac{80}{12+3}$ | | 15 | $\phi400\frac{140}{12+3.5}$ | | 15.5 |
| $\phi400\frac{100}{9+3}$　$\phi350\frac{100}{9+3}$ | 100 | 12 | $\phi400\frac{150}{9+3}$ | 150 | 12 |
| $\phi400\frac{100}{10+3}$　$\phi350\frac{100}{10+3}$ | | 13 | $\phi400\frac{150}{11+3}$ | | 14 |
| $\phi400\frac{100}{11+3}$　$\phi350\frac{100}{11+3}$ | | 14 | | | |
| $\phi400\frac{100}{12+3}$ | | 15 | | | |

符号与杯形基础支柱意义相同，只是支柱不安装在杯形基础内，而是直接埋入支柱基坑内，所以称为直埋式支柱。

### 2. 钢柱

钢柱是以角钢焊成的桁架结构，具有质量小、强度高、抗碰撞、安装运输方便等优点，根据安装地点的不同，钢柱的型号、规格及外形结构也不同。各类钢柱结构如图 1-2-3 所示，型号规格见表 1-2-6。

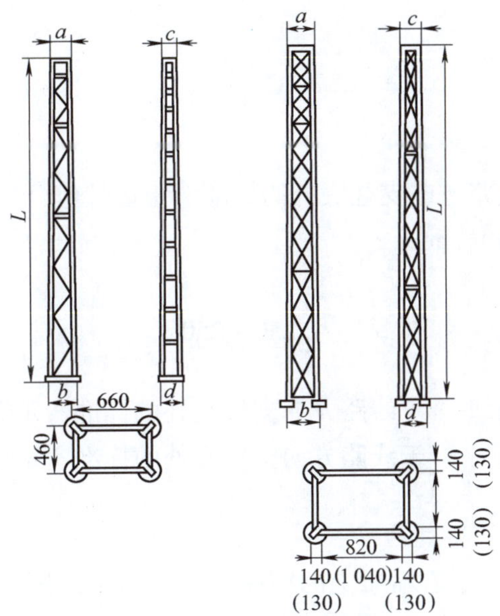


图 1-2-3 钢柱结构(单位:mm)

表 1-2-6 软横跨钢柱型号规格

| 钢柱规格 | 柱长(m) | 柱底尺寸(mm) | | 柱顶尺寸(mm) | |
|---|---|---|---|---|---|
| | | b | d | a | c |
| $G\frac{150}{13}$ $G\frac{200}{13}$ $G\frac{250}{13}$ | 13 | 1 000 | 600 | 500 | 400 |
| $G\frac{200}{15}$ $G\frac{250}{15}$ $G\frac{300}{15}$ $G\frac{350}{15}$ $G\frac{400}{15}$ $G\frac{450}{15}$ $G\frac{500}{15}$ $G\frac{550}{15}$ $G\frac{600}{15}$ | 15 | 1 200 | 800 | 400 | 400 |
| $G\frac{250-250}{15}$ $G\frac{300-250}{15}$ $G\frac{350-250}{15}$ $G\frac{400-250}{15}$ $G\frac{450-250}{15}$ | 15 | 1 200 | 1 200 | 400 | 400 |
| $Gz\frac{(0.8)200}{15}$ $Gz\frac{(0.8)200}{15}$ $Gz\frac{(0.8)200}{15}$ $Gz\frac{(0.8)200}{15}$ $Gz\frac{(0.8)200}{15}$ $Gz\frac{(0.8)200}{15}$ | 15 | 800 | 600 | 400 | 300 |
| $G\frac{650}{20}$ $G\frac{800}{20}$ | 20 | 1 800 | 1 000 | 600 | 600 |
| $G\frac{800}{25}$ $G\frac{1\,000}{25}$ | 25 | 2 000 | 1 000 | 800 | 600 |

钢柱符号说明如下：

$$G\frac{150}{13}$$

其中　G——钢柱；

150——表示垂直于线路方向支柱底处的标准弯矩设计值(kN·m)；

13——钢柱本身的高度(m)。

下锚用钢柱符号表示如下：

$$G\frac{250-250}{15}$$

其中　第一个250——表示垂直于线路方向支柱底处的标准弯矩设计值(kN·m)；

第二个250——表示平行于线路方向支柱底处的标准弯矩设计值(kN·m)。

其余符号与$G\frac{150}{13}$的相同。

除软横跨钢柱外，还有布置在桥梁上的钢柱，对桥梁上的钢柱的规格型号及安装要求请查阅本章第十六节相关内容。

为了保证接触网结构的可靠性，在我国高速铁路建设中普遍采用腕臂结构H型钢柱和用于安装硬横跨的环形等径钢管支柱，如图1-2-4所示。它普遍应用于北京—天津、北京—上海等高速铁路上，规格型号见表1-2-7和表1-2-8。

(a) H型钢柱

(b) 等径圆钢柱

图1-2-4　H型钢柱和等径圆钢柱

表1-2-7　H型钢柱规格型号

| 钢柱规格 | 截面尺寸(mm) | 标准检验弯矩(kN·m) | 长度(m) |
|---|---|---|---|
| GH240 | 240×240×10×17 | 60～120 | 8～11 |
| GH260 | 260×260×10×17.5 | 80～150 | 8～11 |
| GH280 | 280×280×10.5×18 | 105～200 | 8～11 |
| GH300 | 300×300×11×19 | 140～240 | 8～11 |

表中符号说明：GH表示钢柱H型，所有支柱均可打拉线作为锚柱使用。

表 1-2-8 环形等径钢管支柱规格型号

| 钢柱直径（mm） | 规格型号 | 断面尺寸 $d \times t_1(n \times b \times t_2)$ | 高度（m） | 标准检验弯矩（kN·m） |
|---|---|---|---|---|
| 350 | R60/H(350) | 350×6 | 7~11 | 60 |
| | R80/H(350) | 350×8 | 7~11 | 80 |
| | R100/H(350) | 350×10 | 7~11 | 100 |
| | R120/H(350) | 350×12 | 7~11 | 120 |
| | R140/H(350) | 350×14 | 7~11 | 140 |
| 300 | R60/H(300) | 300×6(2×120×6) | 7~11 | 60 |
| | R80/H(300) | 300×8(2×120×10) | 7~11 | 80 |
| | R100/H(300) | 300×10 (2×120×12) | 7~11 | 100 |
| | R120/H(300) | 300×12(2×120×12) | 7~11 | 120 |
| | R140/H(300) | 300×14(2×120×14) | 7~11 | 140 |

表中符号说明：断面尺寸栏中 $d$ 表示钢柱的外径，$t_1$ 表示钢管壁厚，$n$ 表示内部加强板的数量，$b$ 表示内部加强板的宽度，$t_2$ 表示内部加强板的厚度。直径为 300 mm 的钢管支柱为内部加强型钢管支柱。所有支柱均可打拉线作为锚柱使用。

H 型钢柱的翼缘内外侧平行或接近于平行，翼缘端部呈直角，因此而得名平行翼缘工字钢。H 型钢的翼缘宽、腹板薄、规格多、使用灵活，用于各种桁架结构中可节约金属 15%～20%。由于其翼缘内外侧平行，缘端呈直角，便于拼装组合成各种构件，从而可节约焊接、铆接工作量 25% 左右，能大大加快工程的建设速度，缩短工期。

接触网 H 型钢柱柱身（不含底座法兰）在垂直线路方向的宽度不大于 300 mm。支柱结构计算风速为 40 m/s，用于计算支柱的容量；风偏设计风速为 30 m/s，用于计算支柱的挠度，仅风荷载作用下接触导线高度 5 300 mm 处的支柱挠度不大于 50 mm。H 型钢柱制造规格、长度应满足接触网安装尺寸及荷载方面的要求。H 型钢柱柱身采用热轧 H 型钢，底板（或法兰盘）采用热轧钢板，H 型钢及底板的材质防腐方式采用热浸镀锌防腐。

钢柱的缺点是维修工作量大，运营中需定期进行除锈和涂漆的保养工作，支柱与基础连接部分用混凝土封堵，称为基础帽，以保证地脚螺栓不致锈蚀或受碰撞弯曲，有关钢柱基础及其施工安设等内容将在本书第四章中详细介绍。

## 二、按支柱用途分类

支柱按其在接触网中的作用可分为中间支柱、转换支柱、中心支柱、锚柱、定位支柱、道岔支柱、软横跨支柱、硬横跨支柱及桥梁支柱等几种。图 1-2-5 所示为以上各种支柱安设位置图。

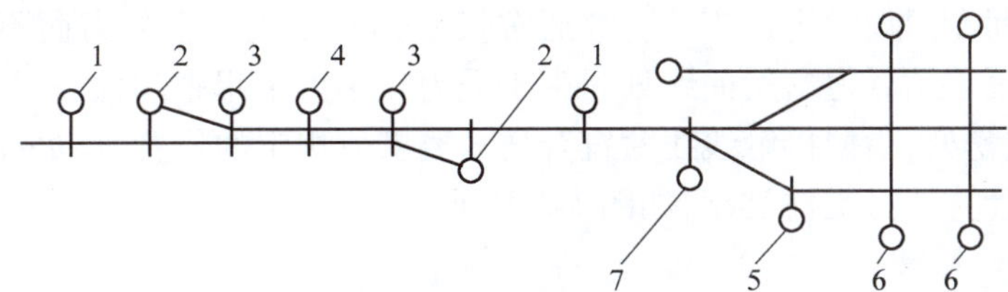


图 1-2-5 支柱安设位置

1—中间支柱；2—锚柱；3—转换支柱；4—中心支柱；5—定位支柱；6—软横跨支柱；7—道岔支柱

### 1. 中间支柱

中间支柱在区间和站场上广泛使用，它承受工作支接触悬挂的重力及风作用于悬挂上的水平分力，中间支柱所承受的力矩比较小，一般选 H38 支柱，如图 1-2-6 所示。

### 2. 锚柱

在接触网锚段关节处或其他接触网下锚的地方需设锚柱，锚柱承受两个方向的负荷，在垂直线路方向起中间支柱的作用，在顺线路方向，承受接触悬挂下锚的全部拉力。锚柱分为带下锚拉线和不带下锚拉线两种，分腿式钢柱用作锚柱时可不带拉线，其余锚柱用作下锚时均带拉线，如图 1-2-7 所示。

图 1-2-6　中间柱

图 1-2-7　锚柱

### 3. 转换支柱

转换支柱位于锚段关节处的两棵锚柱之间，它承受接触悬挂下锚支和工作支线索的重力和水平力，电力机车受电弓在此支柱处进行两个锚段线索的转换，一般多采用 H78 的支柱，如图1-2-8 所示。

### 4. 中心支柱

在四跨锚段关节处，位于两棵转换支柱中间的那棵支柱称为中心支柱。它同时承受两组工作支接触悬挂的重力和水平力，两工作支接触线在此柱定位点处呈水平状，且使两支接触线线间距离符合技术要求，如图 1-2-9 所示。

### 5. 定位支柱及道岔支柱

当接触线由于某些原因对受电弓中心偏移过大时，为确保电力机车受电弓正常接触取流不发生脱弓事故，而专门设立定位支柱。它通常仅承受接触线水平分力而不承受接触悬挂的垂直分力，一般多设于站场道岔后曲线处。由于受力较小可采用中间柱。

在站场两端道岔处，为使接触线线岔符合技术要求所规定的位置，该处往往需设立道岔支柱，根据支柱容量计算选择支柱类型，如图 1-2-10 所示。

### 6. 软横跨支柱

软横跨支柱一般用于跨越多股道的站场上，由于受力较大，多选用容量较大的支柱，跨越五股道及以下的软横跨柱可用钢筋混凝土支柱；五股道以上软横跨则采用钢柱，如图 1-2-11 所示。

图 1-2-8　转换支柱

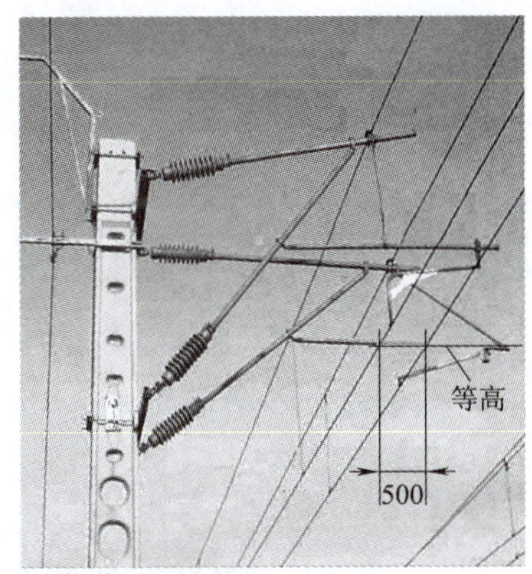


图 1-2-9　中心支柱(单位:mm)

图 1-2-10　道岔支柱

图 1-2-11　软横跨支柱

### 7. 硬横跨支柱

硬横跨支柱多用于高速铁路全补偿链型悬挂的站场上,一般是为固定承力索中心锚结绳而设立的。在某些特殊地段,如站场伸入高架桥梁上时,用双线路腕臂支柱或软横跨都不方便时,可考虑采用硬横跨,硬横跨支柱为钢柱,如图 1-2-12 所示。

除上述几种支柱外,还有桥梁专用支柱及其他特殊支柱,将在本章第十六节中介绍。

图 1-2-12　硬横跨支柱

## 思考练习题

1. 接触网支柱按材质分为哪几种?
2. 举例说明接触网支柱的型号意义。
3. H 型钢柱有哪些优点?
4. 支柱按用途分为哪几种?
5. 锚柱主要承受哪两个方向的负荷?

# 第三节　腕臂支柱装配

## 学习目标

1. 掌握绝缘腕臂的分类、结构及各部件的名称;
2. 掌握腕臂的装配要求;
3. 掌握中间柱的装配结构和要求;
4. 了解转换柱、中心柱和道岔柱的装配结构。

腕臂是接触网支持装置的重要组成部分,接触悬挂通过腕臂悬挂在支柱上。

## 一、腕臂的作用、要求与分类

### (一)腕臂的作用与要求

腕臂安装在支柱上部,一般使用圆形钢管、铝管或用槽钢、角钢加工制成,用以支持接触悬挂,并起传递负荷的作用。

对腕臂的要求是具有足够的机械强度,结构尽量简单、轻巧,易于施工安装和维修更换。腕臂的选用应保证技术要求,并力求经济合理。腕臂的长度与其所跨越线路的股道数目,接触悬挂的结构高度,支柱侧面限界和支柱所在位置(即支柱设在直线上还是设在曲线区段;是在曲线内侧还是在曲线外侧)等因素有关。腕臂跨越股道数目越多,接触悬挂结构高度越高,支柱侧面限界越大,则腕臂就应长大些。

腕臂应配合平腕臂使用,平腕臂既能承受拉力又能承受压力,并且使整个支持装置的结构更加稳定。平腕臂的材质一般和腕臂相同。

### (二)腕臂的分类

腕臂按其与支柱之间是否通过绝缘装置分为绝缘腕臂和非绝缘腕臂两类。

#### 1. 绝缘腕臂

我国目前在接触网上普遍采用绝缘腕臂,安装结构如图 1-3-1 所示。它是用外径 60 mm 圆形钢管经热镀锌加工而成,其根部通过棒式绝缘子与安设在支柱上的腕臂底座相连,顶端平腕臂并通过棒式绝缘子固定在支柱顶部平腕臂底座处。

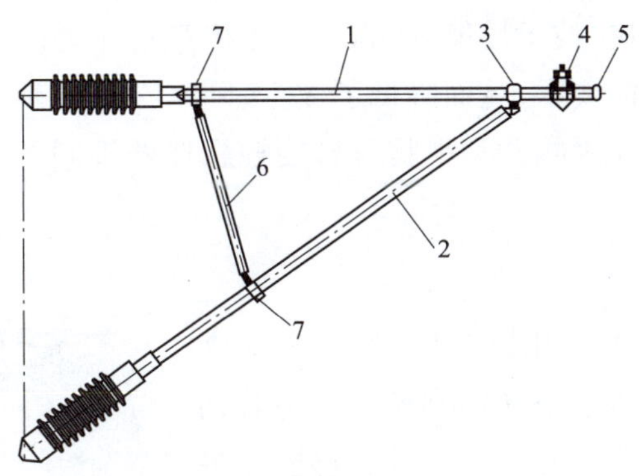


(a) G型钢腕臂支撑装置示意图

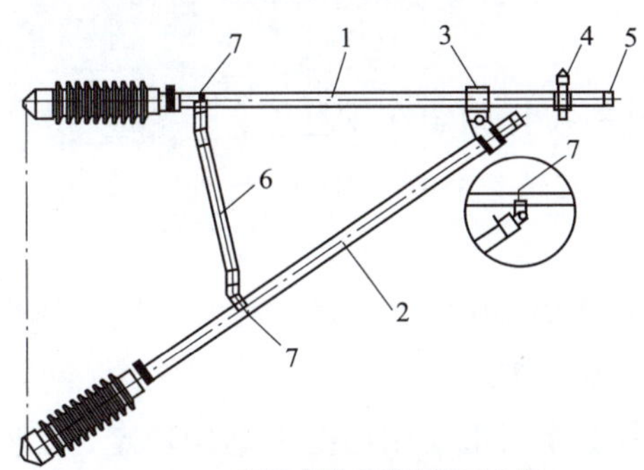


(b) L型钢腕臂支撑装置示意图

图 1-3-1　绝缘腕臂支撑装置示意图

1—平腕臂;2—斜腕臂;3—套管;4—承力索座;
5—管帽;6—支撑管;7—支撑管卡子

绝缘腕臂根部通过棒式绝缘子与安设在支柱上的腕臂底座相连,顶端平腕臂通过棒式绝缘子固定在支柱顶部平腕臂底座处。由于腕臂与平腕臂均通过绝缘子对地绝缘,故称为绝缘腕臂。

我国目前在接触网上普遍采用的绝缘腕臂支撑装置可分为钢腕臂支撑装置(G 型)和铝合金腕臂支撑装置(L 型)。其中钢腕臂支撑装置根据管材分为直焊缝钢管腕臂支撑装置(ZG 型)和无缝钢管腕臂支撑装置(WG 型)。铝合金腕臂支撑装置平腕臂和斜腕臂连接的方式有两种,分别为套管座连接和套管单耳连接方式,如图 1-3-1(a)和(b)所示,绝缘腕臂支撑装置组成见表 1-3-1。

表 1-3-1　腕臂支撑装置组成

| 型号 | | 零件 1 | 零件 2 | 零件 3 | 零件 4 | 零件 5 | 零件 6 | 零件 7 |
|---|---|---|---|---|---|---|---|---|
| G | ZG | PZG 型平腕臂 | XZG 型斜腕臂 | G 型双耳套管 | G 型承力索座 | 管帽 | G 型支撑管 | G 型支撑管卡子 |
| | WG | PWG 型平腕臂 | XWG 型斜腕臂 | G 型双耳套管 | G 型承力索座 | 管帽 | G 型支撑管 | G 型支撑管卡子 |
| L | | PL 型平腕臂 | XL 型斜腕臂 | 套管 | L 型承力索座 | 管帽 | L 型支撑管 | L 型支撑管卡子 |

绝缘腕臂结构灵巧简单，技术性能好，施工维修和安装方便，由于绝缘子安装在靠支柱侧，减少了对支柱容量和高度的要求，从而降低了成本，同时在混合牵引区段不易被污染，减少了清扫和维护绝缘子的工作。因腕臂和平腕臂与接触悬挂处于同等电位，使现场便于开展带电作业。

### 2. 非绝缘腕臂

在早期的电气化铁路上使用，因其绝缘子安装在腕臂顶部，结构笨重，安装维修困难，绝缘子容易脏污故早已淘汰，目前存在的只是用于 2 ~ 3 股道处，而另一侧又不能设立支柱时采用的直腕臂，结构如图 1-3-2 所示。

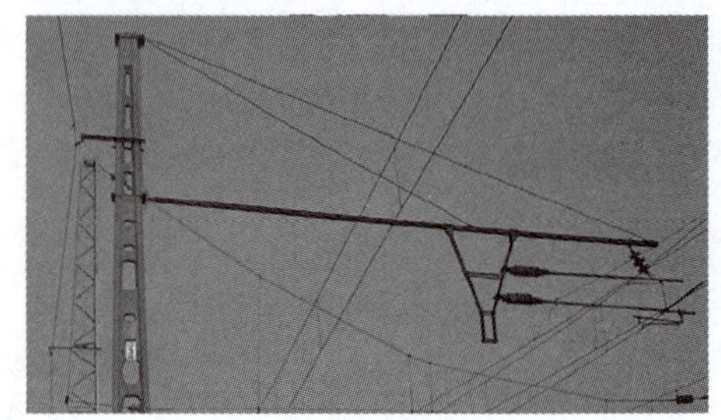

图 1-3-2　非绝缘直腕臂

直腕臂一般水平安设，通过斜拉杆固定在支柱上，其结构较复杂、笨重，要求支柱容量高 ，不利于施工安装和运营维修，应尽量避免采用。

无论是绝缘腕臂还是非绝缘腕臂，电气化铁路对腕臂支撑总体性能应符合以下规定：

(1)腕臂支撑装置的通用技术要求应符合《电气化铁路接触网零部件技术条件》的规定。

(2)腕臂支撑装置应在最大工作荷重使用情况下结构稳定、无弯曲变形、摆动灵活。

(3)腕臂支撑装置在组合状态下，总体机械性能应满足承力索座处水平荷重、垂直荷重、斜腕臂与定位管(或定位环)连接处水平荷重为标准荷重时，腕臂支撑装置中各部分挠度应符合设计要求；在上述各处荷重为 1.5 倍标准荷重时，腕臂结构中任何部位不发生塑性变形和滑移。

## 二、腕臂支柱装配

### (一)腕臂支柱装配的要求

腕臂支柱装配根据悬挂类型的不同分为简单悬挂、半补偿链型悬挂、全补偿链型悬挂支柱装配。根据支柱用途的不同分为中间柱、转换柱、道岔定位柱、锚柱和中心柱的装配，以及直线与曲线支柱装配。设计时还应考虑支柱侧面限界、拉出值和必要的安装调整范围。

接触线悬挂点高度，是指接触线无弛度时定位点处接触线距轨面的垂直高度，又称接触线工作高度，设计规范规定如下。

(1)最高高度：不应大于 6 500 mm。

(2)最低高度：

① 站场和区间(含隧道)接触线距轨面的高度宜取一致，其最低高度不应小于 5 700 mm；编组站、区段站及配有调车组的线、站，正常情况可不小于 6 200 mm，确有困难时不应小于 5 700 mm。

②既有隧道内(包括按规定降低高度的隧道口外及跨线建筑范围内)正常情况不应小于 5 700 mm，困难情况不应小于 5 650 mm，特殊情况不应小于 5 330 mm。

③开行双层集装箱列车的线路，接触线距轨面的最低高度应根据双层集装箱的高度和绝

缘距离计算确定。

接触线的最高高度，是根据受电弓的最大工作高度确定的，而最低高度的确定，是考虑了带电体对接地体之间的空气绝缘距离及通过超限货物的要求。接触线高度的允许施工偏差为±30 mm。

支柱侧面限界是指轨平面处，支柱内缘至线路中心的距离。在直线区段，通过超限货物列车的正线或站线必须大于2 440 mm；不通行超限货物列车的站线必须大于2 150 mm。曲线区段上述距离应按现行国家标准《标准轨距铁路限界 第2部分：建筑限界》（GB 146.2—2020）的规定加宽。采用大型养路机械化养护的路基路段，支柱侧面限界应满足大型机械作业的需要，不应小于3 000 mm。牵出线支柱侧面限界一般不应小于3 500 mm，困难情况下不应小于3 100 mm。基本站台上支柱的内缘距站台边缘应有不小于1 500 mm的轻型车通道。站台上的软横跨柱一般为5.0 m，支柱侧面规定限界见表1-3-2。

表1-3-2 接触网支柱规定侧面限界

<table>
<tr><th>支柱类别</th><th colspan="2">适用地点</th><th colspan="3">侧面限界 $C_x$（m）</th><th>说明</th></tr>
<tr><td rowspan="9">腕臂柱</td><td colspan="2" rowspan="7">一般区段</td><td>曲线半径 $R$（m）</td><td>曲线外侧</td><td>曲线内侧</td><td rowspan="7">本表适用于最高行车速度160 km/h、最大外轨超高150 mm的线路；当最高行车速度为100 km/h时，可采用括号内的数据，但 $R$ - 600 曲线内侧支柱的负误差只允许有50 mm</td></tr>
<tr><td>200 ~ 299</td><td>2.8</td><td>3.1</td></tr>
<tr><td>300 ~ 599</td><td>2.7</td><td>3.1</td></tr>
<tr><td>600 ~ 1 000</td><td>2.6</td><td>2.9(2.8)</td></tr>
<tr><td>1 001 ~ 4 000</td><td>2.6</td><td>2.9(2.7)</td></tr>
<tr><td>∞</td><td colspan="2">2.5</td></tr>
<tr></tr>
<tr><td rowspan="2">复线区段信号机前方<br>支柱、信号机均位于直线区段</td><td>进站信号机</td><td colspan="3">$s \geqslant 350$ m<br>（信号机）<br>$C_x$=2.5 2.6 2.8 2.8 3.0 3.1 3.1 2.5<br>$h$=1.6 1.6 1.6 1.6 1.6 1.4 1.4 1.6</td><td>1. $h$——拉杆底座与腕臂底座的距离；<br>2. 在 $s$ 范围内若支柱多于6根，剩多余支柱的 $C_x$ = 2.6 m，$h$ = 1.6 m；<br>3. 信号机处接触线对线路中心的偏移宜离开信号机</td></tr>
<tr><td>通过信号机</td><td colspan="3">$s \geqslant 250$ m<br>（信号机）<br>$C_x$=2.5 2.8 2.8 3.0 3.0 2.5</td><td>1. 在 $s$ 范围内若支柱多于4根，则多余支柱的侧面限界 $C_x$ 取2.8 m；<br>2. 信号机处接触线对线路中心的偏移宜离开信号机（即前进方向线路中心线的右侧）</td></tr>
</table>

链型接触悬挂的结构高度是指支柱定位点处，在接触线无弛度时，承力索与接触线间的垂直距离，其值大小应考虑最短吊弦长度，即保证在极限气温条件下，跨中最短吊弦顺线路方向与垂直方向的最大偏移值不得大于吊弦长度的1/3，还应考虑支柱高度、悬挂类型、调整范围及维修方便等因素，一般取1 100 ~ 1 700 mm。

### （二）支柱装配的分析

随着我国高速电气化铁路的发展，目前我国电气化铁路普遍采用平腕臂结构。装配结构中安设有平腕臂和单耳腕臂，平腕臂一般呈水平状态，腕臂为绝缘旋转式腕臂，承力索固定在承力索座内，定位器与定位管、定位管与腕臂之间均采用定位钩和定位环两种连接零件。不同点在于选择定位装置结构时要考虑接触线的工作性质，其变化方式较多，因此支柱装配结构的分析应以定位装置为主。

### 1. 中间支柱装配

中间支柱装配应用最广泛，根据支柱所在线路的不同分为以下几种：

(1)直线区段中间柱正(反)定位装配装配结构(图 1-3-3)

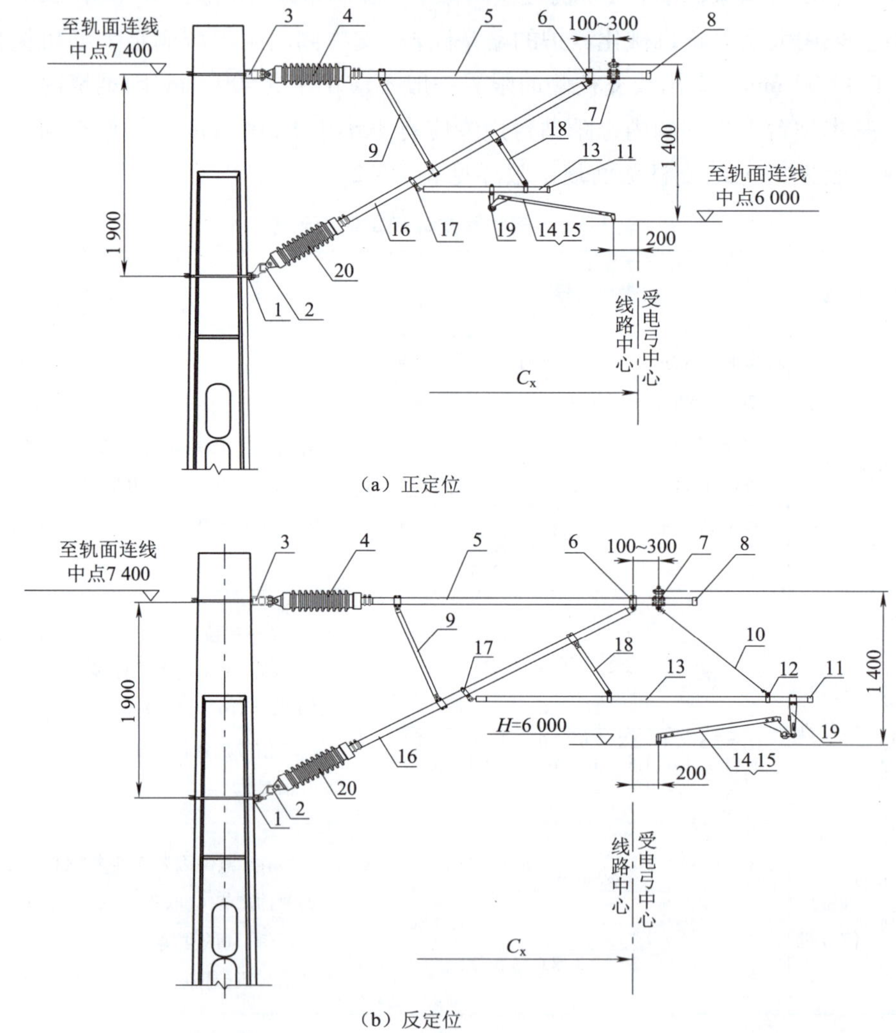


图 1-3-3　直线区段中间柱正(反)定位装配结构(单位:mm)

1—底座槽钢;2—特型旋转腕臂底座;3—压管底座;4—棒式绝缘子;5—平腕臂;6—ZG60 型套管双耳;7—承力索座;8—HT2 型管帽;9—定位管支撑;10—$\phi$3.5 mm 软态不锈钢吊线;11—$\frac{1}{2}$HT1 型管帽;12—1 $\frac{1}{2}$型定位管卡子;13—定位管;14—G2 型定位器;15—定位线夹;16—单耳腕臂;17—G60 型定位环;18—510 型定位管支撑;19—ZC48 型长定位环;20—棒式绝缘子

当接触线拉出值方向为支柱侧时采用正定位，拉出值方向为支柱对侧时采用反定位，定位装置的选择应以定位器处于受拉状态为原则。

定位器一端通过定位线夹与接触线相连，另一端通过定位钩与固定在定位管上的定位环连接，移动定位环在定位管上的位置，可以调节接触线的拉出值。定位管一端则经过定位钩与腕臂上的定位环相连，这种定位钩与定位环的连接形式是定位装置的通用连接结构。

定位管可以受拉也可以受压，当采用正定位时受拉，采用反定位时受压，由于受压状态不好，因此管子较粗。

上述装配结构不但可以固定和调整承力索、接触线的位置，又可以使整个支持装置顺线路方向作适当偏移，满足承力索和接触线，在气温变化时产生的伸缩性位移及相邻跨距线索受力不均匀时产生位移的要求。定位装置结构可保证定位器作上下左右适当移动，满足接触线定位点弹性的要求。

(2) 曲线半径 $R$ 为 1 200 ~ 4 000 m 区段上位于曲线外侧支柱的装配

该支柱一般选择直线正定位装配方式，由于支柱侧面限界增大，因而主定位管、腕臂、平腕臂应适当加长，承力索布置在接触线的正上方，其他装配与直线相同。

(3) $R \leqslant 1\ 000$m 区段上曲线外侧支柱装配

由于曲线半径小，接触线曲线水平力较大，超过 200 N 时，须采用软定位方式，如图 1-3-4 所示。

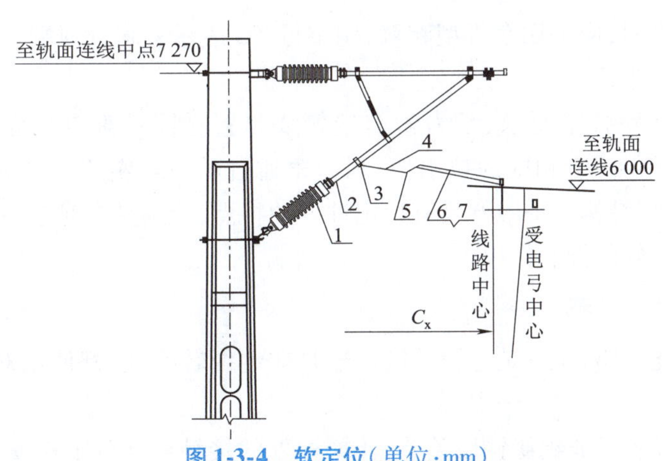


**图 1-3-4　软定位**(单位：mm)

1—棒式绝缘子；2—单耳腕臂；3—G60 型定位环；4—$\phi$3.5 mm 软态不锈钢吊线；
5—ZG60 型套管双耳；6—软定位器；7—定位线夹

(4) 曲线内侧支柱上的装配

在不同曲线区段内侧支柱上的装配结构如图 1-3-5 所示。

当支柱位于 $R = 300 \sim 400$ m 曲线内侧时，一般采用软定位方式。

因支持装置受到承力索、接触线曲线力的作用处于受压状态，这时所用腕臂应选 TG 型腕臂。反定位管用两股斜拉线固定在承力索上使其保持水平状态，斜拉线用 $\phi$4 mm 的镀锌铁线制成。由于这种装配，施工和调整较困难，所以在设计时应尽量避免采用。

上述几种中间柱的装配结构是目前链型悬挂广泛采用的形式，也是组成下面几种装配结构的基础。

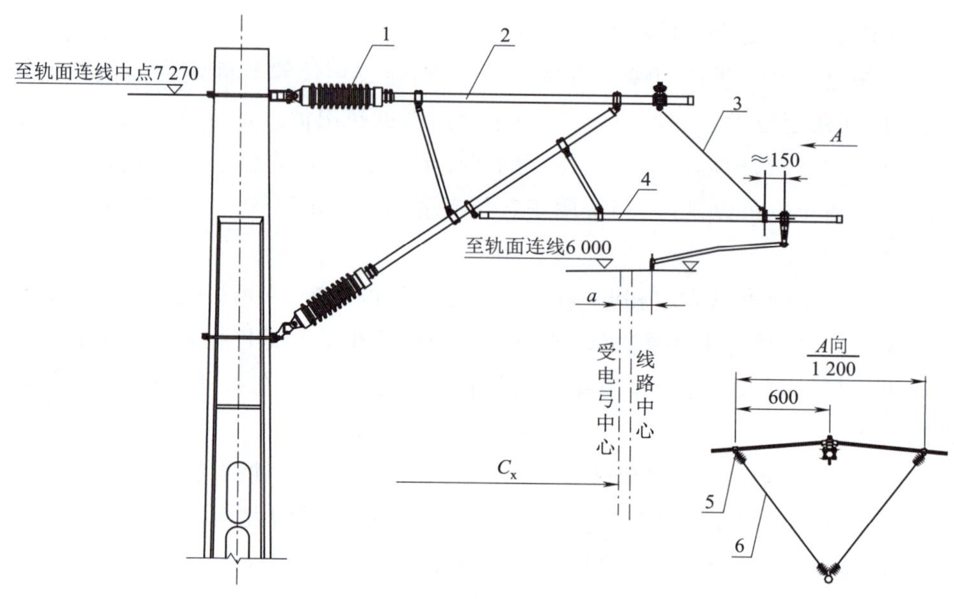


图 1-3-5　曲线区段内侧支柱上的装配结构(单位:mm)

1—棒式绝缘子;2—平腕臂;3—$\phi$3.5 mm 软态不锈钢吊线;4—长定位管;5—TC 型吊弦线夹;6—$\phi$3.5 mm 软态不锈钢吊线

当腕臂受力较大时,应采用套管型腕臂,用字母 TG 表示。腕臂顶端为防雨水或雪水流入可配用管帽防止管内生锈。

根据该段高速铁路技术要求,承力索与接触线布置在同一垂直平面内(即为直链型悬挂),因此承力索和接触线有相同的拉出值,承力索通过承力索座调整到规定位置,当风速较大时,采用定位管支撑结构。平腕臂具有稳定性好的特点,特别是在时速超过 200 km 线路上,对接触网振动有比较好的抑制作用。

### 2. 非绝缘转换柱的装配

我国高速电气化铁路,无论是绝缘转换柱还是非绝缘转换柱,都使用双腕臂,分别悬挂工作支和非工作支。

非绝缘转换柱设置于非绝缘锚段关节,转换柱处的接触悬挂分工作支和非工作支。在直线区段,根据两支悬挂下锚方式的不同有两种装配结构,如图 1-3-6 所示。

图 1-3-6 所示为全补偿链型悬挂的装配。因为在锚段关节内,两支承力索在温度变化时其纵向伸缩位移的方向相反,所以将工作支承力索放在承力索座内,靠两个腕臂的转动实现位移。

在曲线半径 $R=1\ 200\sim4\ 000$ m 时,转换柱无论是在曲线内侧还是在曲线外侧,其装配结构形式与直线相同,只是由于支柱侧面限界的增加,使腕臂、平腕臂和定位管的长度增加。

在曲线半径 $R\leqslant1\ 000$ m 时,转换柱位于曲线外侧,这时接触线工作支改为软定位,非工作支定位装置由定位管和支持器组成,如图 1-3-7 所示。

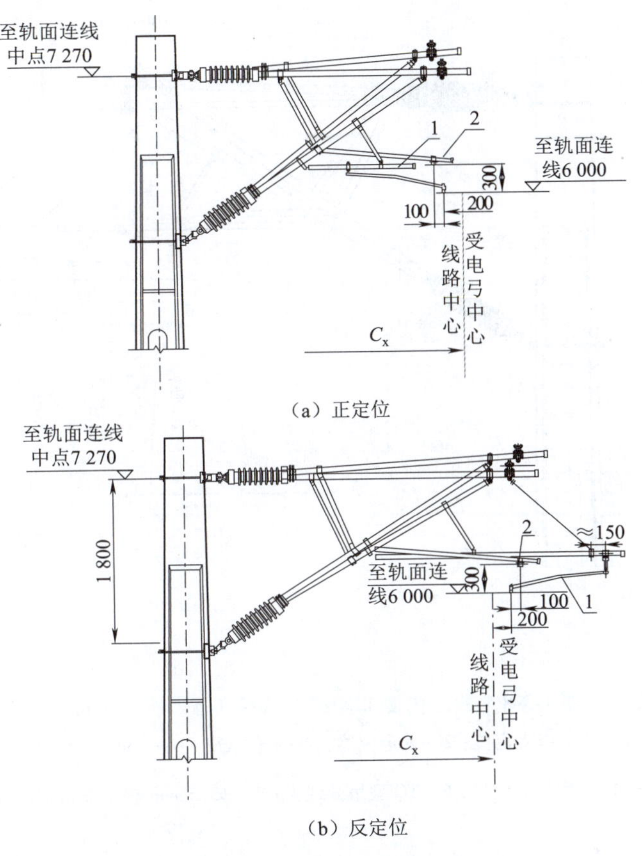


（a）正定位

（b）反定位

图 1-3-6　非绝缘转换柱装配结构（单位：mm）

1—工作支定位器；2—非工作支定位器

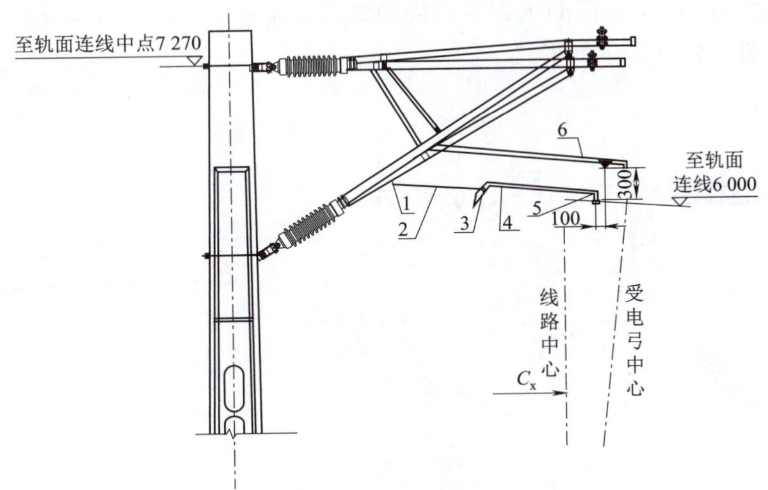


图 1-3-7　曲线外侧转换柱装配结构（单位：mm）

1—G60 型定位环；2—$\phi$3.5 mm 软态不锈钢吊线；3—G34 型定位环；

4—软定位器；5—定位线夹；6—非工作支定位

曲线内侧非绝缘转换柱装配一般都采用图 1-3-8 的形式。

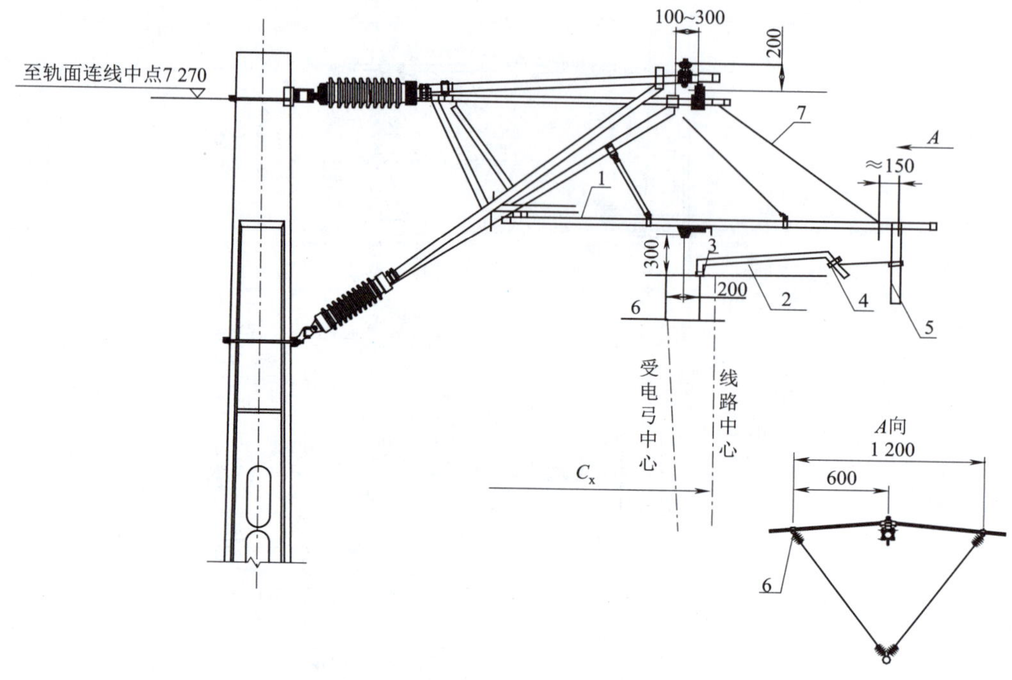


**图 1-3-8　曲线内侧非绝缘转换柱装配**(单位:mm)

1—非工作支定位;2—软定位器;3—定位线夹;4—G34 型定位环;

5—1 $\frac{1}{2}$ 型长定位柱;6—TC 型吊弦线夹;7—$\phi$3.5 mm 软态不锈钢吊线

### 3. 绝缘转换柱的装配

绝缘转换柱用于绝缘锚段关节,支柱上安装工作支和非工作支两组接触悬挂。根据绝缘锚段关节的技术要求,两个锚段的承力索和接触线之间应有足够的空气绝缘距离,在直线区段采用图 1-3-9 和图 1-3-10 所示的形式。

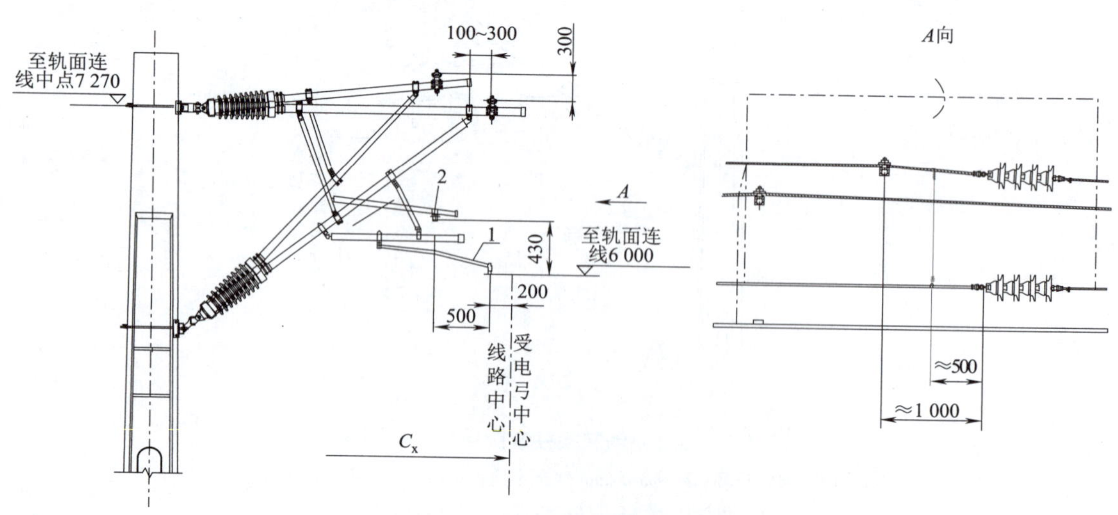


**图 1-3-9　绝缘转换柱正定位装配**(单位:mm)

1—工作支定位器;2—锚支定位卡子

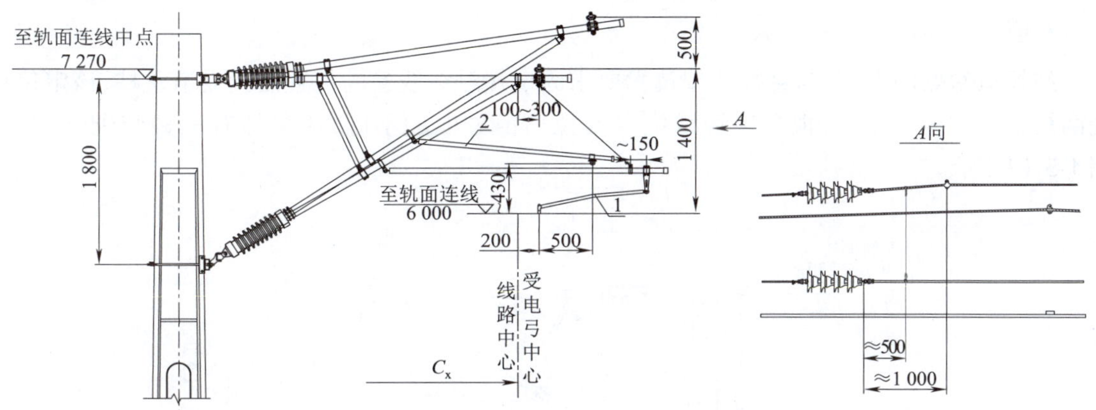


图 1-3-10　绝缘转换柱反定位装配(单位:mm)

1—工作支定位器;2—锚支定位卡子

当支柱位于曲线外侧时,在曲线半径 $R=1\ 200\sim4\ 000$ m 区段工作支采用正定位,非工作支定位装置由定位管、支持器和定位线夹组成。曲线半径 $R\leqslant1\ 000$ m 时,接触线工作支采用软定位,非工作支定位装置的结构大半径曲线相同,只是定位管要长些。

在同一线路状态下,根据工作支靠近转换柱还是远离转换柱又有两种装配结构,具体选择方法视接触网平面图上的设计要求来确定。

### 4. 中心支柱的装配

在四跨锚段关节内,中心柱是为了使受电弓实现两个锚段的平稳过渡而设置的,中心柱处两组悬挂均为工作支,两工作支之间要保持 500 mm 的空气绝缘距离,中心柱装配结构如图 1-3-11所示。当曲线半径 $R\leqslant1\ 000$ m 时,接触线两工作支均采用软定位。

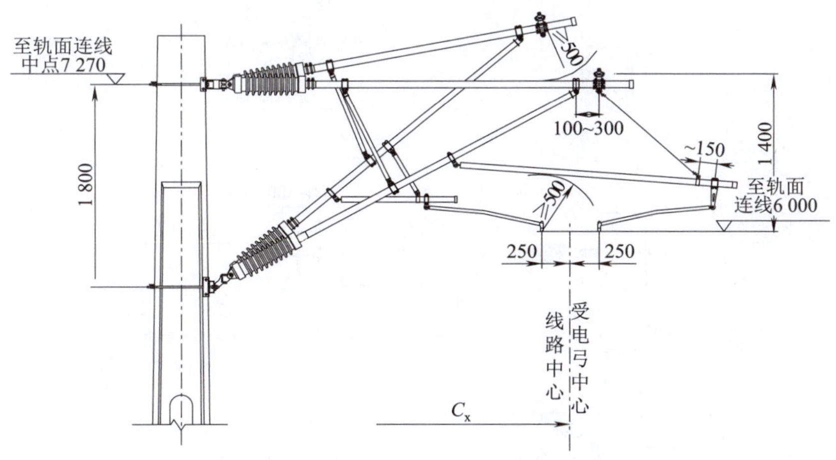


图 1-3-11　直线中心柱装配结构(单位:mm)

### 5. 锚柱的装配

锚柱装配形式是中间柱装配和下锚装配的组合,它与中间柱装配的不同点就是在支柱上多了一套下锚装置。

### 6. 道岔柱和定位柱的装配

站场道岔处的上空，为悬挂并按技术要求固定接触线线岔的位置需设立道岔柱，该定位点处两接触线均为工作支，根据接触线位置及拉出值方向的不同，道岔柱有三种装配结构，如图 1-3-12所示。

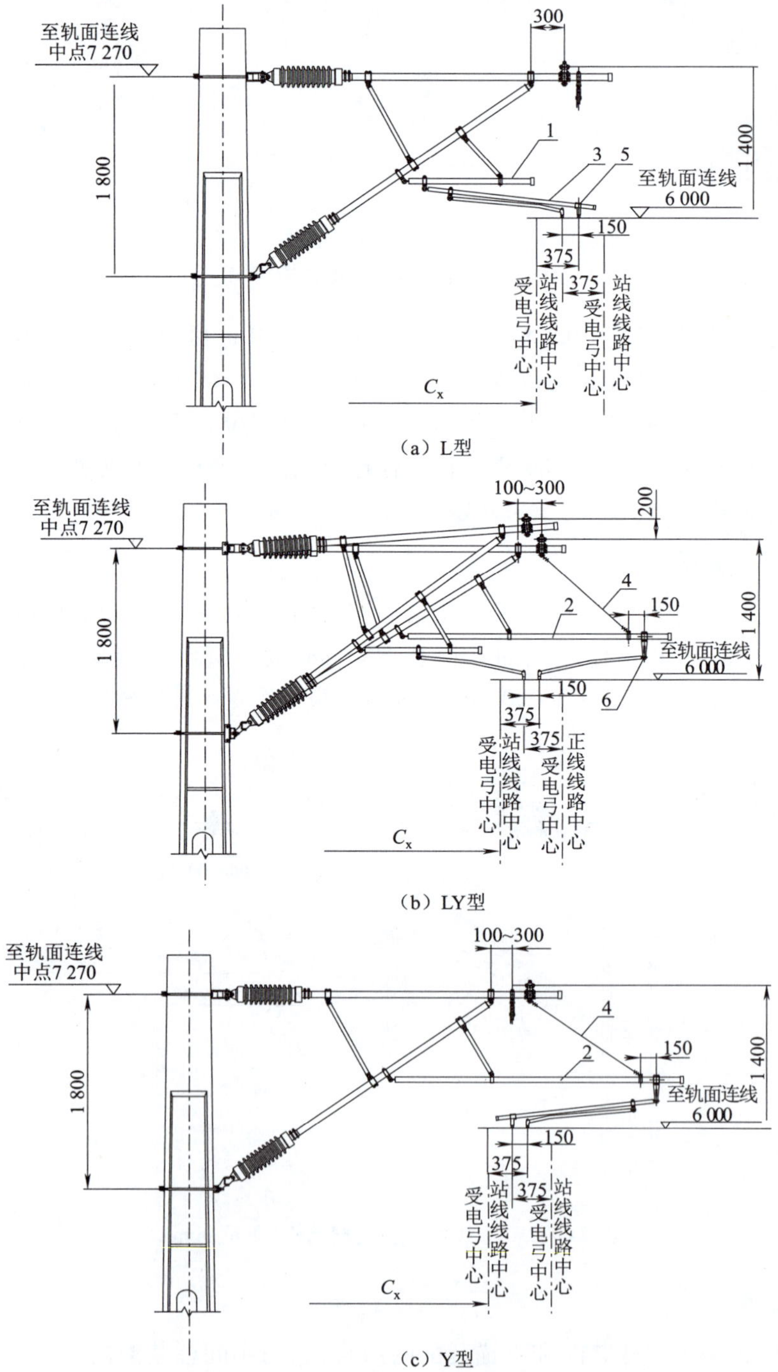

（a）L型

（b）LY型

（c）Y型

图 1-3-12　道岔柱装配结构（单位：mm）

1—定位管；2—长定位管；3—DC 型定位器；4—$\phi$3.5 mm 软态不锈钢吊线；5—长支持器；6—ZG48 型长定位环

其中L型装配为拉型结构，即两条接触线的拉出值方向都是拉向支柱，主定位管呈受拉状态。

Y型装配为压型结构，图1-3-12(c)中两条接触线拉出值方向为支柱的对侧，主定位管呈受压状态。

LY型装配又称拉压型结构，即两条接触线在道岔定位处的拉出值方向相反，主定位管一端受拉而另一端受压。

三种装配的选择要根据道岔定位处拉出值的方向来定，尽量选用受力较好的L及LY型结构。

在站场道岔处，各股道与道岔连接的线路状态不一样，有直线和曲线，而跨距一般是按正线情况选，因此不能完全兼顾邻线的曲线，造成该曲线上空接触线横向偏移过大，为此特设立专用定位柱。定位柱一般只考虑对接触线定位，可不考虑悬挂承力索。定位柱没有固定的装配结构，可视具体情况单独设计。

## 三、腕臂维修标准

根据《高速铁路接触网运行维修规则》要求，腕臂安装后应达到以下技术要求。

(1)腕臂底座应与支柱密贴，呈水平状态，两端高差不大于10 mm。安装高度符合设计要求，允许偏差±50 mm。多线路腕臂底座及连接件安装高度应满足最高轨面至横梁下缘的设计高度，允许偏差±50 mm。

双腕臂底座间距应满足要求。极限温度时，两支悬挂及零部件间距不得小于60 mm。

(2)腕臂不得明显弯曲且无永久性变形。

平腕臂端部余长为200 mm，平腕臂绝缘子端头距套管单耳100 mm，承力索座距双套筒连接器一般为300 mm，接触线悬挂点距吊钩定位环一般为400 mm。防风拉线环距定位器头水平距离600 mm，允许偏差$^{+50}_{-100}$ mm。

双线路腕臂应保持水平状态，其允许仰高不超过100 mm，无永久性变形。定位立柱应保持铅垂状态。

(3)平腕臂安装位置满足承力索悬挂点(或支撑点)距线路中心的水平距离规定；距轨面距离(即导线高度加结构高度)满足下述要求。

标准值：设计值。

标准状态：标准值±50 mm。

警示值：标准值±200 mm。

限界值：(以跨距中最短吊弦长度为依据界定)最短吊弦长度不小于300 mm。

(4)腕臂偏移。

标准值：符合安装曲线要求。

标准状态：标准值±50 mm。

警示值：标准值±100 mm。

限界值：任何情况下不得超过腕臂垂直投影长度的1/3。

(5)平腕臂抬头时和斜腕臂应安装管帽，水平或低头时不宜安装管帽。

(6)支持装置各部件组装正确。

腕臂上的各部件应与腕臂在同一垂直面内，铰接处转动灵活。定位管吊线钩开口，正定位时朝远离支柱侧，反定位时朝支柱侧；腕臂棒式绝缘子排水孔朝下；承力索座内的承力索置于受力方向指向轴心的槽内。

(7)定位管吊线两端均装设心形环，线鼻子采用压接方法固定。

## 思考练习题

1. 腕臂的作用是什么？对腕臂有什么要求？
2. 详细说明腕臂的分类。
3. 什么是接触线的工作高度？它的最高与最低高度是多少？根据什么确定这两个高度？
4. 说明支柱侧面限界和结构高度的意义。
5. 叙述中间腕臂柱的装配结构。
6. 在什么情况下使用软定位和反定位装配？
7. 应如何选择道岔住装配结构？
8. 腕臂维修标准是什么？

# 第四节　接触网线索

## 学习目标

1. 掌握铜接触线和钢铝接触线的规格、型号及检调要求；
2. 掌握钢承力索的规格型号；
3. 了解接触网的附加悬挂；
4. 了解线索的维修要求。

## 一、接触线

接触线是直接和受电弓滑板摩擦接触的，电力机车从接触线上取得电能。因此接触线既要有足够的机械强度又要有良好的电气性能。

电气化铁路接触网用的接触线，其材料一般是采用铜、铜银合金、高强度铜银合金、铜锡合金、铜镁合金、高强度铜镁合金等，满足接触网受流需要。接触线制成带沟槽的圆柱状，沟槽是为了便于安装固定接触线的线夹，同时又不影响受电弓取流。接触线底面与受电弓接触的部分呈圆弧状。

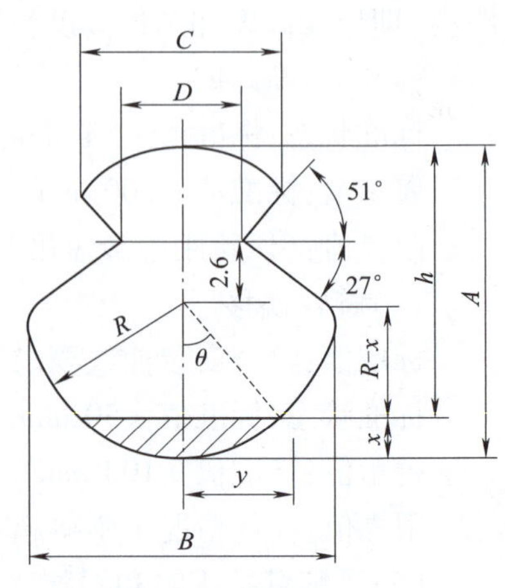

图 1-4-1　铜接触线截面

### (一)铜接触线

铜接触线的截面如图 1-4-1 所示，规格和物理性能见表 1-4-1，采用铜合金可以明显改善纯铜接触线的耐热性能，提高软化温度以及力学强度等，同时利用多元微量的原则，使合金元素对电导率的影响降至最小，满足高速电气化铁路对接触线的要求。常用的合金元素主要有 Ag、Cd、Cr、Zr、Sn、Mg、Re 等。铜合金接触线高温强度高，耐磨性好，而相对电导率下降不大，以优异的综合性能在电气化铁路接触网中占主导地位。从运输、供电安全可靠、减少维修及技术经济方面考虑，我国提倡在重载、繁忙干线、高速线路及大修换线工程中推广使用铜合金接触线。国外高速电气化铁路几乎全部采用铜合金接触线。

表 1-4-1　铜接触线规格

| 接触线型号 | 标称截面（$mm^2$） | 尺寸规格及允许偏差（mm） | | | | 单位质量（kg/km） |
|---|---|---|---|---|---|---|
| | | *A* | *B* | *C* | *D* | |
| TCG-110 | 110 | 12.3 ±0.22 | — | — | — | 979 |
| TCG-85 | 85 | 10.8 ±0.22 | 11.76 ±0.23 | — | — | 760 |
| AgCu120 | 120 | $13^{+0.13}_{-0.26}$ | $13^{+0.13}_{-0.26}$ | 9.75 ±0.2 | 6.85 | 1 070 |

### 1. 银铜合金型接触线

银铜合金型接触线包括银铜和铜锡银。我国银铜和铜锡银接触线的性能与国外相当，但在接触线的平直度上尚需稍微改进提高，以降低受电弓和接触线的离线率。对银铜合金型接触线的研究主要集中于添加第二元素甚至第三元素对银铜合金接触线性能的影响。微量稀土元素的加入可以提高银铜接触线的强度、硬度和耐热性，强度可达 470 MPa，相对于银铜接触线提高了 73 MPa；而对银铜接触线的导电性影响很小。

### 2. 锡铜合金型接触线

世界各国高速铁路大多采用的接触线以铜锡合金和铜镁合金为主。相比之下，铜锡合金接触线制造工艺简单，成品率高，价格相对便宜。

### 3. 铬锆铜合金接触线

Cu-Cr-Zr 接触线具有较高的力学性能，最显著的特点是再结晶温度远远高于纯铜的再结晶温度，且具有较高的高温强度。Cr 元素在铜基体中的固溶度很小，尽量避免了溶质原子对铜基体导电性能的不良影响。锆熔点高，耐蚀性好。同时，铬和锆都能形成氧化物，能够使铜基体达到晶粒细化的目的，有利于提高接触线的抗拉强度。在 Cu-Cr-Zr 中添加微量元素 Mg、Si 形成多元强化相能明显提高铜合金的耐高温性能，硬质点 Cr 大大提高了接触线的耐磨性能，抗拉强度和电导率可以达到 555.5 MPa 和 78.8% IACS。

### 4. 镁铜合金接触线

德国和西班牙多采用铜镁合金接触线。铜镁合金的抗拉强度可以达到 500 MPa，且同等合金含量的铜镁接触线比铜锡接触线耐磨耗性能好，耐高温性能也更优异。但是，铜镁接触线的制造工艺比铜锡接触线复杂且工序较多。镁的含量越高，加工难度越大，当镁的含量超过 0.7% 时，加工过程中接触线易发生碎断。由于铜镁接触线制造工艺的复杂性，其产量较低。高强度铜镁合金接触线可承受很大悬挂张力，其截面又小，有利于提高接触线波动传播速度，提高列车运行速度。铜镁合金线耐热性能好、耐磨耗。虽然其电导率较低，但与铜合金承力索配套使用，工艺相对较简单，成本相对较低。通过连续铸造及连续挤压工艺，使连续铸造成型的无氧铜镁合金铸杆的铸态晶粒破碎，并在变形热的作用下产生再结晶形成具有细晶组织的铜镁合金接触线杆坯，将该杆坯进行冷加工制备出具有超细晶强化效果的高强度铜镁合金接触线。其生产工艺简单可靠，产量及质量完全满足现有高速电气化铁路的要求。

根据面积不同，目前普速使用较多的有 TCG110、TCG100、TCG85 三种。高速铁路线路上主要采用银铜合金 TB/T2821-110/120/150 型接触线。TCG110、TCG100 主要用于站场正线和区间，TCG85 主要用于站场侧线。其符号意义：TCG 表示铜接触线，其中 T 表示铜，C 表示（电）车线，G 表示沟形；110、100、85 表示接触线的横截面积，单位为 $mm^2$。

### （二）钢铝类接触线

钢铝接触线是通过压力加工机械包覆结合在一起。其存在的问题有：

（1）结合强度低，会出现分离。

（2）钢铝两种金属的电化学势不同，存在电化学腐蚀。

（3）钢铝接触线抗盐雾、大气腐蚀性能差。

（4）接头多、易断裂、接触网可靠性差。由于铝电导率低，为保证较大的载流量，需增大导线的截面积，从而使导线对风、冰、雪的负载增大。我国改型生产的 CGLN-250 型铝包钢接触线和日本研制开发的 TA-196 铝包钢接触线，抗拉强度和电导率都较低，但由于截面积大，在准高速和高速接触网中均可满足拉断力的要求。

### （三）铜包钢类接触线

铜包钢接触线的铜复比可在 20%～85% 之间变化，故可制成不同电导率与强度相匹配的导线。研究和开发高质量的国产铜包钢接触线具有重要的意义。铜包钢线材的生产方法主要有铸造热压法、电镀法、浸涂上引法，以及连续挤压包覆法等。其中，连续挤压包覆技术设备投资少，生产率高，铜包覆层厚度均匀、无露点、无焊缝，内在质量好，电导率高，成本低，是理想的生产工艺。

### （四）接触线磨耗

接触线在与受电弓接触受流过程中，会发生磨损，称为接触线磨耗。

接触线磨耗测量一般一年一次，测量点通常选在定位点、电连接线、导线接头、中心锚结、电分相、电分段、锚段关节、跨距中间等处。测量磨耗要利用游标卡尺，测量磨耗后接触线的直径残存高度，然后对照该型号接触线磨耗换算表，即可查出该点接触线磨耗截面积（磨掉的截面积）。

## 二、承力索

承力索的作用是通过吊弦将接触线悬挂起来。要求承力索能够承受较大的张力和具有抗腐蚀能力，并且在温度变化时弛度变化较小。承力索根据材质一般可分为铜承力索、钢承力索、铝包钢承力索三类多种规格。

### （一）铜承力索

铜承力索导电性能好，可做牵引电流的通道之一，和接触线并联供电，降低压损和能耗，且抗腐蚀性能高。但铜承力索消耗铜多，造价高且机械强度低，不能承受较大的张力，温度变化时弛度变化也大。规格型号有 TJ-95、TJ-120 等几种，TJ 表示铜绞线，数字表示截面积，规格见表 1-4-2。

表 1-4-2 接触网线索型号规格

| 型号 | 截面积 ($mm^2$) | 股数与单股直径 (mm) | 计算直径 (mm) | 有效电阻 (Ω·/km) | 单位质量 (kg/km) | 制造长度 (mm) |
|---|---|---|---|---|---|---|
| TJ-70 | 70 | 19×2.14 | 10.6 | 0.28 | 618 | 1 500 |
| TJ-95 | 95 | 19×2.49 | 12.4 | 0.20 | 837 | 1 200 |
| TJ-120 | 120 | 19×2.80 | 14.0 | 0.158 | 1 058 | 1 000 |
| TJ-150 | 150 | 19×3.15 | 15.8 | 0.123 | 1 388 | 800 |

## (二)钢承力索

钢承力索用镀锌钢绞线制成,强度高、耐张力大,安装弛度小且弛度变化也小,节省有色金属又造价低。但电阻大,导电性能差,一般是不允许导流的。钢承力索不耐腐蚀,使用时还要采用防腐措施。常用规格有 GJ-100、CJ-70 两种,CJ-100 用于 3T 系悬挂,GJ-70 用于 2.5 T 系悬挂(接触线与承力索张力之和为 3 t 或 2.5 t)。

## (三)铝包钢承力索

铝包钢承力索是铝覆钢线和铝线铰合而成,主要以铝覆钢线中的钢芯部分承受张力,覆铝层和铝线载流,导电性能好,机械强度和抗腐蚀性能较好。

GJ 表示为钢绞线,数字表示承力索的标称截面积,多采用 7 股和 19 股两种。型号规格分别见表 1-4-3 和表 1-4-4。

表 1-4-3 7 股钢绞线型号规格

| 单股钢绞线钢丝 1×7=7 | | | | | | | | | | | |
|---|---|---|---|---|---|---|---|---|---|---|---|
| 标称截面 ($mm^2$) | 钢绞线外径 (mm) | 股数及单股外径 (mm) | 总截面 ($mm^2$) | 抗拉强度 ($N/mm^2$) | 破坏拉力不小于(N) | | | | | | 单位质量 (kg/km) |
| | | | | | 标准抗拉强度不小于($N/mm^2$) | | | | | | |
| | | | | | 1 000 | 1 100 | 1 200 | 1 300 | 1 400 | 1 500 | |
| 10 | 4.2 | 7×1.4 | 10.77 | 1 400～1 900 | | | | | | | 92.3 |
| 30 | 7.2 | 7×2.4 | 31.34 | 1 200～1 800 | 29 000 | 32 000 | 34 800 | 37 800 | 40 700 | 43 600 | 270.9 |
| 50 | 9.0 | 7×3.0 | 49.49 | 1 200～1 700 | 45 400 | 50 000 | 54 500 | 59 100 | 63 600 | 68 200 | 423.7 |

表 1-4-4 19 股钢绞线型号规格

| 单股钢绞线钢丝 1×19=19 | | | | | |
|---|---|---|---|---|---|
| 标称截面 ($mm^2$) | 钢绞线外径 (mm) | 股数及单股外径 (mm) | 总截面 ($mm^2$) | 抗拉强度 ($N/mm^2$) | 单位质量 (kg/km) |
| 10 | 4.0 | 19×0.8 | 9.55 | 140～220 | 81.4 |
| 30 | 7.0 | 19×1.4 | 29.23 | 140～190 | 249.2 |
| 40 | 8.0 | 19×1.6 | 38.18 | 130～190 | 325.3 |
| 50 | 9.0 | 19×1.8 | 48.26 | 130～190 | 411.1 |
| 70 | 11.0 | 19×2.2 | 72.20 | 120～190 | 615.0 |
| 100 | 13.0 | 19×2.6 | 100.89 | 120～180 | 859.4 |

### (四)承力索的防腐

钢绞线的弱点是易生锈腐蚀,虽然出厂时表面镀了一层锌,但因污染外表镀锌层很快就会脱落。为了延长寿命,使用时一律涂上防腐油脂,一般规定每 3 ~4 年涂防腐油一次,在夏秋季节进行。

防腐油配方为中性工业凡士林占 77%,松香占 15.4%,煤油占 7.6%。

配制方法是先将凡士林油脂加热稀释并将松香碾成粉末状,按比例倒入煤油中搅拌。过两个小时后,待松香溶于煤油中,再加入凡士林油中搅拌均匀即可使用。

涂油时,先用钢丝刷将钢绞线上的锈和污垢除掉,然后用毛刷清扫干净,再涂防腐油,油脂完全覆盖钢索表面。雨雾天不能进行涂油,否则影响质量,带来隐患。

## 三、附加导线

接触网的附加导线包括供电线、保护线、正馈线、架空地线、捷接线、并联线、加强线、回流线等。但各种附加导线并不同时出现在一种供电方式中,而是因供电方式的不同以不同的组合形式出现。附加导线的特点是工作时只起电气联结作用而无机械状态和空间位置的变化。有些线只有在事故状态才起作用。附加导线是为了供电系统的完善、有利于供电质量的提高和减小对相邻系统的不良影响而设置的,是保证供电系统可靠运行和维持良好的供电质量不可缺少的组成部分。

### (一)供电线

供电线有时又称馈电线,用 F 表示,它是牵引变电所、分区亭、开闭所与接触网连接的线路。其作用是将牵引变电所的电能输送到接触网上,一般送至接触网电分相两侧。供电线与接触网同杆架设在支柱田野侧,当有供电线和回流线同杆架设时,供电线悬挂在最高处。供电线、吸上线、扼流变压器和回流线位置关系如图 1-4-2 所示。

图 1-4-2 供电线、回流线、吸上线和扼流变压器

### (二)回流线

在 BT 供电方式和直供加回流线供电方式中,电流的回路是牵引变电所—馈电线—接触网—电力机车—钢轨—扼流变—吸上线—回流线—牵引变电所。回流线的作用是将牵引电流回送到牵引变电所和减少以至消除接触网线路对通信线路的干扰。

回流线一般采用 LGJ-185 型或 LGJ-150 型钢芯铝绞线,并架设在接触网支柱的田野侧。同时,每隔一定距离(1 ~2 km),用吸上线将钢轨和回流线进行连接,以保证回流线的作用和防护效果。

吸流变压器的变比为 1:1,当牵引电流流经吸流变压器一次[侧]时,二次[侧]也反向流过同样大小的电流。实际上这部分电流是通过吸上线在钢轨及大地回流中取得的。这部分电流由回流线流回牵引变电所,于是吸上线到牵引变电所间的钢轨和大地回流近似为零。

供电线的截面积要根据通过电流的大小来决定,目前常采用 LJ-150 和 LJ-185 两种铝绞线，损伤面积小于标准截面的7%时，可将断股处磨平并用铜线扎紧，断股损伤面积在7%～25%时要局部补强，用并沟线夹将同材质线索在损伤处两侧夹持，如图1-4-3所示。断股破损面积大于25%，必须更换或截断做接头。锚段内供电线、回流线接头，断股和补强线段总数分别不得超过下列规定：

①锚段长度在800 m及以下为4个，锚段长度在800 m以上为8个。

②供电线、回流线与接触网同杆架设时，带电部分距支柱边缘的距离，回流线不得小于0.8 m，供电线不得小于1 m。

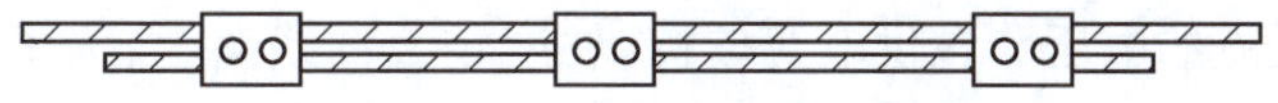

图1-4-3 供电线补强示意

### （三）保护线（PW线）

保护线用于AT供电区段，如图1-4-4所示的保护线经保护跳线与接触网绝缘子接地端相连，因此当绝缘子发生闪络或击穿时，保护线会给短路电流提供一个良好的金属通路，使变电所继电保护装置迅速动作，达到及时反映和排除故障的目的。

图1-4-4 保护线、正馈线和架空地线

保护线的电压一般为200～300 V，短路故障时可达3 000 V左右。由于保护线不流过牵引电流，只有在发生短路故障时，保护线才流过短路电流所以保护线采用钢芯铝绞线。郑武线采用的是LGJ-70，既满足电流要求，也保证了机械强度。

AT供电区段保护线与正馈线、接触网设备同杆架设，而且保护线经保护跳线与正馈线、接触网接地端连接，所以在安装保护跳线时要充分考虑与正馈线之间的距离，防止因跳线与正馈线之间空气绝缘间隙不够，造成放电，烧断正馈线。根据《铁路技术管理规程（普速铁路部分）》（以下简称《技规》）规定：接触网带电部分至固定接地物的距离，不小于300 mm；至机车车辆或装载货物的距离，不小于350 mm。

### （四）正馈线（AF线）

正馈线用于AT供电区段，AT供电方式一个特点是有一根与接触网电压（27.5 kV）相同的正馈线（简称AF线），AF线采用硬铝绞线，郑武线郑漯段AF线采用LJ-185。AF线与PW线同时悬挂在支柱田野侧（AF、PW）线肩架上，PW线靠支柱侧、AF线靠田野侧，在停电作业时，AF线和接触线的地线同时接钢轨，而PW线经接地柱接大地。

### （五）架空地线

在AT供电方式中，在基本站台或中间站台上，为了人身安全，除设了保护线外，还在支柱顶部架设了一段架空地线（GW线），架空地线在站台的两端外侧下锚，并每端各打一个接地极，直接固定在支架上，并与钢柱相连，所以GW线是保证站台上人身安全、使站台钢柱有双重保护的一根架空地线，一般用CJ-50，但为了与PW线线材统一，减少备料等原因，郑武线GW线采用LGJ-70钢芯铝绞线。

### (六)捷接线

在线路弯曲、坡度较大及运输繁忙的区段上,由于接触网通过的电流较大,路径较长,易造成电压损失较大,影响电力机车正常工作。为了提高供电臂末端电压,一般在接触网迂回弯折的最近处,设置捷接线以缩短电流的流动路径,捷接线的架设与供电线基本相同。其跨距较大,对导线的机械强度要求较高,一般采用 LGJ-120 型钢芯铝绞线。

### (七)并联线

由电工原理可知,并联电路可以减小线路阻抗,减小线路的电能损耗和线路上的电压降,也就提高了末端并联点的电压。在供电臂较长、坡度较大的线路上,为了减小线路阻抗,有时采用并联供电的方法提高接触网的末端电压。并联线为一相一地的架空电力线路,采用钢芯铝绞线为连接导线,截面以线路具体情况经计算选择。

### (八)加强线

当铁路线比较平直时,采用架空电力线路形式的并联线就不经济了,可改为沿接触悬挂架设,将腕臂长度适当延长,末端以钩头鞍子悬挂导线使其位于承力索的上方,称为加强线。加强线也是采用钢芯铝绞线,截面规格根据所需的分流量或应补偿的接触网电压损失值经计算而定,同时要满足线路架设本身对机械强度的要求。

## 四、线索常见故障分析

断线是接触网线索最常见的故障现象,断线故障对接触网的运行影响很大,主要表现在两个方面:

(1)直接造成供电中断。而且如果断线处的断头未落地并未引起牵引变电所跳闸,则因接触续张力及弛度的急剧变化,可能会在其他位置引起刮弓事故;如果断线处的断头落地,则造成接触网对地短路放电,短路电流可能会损坏、烧断承力索或接触网其他设备及零部件。

(2)接触线断线后,如果锚段关节处补偿装置的制动装置失灵或动作情况不良,则坠砣落地或较长距离下移,可能会出现拉坏、拉脱定位,拉偏、拉脱吊弦,拉偏、拉坏腕臂及电连接器等事故范围扩大的情况。

接触网运行过程中引起断线故障的原因有很多,具体表现为:

### (一)烧断

(1)电连接线夹与接触线接触不良或电连接线夹与接触线的接触载流面不够,造成接触线烧伤、烧断。

(2)吊弦、定位、电连接器脱落造成接触网对电力机车、车辆短路放电,烧伤或烧断接触线。

(3)承力索断线后对大地或电力机车、车辆短路放电,造成接触线烧伤、烧断。

(4)绝缘子闪络或击穿造成接触网对大地短路放电,烧伤、烧断接触线。

(5)AT 供电方式中的正馈线或保护线断线后,断头部分或其他部分与接触线碰击或搭接,形成金属性短路造成接触线烧伤、烧断;断线部分与承力索搭接或碰撞,承力索被烧断股、断线的同时也相继造成接触线烧伤、烧断。

(6)与电力线路合架的区段中,电力线路断线后与接触网导电部位碰击或搭接,造成接触线烧伤、断线。

(7)电力机车支持绝缘子击穿或爆炸造成接触网对机车、大地短路，烧伤、烧断接触线。

(8)电力机车内部接地故障造成接触线烧断线。

(9)货物列车发生火灾造成接触线断线。

(10)隧道结冰，接触悬挂或接触网带电设备某部件通过垂下的冰柱对隧道壁或拱顶放电，造成接触线烧断线。

(11)弓网故障烧断接触线。

### (二)拉断

(1)接触线局部磨耗超标准未及时发现并处理被拉断。

(2)接触线局部损伤超标准(如被受电弓刮伤)未被及时发现并处理造成拉断。

(3)接触线被烧伤严重未被及时发现并处理造成拉断。

(4)腐蚀严重被拉断。

(5)接触线的接头线夹螺栓松动或线夹裂纹、开断造成接触线断线，或者某处接头线夹处有严重硬点造成局部磨耗严重被拉断。

(6)其他形式在接触线上安装的接头线夹或接头处形成硬点造成局部磨耗严重被拉断。

(7)塌方落石或飞石砸断接触线。

接触网线索一旦发生断线故障，波及范围广，组织抢修困难。因而必须在日常维修过程中做好预防工作，按规定时间及标准测量接触线的磨耗，对局部磨耗超过规定的及时进行电气补强、切断后做接头或换线。日常维修作业中注意检查接触线的损伤情况，发现局部损伤截面超过规定及时进行电气补强、切断后做接头或换线。日常巡视或维修时要注意接触线接头线夹处、绝缘器接头线夹处、中心锚结线夹处及定位点处接触线的磨耗情况，发现磨耗或损伤超过规定及时处理。发现接触线存在的硬点及时进行处理(如校直、切断做接头或换线)。按规定时间及标准维修各种电连接器。对电连接器与接触线接触载流面不够的区段，适当增设电连接器组数或采取增大接触载流面的措施。在维修过程中制作的接头必须符合技术标准。按规定定期清扫各种绝缘元件，同时采取措施提高接触网的绝缘水平。提高日常维修质量，保证接触悬挂的技术状态，防止弓网故障。机务部门也应提高维修质量，配合接触网运行管理部门做好相关工作，防止机车故障影响接触网的安全。

## 五、接触网线索维修要求

承力索与接触线是接触悬挂的重要组成部分。承力索主要起着悬吊接触线的作用，接触线主要起着将电能传给电力机车的作用。电力机车的受电弓直接与接触线摩擦从中获得电流。承力索与接触线工作状态直接影响行车。因此，对承力索和接触线的维修是保证接触悬挂正常工作的重要因素。

### (一)维修标准

根据《高速铁路接触网运行维修规则》规定，承力索和接触线的技术状态应满足下列要求：

#### 1. 承力索

(1)承力索宜采用恒张力架设，接触线应采用恒张力架设。

接触线架设张力应根据线材材质、额定张力等因素选取,且不应小于线盘绕线张力,架设张力偏差不得大于8%。

承力索和接触线架设后,应采取超拉或其他措施消除新线蠕变引起的初伸长。超拉完毕后方可进行悬挂安装。

(2)承力索损伤后不能满足该线通过的最大电流时,若系局部损伤,可以加电气补强线,若系普遍损伤则应更换;承力索损伤后不能满足规定的机械强度安全系数时,可以加补强线或切除损坏部分重新接续,若系普遍损伤则应更换;承力索在悬吊滑轮处应转动灵活、无卡滞,悬吊滑轮与线索相匹配。

(3)一个锚段内,承力索接头和断股补强的总数量应符合以下规定(不包括分段及下锚接头)。

标准值:0 处。

标准状态:0 处。

警示值:2 处。

限界值:4 处。

承力索的接头距悬挂点应不小于2 m,同一跨距内不允许有两个接头。

### 2. 接触线

(1)接触线局部磨耗、变形及损伤允许的最大局部磨耗面积比例见表1-4-5。

表1-4-5　接触线允许最大局部磨耗面积比例

| 设计速度(km/h) | 导线材质(kN) | 工作张力(kN) | 标准值 | 警示值 | 限界值 |
|---|---|---|---|---|---|
| 200~250 | CTS | — | 无磨损 | 15% | 20% |
| 300~350 | CTSH-150 | 28.5 | 无磨损 | 11% | 15% |
| | CTMH-150 | 28.5 | 无磨损 | 17% | 23% |
| | CTMH-150 | 30 | 无磨损 | 14% | 19% |
| | CTCZ-150 | 31.5 | 无磨损 | 19% | 25% |
| | CTCZ-150 | 33 | 无磨损 | 16% | 21% |
| | RiM120 | 27 | 无磨损 | 13% | 17% |

(2)正线接触线不允许有接头。侧线一个锚段内接触线接头的总数量应符合以下规定(不包括分段、分相及下锚接头)。

标准值:0 处。

标准状态:0 处。

警示值:1 处。

限界值:2 处。

### 3. 附加导线

(1)支柱同一侧悬挂为不同线径及材质的导线时,导线的弛度应以其中弛度较大的导线为准。

(2)跨越铁路,一、二级公路,重要通航河流时,附加导线不得有接头。不同金属、不同规格、不同绞制方向的导线严禁直接进行接头。

(3)一个耐张段内接头不得超过1个。耐张段长度不超过150 m时,严禁接头;超过500 m

时,接头距悬挂点的距离应大于 500 mm。

(4)铝导线断 3 股及以下时,可用预绞丝接续条或铝绑线绑扎补强,缠绕方向与被接续导线外层绞向一致,绑扎长度超出缺陷部分 30 ~ 50 mm;断 3 股以上时,应重新制作接头或更换。

钢芯铝绞线的钢芯断股或损伤时应重新制作接头或更换。

钢芯铝绞线与绝缘子或金具的固定处缠绕铝包带时,应密贴缠绕,不得重叠,绕向与导线绕向一致,绑扎长度为 200 mm。

(5)附加导线对地面及相互距离在任何情况下不应小于表 1-4-6 的数值。

表 1-4-6　附加导线对地面及相互距离的最小值(单位:mm)

<table>
<tr><th>序号</th><th colspan="2">有关情况</th><th>供电线、正馈线、加强线</th><th>保护线、回流线、架空地线</th></tr>
<tr><td rowspan="3">1</td><td rowspan="3">导线在最大弛度时距地面高度</td><td>居民区及车站站台处</td><td>7 000</td><td>6 000</td></tr>
<tr><td>非居民区</td><td>6 000</td><td>5 000</td></tr>
<tr><td>车辆、农业机械不能到达的山坡、峭壁和岩石</td><td>5 000</td><td>4 000</td></tr>
<tr><td rowspan="2">2</td><td rowspan="2">导线距离峭壁挡土墙和岩石</td><td>无风时</td><td>1 000</td><td>500</td></tr>
<tr><td>计算最大风偏时跨越非电化股道(对轨面)</td><td>300<br>7 500</td><td>75<br>7 500</td></tr>
<tr><td>3</td><td>导线跨越铁路时</td><td>跨越不同回路电化股道(对承力索或无承力索时对接触线)</td><td>3 000</td><td>2 000</td></tr>
<tr><td rowspan="2">4</td><td rowspan="2">不同相或不同供电分段两导线悬挂点间距离</td><td>两线水平排列</td><td>2 400</td><td>—</td></tr>
<tr><td>导线垂直排列,上方为供电线,下方为供电线或回流线</td><td>2 000</td><td>—</td></tr>
<tr><td rowspan="2">5</td><td rowspan="2">与建筑物间的最小距离</td><td>最大弛度时最小垂直距离</td><td>4 000</td><td>2 500</td></tr>
<tr><td>边导线最大风速时最小水平距离</td><td>3 000</td><td>1 000</td></tr>
</table>

(6)附加导线与接触网同杆合架时,正馈线、保护线安装位置应符合设计要求。正馈线带电部分与支柱边沿的距离应不小于 1 m。当附加导线与接触网分杆架设时,应符合电业部门架空输电线路有关规定。

(7)肩架安装位置正确、安装牢固、呈水平状态。肩架位置的偏差为 +50 mm。肩架采用方钢方式时,端头应封堵。

## 思考练习题

1. 说明 GLCA100/215、TCG110、GJ-70 型号的意义。
2. 说明接触线和承力索关于弛度的技术要求。
3. 接触网的附加导线有哪些?
4. 说明承力索安装的技术要求。
5. 线索常见故障有哪些?
6. 接触线维修要求有哪些?

# 第五节 定位装置

## 学习目标

1. 掌握定位管定位器型号、结构和安装要求；
2. 掌握定位方式；
3. 掌握接触线曲线拉出值、直线"之"字值的计算及调整方法；
4. 了解定位装置的维修标准。

定位装置是支持结构中的主要组成部分，它是在定位点处实现接触线相对于线路中心进行横向定位的装置。即定位装置的作用就是根据技术要求，把接触线进行横向定位，保证接触线始终在受电弓滑板的工作范围内，保证良好受流。在直线区段，相对于线路中心把接触线拉成"之"字形状；在曲线区段，相对于受电弓中心运行轨迹则拉成切线或割线，使受电弓滑板磨耗均匀；同时，定位装置还要承担接触线水平负载，并将其传递给腕臂。

对定位装置的技术要求：首先动作要灵活，在温度发生变化、接触线沿顺线路方向发生移动时，定位装置应能以固定点为圆心，灵活地随接触线沿线路方向相应移动；其次重量应尽量轻，在受电弓通过定位点时，在受电弓抬升力的作用下，应能上下动作自如，并且有一定的抬升量，不产生明显的硬点；最后应具有一定的风稳定性，在受风时，保证定位状态的稳定性。

## 一、定位装置结构

定位装置是由定位管、定位器、定位线夹及连接零件组成的。根据支柱所在位置不同及受力情况，定位装置采用不同形式，一般有硬定位装置、软定位装置、反定位装置、双定位装置及特殊定位装置等。

### (一)定位管

定位管有两种类型，普通定位管和特型(T形)定位管。普通定位管是用镀锌钢管加工制成的，尾部焊有定位钩，以便和定位环配套使用。定位管安装后呈水平状态，当定位管较长时，为保持其水平，可将其前端用 $\phi$4.0 mm 镀锌铁线吊在承力索上。为了保证定位管的稳定性，现在多用支撑代替铁线。

设置普通定位管目的是定位器在水平方向和坡度方向便于调节，使定位装置结构比较灵活，增加定位点的弹性。定位管的长度和外径的选用是根据支柱所在位置和定位管受力情况而确定的。普通定位管结构如图 1-5-1 所示，型号规格见表 1-5-1。其主要用途为钩挂于定位环上的支撑定位器。

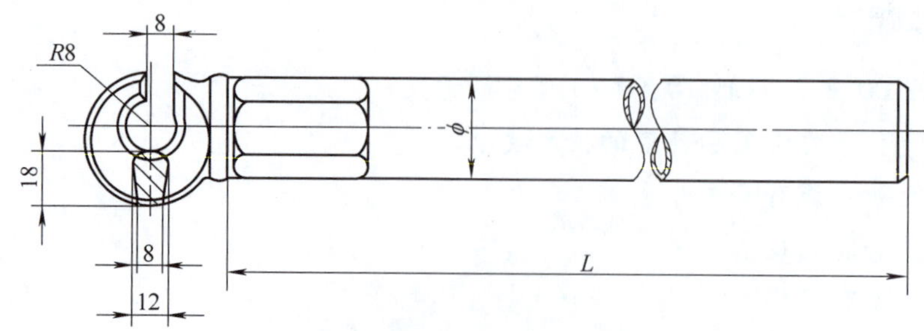


图 1-5-1 普通定位管结构(单位：mm)

表 1-5-1　普通定位管型号规格

| 型号 | | 适用范围 | 主要尺寸(mm) | | 质量 |
|---|---|---|---|---|---|
| | | | $\phi$ | $l$ | (kg) |
| JL62$\left(\frac{1}{2}\right)$-85 | $\frac{1}{2}$-700 | 正反定位 | 21.25 | 700 | 1.12 |
| | $\frac{1}{2}$-960 | 正反定位 | 21.25 | 960 | 1.52 |
| | $\frac{1}{2}$-1350 | 正反定位 | 21.25 | 1 350 | 2.02 |
| JL62$\left(\frac{3}{4}\right)$-85 | $\frac{3}{4}$-960 | 正反定位 | 26.75 | 960 | 1.81 |
| | $\frac{3}{4}$-1150 | 正反定位 | 26.75 | 1 150 | 2.21 |
| JL62(1)-89 | 1-700 | 正反定位 | 33.5 | 700 | 2.20 |
| | 1-960 | 正反定位 | 33.5 | 960 | 2.86 |
| | 1-1150 | 正反定位 | 33.5 | 1 150 | 3.34 |
| | 1-1500 | 正反定位 | 33.5 | 1 500 | 4.22 |
| | 1-1850 | 正反定位 | 33.5 | 1 850 | 5.11 |
| | 1-2350 | 反定位 | 33.5 | 2 350 | 6.37 |
| | 1-2850 | 反定位 | 33.5 | 2 850 | 7.64 |
| | 1-3200 | 反定位 | 33.5 | 3 200 | 8.52 |
| JL62$\left(1\frac{1}{2}\right)$-89 | $1\frac{1}{2}$-2500 | 反定位 | 48 | 2 500 | 10.57 |
| | $1\frac{1}{2}$-2850 | 反定位 | 48 | 2850 | 11.97 |
| | $1\frac{1}{2}$-3200 | 反定位 | 48 | 3 200 | 13.38 |
| | $1\frac{1}{2}$-3550 | 反定位 | 48 | 3 550 | 14.78 |

T 形定位管又称套管式定位管，它仅与普通定位管的尾部不同，加焊了一段套管来代替定位钩，便于与棒式绝缘子配套并增加其尾部的机械强度。T 形定位管结构如图 1-5-2 所示。T 形定位管多用于隧道定位和多线路腕臂支柱装配使用。图 1-5-3 所示的带支持的定位器由棒式绝缘子、T 形定位管、支持器、定位线夹及其他连接零件构成了特殊定位装置。T 形定位管主要用途为满足接触线的特殊定位。其型号规格见表 1-5-2。

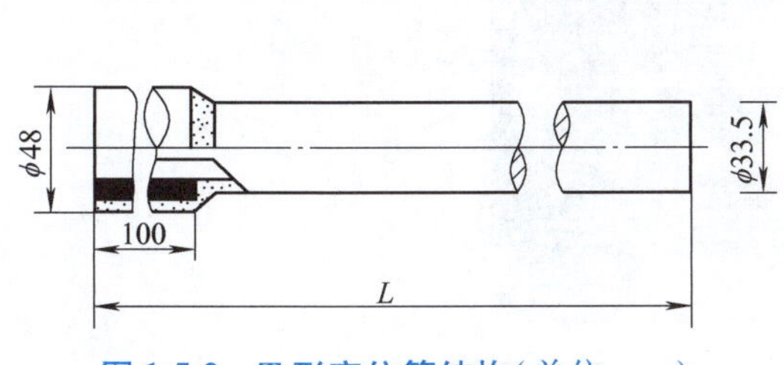


图 1-5-2　T 形定位管结构(单位：mm)

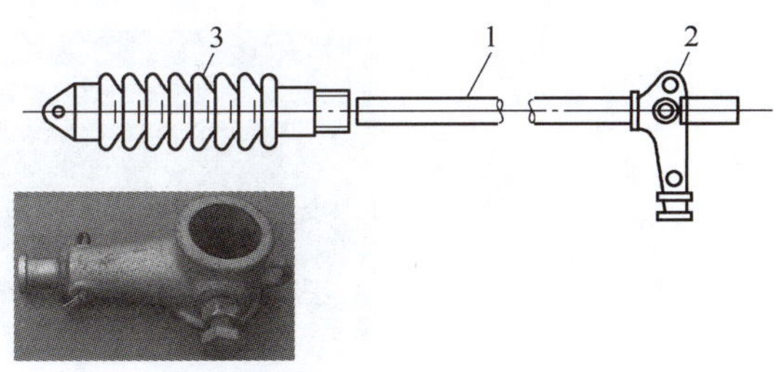


图 1-5-3　带支持器的定位器

1—T 形定位管；2—长支持器(或支持器)；3—TB-25 型棒式绝缘子

表 1-5-2　T 形定位管型号规格

| 型　　号 | 适用范围 | 主要尺寸 $l$(mm) | 质　　量 (kg) |
|---|---|---|---|
| JL62(T960)-85 | 接触线特殊定位 | 960 | 2.8 |
| JL62(T1150)-85 | | 1 150 | 3.3 |
| JL62(T1500)-85 | | 1 500 | 4.1 |
| JL62(T1850)-85 | | 1 850 | 5.1 |
| JL62(T2350)-85 | | 2 350 | 6.4 |

## (二)定位器

定位器是定位装置中关键的部件,其作用是通过定位线夹把接触线按设计标准拉出值的要求,固定在一定位置,保证接触线工作面平行于轨面,并承受接触线的水平力。定位器是由镀锌钢管、套筒、定位销钉焊接而成。定位器从形状上可分为直管定位器、弯管定位器等几种常用的定位器,如图 1-5-4 所示,其型号规格见表 1-5-3 和表 1-5-4。

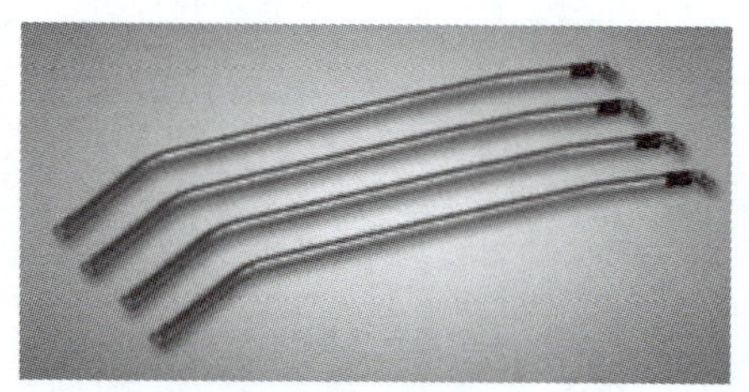
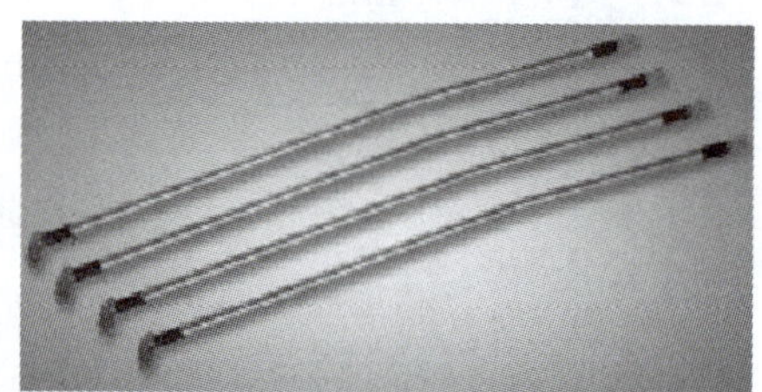

(a) 直管定位器

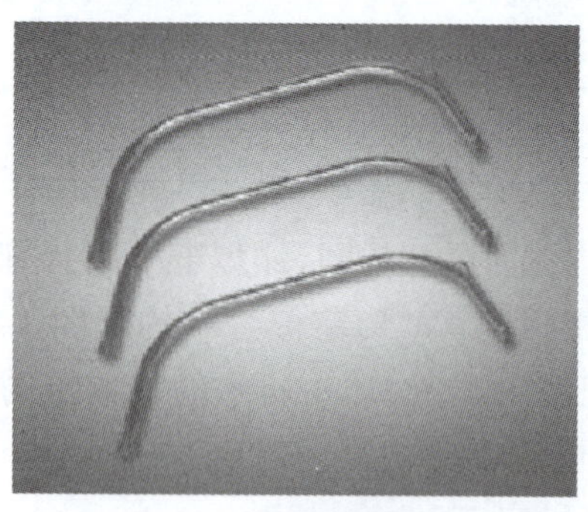
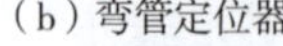

(b) 弯管定位器

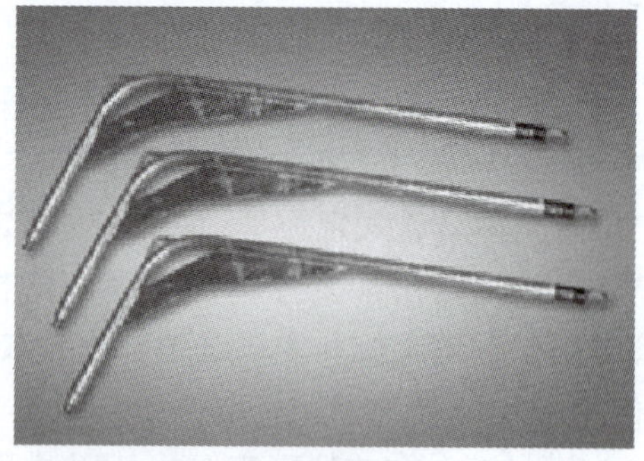

(c) 特性定位器

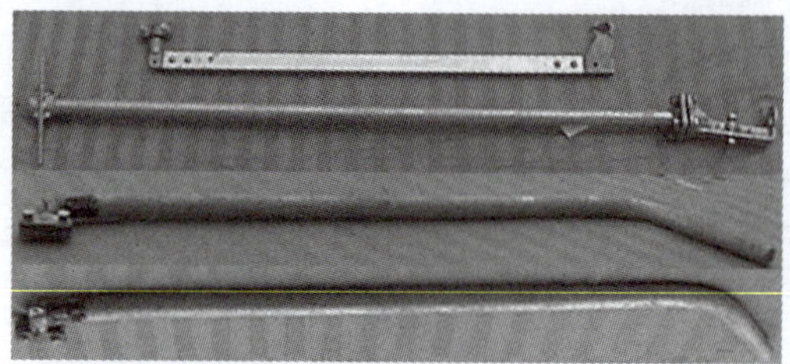

(d) 软横跨定位器

图 1-5-4　各种定位器结构

表 1-5-3 定位器型号规格(一)

| 类别 | 定位器型号 | 焊接套筒形式 | 定位器套管外径(mm) | 安装倾斜度 | 总长(mm) | 单件质量(kg) | 使用范围 |
|---|---|---|---|---|---|---|---|
| 直管定位器 | $\frac{1}{2}-960$ | 有环 | $21.25\left(\frac{1}{2}\right)$ | 1:10 | 970 | 1.51 | 直线或 $R>1\ 000$ m 曲线定位 |
| | $\frac{3}{4}$A $-960$ | 无环 | $26.75\left(\frac{3}{4}\right)$ | 1:10 | 970 | 1.88 | 曲线内侧反定位 $R\leqslant 1\ 000$ m 定位 |
| | $\frac{3}{4}$B $-1150$ | 无环 | $26.75\left(\frac{3}{4}\right)$ | 1:6 | 1 145 | 2.20 | 软横跨定位 |

表 1-5-4 定位器型号规格(二)

| 类别 | 定位器名称 | 定位器型号 | 焊接套筒形式 | 定位器套管外径(mm) | 总长(mm) | 单件质量(kg) | 使用范围 |
|---|---|---|---|---|---|---|---|
| 弯管定位器 | 道岔定位器 | $\frac{3}{4}$DC-1000 | 有环 | $27\left(\frac{3''}{4}\right)$ | 1 000 | 1.88 | 道岔处固定接触线位置 |
| | 定位器(时速 120 km/h 的接触线定位) | $\frac{1}{2}L_1$-745 | 有环 | $22\left(\frac{1''}{2}\right)$ | 745 | 0.74 | 直线处定位 |
| | | $\frac{3}{4}L_2$-1000 | 有环 | $28\left(\frac{3''}{4}\right)$ | 1 000 | 1.21 | $R\leqslant 1\ 000$ m 处定位 |
| | | $\frac{1}{2}A_1$-745 | 有环 | $28\left(\frac{3''}{4}\right)$ | 1 200 | 1.41 | 软横跨定位 |
| | | $\frac{3}{4}A_2$-1000 | 有环 | $23\left(\frac{1''}{2}\right)$ | 745 | 1.38 | 直线及 $R\leqslant 1\ 000$ m 处定位 |
| | | $\frac{3}{4}A_3$-1200 | 有环 | $27\left(\frac{3''}{4}\right)$ | 1 000 | 2.08 | $R\leqslant 1\ 000$ m 处定位 |
| | | 1-980 | 有环 | $27\left(\frac{3''}{4}\right)$ | 1 200 | 2.40 | 软横跨定位 |
| | 软定位器 | 1 | 无环 | (1″) | 980 | 3.35 | $R=300\sim800$ m 处曲线外侧定位 |
| | | J-1010 | — | 33.5(1″) | — | 3.24 | $R\leqslant 1\ 000$ m 处软定位 |
| | 特型定位器 | T-1180 | 有环 | | 1 010 | 7.11 | 直线及大半径曲线外侧中心柱处 |
| | 特型软定位器 | T | 无环 | $48\left(1\frac{1''}{2}\right)$ | 1 180 | 8.15 | $R<1\ 000$ m 曲线外侧中心柱处 |
| | | — | 无环 | 33.5(1″) | — | 6.8 | $R<1\ 000$ m 曲线外侧中心柱处 |

## (三)多功能定位器

定位器是接触网定位装置的主要组成部分,一般定位器是通过定位线夹把接触线按拉出值的要求固定在一定位置上,并承受接触线的水平力(风力和曲线力),随着接触网工作环境的改变和机车运行速度的逐渐提高,要求定位器还应具备防过量抬高、防离线和减少硬点等功能,多功能定位器研制生产就是为了满足上述要求。

### 1. 防过量抬高功能

在机车运行过程中,受电弓始终给接触线施加以抬高力,以保证接触线与受电弓之间可靠接触,机车能良好地取流,但受电弓的抬高力对接触悬挂产生的机械作用,不仅使接触线抬高,而且通过定位点时定位器也随之被抬高。如果这一抬高量过大,受电弓就可能碰撞定位器或主定位管,尤其在曲线地段,受电弓因外轨超高而跟随机车倾斜,定位器处撞弓的可能性更大,为了避免撞弓,一般要求定位器安装有一倾斜度,我国规定为1∶10 ~ 1∶5之间,这是相对目前我国现有的运行速度和简单链型悬挂而言的,但受电弓的抬高力与接触线的高度变化、悬挂特性、线路状态、运行速度等因素有关,特别在机车高速运行时,受电弓的高度变化迅速,产生较大的惯性力,对接触压力产生较大的影响,另外还有加于受电弓上的空气动力,也会加大受电弓的抬高力而使定位器抬高量过大发生撞弓事故。而抬量过大,又对弓线增加摩擦和损伤。防抬高功能定位器如图1-5-5所示,防抬高功能的实现是在定位器根部的铜支持环上做出一凸台,在支座上焊一三角形限位板,当定位器抬高到100 mm时,两者相撞起到限位作用。定位器在正常安装位置时,与防抬高支持器两者的间隙,若为软横跨定位器此间隙为5 ~7 mm;若为直线定位器时此间隙为7 ~ 9 mm,此间隙的值是靠调整减振阻尼装置下部的螺母位置来实现的。

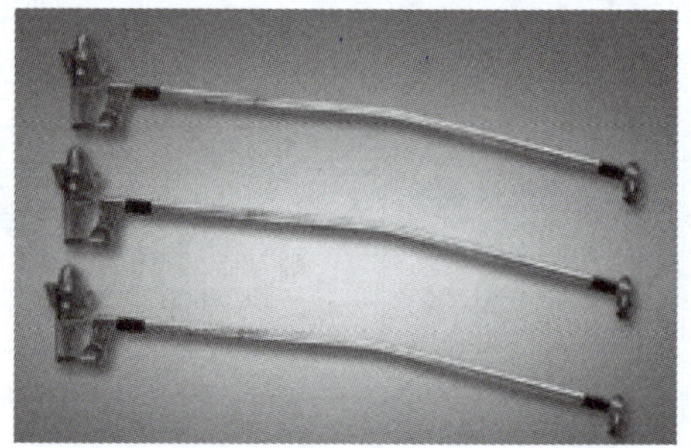

图1-5-5　XTK系列多功能定位器结构

### 2. 防离线功能

机车在运行中发生的离线是一种十分有害的现象,它可能造成多方面的影响,如供电时断时续,使机车发生不稳定运行,离线瞬间产生电弧,发生高温溶蚀,损坏接触线和滑板,加速磨损,缩短寿命,离线瞬间产生的高次谐波对无线电通信设备产生干扰等。

产生离线的原因有许多,但主要是运行速度提高和风力造成的,在运行速度较低时,风力是产生离线的主要原因,当风速达到6 ~10 m/s时,不仅会使接触线产生水平偏移,还会使接触线发生自振荡或跳跃,这种现象的发生会使受电弓不能追随接触线而发生离线现象,破坏正常取流。当列车运行速度增加到100 km/h以上时,由于速度效应,受电弓滑板与接触线均发生相当大的振动而容易引起周期性的离线现象。实际上在跨距内各点的弹性分布是不均匀的,在跨中弹性系数小,在支柱点处弹性系数大。因此,若想提高受流质量,减少离线率,应采取如下措施:

(1)减少支柱点处的弹性系数以均衡跨距内各点的弹性。

(2)加装减振阻尼装置。

XTK多功能定位器选用弹簧式装置,在正常安装位置,弹簧处于受压状态,在受电弓抬起定位器时,弹簧卸载到预压值但始终支持着定位器,这样的装置不仅能起到振动阻尼作用,而且使定位器处的"弹性"变小。

### 3. 减少"硬点"功能

接触线上的质量集中点,如定位器、接头线夹、线叉等处,弹性较差,称为"硬点"。即使机车运行速度较低,在"硬点"处有时也出现离线。"硬点"的另一害处就是加大接触线在"硬点"处的局部磨耗,减短接触线的寿命。因此,新的定位器研制从定位器的选材和结构设计方面,应考虑减少"硬点"的要求。

为了避免定位器碰撞运行中电力机车受电弓,特别是在曲线区段,由于电力机车车身随线路的外轨超高而向内轨侧倾斜,机车的受电弓也呈倾斜状态。为了防止定位器碰撞受电弓,要求定位器安装后应有一定的倾斜度(现场称定位坡度),即定位器根部在安装后要适当抬高一些,其倾斜度要求为 1∶5 ~1∶10 之间,如图 1-5-6 所示。

$$安装坡度=\frac{a}{b}=1:5\sim1:10$$

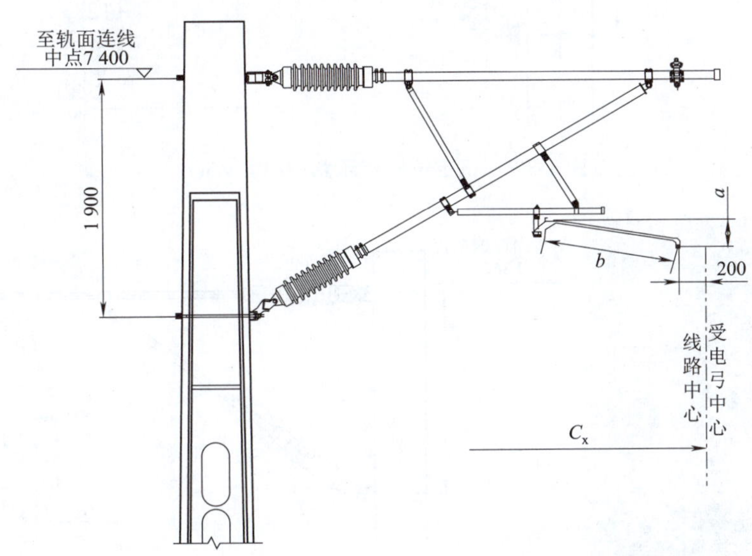


图 1-5-6　定位器在定位装置中安装坡度(单位:mm)

## 二、定位方式

根据支柱设置的位置不同,即支柱是在直线区段还是在曲线区段上,在曲线的内侧还是外侧,在锚段中还是在锚段关节处,是否在道岔处等,支柱所采用的定位方式也不相同,定位方式大体分为以下几种。

### (一)硬定位

在直线区段中间柱和曲线半径 $R=1\ 200\sim4\ 000$ m 区段曲线外侧中间柱采用这种定位方式。该定位装置由直管定位器和定位管组成。定位器一端利用定位线夹固定接触线,另一端经定位环与定位管衔接,定位管再经定位环与绝缘腕臂衔接。所谓硬定位就是对接触线的硬固定的定位形式,它只能承受较小的拉力,经常把硬定位也称作正定位,安装示意如图 1-5-7 所示。

### (二)软定位

软定位用于小半径曲线外侧支柱上,由弯管定位器通过两股 $\phi4.0$ mm 锌铁线拧成的"软尾巴"固定在绝缘腕臂上的定位环里。软定方式只能承受拉力,且承受拉力较大,但不能承受压力。为了防止拉力过小定位器下落,它一般用于曲线半径 $R\leqslant1\ 000$ m 的曲线外侧支柱上,如图 1-5-8 所示。

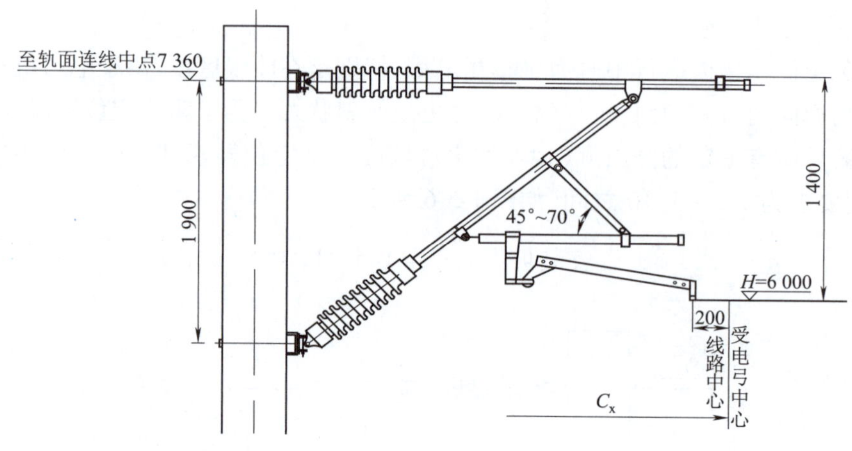


图 1-5-7 正定位安装示意(单位:mm)

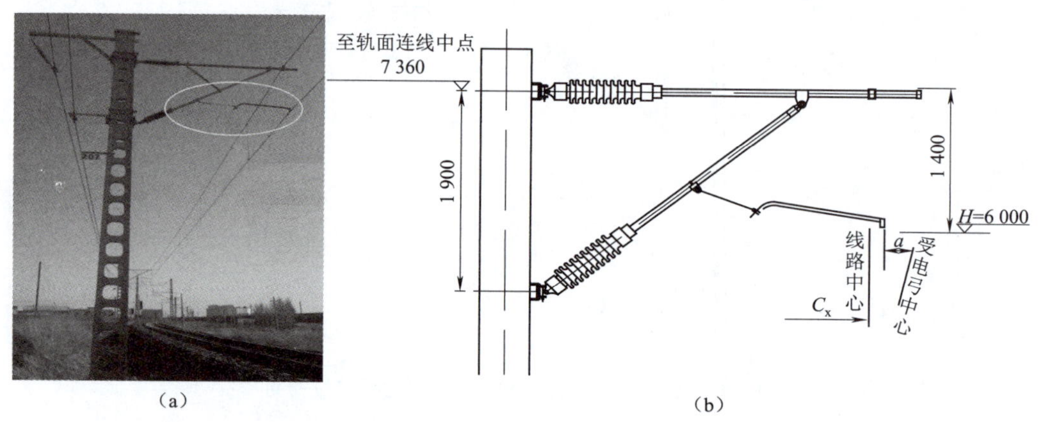


图 1-5-8 软定位安装示意(单位:mm)

## (三)反定位

反定位多用于曲线内侧支柱上和直线区段“之”字值方向与支柱位置相反的支柱上。定位器附挂在较长定位管上,反定位管较长,受压较大,反定位管一般用 1 英寸、1. 5 英寸或 2 英寸的镀锌钢管制成。反定位器采用长定位环,安装后应呈水平状态,为保证反定位管水平,防止管头下沉,用两根斜拉线(“人”字拉线)将反定位管吊住,固定在承力索上,如图 1-5-9 所示。

## (四)双定位

双定位用于锚段关节中的转换柱、中心柱、站场线岔处的道岔柱,站场线岔处的软横跨以及特殊支柱定位中的定位。往往有两根接触线需要在同一支柱上分别固定在要求的位置上,双定位方式就是为了满足这种要求而采用的定位方式。双定位方式较多,各式双定位作用也不相同,如转换柱根据其在直线区段还是在曲线区段以及曲线半径的大小,在曲线内侧还是在曲线外侧,是绝缘的还是非绝缘的,其安装形式也不相同,大约可分为 20 多种。如道岔柱根据其道岔型号不一样也可分为 3 种。如图 1-5-10 所示为双定位主要类型结构示意。

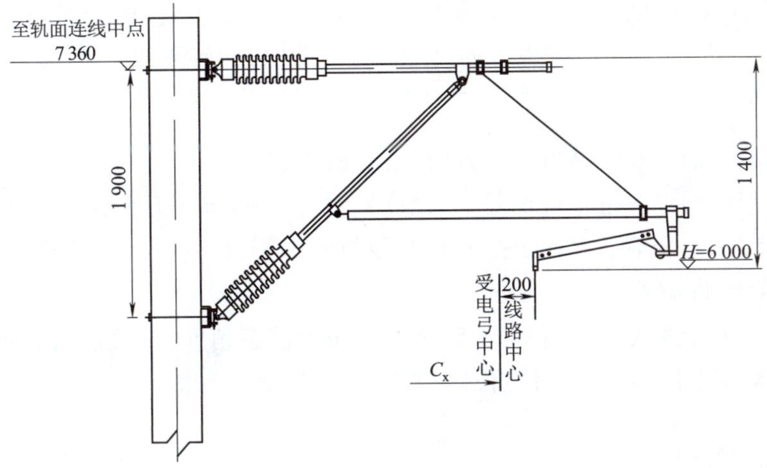


图 1-5-9　反定位安装示意(单位:mm)

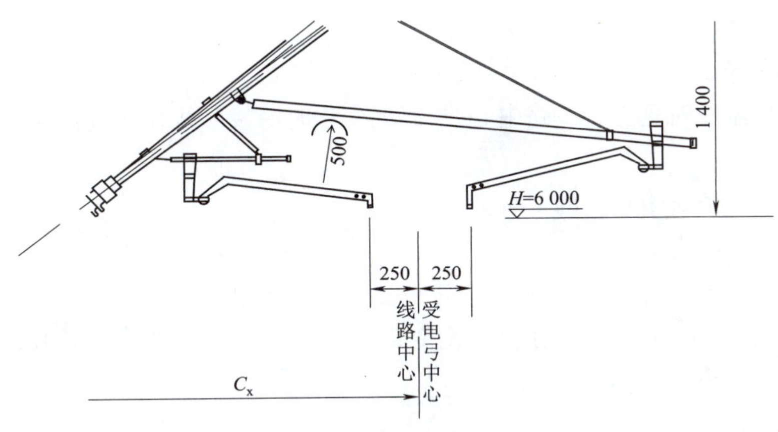


图 1-5-10　双定位安装示意(单位:mm)

### (五)简单定位

简单定位的定位器是直接与腕臂连接的,这种方式运用较少,多用于锚段关节中。另外还有一种简单定位称之为单拉手定位,这种定位的特点是没有腕臂,将软定位器直接通过绝缘子固定到支柱上,一般用在曲线半径 $R<600$ m 的曲线区段。这两种简单定位运用不是很广泛。

在一些特殊的地点或特殊的技术要求情况下,还可以采用一些特殊的定位方式,如图 1-5-11 所示。

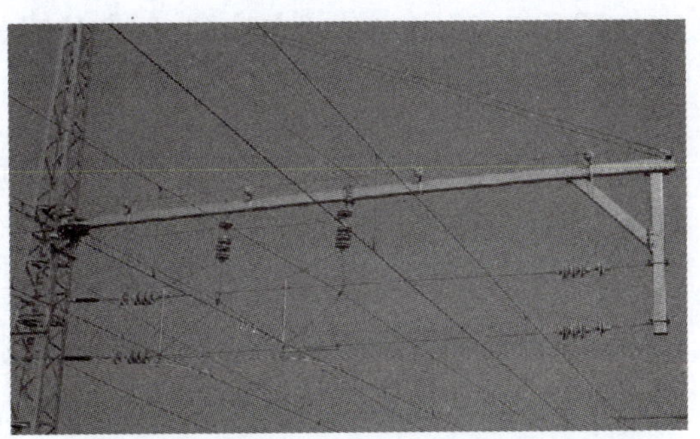

图 1-5-11　特殊定位示意

## 三、定位装置的维修要求

根据《高速铁路接触网运行维修规则》规定,定位装置在维修时,其技术标准为:

定位装置结构及安装状态应保证接触线工作面平行于轨面连线，定位点处接触线的弹性符合规定。当电力机车、动车组受电弓通过和温度变化时，接触线能上下、左右自由移动。

### （一）定位器

（1）定位器应与腕臂顺线路偏移的方向、角度相一致。

（2）定位器限位间隙应符合设计要求，允许偏差为 ±1 mm。且应满足受电弓最大动态抬升量的限位要求，在 1.5 倍最大动态抬升量时限位间隙为 0。非限位定位器根部与接触线高差符合设计要求，允许偏差为 ±10 mm。

（3）定位器应处于受拉状态（拉力≥80 N），定位器静态角度（定位器与轨面连线之间的夹角）标准如下。对于非限位、弓形等定位器，安装应符合设计要求。

标准值：8°。

标准状态：6°～10°。

警示值：6°～13°。

限界值：4°～15°。

（4）定位器偏移。

标准值：平均温度时垂直于线路中心线，温度变化时沿接触线纵向偏移与接触线在该点的伸缩量相一致。

标准状态：标准值 ± 偏移量的 10%。

警示值：同标准状态。

限界值：极限温度时，偏移值不得大于定位器（定位管）长度的 1/3。

（5）转换支柱处两定位器能分别随温度变化自由转动，不得卡滞；非工作支和工作支定位器、管之间的间隙不小于 50 mm。

### （二）定位管

（1）正、反定位管状态均应符合设计要求。定位管应与腕臂在同一垂面内。

（2）定位管端部余长为 50～150 mm。吊钩定位环距接触线悬挂点一般为 400 mm。吊钩定位环开口，正定位时朝支柱侧，反定位时朝远离支柱侧。

### （三）其他

（1）防风拉线环的 U 形螺栓穿向补偿下锚方向（以中心锚结为界），防风拉线长环在定位管端，短环在定位器端。

（2）防风拉线固定环距定位器端头水平距离为 600 mm，允许误差 $^{+50}_{-100}$ mm。面向下锚侧安装，防风拉线与水平方向呈 45°。防风拉线短环端回头 100 mm；长环端回头 250 mm，防风拉线固定环应位于长环中间位置（防风拉线位置如图 1-5-12 所示）。

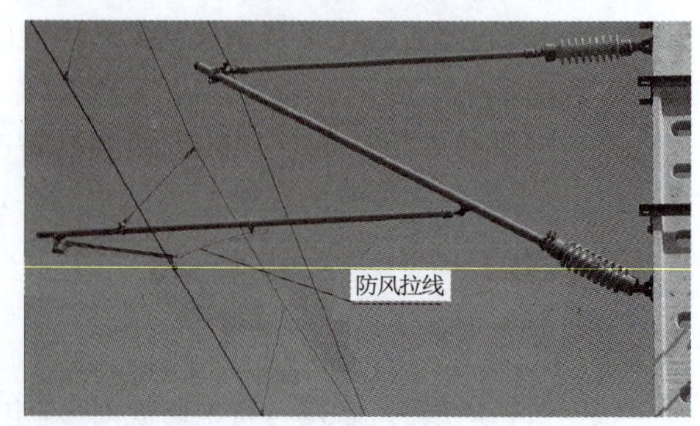


图 1-5-12　防风拉线位置

（3）定位管吊线应顺直受力，与弹性吊索间隙大于 50 mm。

(4)定位环应垂直线路方向安装,避免与旋转平双耳出现剪切力。

(5)定位管水平或抬头时应安装管帽,低头时不宜安装管帽。

(6)定位器支座处电气连接线安装符合设计要求,且不应与定位支座限位止钉相互摩擦,铜铝双面垫片安装正确,铝面与定位器和底座接触,铜面与电气连接线鼻子接触。

(7)定位线夹安装正确,与接触线接触面应涂导电介质。定位线夹或锚支定位卡子受力面符合要求,有环夹板远离定位钩和定位支座侧。U 形销向上弯折 60°。

## 四、受电弓动态包络线技术要求

在高速铁路上运行的列车,其受电弓由于受到车体运动、接触网振动、空气动力作用的影响会出现较大幅度的机械运动,为此在检调定位装置静态参数时要考虑受电弓的动态变化范围,受电弓动态包络线是指运行中的受电弓在最大抬升及摆动时可能达到的最大轮廓线。动态包络线范围内不得有任何影响受电弓运行的障碍。

受电弓动态包络线是指运行中的受电弓在最大抬升及摆动时可能达到的最大轮廓线。接触网任何设备不得侵入动态包络线范围内。

受电弓动态包络线应符合下列规定:受电弓动态抬升量 150 mm(线岔始触区为 200 mm),横向摆动量直线区段为 250 mm,曲线区段为 350 mm。

受电弓弓头轮廓与受电弓动态包络线示意如图 1-5-13 所示。

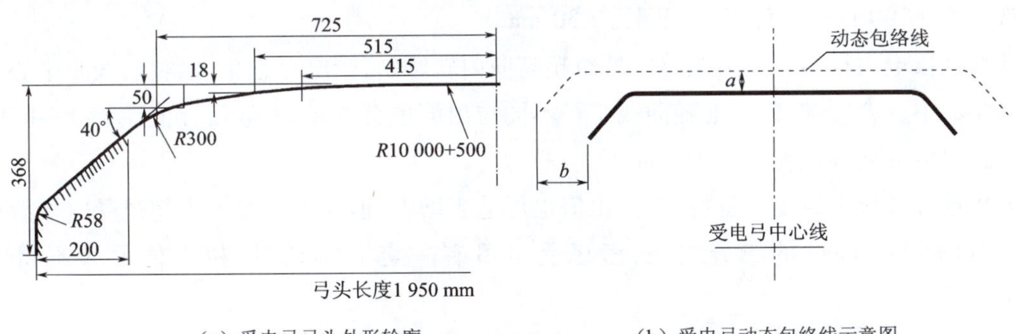


(a) 受电弓弓头外形轮廓　　(b) 受电弓动态包络线示意图

图 1-5-13　受电弓弓头轮廓及动态包络线示意(单位:mm)

$a$—设计规定的受电弓动态抬升值 150 mm(线岔始触区为 200 mm);

$b$—设计规定的受电弓横向摆动量。直线区段为 250 mm,曲线区段为 350 mm。

检调定位装置时要认真核实动态包络线范围内有无刮弓现象,如有应及时调整,保证受电弓安全运行。

## 五、“之”字值、拉出值及其计算

接触线直接与电力机车受电弓接触且发生摩擦,为了保证受电弓和接触线接触良好、不发生脱弓、离线并使受电弓磨耗均匀,要按技术要求在支柱定位点处对接触线进行定位,定位点处接触线与电力机车受电弓滑板中心有一定距离,这个距离在直线区段称为接触线“之”字值,在曲线区段称拉出值。

接触线的“之”字值或拉出值的作用，主要是使电力机车受电弓滑板工作面与接触线摩擦均匀（否则会使滑板工作面某些部分磨出沟槽，降低受电弓使用寿命）。

接触线“之”字值或拉出值与电力机车受电弓最大允许工作范围（950 mm）和线路状况有关。在直线区段，线路中心线与机车受电弓中心线重合，接触线沿线路中心线上空成呈“之”字形对称布置故称 “之”字值。

根据《普速铁路接触网运行维修实施细则》对接触线“之”字值、拉出值（含最大风偏时跨中偏移值）要求如下：

接触线拉出修士（含最大风偏时跨中偏移值）。

标准值：设计值。

标准状态：标准值 ±30 mm。

警示值：400 mm（设计值≥400 mm 时，超出标准状态为警示值）。

限界值：450 mm（设计值≥400 mm 时，限界值同于警示值）。

线岔交叉点两侧定位点拉出值满足设计要求。并应保证两接触线交叉点位于规定范围内，任何情况下线岔定位拉出值不大于 450 mm。

道岔柱处两接触线之间的距离、任一接触线距离另一线路中心的距离应符合设计要求。任何情况下工作支拉出值不大于 450 mm。

考虑列车速度提高后机车受电弓左右摇摆量及高速下接触线的摆动量的增加，“之”字值一般选定为 ±200 mm，允许误差范围为 ±30 mm。

曲线区段电力机车车身随线路的外轨超高向内轨倾斜，受电弓也呈倾斜状，线路中心线与受电弓中心不重合，曲线区段上随曲线半径不同拉出值也有差异，一般设计值在 150～400 mm 之间。拉出值的允许误差为 ±30 mm。

如果地理环境恶劣或设备特殊，拉出值也可适当增大，但拉出值最大不超过受电弓滑板允许工作范围（950 mm）的二分之一，考虑受电弓有一定的摆动量，拉出值最大不得大于 450 mm。

在曲线区段，正确选用拉出值可以增大跨距的长度，但选用的拉出值应保证最大风偏移时，跨距中任一点接触线产生的最大水平偏移不超过规定的受电弓允许工作范围。

在曲线区段，为解决列车在圆周运动中产生的离心力，故将曲线外轨抬高，称为外轨超高，外轨超高值由线路曲线半径和线路上列车允许通过的最大时速而定，其公式为

$$h = \frac{7.6v_{\max}^2}{R} \tag{1-5-1}$$

式中　$h$——外轨超高值（mm）；

$R$——线路曲线半径（m）；

$v_{\max}$——线路允许最大行车速度（km/h）。

为了应用方便，外轨超高值也可以查表 1-5-5。在现场，超高值一般标记在曲线内轨内侧。

表 1-5-5　曲线外轨超高参考

| 半径(m) | 列车最大时速 $v$(km/h) | | | | | | | | | |
|---|---|---|---|---|---|---|---|---|---|---|
| | 30 | 40 | 50 | 60 | 70 | 80 | 90 | 100 | 110 | 120 |
| | 外轨超高值(mm) | | | | | | | | | |
| 300 | 25 | 40 | 65 | 90 | 125 | — | — | — | — | — |
| 400 | 15 | 30 | 50 | 70 | 95 | 120 | — | — | — | — |
| 500 | 15 | 25 | 40 | 50 | 75 | 95 | 120 | — | — | — |
| 600 | 10 | 20 | 30 | 45 | 60 | 80 | 100 | 125 | — | — |
| 700 | 10 | 15 | 25 | 40 | 55 | 70 | 90 | 110 | — | — |
| 900 | — | 15 | 20 | 30 | 40 | 55 | 70 | 85 | 100 | 120 |
| 1 200 | — | 10 | 15 | 25 | 30 | 40 | 50 | 65 | 75 | 90 |
| 1 600 | — | — | 10 | 15 | 25 | 30 | 40 | 50 | 60 | 70 |
| 1 800 | — | — | 10 | 15 | 20 | 25 | 35 | 40 | 50 | 60 |
| 2 000 | — | — | 10 | 15 | 20 | 25 | 30 | 35 | 45 | 55 |

曲线上，由于线路外轨超高，使机车车身向曲线内侧倾斜，受电弓中心在轨面处的垂直投影与线路中心线不重合，有一定的偏斜距离，这个距离称为偏斜值。由于受电弓中心偏斜的原因，使曲线拉出值不同于直线“之”字值调整。

目前随着具有高科技含量的接触网工具的诞生，曲线拉出值已普遍采用激光测量仪，它能够直接测量垂直于曲线轨面的导线高度、拉出值、轨距、外轨超高等相关数据，使曲线拉出值调整不需要进行下述计算过程。为此下述计算方法仅限于没有使用激光测量仪的情况。

当仅有线坠、钢卷尺和普通轨距尺的情况下，需通过以下方法进行曲线拉出值调整。

在施工和检调中，因无法直接测量支柱定位点处接触线距受电弓滑板中心的距离，所以需将线坠挂于接触线上，通过计算 $m$ 值即接触线垂直投影点距线路中心线的位置来间接确定接触线拉出值。计算公式如下

$$\begin{aligned} m_{标准} &= a - c \\ &= a - H_0 \frac{h}{L} \end{aligned} \tag{1-5-2}$$

式中　$a$——定位点处接触线距受电弓滑板中心的标准拉出值(mm)；

$m_{标准}$——接触线在轨面投影点距线路中心的距离(mm)；

$c$——电力机车受电弓滑板中心在轨面垂直投影点距线路中心的距离(mm)；

$H_0$——定位点处接触线距轨面的垂直距离(mm)；

$h$——曲线外轨超高(mm)；

$L$——钢轨轨距(mm)。

在标准拉出值为 $a$ 时，通过上述计算可知，此时接触线垂直投影点距线路中线为 $m_{标准}$ 值，只要将接触线调整到其线坠在 $m_{标准}$ 点位置时，定位点上空接触线距受电弓滑板中心的拉出值就是标准拉出值 $a$。

当 $m$ 计算值为正时，说明接触线轨面垂直投影点在曲线线路中心至外轨间，如图 1-5-14(b)所示。当 $m$ 计算值为负时，说明接触线轨面投影点在曲线线路中心至内轨间，如图 1-5-14(a)所示。

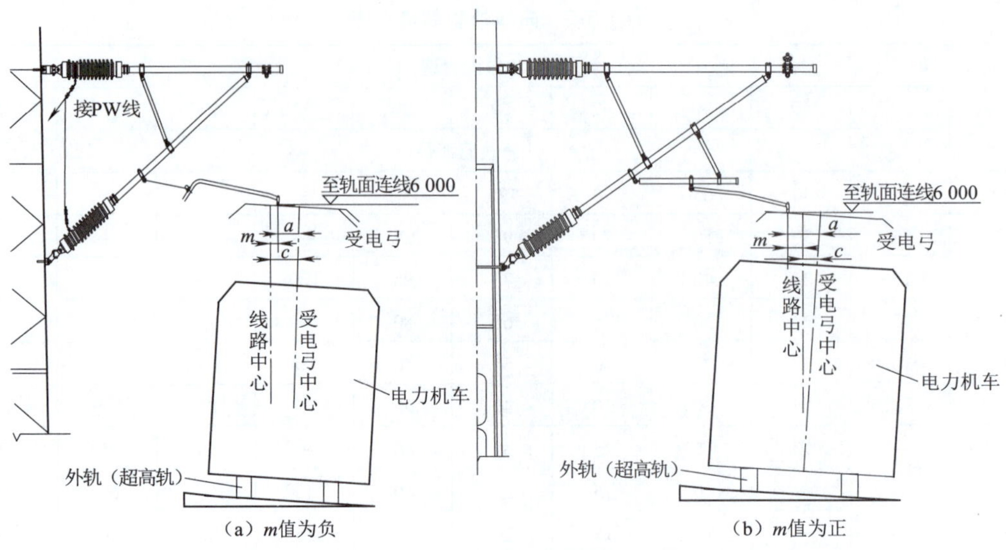


图 1-5-14　曲线区段外轨超高对受电弓位置的影响及 $a$、$m$、$c$ 的关系

实际工作中，需要通过上述计算首先求出标准拉出值下的 $m_{标准}$ 值，然后用实测的 $m_{实测}$ 与计算的标准值 $m_{标准}$ 进行比较，如果其差值超过允许误差（一般为 ±30 mm）则需进行拉出值调整。

$$\Delta m = m_{标准} - m_{实测} \tag{1-5-3}$$

当 $\Delta m$ 为正时，需要将定位点向曲外拉 $\Delta m$。当 $\Delta m$ 为负时，需要将定位点向曲内放 $\Delta m$。当 $\Delta m$ 等于零时则不需调整。现场简称为"正拉、负放、零不动"。利用式（1-5-3）进行计算时，要注意 $m_{标准}$ 按相应计算的正或负代入数据，$m_{实测}$ 如果在曲线线路中心至外轨间取正值，如果在曲线线路中心至内轨间取负值。

当导高为 6 000 mm 时，现场的简化计算公式如下

$$m_{标} = a - 4h \tag{1-5-4}$$

式中　4——定位点接触线高度与轨距比值的近似值。

该式在接触线高度比较大时会带来较大计算误差（不推荐使用）。

利用式（1-5-2）时计算时，曲线外轨超高 $h$、轨距 $L$ 和接触线距轨面垂直高度均可在现场通过相应工具测量得出。如果习题未给出有关计算条件，可根据表 1-5-5 确定曲线外轨超高，表 1-5-6确定轨距，表 1-5-7 或表 1-5-8 确定拉出值。

表 1-5-6　曲线区段轨距情况

| 曲线半径 $R$（m） | 651 以上或直线 | 650 ~ 451 | 450 ~ 351 | 350 以下 |
|---|---|---|---|---|
| 轨距 $L$（mm） | 1 435 | 1 440 | 1 445 | 1 450 |

表 1-5-7　拉出值参考（一）（列车时速 $v \leqslant 120$ km/h 时）

| 曲线半径 $R$（m） | $180 \leqslant R \leqslant 1\,200$ | $1\,200 < R < 1\,800$ | $R \geqslant 1\,800$ | 直线 |
|---|---|---|---|---|
| 拉出值 $a$（mm） | 400 | 250 | 150 | ±300 |

表 1-5-8 拉出值参考(二)(列车时速 $v \geqslant 200$ km/h 时)

| 曲线半径 $R$(m) | 3 000≤$R$≤4 000 | 1 800≤$R$≤2 000 | 1 200≤$R$≤1 500 | 900≤$R$≤1 000 | 直线 |
|---|---|---|---|---|---|
| 拉出值 $a$(mm) | 100 | 250 | 150 | 300 | ±200 |

【例 1】某区间接触网定位点处接触线高度(导高)$H=6\ 000$ mm,所处区段为曲线且曲线半径 $R=600$ m,外轨超高为 $h=60$ mm,求该定位处接触线的位置。若现场实测该定位处接触线投影在线路中心线距外轨间且距线路中心线距离为 100 mm 时,实际拉出值是多少?应如何调整?

【解】1. 求定位点处接触线的位置就是求该处接触线相对线路中心线的位置。

查表 1-5-6 和表 1-5-7,当 $R=600$ m 时,$L=1\ 440$ mm,$a=400$ mm

根据式(1-5-2) $m_{标准}=a-H_0\dfrac{h}{L}=400-6\ 000\times\dfrac{60}{1\ 440}=150(\text{mm})$

【答】该定位点处接触线的位置应在线路中心线至外轨之间且距线路中心线的距离为 150 mm 处,参考图 1-5-12。

2. 计算实际拉出值 $a_{实际}$

$$\Delta m=m_{标准}-m_{实测}=150-100=50(\text{mm})$$

根据上式计算,实际值比标准值小 50 mm,可以判断出现在拉出值为 350 mm。也可以由下式求出

$$a_{实际}=m_{实测}+H_0\frac{h}{L}=100+250=350\ (\text{mm})$$

【答】实际拉出值为 350 mm。

3. 应如何调整?

因为 $\Delta m=50$ mm(为正值)

【答】向曲线外侧拉 50 mm。

【例 2】甲作业组在某区间 90 号~108 号支柱间进行综合维修,调整拉出值,当检调到 104 号支柱定位时,实测接触线定位点距线路中心距离为 80 mm 且接触线定位投影在线路中心至外轨之间,测得外轨超高为 115 mm,导高为 6 000 mm,轨距为 1 440 mm,查接触网平面图可知该定位标准拉出值为 400 mm,工作领导人让操作人将该定位向外轨侧再拉 140 mm。结果作业组作业结束消令后,第一趟电力机车通过时即发生了弓网事故,请分析弓网事故发生的原因。应如何调整?

【解】已知检调前 $H_0=6\ 000$ mm,$m_{实测}=80$ mm,$h=115$ mm,$a_{标}=400$ mm,$L=1\ 440$ mm

1. 计算 $m_{标准}$

$$m_{标准}=400-6\ 000\times\frac{115}{1\ 440}=\ -79.17\ \text{mm}$$

2. 计算实际拉出值

未调整前为

$$a_{实际}=\text{m}_{实测}+6\ 000\times\frac{115}{1\ 440}=80+479.17=559.17\ \text{mm}$$

调整后:在现有基础上再向曲线外侧拉 140 mm,则

$$m_{实测}=80+140=220(\text{mm})$$

$$a_{\text{实际}} = m_{\text{实测}} + 6\,000 \times \frac{115}{1\,440} = 220 + 479.17 = 699.17(\text{mm})$$

【答】调整后实际拉出值为 699.17 mm,已严重超过电力机车受电弓最大允许工作范围,所以发生事故。

3. 应如何调整?

在未调整前根据下式计算结果进行检调。

$$\Delta m = m_{\text{标准}} - m_{\text{实测}} = -79.17 - 80 = -159.17(\text{mm})$$

【答】应向曲线内侧放 159.17 mm。

## 思考练习题

1. 定位器的作用是什么?有哪几种定位器?
2. 请详细说明不同的定位方式,用于何种支柱上?
3. 为什么设置"之"字值和拉出值?说明技术要求。
4. 当拉出值超过规定时,会出现什么事故?
5. 多功能定位器有什么特点?
6. 某接触网工区检测拉出值,已知曲线半径是 400 m,实测接触线轨面投影点在线路中心至内轨间 108 mm,导线高度为 5 950 mm,外轨超高 112 mm,求此时的拉出值是多少?是否符合技术要求?如不符合技术要求应如何检调?
7. 电力机车以 100 km/h 的速度通过曲线半径 $R = 700$ m 的区段,该区段导线高度均为 6 000 mm,求该区段支柱定位点位置?

# 第六节　绝缘子

## 学习目标

1. 掌握悬式和棒式绝缘子的分类、规格和型号;
2. 掌握绝缘子干闪、湿闪和击穿电压等电气性能;
3. 掌握绝缘子的使用与检查方法;
4. 掌握绝缘子的维修要求。

绝缘子是接触网中广泛应用的重要部件之一,绝缘子用以悬吊和支持接触悬挂并使带电体与接地体间保持电气绝缘。

绝缘子质量及其性能的优劣对接触网的工作状态有着很大影响。绝缘子在使用中将承受高电压(包括过电压)、各种负载、振动等机械和电气方面的影响,同时环境污染、尘埃等都会影响绝缘子的工作状态。因此,对绝缘子性能及质量应引起足够的重视。

## 一、绝缘子的构造及分类

### (一)绝缘子的构造

接触网上用的绝缘子一般为瓷质,即在瓷土中加入石英和长石烧制而成,表面涂有一层光滑的釉质。要求绝缘子质地紧密均匀,任何一个断面上不能有裂纹或气孔。表面涂釉后可防止水分的渗入。因为绝缘子不仅承受电气负荷而且要承受机械负荷，所以绝缘子的钢体连接件和瓷体之间应用不低于425号硅酸盐水泥胶黏剂粘接成一个整体，以增加其机械强度。

由于绝缘子承受接触悬挂的负载且经常受拉伸、压缩、弯曲、扭转、振动等机械力，在短路时又承受电动力，故在制造时其机械破坏负荷均应留有裕度，一般安全系数按2.0～2.5选取。

### （二）绝缘子的分类

接触网上使用的绝缘子按结构分为悬式绝缘子、棒式绝缘子及针式绝缘子三大类；按绝缘子表面长度（即泄漏距离）又可分成普通型和防污型两种。

#### 1.悬式绝缘子

悬式绝缘子使用最广泛，用量最多，常用于线索下锚、水平拉杆、软横跨绳索、隧道内悬挂、锚段关节以及馈电线、并联线等处的对地绝缘。目前所采用的盘形悬式绝缘子新系列产品，按其机械破坏负荷分为40 kN、70 kN、100 kN、160 kN四级。电气化铁路中主要使用40 kN、70 kN级悬式绝缘子，悬式绝缘子结构如图1-6-1所示，主要技术数据见表1-6-1。

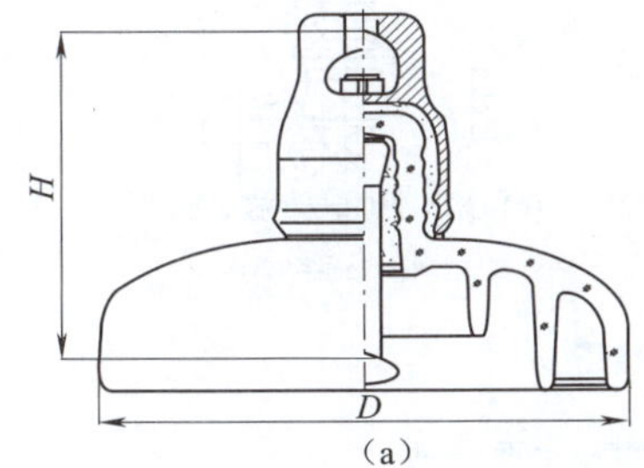

（a）

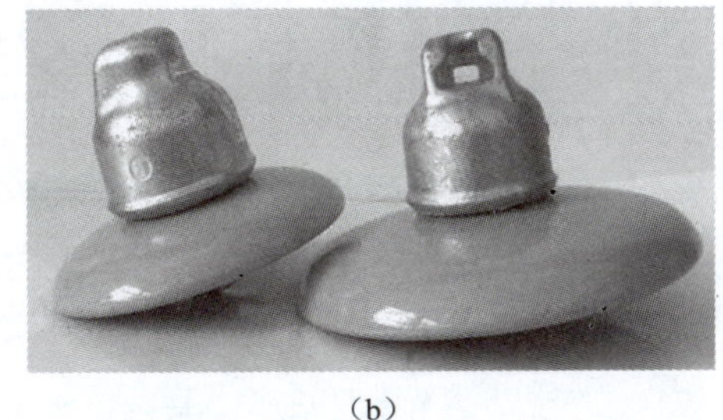
（b）

图1-6-1　悬式绝缘子

表1-6-1　悬式绝缘子技术数据

| 型号 | 泄漏距离（mm） | 工频试验电压（有效值）（kV） | | | 50%全波冲击闪络电压（幅值）（kV） | 机械负荷（kN） | | 质量（kg） |
|---|---|---|---|---|---|---|---|---|
| | | 干 | 湿 | 击穿 | | | 破坏 | |
| X-3 | 220 | 60 | 30 | 90 | — | 30 | 40 | 3.35 |
| X-4.5 | 290 | 75 | 45 | 110 | 120 | 45 | 60 | 5.0 |
| X-7 | 320 | 80 | 50 | 120 | 130 | 70 | 95 | 7.6 |
| X-3C | 220 | 60 | 30 | 90 | — | 30 | 40 | 3.7 |
| X-4.5C | 300 | 75 | 45 | 110 | 120 | 45 | 60 | 5.2 |
| XP-4 | 200 | 60 | 30 | 90 | 100 | 30 | 40 | 2.5 |
| XP-7 | 290 | 75 | 45 | 120 | 120 | 50 | 70 | 4.0 |
| XP-4C | 200 | 60 | 30 | 90 | 100 | 30 | 40 | 2.6 |
| XP-7C | 290 | 75 | 45 | 120 | 120 | 50 | 70 | 4.2 |
| XP-10 | 290 | 75 | 45 | 120 | 120 | 70 | 100 | 5.2 |
| XP-16 | 290 | 75 | 45 | 120 | 120 | 120 | 160 | 6.0 |

注：XP——按机械破坏值表示的悬式绝缘子；

C——表示槽形连接（球形连接不表示）；

数字——机械破坏负荷（t）；

P——按机械破坏值表示绝缘子。

### 2. 棒式绝缘子

电气化铁路接触网用棒式绝缘子,适用于工频单相 25 kV,安装地点的环境温度为 -40 ~ +40 ℃,海拔高度不超过 1 000 m 的地区。按其安装地点分为绝缘腕臂支撑和隧道悬挂两类棒式绝缘子。按绝缘子的使用环境又分为普通型和防污型两种。目前采用的棒式绝缘子为 QX、QB、QXB、QXN、QBZ 等几种型号。棒式绝缘子规格及主要参数分别如图 1-6-2 和表 1-6-2 所示。

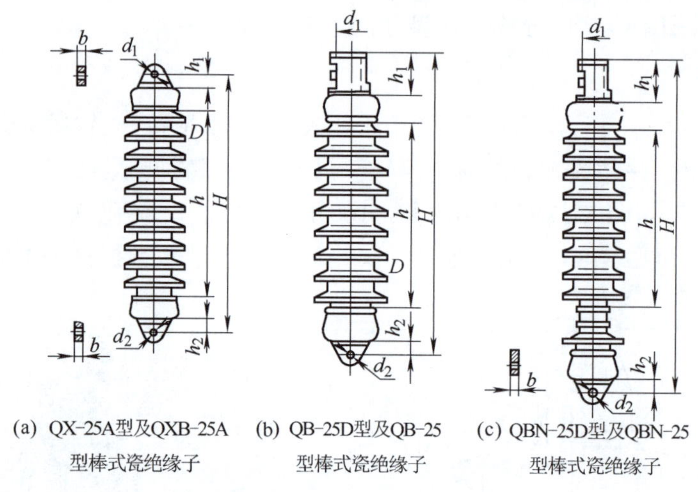


(a) QX-25A型及QXB-25A型棒式瓷绝缘子　(b) QB-25D型及QB-25型棒式瓷绝缘子　(c) QBN-25D型及QBN-25型棒式瓷绝缘子

图 1-6-2　棒式绝缘子

表 1-6-2　棒式绝缘子的规格及主要参数

| 型号 | 额定电压(kV) | 使用场所 | 公称泄漏距离(mm) | 主要尺寸(mm) | | | | 工频闪络电压有效值(kV) | | 50%全波冲击闪络电压幅值(kV) | 机械负荷(N) | | | | 质量(kg) |
|---|---|---|---|---|---|---|---|---|---|---|---|---|---|---|---|
| | | | | *H* | *h* | *D* | *d* | 干闪 | 湿闪 | | 1 min抗张 | 15 s抗弯 | 抗张破坏不小于 | 抗弯破坏不小于 | |
| TX-25A | 25 | 隧道 | 825 | 550 | | 140 | | 140 | 120 | 230 | 23 544 | | 39 240 | | 9.3 |
| TX-25 | 25 | 隧道 | 825 | 550 | | 140 | | 140 | 120 | 230 | 23 544 | | 39 240 | | 9.1 |
| TB-25 | 25 | 隧道 | 750 | 580 | | 150 | 61 | 130 | 100 | 200 | | 1 962 | | 3 188 | 14.0 |
| TB-25A | 25 | 隧道 | 750 | 580 | | 150 | 49 | 130 | 100 | 200 | | 1 962 | | 3 188 | 13.7 |
| QX(920)-25A | 25 | 隧道 | 920 | 580 | 410 | 145 | | 185 | 141 | 205 | | | 39 240 | 3 335 | |
| $QXN_1$-25 | 25 | 隧道 | 1 000 | 600 | 430 | 145 | | 140 | 120 | 230 | | | 39 240 | | 12.0 |
| $QXN_2$-25 | 25 | | 1 200 | 690 | 510 | 145 | | 180 | 150 | 300 | | | 39 240 | | 13.0 |
| $QBN_1$-25 | 25 | 腕臂 | 1 000 | 660 | 410 | 165 | 62<br>50 | 140 | 120 | 230 | | | | 3 188 | 16.0 |
| $QBN_2$-25 | 25 | 腕臂 | 1 200 | 760 | 490 | 185 | 62<br>50 | 180 | 150 | 300 | | | 39 240 | 3 188 | 22.0 |
| $QBN_3$-25 | 25 | 腕臂 | 1 400 | 850 | 580 | 185 | 62<br>50 | 200 | 170 | 320 | | | | 3 188 | 24.5 |

续上表

| 型号 | 额定电压(kV) | 使用场所 | 公称泄漏距离(mm) | 主要尺寸(mm) | | | | 工频闪络电压有效值(kV) | | 50%全波冲击闪络电压幅值(kV) | 机械负荷(N) | | | | 质量(kg) |
|---|---|---|---|---|---|---|---|---|---|---|---|---|---|---|---|
| | | | | *H* | *h* | *D* | *d* | 干闪 | 湿闪 | | 1 min 抗张 | 15 s 抗弯 | 抗张破坏不小于 | 抗弯破坏不小于 | |
| $QXZ_1$-25 | 25/3 | AT线路 | 1 000/120 | 700 | 440 | 145 | | 140 | 120 | 230 | | | 39 240 | | 14.0 |
| $QBZ_1$-25 | 25/3 | AT线路 | 1 000/120 | 740 | 440 | 170 | 62<br>50 | 140 | 120 | 230 | | | | 3 188 | 20.0 |
| $QBZ_2$-25 | 25/3 | AT线路 | 1 200/140 | 850 | 480 | 185 | 62<br>50 | 180 | 150 | 300 | | | | 3 188 | 24.0 |

注：QX——电气化铁路隧道悬挂用绝缘子；
QB——电气化铁路腕臂用支撑绝缘子；
Z——双重绝缘型绝缘子；
N——耐污型绝缘子；
25——额定电压等级；
A——隧道用棒式绝缘子；
D——大口径腕臂用棒式绝缘子（与2英寸腕臂配套）；
1——用于轻污染型；
2——用于重污染型。

### 3. 针式绝缘子

针式绝缘子多用于回流线、保护线及跳线处，它承受线索不同方向的负荷，将线索固定，并对地起电气绝缘的作用，一般采用P-10T型针式绝缘子，如图1-6-3所示。

绝缘子按制造材料分类主要有瓷绝缘子、钢化玻璃绝缘子和合成绝缘子三种，在我国的电气化铁路中都有不同的应用。

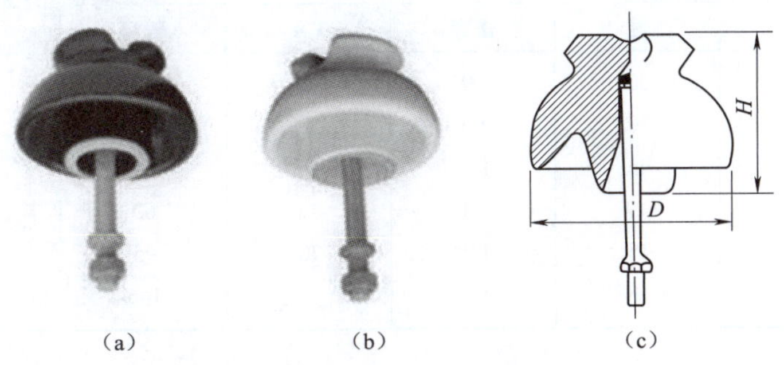


图1-6-3 针式绝缘子

(1)瓷绝缘子

瓷绝缘子生产成本低，价格便宜，有良好的绝缘性能，耐热性能好，运行经验丰富，是我国电气化铁路中主要采用的绝缘子类型。其缺点是重量过重，缺乏弹性，耐污和可靠性方面有待提高，运营维护费用过高。

(2)钢化玻璃绝缘子

近年来，钢化玻璃悬式绝缘子在我国电气化铁路中广泛应用。它由铁帽、钢化玻璃绝缘件和钢脚组成，并用水泥胶合剂胶合为一体，如图1-6-4所示。其特点如下：

图 1-6-4　钢化玻璃绝缘子

①零值自破、便于检测。即当绝缘子失去绝缘性能或机械过负荷时，伞群就会自动破裂脱落，容易发现，可及时进行更换，且无须登杆逐片检测，大大降低了工人的劳动强度。

②耐电弧和耐振动性好。在运行中，玻璃绝缘子遭受雷电烧伤的新表面仍是光滑的玻璃体，并有钢化内应力保护层，因此，它仍保持了足够的绝缘性能和机械强度。

③自洁性好、不易老化。玻璃绝缘子不易积污、易于清扫，人工清扫的周期比瓷绝缘子长，降低了维护费用。对典型地区线路上的玻璃绝缘子定期取样测定运行后的机电性能，统计数据表明使用 35 年后的玻璃绝缘子的机电性能与出厂时的基本一致，未出现老化现象。

④主容量大，成串电压分布均匀。玻璃的介电常数为 7 ~ 8，玻璃绝缘子具有较大的主电容，成串的电压分布均匀，有利于降低导线侧和接地侧附近绝缘子所承受的电压，从而达到减少无线电干扰、降低电晕损耗和延长使用寿命的目的。

限制钢化玻璃绝缘子推广使用的主要原因是其自爆率高（0.02% ~ 0.04%），影响到线路运行的可靠性。普通钢化玻璃绝缘子的型号为 LX-4.5，其技术数据见表 1-6-3。

表 1-6-3　LX 型绝缘子技术数据

| 型　号 | 工频试验电压（有效值）（kV） | | | 机械负荷（kN） | | 泄漏距离（mm） | 质量（kg） |
|---|---|---|---|---|---|---|---|
| | 干 | 湿 | 击穿 | 1 h | 破坏 | | |
| LX-3 | 63 | 30 | 90 | 30 | 40 | 230 | 2.6 |
| LX-3C | 63 | 30 | 90 | 30 | 40 | 230 | 2.7 |
| LX-4.5 | 75 | 45 | 110 | 45 | 60 | 290 | 4.2 |
| LX-4.5C | 75 | 45 | 110 | 45 | 60 | 290 | 4.5 |
| LX-7 | 75 | 45 | 120 | 70 | 95 | 300 | 4.9 |
| LX-11 | 85 | 48 | 125 | | 145 | | 7 |

（3）复合绝缘子

较为理想的新型绝缘子是复合绝缘子。这种绝缘子的基本绝缘部件由芯棒和伞套组成，芯棒用玻璃纤维束经树脂浸渍而成，具有很高的抗拉强度；芯棒外部的护套和伞群一般有硅橡胶或乙丙橡胶材料制成，护套包覆在芯棒的外表面，一方面提供良好的外绝缘性能，另一方面保护芯棒免受大气侵蚀。其不同连接外形如图 1-6-5 所示，主要技术参数见表 1-6-4。

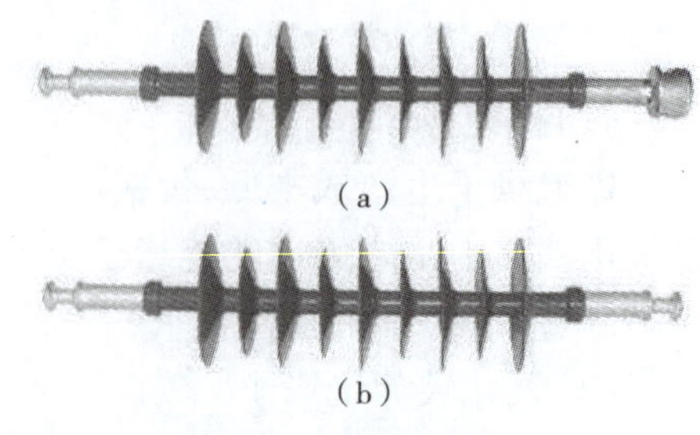


图 1-6-5　复合绝缘子

表 1-6-4 复合绝缘子参数

| 型 号 | H(mm) | h(mm) | D(mm) | 最小公称爬电距离(mm) |
|---|---|---|---|---|
| FXQ-25/100QT | 700±20 | ≥500 | ≤100 | 1 200 |
| FXQ-25/100QH | | | | |
| FXQ-25/100HH | | | | |
| FQD25/100HY | 用户定 | | | |
| FXQ-25/100QTG | 800±20 | ≥600 | ≤150 | 1 600 |
| FXQ-25/100QHG | | | | |
| FXQ-25/100HHG | | | | |
| FQD-25/100HYG | 用户定 | | | |

注:F——复合材料;

Q——电气化铁路用绝缘子;

X——悬挂、耐张式;

D——隧道定位式;

QT——球窝—球头;

QH——球窝—单耳;

HH——单耳—单耳;

HY——单耳—圆管;

G——高原型(普通地区不表示)。

复合绝缘子的优点为:

①机械强度大,抗拉、抗弯、耐受冲击性能好;

②自身质量较小,仅为瓷绝缘子重量的 1/10 左右,方便运输、安装;

③绝缘性能好,硅橡胶是憎水性材料,特别是在严重污染和大气潮湿情况下的绝缘性能十分优异,从而大大减少了防污清扫的工作量;

④耐电弧性能好。

复合绝缘子在电气化铁路中的应用较为广泛。限制合成绝缘子使用的原因主要有:

①其价格较为昂贵;

②缺乏简便有效的现场检测技术,大面积使用时矛盾尤为突出。用于合成绝缘子检测的主要手段有:用超声波检测绝缘子中存在的气隙和裂纹,用红外检测局部绝缘缺陷带来的温升,其检测手段较为复杂。

目前这种绝缘子主要用于:隧道内净空条件受限场合;粉尘污染严重地区;减少接触悬挂集中性负载(如分段绝缘器承力索的绝缘、锚段关节处等);易受打击破坏场合代替瓷绝缘子和钢化玻璃绝缘子使用。

接触网用绝缘子的受力情况复杂,对芯棒、金具的要求较电力系统高,应用中要考虑抗拉强度、抗弯、抗剪等机械性能。要求合成绝缘子强度安全系数不小于 5.0。

### (三)绝缘子的防污

绝缘子表面污秽的主要原因有:环境污染,货物列车运行中带来的煤、炭、化学粉尘;内燃电力混合牵引时内燃机排放的烟尘;列车制动时闸瓦磨损产生的金属屑等。这些都会使接触网绝缘子表面污秽造成闪络事故频繁发生，而接触网中绝缘子安设高度又比一般输电线路低，污染就更加严重，绝缘子污闪问题已经成为影响接触网供电可靠性的重要因素。

目前，解决污闪问题的主要措施如下：

①采用防污绝缘子，对减少绝缘子的污闪事故效果显著。如目前大量推广采用的 $XWP_2$-6 型防污绝缘子（又称双伞绝缘子）、NGK 防污型绝缘子，都具有良好的防污闪性能，其结构分别如图 1-6-6 和图 1-6-7 所示，主要技术特性见表 1-6-5。

图 1-6-6　防污型悬式绝缘子

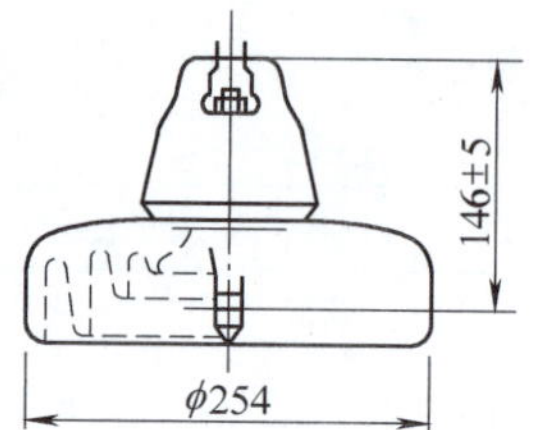


图 1-6-7　NGK 防污型悬式绝缘子（单位：mm）

表 1-6-5　防污型绝缘子主要技术性能

| 绝缘子型号 | 工频闪络电压有效值（kV） | | 工频击穿电压有效值（kV） | 50%全波冲击闪络电压幅值（kV） | 机械负荷（kN） | | 公称泄漏距离（mm） | 质量（kg） |
|---|---|---|---|---|---|---|---|---|
| | 干闪 | 湿闪 | | | 1 h 机电 | 机电破坏负荷 | | |
| $XWP_2$-6 | 90 | 45 | 110 | 130 | 45 | 60 | 400 | 5.5 |
| $XWP_2$-6T | 90 | 45 | 110 | 130 | 45 | 60 | 400 | 5.5 |
| NGK 普通型 | 75 | 45 | 110 | 120 | 57 | 70 | 292 | |
| NGK 防污型 | 90 | 50 | 135 | 135 | 68 | 80 | 432 | |

②采用半导体釉绝缘子，可以大幅度延长绝缘子清扫周期，提高供电的可靠性，使用效果良好。但也存在泄漏电流较大、半导体釉面易腐蚀等缺点。

③采用新型复合绝缘子。

④在绝缘子表面涂憎水性油脂，如硅橡胶防污涂料等。

⑤增加绝缘子表面的泄漏距离（爬距）、片数，合理安排清扫周期等都可以提高绝缘子的绝缘可靠性。

## 二、绝缘子性能分析

由于绝缘子一般安设在户外，其表面破损、脏污受潮、受到各种机械力的作用以及绝缘子正常工作时承受着工作电压和各种过电压等，均会导致绝缘性能下降，产生沿表面的气体放电现象，通常称沿面放电，这种放电发展到表层空气绝缘击穿时，称为闪络。

### （一）绝缘子的电气性能

绝缘子的电气性能常用干闪电压、湿闪电压和击穿电压表示。

#### 1. 干闪电压

绝缘子表面处于干燥状态时，使其表面达到闪络的最低电压值。

### 2. 湿闪电压

则是雨水降落方向与水平面呈45°角淋在绝缘子表面时，使其闪络的最低电压值。

绝缘子闪络会引起牵引变电所继电保护动作跳闸而中止供电。由于闪络后空气绝缘恢复，绝缘子瓷体尚未受到破坏，可维持使用，所以跳闸后往往能自动重合成功，恢复供电。但闪络后如不及时处理则会引起绝缘老化，发生裂纹、渗水，使内部绝缘性能下降而引起再一次闪络，应及时清扫、更换。

### 3. 击穿电压

当绝缘老化，瓷体绝缘被破坏甚至炸裂，完全失去绝缘性能时称绝缘子击穿。击穿电压是指绝缘子瓷体被击穿损坏而失去绝缘作用的最低电压。绝缘子击穿后应立即进行更换。

### 4. 绝缘泄漏距离

绝缘泄漏距离是指绝缘元件表面的曲线长度，即两电极间绝缘表面的爬电距离，俗称“爬距”。泄漏距离是反映绝缘子绝缘水平的重要参数。

接触网绝缘部件的泄漏距离应符合下列规定。

0、Ⅰ、Ⅱ级污秽等级区域，接触网绝缘泄漏距离不小于1 400 mm；Ⅲ、Ⅳ级污秽等级区域，接触网绝缘泄漏距离不小于1 600 mm。供电线、正馈线、加强线、电缆终端、接触悬挂下锚、软横跨接地侧、隔离开关绝缘子及分束供电的分段处绝缘子泄漏距离不小于1 600 mm。在海拔超过1 000 m的地区，上述泄漏距离应按规定增大。

实行“V形”天窗的双线区段，上、下行间隔断绝缘子串的泄漏距离一般地区不少于1 200 mm；污秽地区不少于1 600 mm。在海拔超过1 000 m的地区，上述泄漏距离应按规定增大。绝缘子的电气性能随着使用时间的推移，其绝缘强度会逐渐下降，因此，在使用中每年至少应进行一次绝缘子电压分布测量，以检查绝缘子绝缘性能是否正常可靠。

## （二）电压分布测量要求

（1）电压分布测量方法如图1-6-8所示。电压分布测量用电压分布测量仪器进行，绝缘杆要有足够的绝缘长度，其长度不小于1 000 mm，保证人体（包括所持非绝缘工具）距带电设备之间不得小于600 mm。

（2）测量仪器的放电间隙 $b$ 调至1～3 mm。

（3）测量仪的两个金属探针分别接触绝缘子两侧金属体，即 $A$ 点（钢帽）$B$ 点（杵头或耳环）。

（4）接触网电压在绝缘子串上的电压分布，是从带电侧到接地侧依此减小。因此，放电声音也相对减弱。当测量绝缘子串某一片绝缘子时，放电间隙放电说明该片绝缘子电气性能良好，为合格，在表1-6-6“绝缘子电压分布记录”的“电压分布”栏填写“合格”；否则为不合格，在“电压分布栏”填写“不合格”。

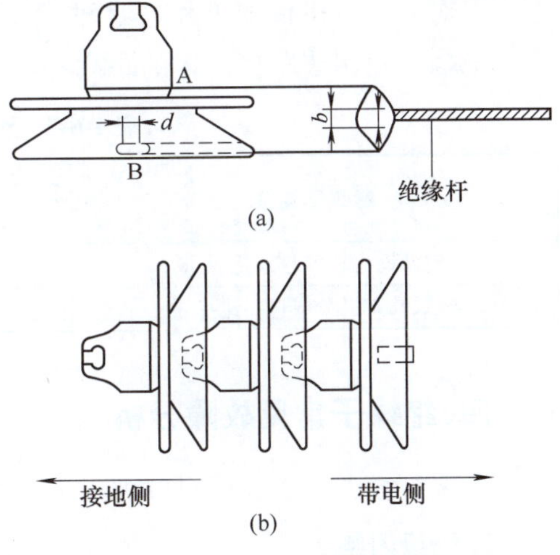


图1-6-8 电压分布测量示意

表 1-6-6　绝缘子电压分布记录

| 支柱（隧道及悬挂点）号 | 绝缘子类型 | 电压分布（自接地侧依次）（kV） | | | | |
|---|---|---|---|---|---|---|
| | | 1 | 2 | 3 | 4 | 5 |
| | | | | | | |
| | | | | | | |
| | | | | | | |

（5）测量绝缘子串电压分布时，应从接地侧依次向带电侧测量，当三片一组中有一片，四片一组中有两片无间隙放电时，即停止测量，以保证设备运行和测量人员的安全。

## 三、绝缘子的维修与更换

绝缘部件不得有裂纹和破损，瓷绝缘子的瓷釉剥落面积不大于 300 $mm^2$，连接件不松动。在运输装卸和安装绝缘子时应避免发生冲撞，不得锤击与瓷体连接的铁帽和金属件，同时也不得对其进行机械加工和热处理，铁帽和金具无锈蚀。

悬式绝缘子串的连接，要注意弹簧销子不能脱落，绝缘子串接（3 个以上）后不准有严重的蹋腰现象。棒式绝缘子在使用中应注意与配套部件的型号（腕臂型号）统一，且不准使棒式绝缘子承受弯曲力。

为了保证绝缘子性能可靠，应对每个绝缘子按具体情况进行定期或不定期的清扫和检查。特别是在雨、雪、雾、霜天气以及混合牵引区段，更应经常观察绝缘子的状态及时清扫防患于未然。更换绝缘子宜采用滑轮组配合车梯进行作业。绝缘子脏污后的清扫工作，是在停电时间内集中进行，应注意防止损坏瓷体表面。

《普速铁路接触网运行维修规则》规定，Ⅲ、Ⅳ级污秽等级区域以及高路堑、跨线桥两侧、接触网下锚、分段、分相处宜采用复合绝缘子。

绝缘部件不得有裂纹和破损。瓷绝缘子的瓷釉剥落面积不大于 300 $mm^2$，连接件不松动。

在运输装卸和安装绝缘子时应避免发生冲撞，不得锤击与瓷体连接的铁帽和金属件，同时也不得对其进行机械加工和热处理，铁帽和金具无锈蚀。

绝缘子瓷裙边距接地体的距离不小于表 1-6-7 所列数值。

表 1-6-7　绝缘子裙边距接地体的距离

| 缘绝子类型 | 距接地体距离 | |
|---|---|---|
| | 正常值（mm） | 困难值（mm） |
| 瓷及钢化玻璃悬式绝缘子 | ≥100 | ≥75 |
| 棒式及有机合成材料绝缘子 | ≥50 | |

## 四、绝缘子常见故障分析

纵观绝缘子的事故可以分为以下三种情况。

### 1. 绝缘闪络

在接触网上安装运行的众多绝缘子中，只要有一处发生闪络就会造成馈线开关跳闸，接触网停电。一般情况下，个别绝缘子发生闪络的同时，有可能排除造成闪络的脏污、潮湿等因素形成的绝缘能力降低，馈线开关会自动重合成功，一般不影响电力机车的正常运行。另一种情况是如果闪络的电弧经路上阻抗很小（这种情况在污秽严重或有短路金属物时可能出现），短路电流很大，高温电弧会烧坏绝缘子或烧坏与绝缘子连接的承力索等接触网零部件造成接触网对地绝缘的破坏。这时重合闸失败，接触网停电。还有一种更为严重的情况是如果造成的闪络的原因是大面积的（这种情况往往是在污秽严重地区毛毛雨或雾时），多处绝缘子的闪络此起彼伏，严重破坏了接触网的绝缘和设备，一般会造成比较严重的后果。

### 2. 绝缘子击穿

绝缘子击穿大都发生在悬式绝缘子上。绝缘子的击穿事故往往造成绝缘的损坏而无法恢复，接触网停电，列车运行中断。虽然后果比闪络严重，但发生的概率比闪络要小得多。它不受外界条件的影响，主要取决于绝缘子的内部质量。

### 3. 机械破损

棒式绝缘子和悬式绝缘子一般分别承受压力和拉力，如果运行中绝缘子的受力发生改变，或由于其他原因导致绝缘子的机械破损，都会导致绝缘子的泄漏距离降低而使其绝缘能力下降，进而引发事故。

## 思考练习题

1. 说明 XP-7、$QBN_1$-25、QX-25A 等绝缘子型号的含义。
2. 绝缘子采用的防污措施是什么？
3. 应如何维修和更换绝缘子？
4. 绝缘子的电气性能有哪些？
5. 对绝缘子的电压分布测量有什么要求？
6. 试分析接触网有哪些地方使用悬式绝缘子和棒式绝缘子？
7. 绝缘子常见故障有哪些？

# 第七节　锚段及锚段关节

## 学习目标

1. 掌握锚段的作用；
2. 掌握锚段内张力差的基本概念；
3. 掌握三跨和四跨锚段关节的作用、组成及技术要求；
4. 了解锚段关节常见弓网故障。

## 一、锚段和锚段长度确定

为满足供电和机械受力方面的需要，将接触网分成若干一定长度且相互独立的分段，这种独立的分段称为锚段。

### 1. 锚段的作用

设立锚段可以限制事故范围。当发生断线或支柱折断等事故时，由于各锚段间在机械受力上是独立的，可使事故限制在一个锚段内，缩小事故范围。

设立锚段便于在接触线和承力索两端设置补偿装置，以调整线索的弛度与张力。

设立锚段有利于供电分段，配合开关设备，满足供电方式的需要，可实现一定范围内的停电维修作业。

### 2. 锚段长度确定

接触网每个锚段包括若干个跨距。在确定锚段长度时，要考虑发生事故的影响范围；当温度变化时，因线索伸缩引起吊弦、定位器及腕臂的偏斜不超过允许值；下锚处补偿坠砣应有足够的上下移动空间（即补偿范围）；要保证在极限温度下，中心锚结处和补偿器端线索张力差不超过规定值。由于线索顺线路的热胀冷缩移动，使每一吊弦、定位器和腕臂固定点处，因偏斜而对线索产生分力作用出现张力差。对于半补偿链型悬挂设计规定其张力差不超过接触线额定张力的 ±15%；全补偿链型悬挂，除满足接触线张力差外，要求承力索张力差不超过承力索额定张力的 ±10%。

锚段长度一般采用两种方法确定，经验取值法和计算法，经验取值可根据《铁路工程技术规范》中经验取值表确定，见表 1-7-1。计算法则通过对线索张力差的计算来确定锚段长度。

表 1-7-1　链型悬挂锚段长度经验取值

| 悬挂类型 | 锚段所在的线路情况 | 锚段长度（m） |
|---|---|---|
| 半补偿链型悬挂 | 直线区段（一般） | 1 600 |
| | 直线区段（困难） | 1 800 |
| | 直线和曲线各占一半时 | 1 300 |
| | 曲线占 70% 以上时 | 1 100 |
| 全补偿链型悬挂 | 直线区段（一般） | 1 800 |
| | 直线区段（困难） | 2 000 |
| | 曲线占 70% 以上时 | 不超过 1 500 |

隧道内一般不分锚段，但隧道长度超过 2 000 m 时，应划分锚段，锚段长度确定原则与上述方法相同。对新建隧道，当预留锚段关节断面及下锚洞时，锚段长度不宜大于 2 000 m；对既有线隧道，当未预留锚段关节断面及下锚洞致使改造困难时，锚段长度不宜大于 3 000 m。

## 二、锚段关节

两个相邻锚段的衔接部分称为锚段关节。锚段关节结构复杂，其工作状态的好坏直接影响接触网供电质量和电力机车取流。电力机车通过锚段关节时，受电弓应能平滑、安全地由一个锚段过渡到另一个锚段，且弓线接触良好，取流正常。

锚段关节按用途可分为非绝缘锚段关节和绝缘锚段关节两种。按锚段关节的衔接长度可分为二跨、三跨、四跨锚段关节等几种不同形式。目前，常用的是三跨和四跨锚段关节。

### 1. 非绝缘锚段关节

非绝缘锚段关节只起机械分段的作用，不进行电分段，即两个锚段在电路上不绝缘，又称电不分段锚段关节。

非绝缘锚段关节一般由三个跨距组成,所以又称三跨锚段关节。它包括两根下锚柱和两根转换柱及电连接线,通过这些设备实现锚段的衔接和过渡。三跨非绝缘锚段关节结构如图 1-7-1所示。相互连接的两个锚段分别在锚段关节最外侧两根支柱处下锚,受电弓在中间两支柱间实现从一个锚段向另一锚段的转换,故锚段关节中间的两根支柱称为转换柱。为了保证两锚段在电气上的可靠连通,在两锚段间使用电连接线。

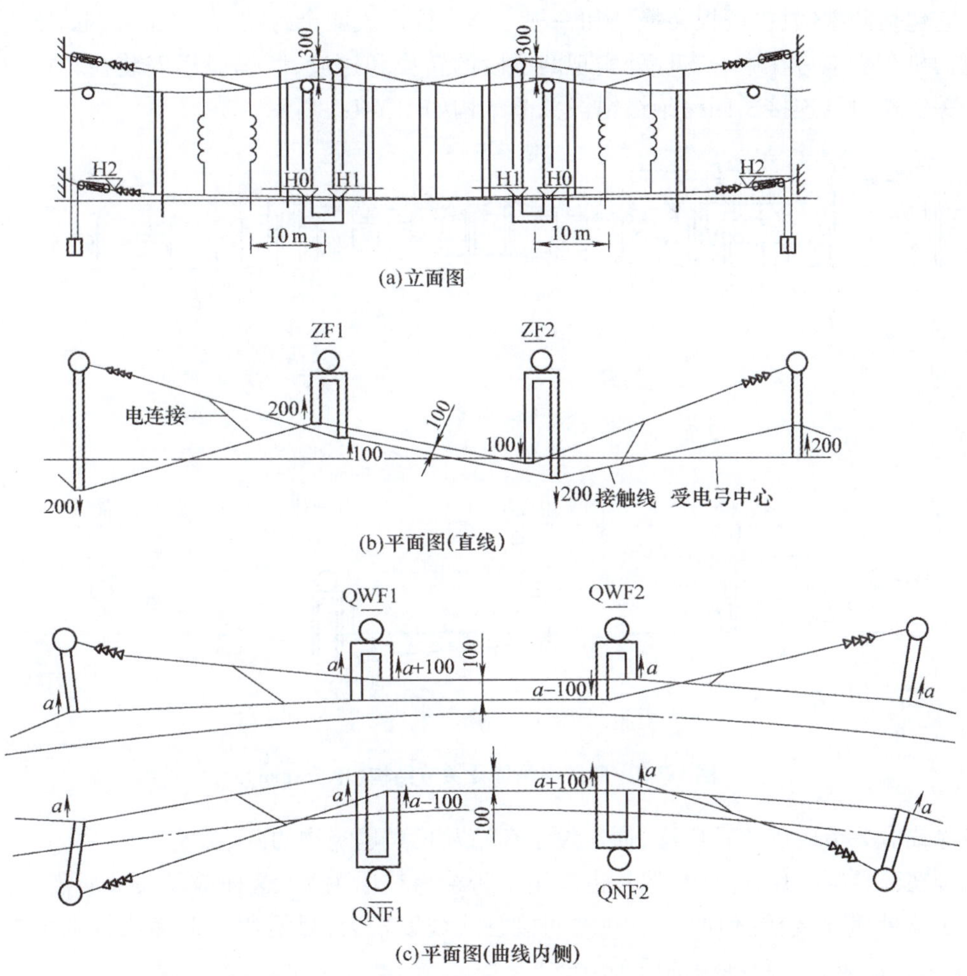


图 1-7-1 三跨非绝缘锚段关节结构(单位:mm)

在锚段关节内,两锚段承力索和接触线相互重叠,其中接触线与受电弓接触工作的一组称为工作支;接触线抬高脱离受电弓去下锚的一组称为非工作支。受电弓在三跨锚段关节两转换柱间实现两个锚段过渡。为保证相邻锚段在电路上的联通,在锚段关节两转换柱与锚柱间各装设一组电连接线。

在特殊的隧道群地带,隧道间距离较短,无法设置三跨时,可利用两跨锚段关节代替三跨锚段关节。但两跨锚段关节机车运行取流条件较差,应尽量避免采用。三跨非绝缘锚段关节是我国接触网实现锚段间机械分段的主要形式,但必须指出的是,随着我国电气化铁路的提速，在行车速度大于 160 km/h 时，三跨非绝缘锚段关节难以满足接触线坡度、受电弓动态接触力等高速受流的要求，行车速度达到 200 km/h 时，锚段关节跨数不宜小于四跨，加大转换柱间的距离，可以使接触线抬高坡度变缓。

### 2. 绝缘锚段关节

绝缘锚段关节除机械分段外，主要用于同相电分段。电分段锚段关节，一般由四个跨距配合一台隔离开关组成，其接触线、承力索在垂直和水平方向都彼此相距 500 mm，以保持其电气绝缘。它包括两根锚柱、两根转换柱和一根中心支柱形成四个跨距，所以又称四跨绝缘锚段关节。电力机车受电弓在中心支柱处实现两锚段的转换和过渡，两锚段靠安装在转换支柱上的隔离开关实现电气连接。四跨绝缘锚段关节结构如图 1-7-2 所示。

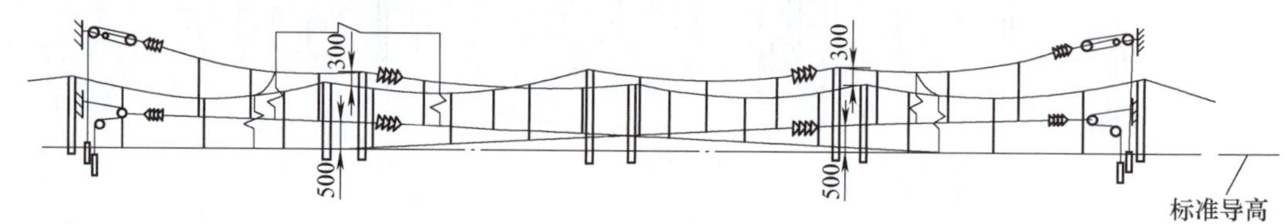


(a) 立面图

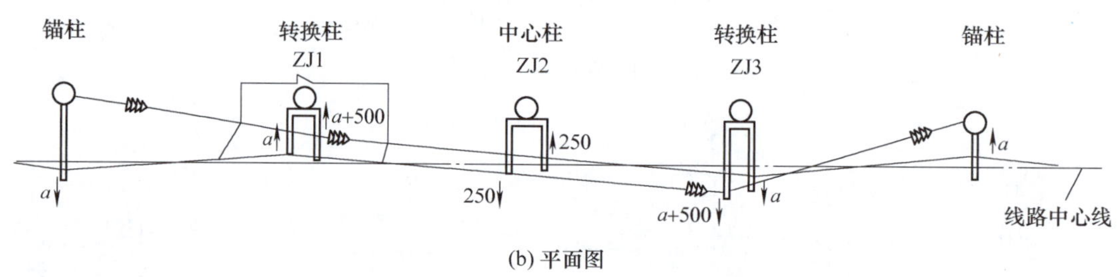


(b) 平面图

图 1-7-2　四跨绝缘锚段关节结构（单位：mm）

绝缘锚段关节应用比较广泛，通常设于车站及长大建筑物的两端。

我国在部分电气化铁路中，偶尔也采用三跨绝缘锚段关节，这种锚段关节所需距离较短，在技术上也能满足要求，但两转换柱之间接触线坡度较大，只能用于低速或特别困难情况下（如隧道内无法设置四跨绝缘锚段关节时）。

在四跨绝缘锚段关节中，中心支柱需装设双腕臂，在曲线区段中心支柱和两根转换支柱均设置双腕臂。

五跨绝缘锚段关节是锚段关节中含有五个跨距，主要在高速电气化铁路中应用。因为四跨锚段关节在受电弓由一个锚段过渡到另一个锚段时，是在中心柱处转换的，在此处，虽然可以控制并实现两支接触线等高，但在定位点处，由于有两个定位器，其弹性明显变差，在此不仅会加大接触线的磨损，而且影响受流。所以在时速 160 km 及以上的电气化线路上，绝缘锚段关节可采用五跨绝缘锚段关节，在技术要求上和四跨绝缘锚段关节相同，两组悬挂的接触线之间和承力索之间保持 500 mm 的绝缘距离。很明显，其两组悬挂的转换点在中间跨距的中心，这样就可以保证弹性良好、过渡平稳。五跨锚段关节在保证抬高的情况下，延长了接触线坡长,降低了接触线的坡度,如图 1-7-3 所示。

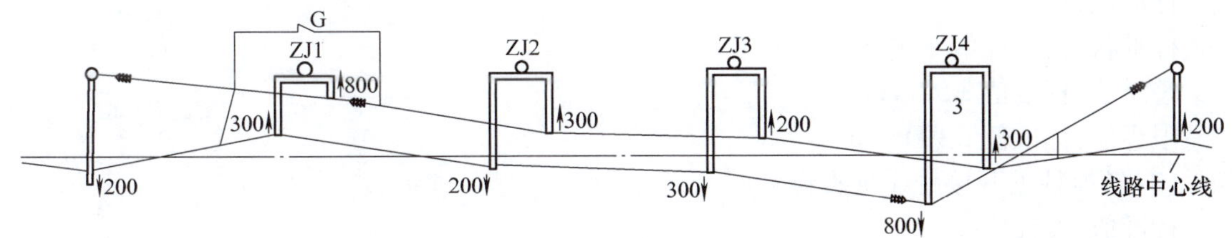


图 1-7-3 五跨绝缘锚段关节结构(单位:mm)

五跨绝缘锚段关节的缺点为结构上相对较复杂,造价较高,安装检调难度较大。

## 三、锚段关节的维修要求

根据《高速铁路接触网运行维修规则》规定,绝缘锚段关节及关节式分相维修标准如下:

### (一)绝缘锚段及关节式分相

(1)转换柱处两悬挂垂直距离、水平距离。

标准值:设计值。

标准状态:标准值 ±20 mm。

警示值:标准值 ±30 mm。

限界值:标准值 ±50 mm。

(2)中心柱处两悬挂垂直距离、水平距离。

①接触线(承力索)垂直距离:

标准值:等高(设计值)。

标准状态:20 mm(标准值 ±20 mm)。

警示值:20 mm(标准值 ±30 mm)。

限界值:30 mm(标准值 ±50 mm)。

②接触线(承力索)水平距离:同转换柱。

③中心柱处接触线等高点处接触线高度不应低于相邻工作支吊弦点,允许高于相邻吊弦点 0 ~ 10 mm。

五跨锚段关节中间跨为过渡跨,接触线等高点(屋脊处)宜在过渡跨跨中,高度比相邻定位点抬高 0 ~ 40 mm。

(3)两接触悬挂接触线工作支过渡处调整符合运行要求。

(4)转换柱处绝缘子串与悬挂点的距离符合设计要求,允许偏差 ±50 mm。承力索、接触线两绝缘子串上下应对齐,允许偏差 ±100 mm。

(5)任何情况下,两接触悬挂及定位支撑装置带电体各部分应满足空气绝缘间隙要求。锚段关节内的定位支撑、吊弦载流环、斜拉线等不得减小空气绝缘间隙。

(6)关节式电分相中性区和无电区长度符合设计要求。

### (二)非绝缘锚段关节

(1)设计极限温度下,两悬挂各部分(包括零部件)之间的距离应保持 50 mm 以上。

(2)转换柱处两接触线水平距离。

标准值:设计值。

标准状态:标准值 ±20 mm。

警示值:标准值 ±50 mm。

限界值:标准值 ±100 mm。

(3)转换柱处两接触线垂直距离。

标准值:设计值。

标准状态:标准值 ±20 mm。

警示值:标准值 ±30 mm。

限界值:标准值 ±50 mm。

(4)中心柱处两接触线水平距离为设计值 ，允许偏差 ±30 mm;两接触线距轨面等高,允许偏差 ±20 mm。两接触悬挂接触线工作支过渡处接触线调整符合运行要求。

### (三)锚支接触线

锚支接触线在其垂直投影与线路钢轨交叉处,应高于工作支接触线 300 mm 以上,并持续抬升至下锚处。下锚角钢安装高度应符合线索延伸下锚抬升的需要。

## 四、锚段关节处常见故障分析

锚段关节是两个相邻锚段的衔接部分,结构比较复杂,技术要求高。特别是小半径曲线区段,由于外轨超高、车辆摆动等原因易发生弓网事故,一旦发生弓网事故,不仅会造成锚段关节处接触网设备损坏,而且会同时影响两相邻锚段接触网无法正常运行,事故抢修工作量大,恢复时间长。因此,抢修锚段关节接触网事故时,一般采用在保证导线高度的条件下临时供电,机车受电弓降弓通过,尽量缩短停电时间,制定抢修方案要根据实际情况灵活运用。

锚段关节常见弓网事故有以下几个方面:

(1)锚段关节工作支与非工作支承力索或接触线间距不符合规定。当锚段关节处隔离开关打开,锚段关节一端停电并接地后,而另一端有电,两组接触悬挂由于线间绝缘距离不够,使空气间隙击穿放电烧坏部件;如未及时维修,则隔离开关合上送电后,电力机车受电弓通过时,发生接触网设备故障。

(2)绝缘锚段关节在转换柱处,非工作支接触线抬高不够,受电弓碰撞分段绝缘子串出现刮弓事故,或者发生受电弓钻入非工作支导线上方而出现钻弓事故。该事故会造成受电弓和接触网设备损坏,如机车司机未及时采取措施,让受损伤的受电弓继续运行,会刮坏接触网其他设备造成更大弓网事故。

(3)锚段关节电连接线夹处,如发生接触不良、松动、偏斜等原因,易引发烧断电连接线、吊弦、接触线、承力索及刮弓事故。

(4)锚段关节内两工作支接触线拉出值(或"之"字值)超标,致使某一支接触线发生受电弓脱弓和钻弓事故。

(5)当绝缘锚段关节设在小半径曲线区段时,在转换柱与中心柱间容易发生脱弓事故。因此要求在检调该处锚段关节时,应注意检查跨中工作支接触线相对受电弓中心的偏移值。受电弓在发生脱弓事故后,由于自身抬升力的作用,其滑板升高而超过接触线高度,随着机车向前运行,受电弓滑板进入导线上方,出现刮坏吊弦、腕臂、定位装置等重大弓网事故,一般称钻弓事故,因此脱弓和钻弓事故是同时发生的。

## 思考练习题

1. 确定锚段长度有几种方法？说明锚段关节的作用。
2. 什么是锚段关节？三跨、四跨锚段关节的作用和技术要求是什么？
3. 为什么要在转换柱处将非工作支抬高？
4. 绝缘锚段关节顺线路和横线路方向是靠什么绝缘的？
5. 锚段关节的维修要求有哪些？
6. 常见的锚段关节弓网事故有哪些？

# 第八节 接触网补偿装置

## 学习目标

1. 掌握补偿器的作用；
2. 掌握补偿器的组成及安设要求；
3. 掌握补偿器 $a$、$b$ 值计算方法；
4. 掌握补偿器 $b$ 值安装曲线的使用方法；
5. 了解补偿器的维修要求。

接触网补偿装置是自动调节接触线和承力索张力的补偿器及其制动装置的总称。它是接触网上的重要设备之一，本节将对接触网补偿装置进行分析。

## 一、补偿器的作用与结构

### 1. 补偿器的作用

当温度变化时，线索受温度变化的影响热胀冷缩出现伸长或缩短。由于在锚段两端线索下锚处安装了补偿器，在坠砣串重力的作用下，能够自动调整线索的张力并保持线索弛度满足技术要求，从而使接触悬挂的稳定性与弹性得到了改善，提高了接触网运营质量。

### 2. 补偿器的结构

补偿器由补偿滑轮、补偿绳、杵环杆、坠砣杆、坠砣块及连接零件组成。补偿滑轮分为定滑轮和动滑轮（构造相同），定滑轮改变受力方向，动滑轮除改变受力方向外还可省力和移动位置。滑轮一般都装有轴承，其结构如图 1-8-1(a)所示。补偿滑轮早期为 130 mm 小直径可锻铸铁的，补偿绳为 50 $mm^2$（19 股）镀锌钢绞线 GJ-50。补偿滑轮半径较小，造成补偿绳易弯曲疲劳而断股。目前，铝合金滑轮补偿装置是可锻铸铁滑轮组的替代产品。铝合金滑轮补偿装置是由滑轮组、不锈钢丝绳、连接框架及双耳楔型线夹组成，备有 1∶2、1∶3、1∶4 三种规格，可满足不标准张力要求，其结构形式如图 1-8-1(a)、(b)、(c)所示。滑轮轮体按不同组合要求，备有 270 mm、205 mm、165 mm 三种直径，材质为 ZL114A 铝合金，制造工艺为国际先进的金属模低压铸造，轮体与轴连接采用 2 个滚动轴承，补偿绳为不锈钢丝绳，最大工作荷重：1∶2 型为

12 kN、1∶3型为 18 kN、1∶4型为 22 kN。

与可锻铸铁滑轮相比，铝合金滑轮重量轻、强度高、耐腐蚀性能好、轮径大，使用寿命长；柔韧的不锈钢丝绳与大直径的轮槽贴合密切，是镀锌钢绞线和小轮径滑轮无法比的；两个滚动轴承比一个滚动轴承受力更加均匀，转动更加平稳、灵活；加上其精良的连接框架，保证了铝合金滑轮补偿装置具有较高的机械强度和传动效率。铝合金滑轮补偿装置的主要缺点是随着变比的增大，整套装置的体积和重量也明显增加，在空间受限制的隧道等地方安装困难。

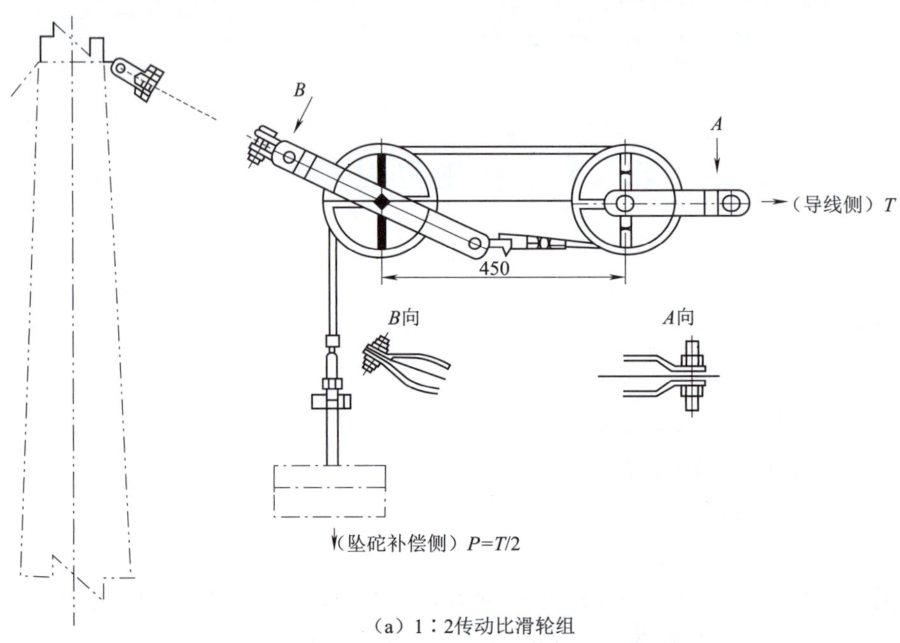


（a）1∶2传动比滑轮组

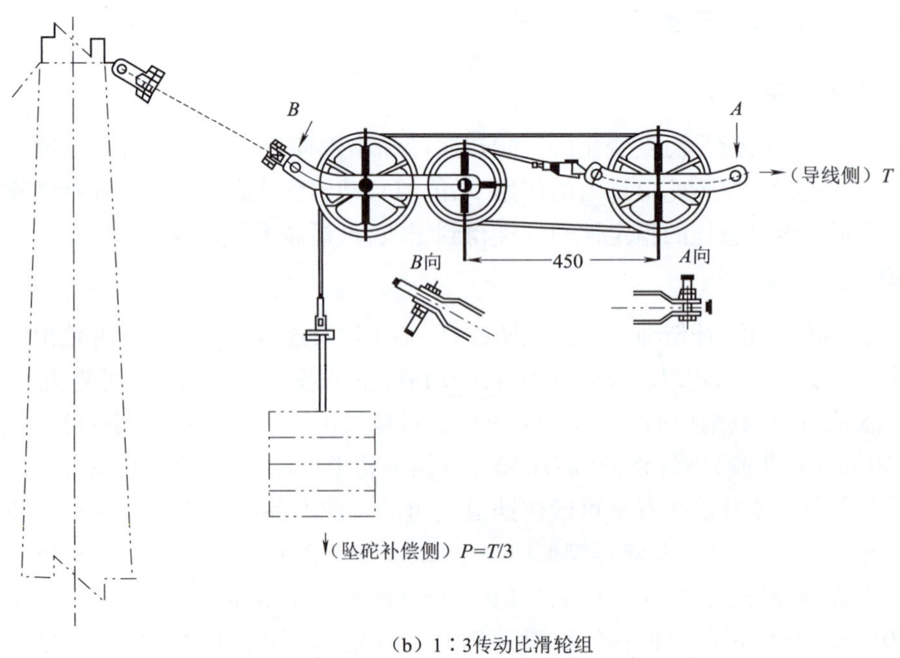


（b）1∶3传动比滑轮组

**图 1-8-1**

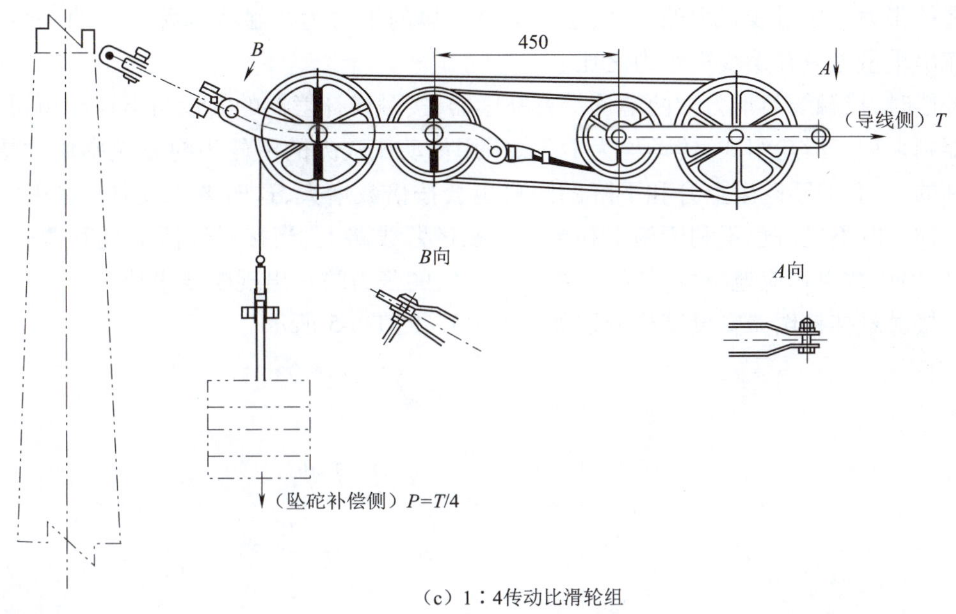


（c）1∶4传动比滑轮组

**图 1-8-1 补偿滑轮结构**（单位:mm）

坠砣块一般采用混凝土或灰口铸铁制成,每块质量约 25 kg,呈中间开口的圆饼状。坠砣杆一般为直径16 mm圆钢加工制成,上端有单孔焊环,底部焊有托板。坠砣杆的型号规格,根据其放置坠砣块数量的不同分为三种:17 型、20 型和 30 型。型号中的数字表示坠砣杆所悬挂坠砣的数量。坠砣与坠砣杆构造如图 1-8-2 所示。

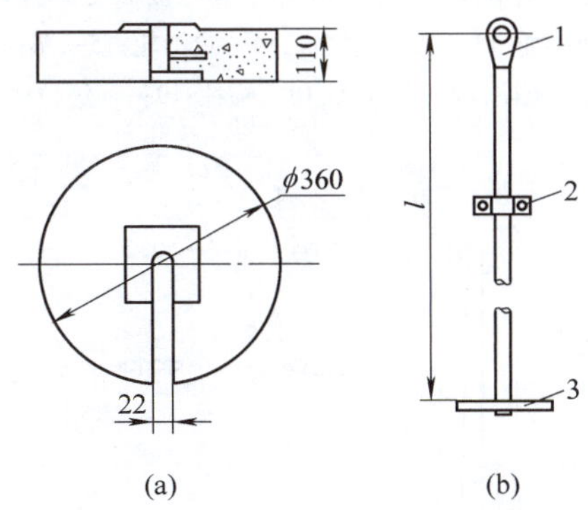


**图 1-8-2 坠砣块和坠砣杆结构**（单位:mm）

杵环杆系动滑轮与下锚绝缘子串之间的连接杆件,一般以直径 16 mm 圆钢加工制成。一端为单环孔,一端为杵头状,杵环杆的机械强度要求较高,且长度不小于 1 m。

### 3. 补偿器的安设与要求

补偿器串接在锚段内线索两端与支柱固定处,根据接触悬挂类型的不同有不同的补偿器结构。

半补偿时,接触线带补偿器,多采用两滑轮组结构,滑轮组的传动比为 1∶2,即用两个滑轮使补偿绳的张力为接触线张力的一半,也就是坠砣块的重力为接触线标称张力的一半。传动比是坠砣串重量与被补偿线索张力之比。

全补偿时,接触线与承力索两端均带有补偿器,接触线补偿器的安设与半补偿相同。承力索补偿器则采用三滑轮组式,传动比为1∶3。采用传动比较大的滑轮组时坠砣串块数减少了,这是有利的一面,但坠砣串上升和下降的距离也会按倍数增大,这时要求支柱(锚柱)高度和容量要增加。既不经济也不利于施工和维修。在运营线路上,当接触线因磨耗其截面逐渐减小时,坠砣串块数也相应地减少,使接触线维持一定的张力防止出现断线事故。

各类接触悬挂补偿器安设结构分别如图1-8-3～图1-8-5所示。

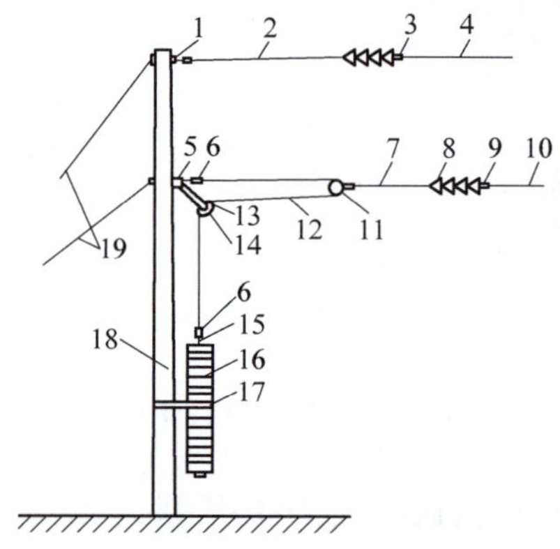


图1-8-3　半补偿下锚结构

1—承锚角钢;2—多节杵环杆;3—杵座楔形线夹;4—承力索;5—线锚角钢;6—双耳楔形线夹;7—杵环杆;8—悬式绝缘子串;9—终端锚结线夹;10—接触线;11—动滑轮;12—补偿绳;13—叉形连接板;14—定滑轮;15—坠砣杆;16—坠砣;17—限界架;18—锚柱;19—下锚拉线

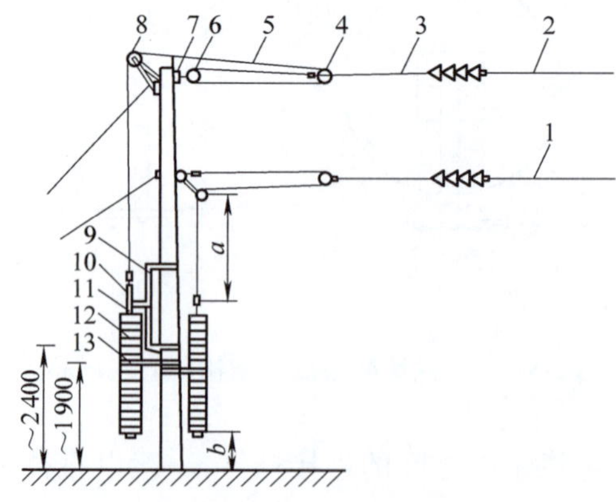


图1-8-4　全补偿下锚结构(单位:mm)

1—接触线;2—承力索;3—杵环杆;4—动滑轮;5—补偿绳;6—定滑轮;7—承锚角钢;8—定滑轮;9—补偿制动框架;10—双耳楔形线夹;11—坠砣杆;12—坠砣;13—限界架

## 二、棘轮式补偿装置

棘轮补偿装置,外形及结构如图 1-8-6 所示。棘轮装置的棘轮与其他工作轮共为一体,没有连接复杂的滑轮组,安装空间比铝合金滑轮补偿装置小很多,可以解决空间受限时的补偿问题。棘轮本体大轮直径为 566 mm,小轮直径为 170 mm,传动比为 1∶3,补偿绳为柔性不锈钢丝绳,比普通不锈钢丝绳性能更好,工作荷重有 30 kN、36 kN 两种,主要优点是具有断线制动功能,正常工作状态下,棘齿与制动卡块之间有一定间隙,棘轮可以自由转动;当线索断裂后,棘轮和坠砣在重力作用下下落,棘齿卡在制动卡块上,从而可以有效地缩小事故范围、防止坠砣下落侵入限界。

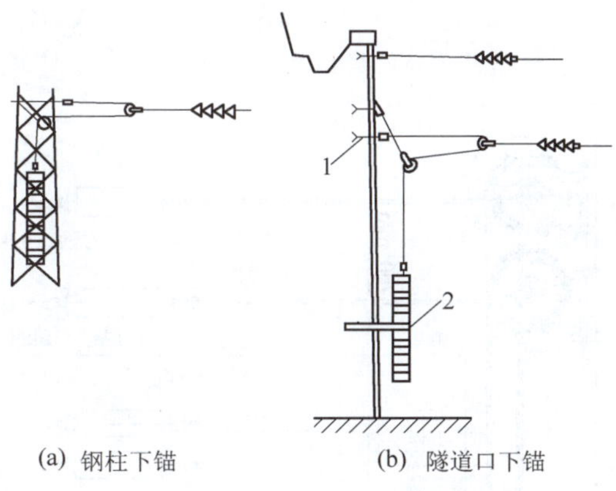


**图 1-8-5 钢柱及隧道口下锚**

1—埋入杆;2—限界架角钢

棘轮装置具有转动灵活、传动效率高(与铝合金滑轮补偿装置相当)、防腐性能好、使用寿命长等优点,但价格较高。由于棘轮本体形状复杂、轮径大、薄壁部位多,因而制造上对设备的要求很高,同时对铸造技术水平的要求也很高。

图 1-8-6 (b)中所示的棘轮补偿安装曲线,下面标注的 300 ~ 800 m 数字是半个锚段的长度(中心锚结到补偿器距离),左侧数字从上到下是对应温度下坠砣的安装高度。安装曲线右侧对应的安装温度是 -40 ~ 80 ℃,这一点与中国原来采用的计算最高温度不一样,中国的最高温度从南方至北方一律采用 40 ℃。这里采用 80 ℃,实际上是在最高计算温度上加了 40 ℃,它是考虑承力索和接触线在满电流负荷运行中,线索可能产生的最高温度。在这种情况下,承力索和接触线的伸长所形成的位移,不致使坠砣串的底部着地。

棘轮补偿装置在应用中,有多种安装形式,如图 1-8-6(b)所示的接触线、承力索补偿棘轮为上下布置,这种布置对支柱高度、容量要求较高;另外一种为承力索、接触线下锚棘轮水平布置,分别安装在支柱的两侧;还有承力索、接触线共用一个棘轮的并联棘轮补偿装置,在实际工程中都有采用。安装后,棘轮轴必须处于水平位置,坠砣钢绳运行时不得拽过棘轮的齿面。注意补偿绳在棘轮上的缠绕方向,如图 1-8-6(c)所示。

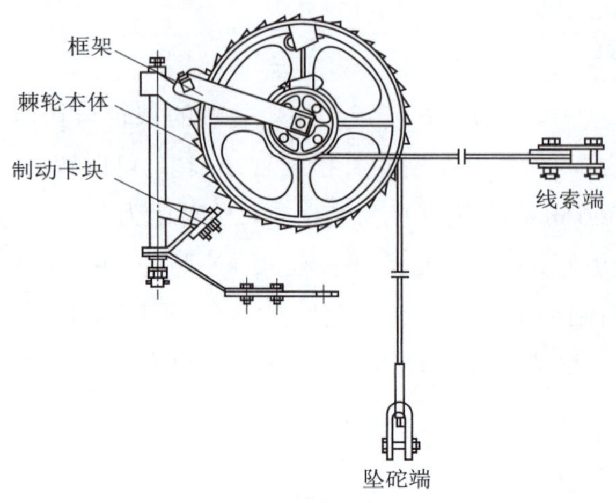


（a）结构示意

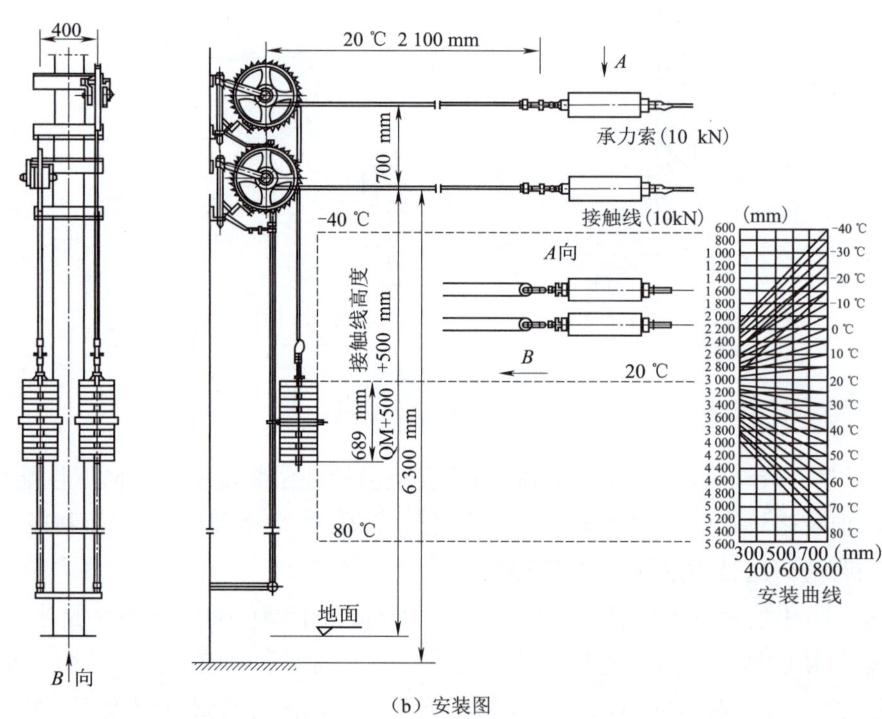


（b）安装图

工作范围

30°

30°

（c）补偿棘轮俯视图

**图 1-8-6　棘轮式补偿装置**

## 三、DFJHB型接触网恒张力弹簧补偿装置

在京津城际铁路上，采用恒张力弹簧补偿装置，该装置一般安装在等径圆形支柱上，如图1-8-7所示。

图1-8-7　接触网恒张力弹簧补偿装置

补偿器本体结构主要由储能组件、制动装置、锁定装置、渐开线轮、补偿绳等组成，如图1-8-8所示。

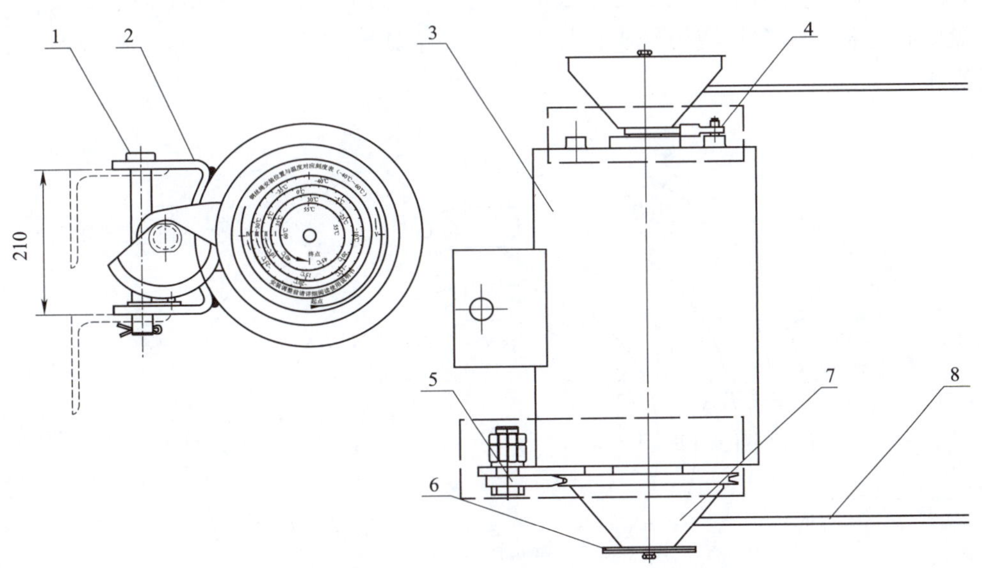


图1-8-8　弹簧补偿装置结构图(单位:mm)

1—连接销轴;2—接连支座;3—储能组件;4—制动装置;5—锁定装置;6—刻度牌;7—渐开线轮;8—补偿绳

补偿绳两端分别缠绕在恒张力弹簧补偿装置两侧渐开线轮盘上，依靠储能组件内的弹簧系统维持补偿绳张力恒定，在一侧渐开线轮盘上安装有制动装置，制动装置结构如图1-8-9所示。

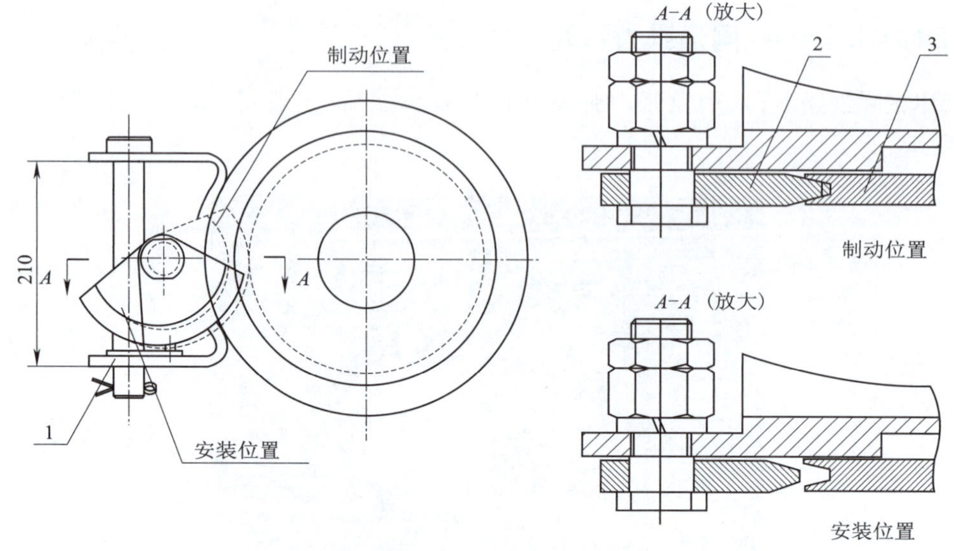


图 1-8-9　制动装置局部结构（单位：mm）

1—拨叉组件；2—制动轮；3—刹车轮

当接触网线索发生断线后，拨叉组件转动，其偏心轮沿迅速插入制动轮槽内，有效地阻止了渐开线轮盘的反向转动，起到制动效果。

恒张力弹簧补偿装置在安装时，要考虑当时的安装温度，要与刻度牌标志上的温度值相一致，如图 1-8-10 所示，并且同时要满足安装曲线图 1-8-11 所示补偿绳 $a$ 值（补偿绳 $a$ 值应为渐开线轮盘中心至补偿绳双耳楔形线夹的距离）。如有误差，需通过紧线器进行调整直到符合要求时为止。

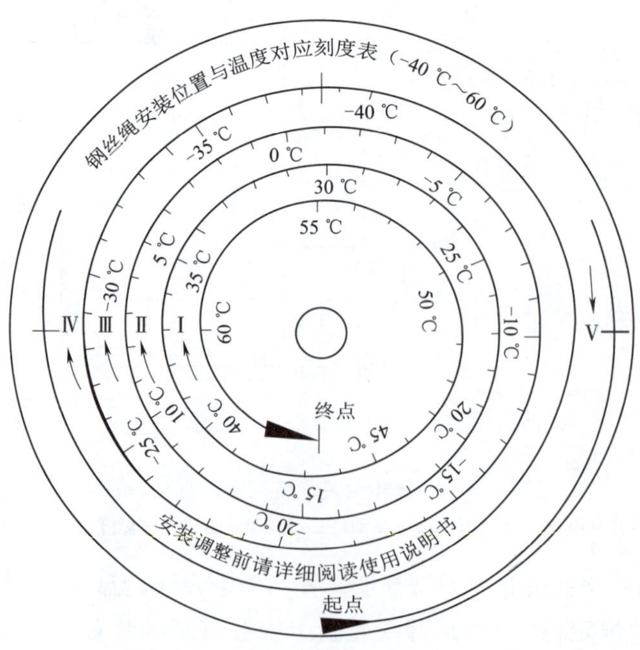


图 1-8-10　恒张力弹簧补偿装置刻度牌

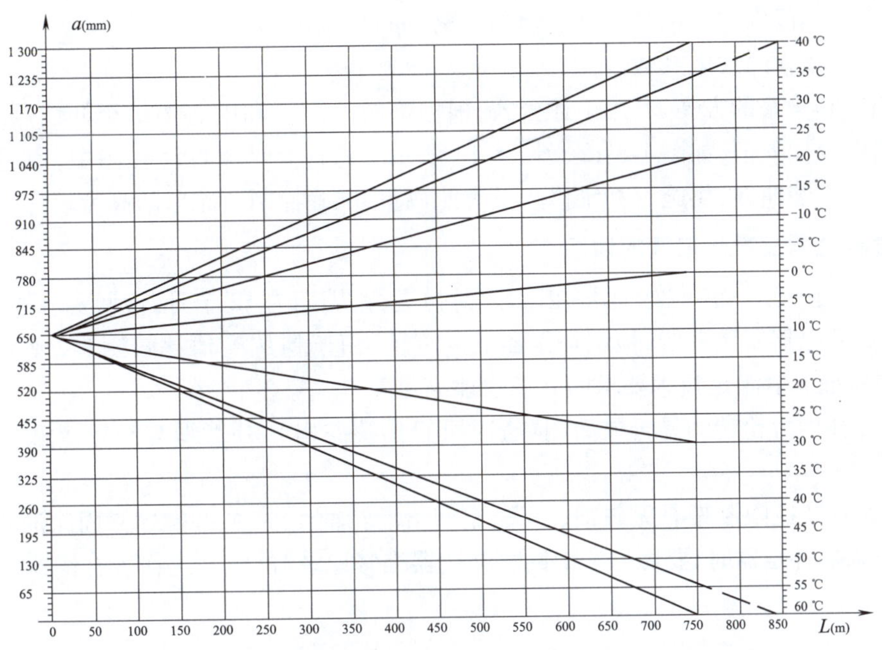


图 1-8-11　恒张力弹簧补偿装置（补偿绳 $a$ 值）安装曲线

## 四、补偿器 $a$、$b$ 值及其确定

### 1. $a$、$b$ 值

补偿器靠坠砣串的重力使线索的张力保持平衡。当温度变化时，线索的伸缩使坠砣串上升和下降，当坠砣串升降超出允许范围时，如下降过多使坠砣串底部接触地面或上升过多使坠砣杆耳环孔卡在定滑轮槽中，都会使补偿器失去补偿作用。因此用补偿器的 $a$、$b$ 值来限定坠砣串的升降范围。

补偿绳回头末端至定滑轮下沿或制动部件的距离称为补偿器的 $a$ 值。由坠砣串最下面一块坠砣的底部至地面（或基础面）的距离称为补偿器的 $b$ 值。补偿器 $a$、$b$ 值随温度变化而发生变化，接触线和承力索补偿器的 $a$、$b$ 值不相等。

为了使补偿器不失去补偿作用，对补偿器 $a$、$b$ 值提出以下要求：

在最低温度时，$a$ 值应大于零；最高温度时，$b$ 值应大于零。根据相关铁路接触网运行维修规则规定，补偿器 $a$、$b$ 值的最小值不小于 200 mm，进行接触网设计时，规定 $a$、$b$ 值不小于 300 mm。

### 2. $a$、$b$ 值的计算及安装曲线

在不同温度时，补偿器 $a$、$b$ 值不同，其计算方法如下

$$a = a_{\min} + nL\alpha(t_x - t_{\min})$$

$$b = b_{\min} + nL\alpha(t_{\max} - t_x)$$

式中　$a_{\min}$——设计时规定的最小 $a$ 值（mm）；

$b_{\min}$——设计时规定的最小 $b$ 值（mm）；

$t_{\min}$——设计时采用的最低气温（℃）；

$t_x$——安装或调整作业时的温度（℃）；

$t_{\max}$——设计时采用的最高气温（℃）；

$n$——补偿滑轮传动系数（即传动比的倒数）；

$L$——锚段内中心锚结至补偿器间距离(mm);

$\alpha$——线索的线胀系数。

为了施工和维修的方便,利用上述公式,根据不同的温度和中心锚结至补偿器间的距离,可以计算出多组 $a$、$b$ 值,如图 1-8-12、图 1-8-13 所示。将计算结果标注在图中,通过描点作图绘制出补偿器安装曲线,供施工和维修人员参照调整,准确控制坠砣串的高度。

### 3. 补偿器检调及维修记录的填写

补偿器检调一般一年一次,通常在四、五月份进行,周期为 12 个月,检调要求如下:

(1)根据补偿器安装曲线,检调补偿器的 $a$、$b$ 值,由于检调 $a$ 值比较困难,现场一般只调整 $b$ 值。在保证 $b$ 值满足技术要求时 $a$ 值也能满足。

(2)检查补偿滑轮转动是否灵活(检查时可轻抬坠砣串),补偿绳与滑轮接触部分有无断股、锈蚀。

(3)坠砣及坠砣限制架有无破损、丢失,定期给滑轮轴注油、各部螺栓紧固涂油防止松动。

在维修调整补偿器时,要做好表 1-8-1"补偿器维修记录"的填写工作。补偿器维修记录填写要求如下。

表 1-8-1 补偿器维修记录

| 支柱号 | 维修日期 | | 坠砣 | | | | | 滑轮注油及动作情况 | 补偿绳 | 制动器限制器及其他零件 | 维修人互检人 |
|---|---|---|---|---|---|---|---|---|---|---|---|
| | 日/月 | 项别 | 温度(℃) | $a$ 值(mm) | $b$ 值(mm) | 质量(kg) | 状态 | | | | |
| | | 修前 | | | | | | | | | |
| | | 修后 | | | | | | | | | |
| | | 修前 | | | | | | | | | |
| | | 修后 | | | | | | | | | |
| | | 修前 | | | | | | | | | |
| | | 修后 | | | | | | | | | |
| | | 修前 | | | | | | | | | |
| | | 修后 | | | | | | | | | |

注:"$a$"值、"$b$"值及"重量"均应有两组数据,即承锚、导锚。

(1)"支柱号"栏:补偿器材所在支柱的支柱号及"导锚"或"承锚"。

(2)"温度"栏:维修时的现场实际温度。

(3)"$a$ 值"栏:当时现场温度下补偿绳回头末端至定滑轮下沿的距离。

(4)"$b$ 值"栏:当时现场温度下坠砣串底部距地面的距离。

(5)"质量"栏:坠砣串的总质量。

(6)"状态"栏:坠砣串的状态,无缺陷时填"合格"。

(7)"滑轮注油及动作情况"栏:滑轮状态,动作情况无缺陷填"合格"。

(8)"补偿绳"栏:补偿绳状态,如散股、断股、回头绑扎不良,无缺陷时填"合格"。

(9)"制动器、限制器及其他零件"栏:各零部件的状态,如丢失、少螺帽、坠砣卡滞,无缺陷时填"合格"。

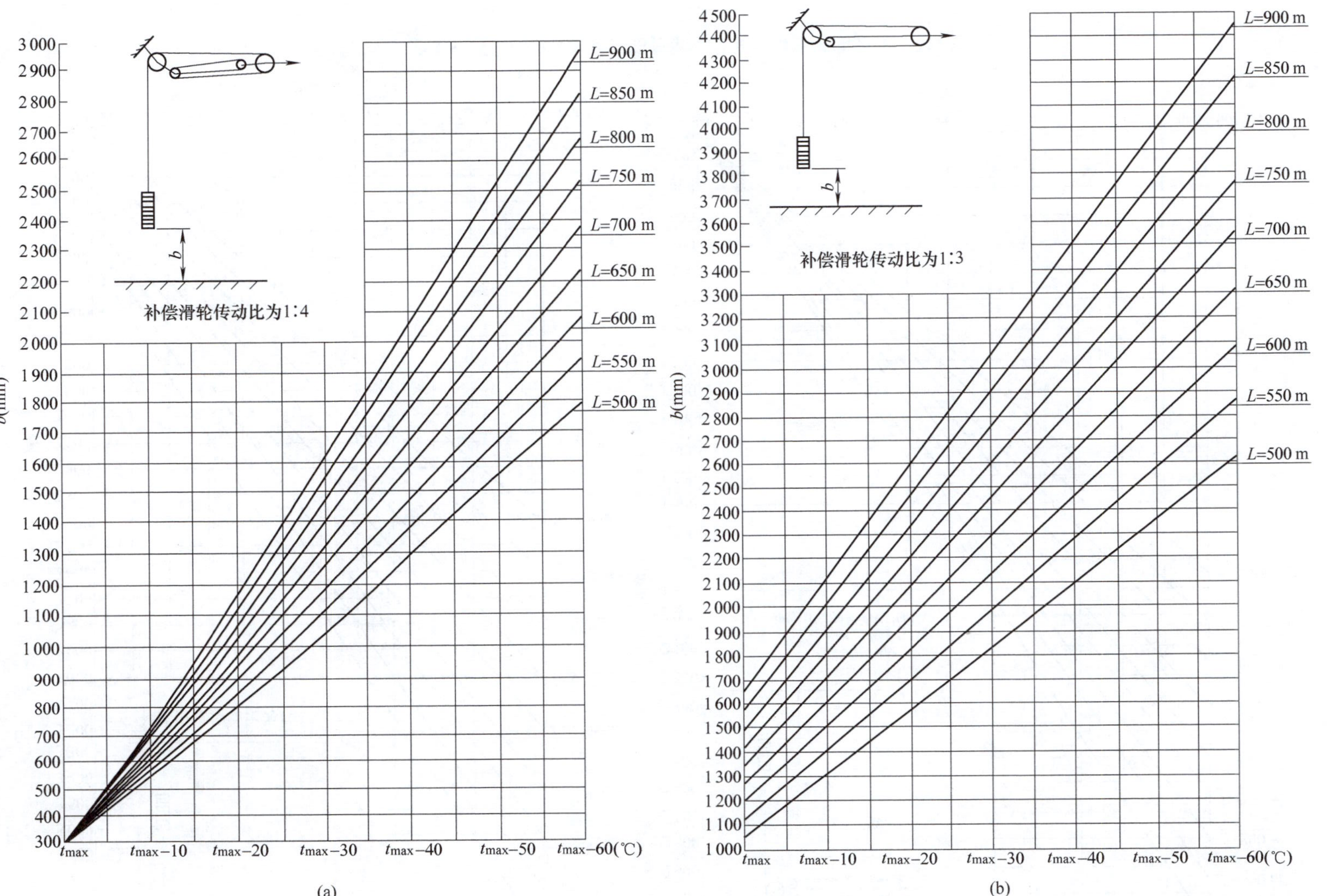


图 1-8-12 THJ-100 铜包钢承力索补偿器安装曲线（单位：mm）

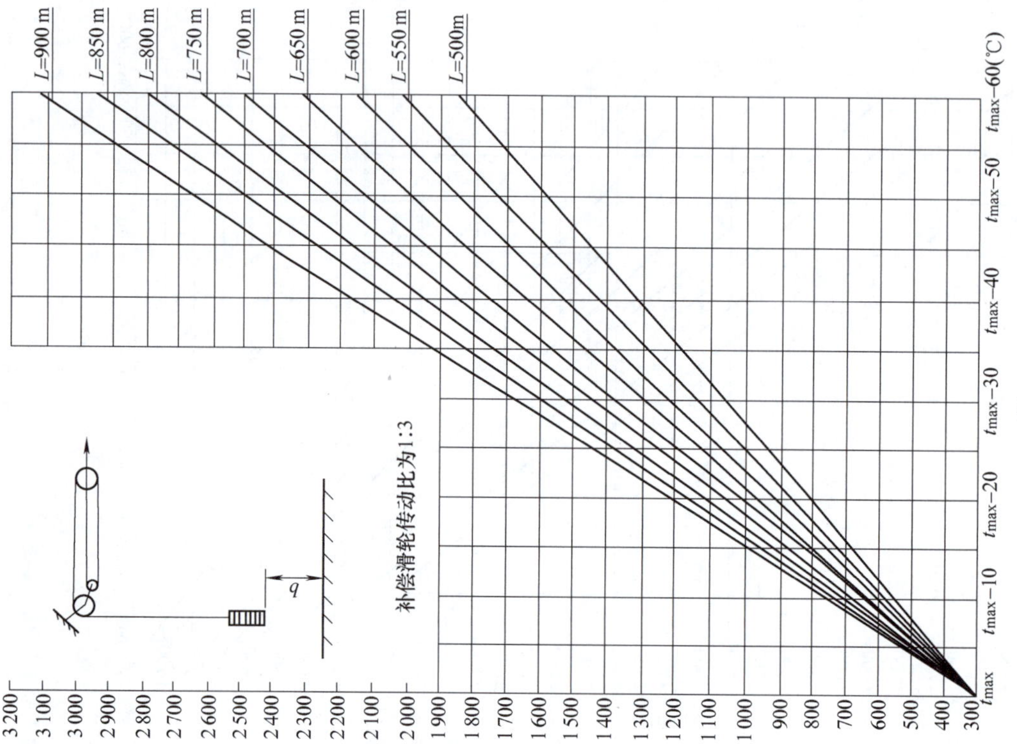

补偿滑轮传动比为1:4

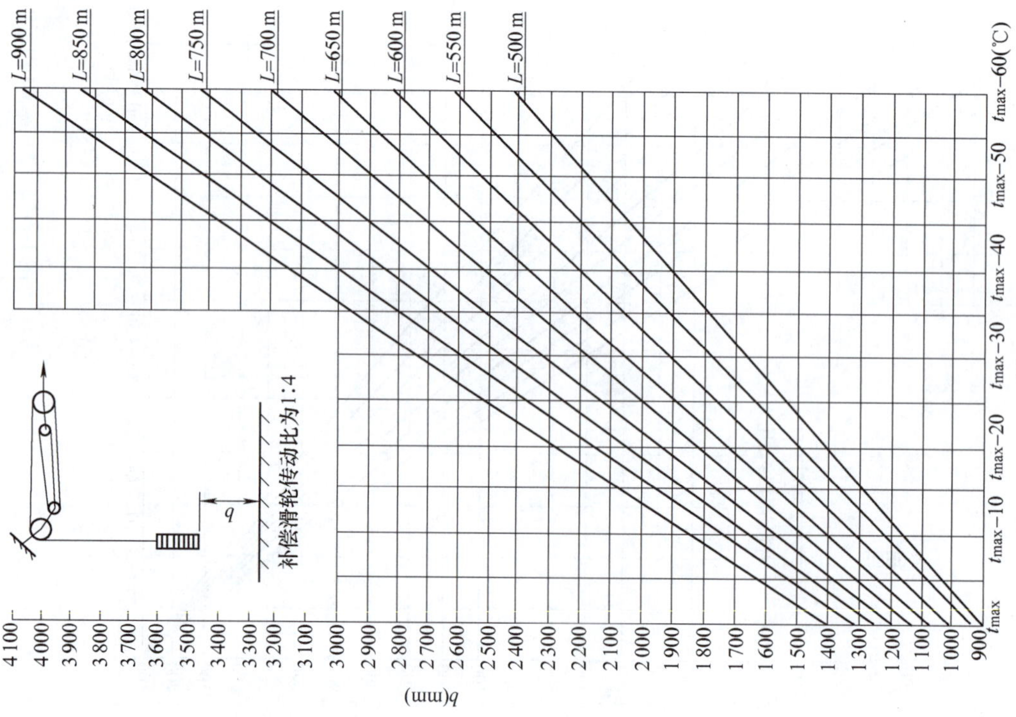

(a)

补偿滑轮传动比为1:3

(b)

图 1-8-13　CHTA-120 银铜合金接触线补偿器安装曲线

## 五、补偿装置的维修要求

根据《高速铁路接触网运行维修规则》规定,补偿装置要求如下:

### (一)滑轮、棘轮补偿装置

#### 1. *a* 值、*b* 值

标准值:设计值。
标准状态:标准值 ±100 mm。
警示值:标准值 ±200 mm。
限界值:200 mm。

#### 2. 坠砣

(1)坠砣宜采用铁质或高密度复合坠砣;坠砣块应完整,自上而下编号且叠码整齐,其缺口相互错开 180°。坠砣串的质量(包括坠砣杆的质量)符合规定,整串质量偏差小于 1%。

(2)限制器的安装位置应满足坠砣升降变化要求。山谷口、高路堤(一般指高出自然地面 5 m)、高架桥等"风口"地段宜采用防风型坠砣限制架。

(3)补偿绳不得有散股、断股、接头现象,且不得扭绞,不得与其他部件、线索相摩擦。

(4)棘轮装置大、小轮缠绕补偿绳符合要求。

(5)承力索、接触线两下锚绝缘子串应对齐,允许偏差为 ±100 mm。

(6)滑轮补偿装置安装正确,本体无裂纹、变形,转动灵活无卡滞(人力用手托动坠砣能上下自由移动)。

(7)对需要加注润滑油的补偿滑轮,应按产品规定的期限加注润滑油,没有规定者至少 3 年一次。

(8)下锚角钢安装水平。定滑轮应保持铅垂状态,动滑轮偏转角不得大于 45°;同一补偿装置的两补偿滑轮的间距,任何情况下不小于 500 mm。

(9)棘轮补偿装置安装正确,棘轮本体无裂纹、变形,转动灵活无卡滞(人力用手托动坠砣能上下自由移动)。

(10)对需要加注润滑油的棘偿滑轮,应按产品规定的期限加注润滑油,没有规定者至少 3 年一次。

(11)棘轮补偿装置制动装置作用良好,制动卡块到大轮轮齿间的距离符合设计要求;平衡轮与棘轮的间距不小于 500 mm;棘轮大小轮转动灵活,轮槽上下偏斜不得大于 5 mm。

(12)弹簧补偿装置刻度牌与环境温度相对应,补偿绳伸缩长度 *a* 值符合安装曲线要求。

(13)弹簧补偿器本体安装牢固,位置符合设计要求。本体无裂纹、变形,与下锚方向在同一直线上。

(14)补偿绳位于渐开线轮槽正中,不得偏磨,不得有松股、断股和接头。弹簧补偿装置各零部件安装正确。

## 六、补偿装置常见故障分析

补偿装置常见故障有以下几个方面:

(1)*b* 值为零或坠砣发生卡滞。温度升高时接触悬挂松弛、锚段关节内各部尺寸不符合要求,可能会在锚段关节内或其他位置引起弓网故障。

(2)*a* 值为零或坠砣发生卡滞。温度降低时线索冷缩,会拉伤(或拉断股)、拉断被补偿线索或拉坏补偿装置其他部件。

(3)补偿滑轮转动不灵活或卡滞。温度变化时补偿绳在滑轮内做长时间、频繁的摩擦式移动,会造成补偿绳断股或断线。

(4)补偿绳断股。补偿绳断股后,一是可能影响补偿绳随温度变化在滑轮内的伸缩移动或造成补偿器卡滞现象;二是断股头由于某种原因形成较长距离散股后,散股部分可能与接触悬挂或其他带电部位形成短路,扩大事故范围;三是补偿绳断股后若未及时发现并处理,会造成补偿绳拉断线。

(5)限界架安装不正确或作用不良。外力使坠砣摆动,既可能造成补偿绳断股断线、碰坏补偿装置部件或支柱,又可能使坠砣侵入限界造成行车事故。同时坠砣摆动幅度大,对被补偿线索产生一个脉动的附加张力,使接触悬挂的运行状态发生严重变化,如接触线弛度、对受电弓的压力、接触悬挂弹性等一方面会导致电力机车无法取流引起弓网故障,另一方面会破坏接触悬挂的薄弱环节(如拉断接触线接头)。

(6)补偿绳断线后,一方面可能造成塌网,另一方面接触线弛度、高度发生急剧变化,可能引起刮弓,此外可能引起短路或摔坏其他的设备等。

(7)断线制动部件存在缺陷或作用不良。被补偿线索断线时,因坠砣重力的作用会扩大事故范围,同时可能损坏补偿滑轮及下锚悬挂绝缘子串。

## 思考练习题

1. 补偿器由哪几部分组成?什么是传动比?
2. 棘轮补偿装置的优点是什么?
3. 说明补偿器的作用和维修要求。
4. 应如何绘制和使用补偿坠砣安装曲线?
5. 某全补偿简单链型悬挂,悬挂类型为GJ-70+TCG-100,承力索和接触线分别选用3滑轮组和2滑轮组补偿器,最高温度为+40 ℃,根据设计要求计算在气温为24 ℃时当$L=350$ m、500 m、900 m的$b$值分别是多少?
6. 说明补偿器常见故障。

# 第九节　中心锚结

## 学习目标

1. 掌握中心锚结的作用;
2. 掌握半补偿和全补偿中心锚结的结构;
3. 掌握简单悬挂中心锚结的结构;
4. 了解中心锚结常见故障。

## 一、中心锚结的安设和作用

### 1. 中心锚结的安设

在两端装设补偿器的接触网锚段中,必须加设中心锚结。每个锚段中心锚结安设位置应根据线路情况和线索的张力增量计算确定。一般布置原则是使中心锚结固定点两侧线索的张力尽量相等，并尽可能靠近锚段中部。

当锚段全部在直线区段或整个锚段布置在曲线半径相同的曲线区段时，该锚段中心锚结应安设在锚段的中间位置。

当锚段布置在既有直线又有曲线且曲线半径不等时，该锚段的中心锚结应设在偏离锚段中间位置靠近曲线多、曲线半径小的一侧。在特殊情况下，锚段长度较短时（一般定为锚段长度在 800 m 以下），可不设中心锚结，视为半个锚段，将锚段一端硬锚，另一端线索安装补偿器，此时的硬锚就相当于中心锚结。

#### 2. 中心锚结的作用

接触网锚段安装中心锚结后，线索在中心锚结处相当于死固定方式，因此当温度变化时，锚段内线索的热胀冷缩便发生在中心锚结与两端的补偿器间，有效缩短了线索的伸缩范围。

中心锚结具有以下作用：

（1）使锚段线索张力均匀，保证接触悬挂处于良好工作状态。

（2）可以缩小事故范围，即当一侧发生断线事故时不至影响中心锚结另一侧悬挂线路，有利于事故抢修和缩短抢修时间。

（3）可防止线索在外力作用下向一侧窜动，如风力、受电弓摩擦力、因坡道和自身重力引起的窜动力。

## 二、中心锚结的结构及要求

中心锚结按其作用分为防断和防窜两种，防断中心锚结主要考虑接触网断线时的情况，防窜中心锚结主要考虑接触网向一侧窜动的情况。根据悬挂类型的不同有不同的中心锚结结构，本节将介绍站场和区间中心锚结，隧道内中心锚结在后面章节中介绍。

### （一）防断中心锚结

#### 1. 半补偿链型悬挂中心锚结

半补偿链型悬挂中心锚结的结构如图 1-9-1 所示。

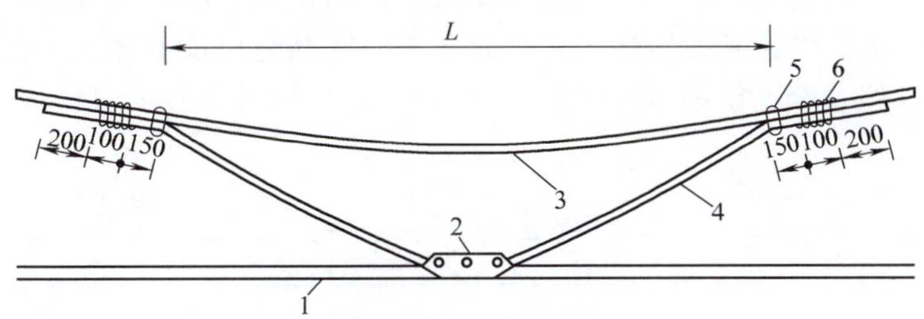


图 1-9-1 半补偿链型悬挂中心锚结的结构（单位：mm）

1—接触线；2—中心锚结线夹；3—承力索；4—辅助绳；5—钢线卡子；6—绑扎线

由于接触线安设补偿器，因此应装设中心锚结，其中心锚结辅助绳采用 GJ-50 镀锌钢绞线（19 股）制成，辅助绳中间用中心锚结线夹与接触线固定，辅助绳两端分别用正反两个钢线卡子紧固在承力索上。当一侧接触线断线后，另一侧接触线在中心锚结辅助绳的拉力下，不发生松动现象，起到了缩小事故范围的作用。

中心锚结绳的长度为所在跨距中心处接触线与承力索间距的 20 倍，但不应小于 15 m。

若太短，当两侧张力不均匀时，接触线会向张力较大的一侧偏移，导致中心锚结线夹处接触线被抬高，出现较大的负弛度，使受电弓取流情况变坏，造成该处接触线磨耗严重。半补偿中心锚结及辅助绳长度见表 1-9-1。

表 1-9-1　半补偿中心锚结及辅助绳长度参考值

| 中心锚结所在跨距长度(m) | 65～51 | 50～40 | ≤40 |
|---|---|---|---|
| 中心锚结长度 $L$(m) | 25 | 20 | 15 |
| 辅助绳长度(m) | 26 | 21 | 16 |

半补偿中心锚结安装要求：

(1)中心锚结线夹两侧辅助绳长度应相等，安装后两侧张力均匀不出现弛度。

(2)辅助绳两端与承力索连接处，各通过一正一反两个钢线卡子紧固在承力索上，两钢线卡子间距为 100 mm，剩余中心锚结辅助绳头用同材质小绑线绑扎在承力索上，绑扎长度为 100 mm，最外端留出约 100～150 mm 的绳头。绳头应用 $\phi$(1.6～2.2)mm 镀锌铁线缠绕绑牢，距邻近弹性吊弦线夹不小于 1 m。

(3)中心锚结线夹处接触线高度比设计高度高 20～60 mm，避免线夹处的接触线出现硬点，但不能形成明显的负弛度。

(4)中心锚结线夹安装后不得偏斜，以免挂碰受电弓。

(5)中心锚结结构内不得安设普通吊弦，中心锚结结构也不得侵入邻近弹性吊弦内。

(6)由于中心锚结会使所在跨距受风面积增大，为防止接触线承受风力影响偏移过大而出现脱弓事故，设计中要求中心锚结所在跨距长度比设计规定跨距缩短 10%。

### 2. 全补偿链型悬挂的中心锚结

全补偿链型悬挂时，接触线、承力索均设有补偿器，均有可能因两端张力不平衡而产生移动，所以承力索和接触线都要设置中心锚结进行固定，其固定形式由半补偿链型悬挂中心锚结与承力索中心锚结两部分组成。接触线中心锚结与半补偿中心锚结结构相同，承力索中心锚结是在接触线中心锚结所在跨距内增加一根承力索中心锚结辅助绳，在该跨距两端的腕臂上固定后，再延长一个跨距拉向另一支柱锚固，使该跨距的承力索不产生位移，因此承力索中心锚结由三个跨距组成。考虑到线索断线时承力索中心锚结绳可能有较大的张力，中心锚结绳下锚支柱要设置拉线。全补偿链型悬挂中心锚结结构如图 1-9-2 所示。

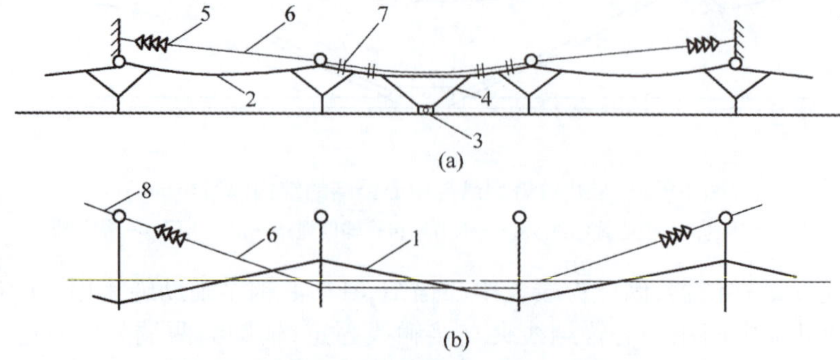


图 1-9-2　全补偿悬挂中心锚结结构

1—接触线；2—承力索；3—中心锚结线夹；4—辅助绳；5—绝缘子串；6—绑扎线；7—钢线卡子；8—拉线

全补偿悬挂时，接触线中心锚结结构、安装要求与半补偿相同。承力索中心锚结辅助绳则采用与承力索相同的线索制成，承力索中心锚结辅助绳应在该跨距中部及相邻悬挂处与承力索用钢线卡子固定，跨距中部用三个，悬挂点两侧各用两个，相互倒置，间距为 100 mm；在中间一跨，中心锚结辅助绳的弛度应等于或略小于跨距承力索的弛度，辅助绳的两端应分别固定在设有拉线的支柱上，辅助绳下锚时不宜低于承力索的高度，应抬高下锚；中心锚结跨距内，不得有接触线接头，中心锚结线夹在直线区段应端正，曲线区段应与导线倾斜度一致。

图 1-9-3 两跨式中心锚结

哈大线在采用 RE200C 接触网技术以后，目前全补偿链型悬挂出现了两跨式中心锚结，如图 1-9-3 和图 1-9-4 所示。承力索中心锚结由两个跨距组成，接触线中心锚结绳分别在两个跨距中，呈“人”字形布置。在采用弹性链型悬挂时，接触线中心锚结绳在跨中布置，称为“Z”形固定绳，简称“Z”索。

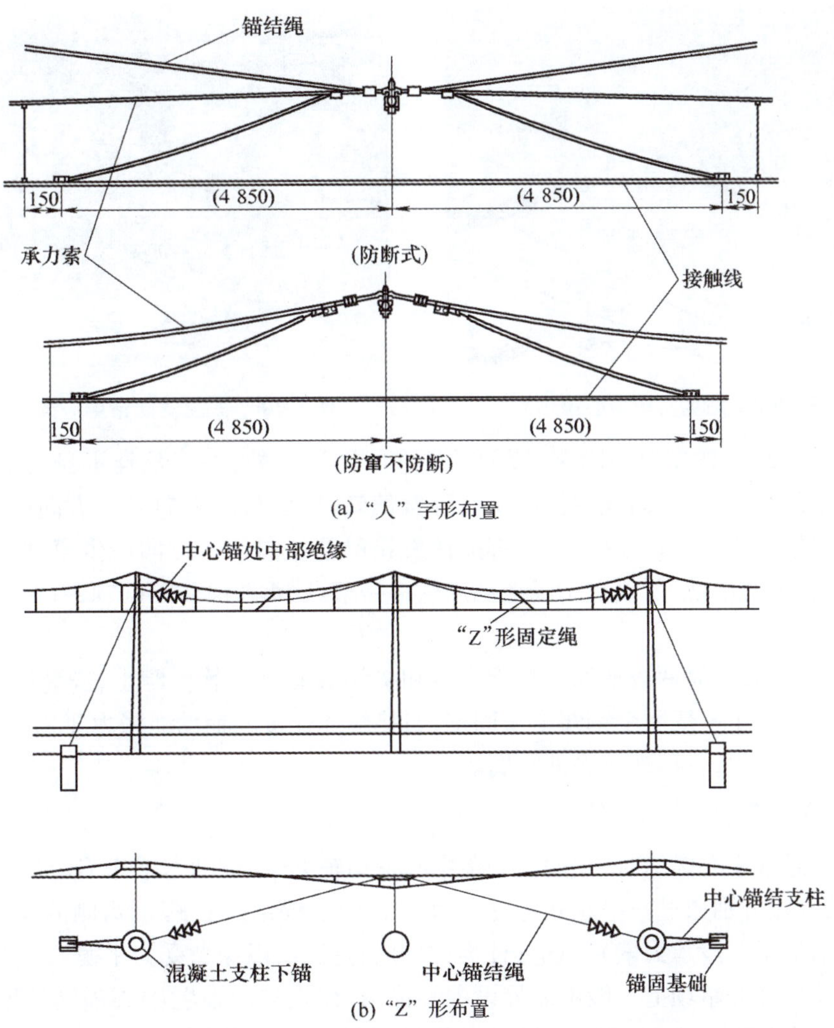


图 1-9-4 两跨式中心锚结示意（单位：mm）

## （二）接触网“防窜”中心锚结

接触网“防窜”中心锚结一般设在站场，当站场上的接触网均为全补偿链型悬挂时，如承力索全部设中心锚结是不可能的，早期电气化铁路是在站场上设立能够安装中心锚结的硬横梁，它不利于施工和维修。电气化铁路的运行实践表明，站场上承力索断线事故较少，为了避免设计结构复杂的承力索中心锚结结构。在新建电气化铁路站场上，设计了防止接触悬挂窜动的全补偿中心锚结。其优点是结构简单，安装方便，缺点是不防断线事故。“防窜”中心锚结是在站场的正线及站线中心锚结位置处设置软横跨节点14，结构如图1-9-5所示。

当站场内接触网采用硬横梁—吊柱的腕臂装配形式，且全补偿链型悬挂时，为使其能达到安全稳定，站线接触网也采用防窜不防断式中心锚结。中心锚结包括单腕臂底座安装本体、单腕臂底座和三根腕臂，三根腕臂的第一端分别通过单腕臂底座固定在单腕臂底座安装本体上，三根腕臂的第二端连接在一起。当中心锚结两端张力发生变化时，三个腕臂分别形成对单腕臂底座的扭矩，如图1-9-6所示。

图1-9-5　站场防窜中心锚结

图1-9-6　三腕臂防窜中心锚结

接触悬挂“窜动”的主要原因有：接触悬挂在线路坡道处，由于悬挂本身的重量沿下坡方向产生作用于悬挂的分力，曲线内侧因旋转腕臂偏转，出现对线索向某一方向的分力作用，风力和受电弓对接触线的滑动摩擦力等，都能诱发接触悬挂向某一方向产生窜动。上述各种原因，有时可能会重叠出现，所以在站场上利用软横跨节点14解决防窜问题，有关软横跨节点将在以后章节介绍。

防窜中心锚结，依靠两段辅助绳将承力索和接触线固定在软横跨上，安装时应注意，辅助绳在承力索上靠一正一反两个钢线卡子固定，与接触线连接的辅助绳张力要相等，中心锚结线夹应紧固并不得偏斜，各部螺栓涂油防腐。

## （三）简单悬挂防断中心锚结

设置简单悬挂中心锚结时，须增设一条中心锚结辅助索，辅助索采用GJ-50镀锌钢绞线制成，辅助索的两端分别通过一串悬式绝缘子硬锚在中心锚结所在跨距两侧的支柱上（即等于在该跨距中增加了一段承力索）。该支柱为锚柱应打拉线，以保持受力平衡。

采用简单悬挂的站场上一般不需另设中心锚结，而是在应设置中心锚结处把定位吊索放置在钩头鞍子中紧固代替中心锚结结构（一般吊索是放在悬吊滑轮中）。当发生断线事故时，接触线不至过于松动,起到中心锚结的作用。

## 三、中心锚结检调要求

根据《高速铁路接触网运行维修规则》规定,防断式中心锚结的技术状态应符合下列要求:

(1)正线、站线、联络线一般采用防断中心锚结。中心锚结安装位置、形式、采用的线材及连接件规格、型号应符合设计要求。

(2)承力索中心锚结绳范围内承力索不得有接头和补强。

(3)中心锚结绳、固定线夹应与承力索材质匹配,其设置位置符合设计要求。承力索中心锚结线夹辅助绳外露长度不小于50 mm。

(4)中心锚结绳弛度应等于或略高于该处承力索弛度,承力索中心锚结绳在其垂直投影与线路钢轨交叉处,应高于接触线300 mm以上;中心锚结绳的张力符合设计要求。

(5)接触线中心锚结绳所在的跨距内接触线不得有接头和补强;中心锚结绳范围内不得安装吊弦和电连接。两端距相邻的吊弦或电连接距离不得小于500 mm。

(6)中心锚结线夹两边锚结绳的长度和张力力求相等。中心锚结绳处于受力状态,不得触及弹性吊索,不得改变相邻吊弦受力和接触线高度。

(7)中心锚结绳两端与承力索固定线夹的设置和间距符合设计要求。接触线侧锚结绳压接后回头外露长度不小于20 mm。

(8)接触线中心锚结线夹应安装牢固。在直线上保持铅垂状态,在曲线上与接触线的倾斜度一致;中心锚结线夹处接触线高度与相邻吊弦接触线高度应相等,允许偏差0~10 mm。

(9)防窜绳两端固定线夹的设置位置符合设计要求。接触线中心锚结绳与防断式相同。

## 四、常见故障分析

(1)中心锚结线夹安装不正,导致刮坏受电弓的事故。

(2)钢线卡子松动,中心锚结辅助绳脱落引发弓网事故。

(3)中心锚结线夹处接触线有硬点,接触线磨耗严重容易出现断线事故。

(4)中心锚结辅助绳松弛,当受电弓通过时因接触线升高造成刮弓事故。

## 思考练习题

1. 中心锚结的作用是什么?
2. 说明半补偿和全部偿中心锚结安装要求。
3. 中心锚结检调要求是什么?
4. 应如何安设两跨式中心锚结?
5. 三腕臂防窜中心锚结的结构是什么?
6. 中心锚结常见故障是什么?

# 第十节 吊 弦

## 学习目标

1. 掌握吊弦的作用；
2. 掌握吊弦的分类和制作要求；
3. 掌握吊弦间距、长度和偏移的计算方法；
4. 掌握吊弦的维修标准。

## 一、吊弦的作用及结构

### （一）吊弦的作用

吊弦是链型悬挂的重要组成部件之一，接触线通过吊弦悬挂在承力索上，调节吊弦的长度可以保证接触悬挂的结构高度和接触线距轨面的工作高度，增加了接触线的悬挂点，从而改善接触悬挂的弹性，提高电力机车受电弓的受流质量。

### （二）吊弦的分类

吊弦按其结构和功能的不同分为普通环节吊弦、支柱定位处吊弦、软横跨直吊弦、隧道内直吊弦、防风吊弦和整体吊弦。

### （三）吊弦的结构

#### 1. 普通环节吊弦

普通环节吊弦在链型悬挂中应用最广泛，它具有柔韧性和悬挂后不影响接触线纵向移动的特点。通常采用 $\phi$4 mm（或称为 8 号线）的镀锌铁线制作，为增加悬挂弹性，每根吊弦不少于两节之间靠环连接，其中一根吊弦制作成两端带环孔的形状，环孔直径为线径的 5 ~ 10 倍（20 ~ 40 mm），成水滴形环孔的高宽比应为 3∶2，做环时收口处尾线要缠紧主线，不留缝隙且不能损伤镀锌层，两节连接处的环孔应互相垂直，与接触线相连的一节吊弦，一端制成环孔，另一端成直线状，安装时可穿过固定在接触线上的吊弦线夹，多余的回头拧成“8”字形状，如图 1-10-1所示。

普通环节吊弦一般分为四种类型，其尺寸和结构见图 1-10-2 和表 1-10-1。

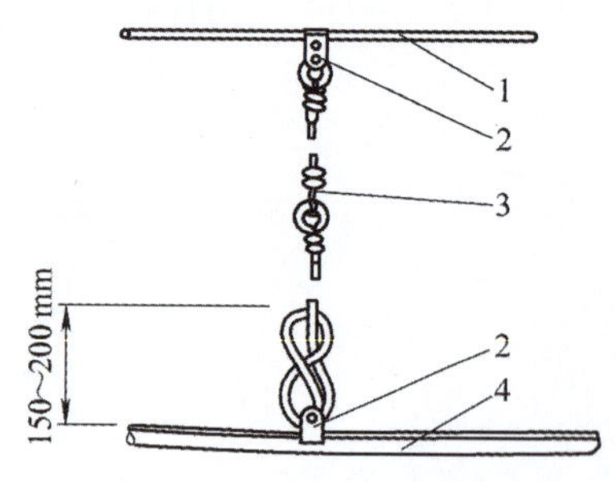


图 1-10-1 吊弦安装图

1—承力索；2—吊弦线夹；3—吊弦；4—接触线

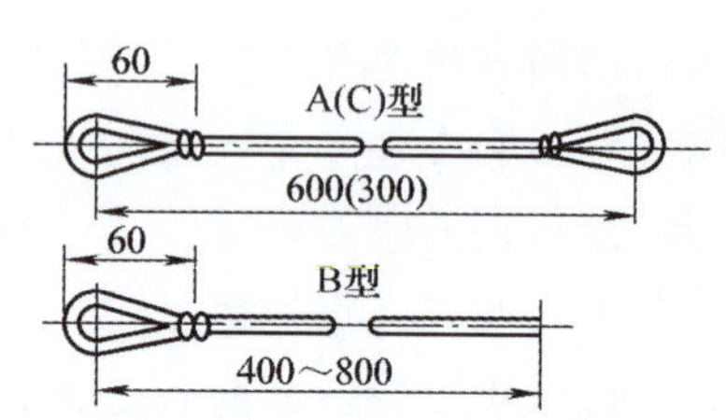


图 1-10-2 吊弦的型号、尺寸（单位：mm）

表 1-10-1 普通环节吊弦型号规格

| 类 型 | 组合情况 | 长度(mm) | 节数 |
|---|---|---|---|
| Ⅰ | A+A+B | 1 450~1 650 | 3 |
| Ⅱ | A+C+B | 1 150~1 450 | 3 |
| Ⅲ | A+B | 900~1 150 | 2 |
| Ⅳ | C+B | 700~900 | 2 |

环节吊弦安装的技术要求:

(1)环节吊弦应根据实际跨距及设计要求均匀布置,吊弦位置施工偏差为 ±300 mm;

(2)吊弦与承力索用承力索吊弦线夹作永久连接,吊弦与接触线用接触线吊弦线夹临时固定,吊弦回头应均匀迂回,吊弦线夹必须安装端正、牢固,曲线区段与导线倾斜度一致。

### 2. 支柱定位处吊弦

支柱定位处吊弦按悬挂类型的不同分为简单支柱吊弦和弹性支柱吊弦两种。

简单链型悬挂时,支柱定位吊弦根据结构高度通过长度计算选用表 1-10-1 上的普通环节吊弦,在定位点两侧各 4 m 处安装一组吊弦,其结构如图 1-10-3 所示。

当为弹性链型悬挂时,应安设弹性支柱定位吊弦,亦称弹性吊弦,如图 1-10-4 所示。

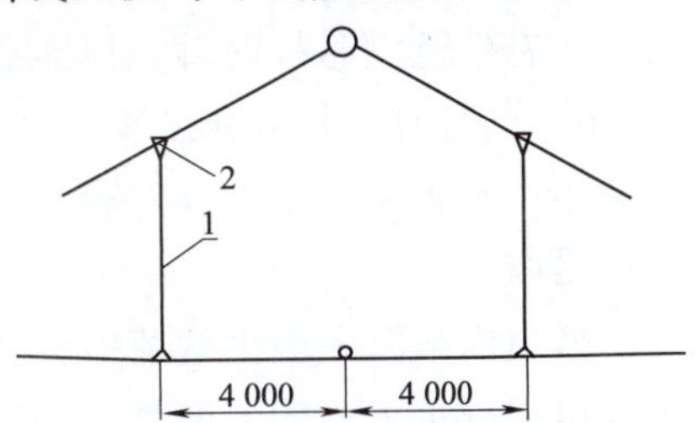


图 1-10-3 简单支柱吊弦安设示意(单位:mm)

1—吊弦;2—吊弦线夹

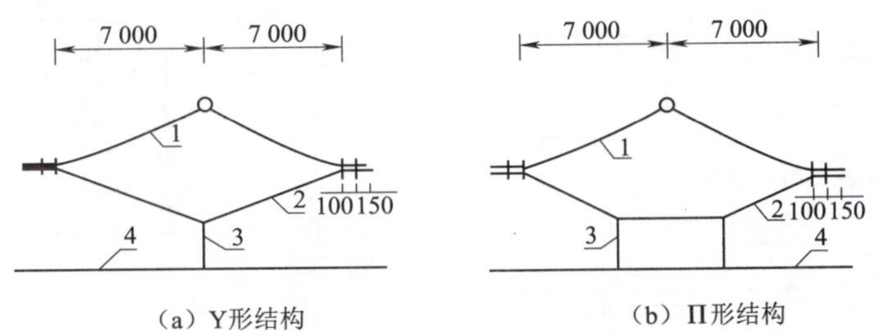


图 1-10-4 弹性支柱吊弦安设示意(单位:mm)

1—承力索;2—辅助绳;3—吊弦;4—接触线

弹性吊弦由一根弹性吊弦辅助绳、短环节吊弦和钢线卡子组成,辅助绳长约 15 m,采用 GJ-10 型 7 股镀锌钢绞线制成,安装时的张力约 1 000 N,当用于正定位或软定位时为 Y 形结构,用于反定位及软定位时为 Π 形结构。该吊弦形式可增加定位弹性和稳定性,减少定位器重量对受电弓通过定位点时的作用力,有利于消除硬点。

弹性吊弦辅助绳的两端,在承力索上通过两个相互倒置的钢线卡子固定,间距为 100 mm,绳头距卡子 20~50 mm 并绑扎。在带电维修作业时,应防止该处线索脱落造成短路和人身伤亡事故。固定点距悬挂点约为 7 m,跨中靠近弹性吊弦的第一根吊弦距定位点的水平距离为 8.5 m。

弹性吊弦辅助绳应拉紧,不得有松股、断股缺陷;以悬挂点为中心左右两侧平均布置,两端应分别用两个相互倒置的钢线卡子固定;Π 形弹性吊弦的两根环节吊弦安装在定位点两侧各 2 m 处。

电分段锚段关节内有因弹性吊弦造成两接触悬挂的各带电部分间的空气绝缘距离不足时,应将弹性吊弦撤除,并适当增设环节吊弦。

### 3. 软横跨直吊弦

软横跨是多股道站场的横向支持装置,软横跨直吊弦安设在软横跨横向承力索与上部固定绳之间,不分环节,采用两股 $\phi$4 mm 的镀锌铁线拧合而成,根据技术要求,最短不小于 0.4 m。软横跨直吊弦应保持垂直,直线区段其应在线路中心线处,曲线区段其应在纵向承力索的正上方。软横跨直吊弦也可以采用软不锈钢绞线制成,可以提高直吊弦的耐腐蚀能力,但成本较高。

### 4. 隧道内直吊弦

在隧道内,由于净空高度的限制,接触悬挂高度较小,吊弦形式不同于区间或站场。隧道内为半补偿链型悬挂时,两悬挂点间的距离通常为 18 ~ 25 m,一般在每个跨距中布置两根吊弦,吊弦与悬挂点间距取 $l/4$,吊弦间距取 $l/2$。全补偿链型悬挂时,跨距为 35 ~ 42 m,一般每个跨距中布置 4 根吊弦,吊弦与悬挂点间距取 $l/8$,吊弦间距取 $l/4$,且跨距中间的两根吊弦为滑动吊弦。

隧道内吊弦一般由两节组成,第一节采用固定的吊弦长度,第二节做成可调节长度,吊弦长度可根据承力索的弛度算出,隧道内的吊弦安装如图 1-10-5 所示。

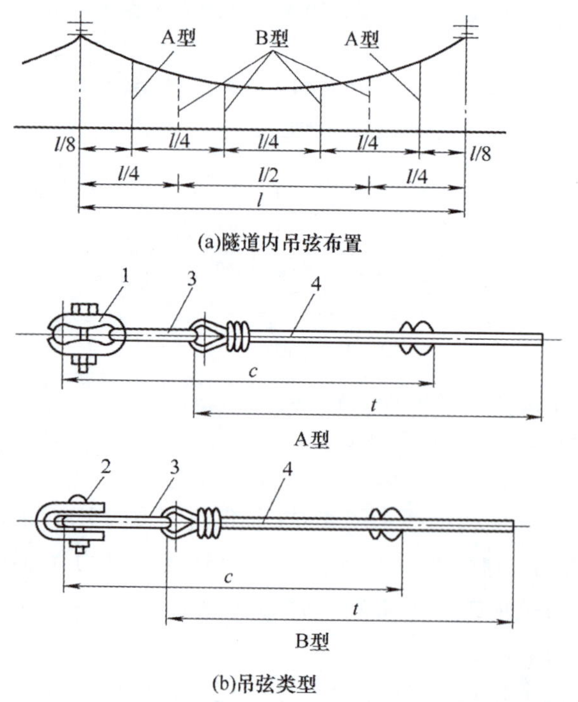


(a)隧道内吊弦布置

(b)吊弦类型

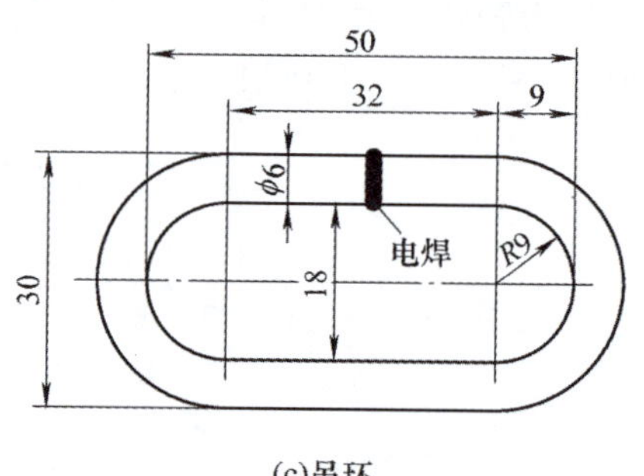


(c)吊环

c、t值选用表(mm)

| c | t |
|---|---|
| 200~300 | 300 |
| 300~400 | 400 |
| 410~500 | 500 |
| 510~600 | 600 |
| 610~700 | 700 |

(d)c、t 值选用表

**图 1-10-5 隧道内吊弦安装图**

1—吊弦线夹;2—夹环;3—长环;4—单环吊弦

当隧道内为简单悬挂时,净空高度允许安装悬挂点,则可设滑动吊弦和人字吊弦,人字吊弦如图 1-10-6 所示。

隧道净空不能满足安装悬挂点，则采用局部开挖拱顶安设滑动吊弦，如图 1-10-7 所示。

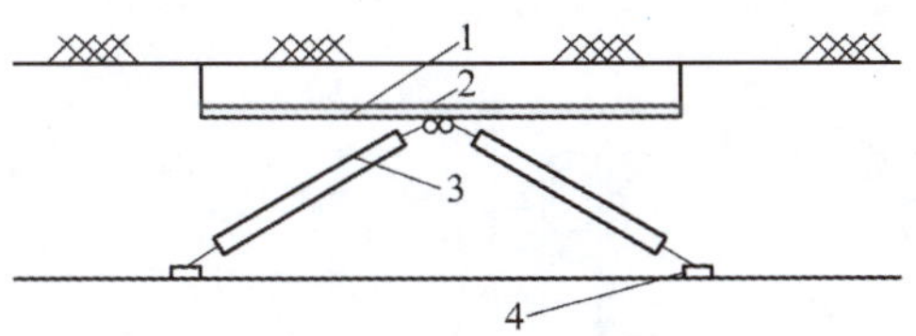


图 1-10-6　隧道内简单悬挂"人"字吊弦

1—滑动杆；2—云形板；3—硅橡胶绝缘子；4—定位线夹

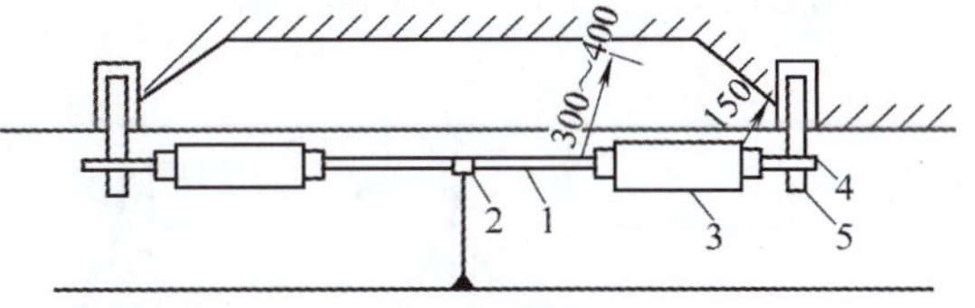


图 1-10-7　开挖拱顶式滑动吊弦（单位：mm）

1—滑动杆；2—U 形夹环；3—棒式绝缘子；4—连接调整板；5—埋入杆

**5. 防风吊弦**

伴随铁路提速，一些腕臂装配中采用了防风吊弦（也称防风拉线），如图 1-10-8 所示。在定位管和定位线夹间设置防风吊弦。上端和定位管上的定位环相连，下端与定位线夹上的小孔相连。

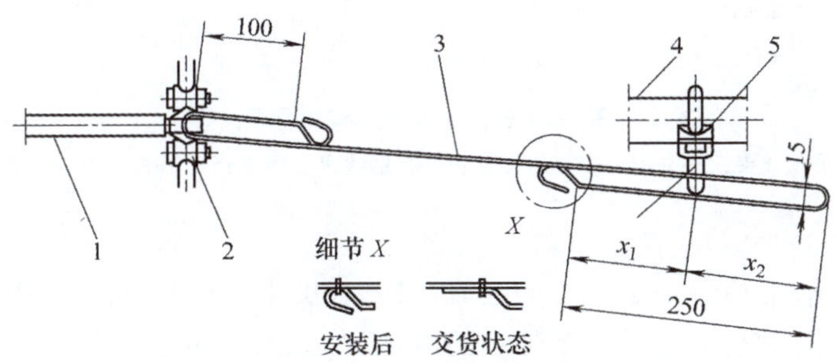


图 1-10-8　防风吊弦（单位：mm）

1—定位器；2—定位线夹；3—防风吊弦；4—定位管；5—定位环

防风吊弦的作用是防止定位管和定位器在压力负载下变弯，并在逆风负载下保持接触线的拉出值。一般应用于直线和半径大于 1 200 m 的曲线上。

**6. 整体吊弦**

随着我国电气化铁路列车速度的不断提高，接触网施工安装精度要求也越来越高。实践表明，用镀锌铁线制作的环节吊弦，普遍存在安装精度差，接触线高度需经常调整，在电分段处（如绝缘锚段关节），因吊弦分流而发生烧断吊弦的事故。在高速电气化铁路接触悬挂结构上，对导线高度要求十分严格，即每个悬挂点导线高度必须相等，其相对误差越小越好，吊弦应具有较高的可靠性，采用载流承力索后，横向电流会造成环节吊弦各环节连接处明显的烧蚀，因此整根由耐腐蚀铜合金软铜绞线制成的整体吊弦逐渐替代了传统的环节吊弦，并得到了快速的发展。

（1）整体吊弦的结构

整体吊弦有两种形式，即压接式整体吊弦和可调式整体吊弦。连接零件主要由接触线吊弦线夹、承力索吊弦线夹、心形环、压接管、连接线夹及吊弦线、调整螺栓等组成。其最大拉伸工作荷重不小于 1.0 kN，与承力索、接触线间的滑动荷重不小于 1.0 kN，吊弦综合拉断力不小于 4.0 kN。整体吊弦施工精度、工艺要求较高,必须准备充分、测量准确、精确计算、严格控制安装精度和工艺,如图 1-10-9 所示。

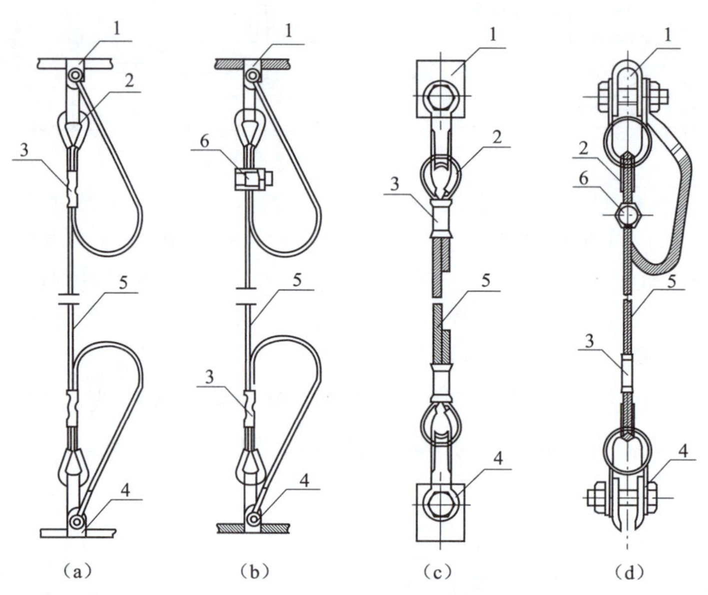


图 1-10-9　整体吊弦构造示意

1—承力索吊弦线夹;2—心形环;3—压接管;4—接触线吊弦线夹;5—吊弦线;6—吊弦固定螺栓

整体吊弦具体分为下列几种。

载流式整体吊弦:能通过一定数量的电流,吊弦长度不能调整,如图 1-10-9(a)所示。

载流式可调整体吊弦:能通过一定数量的电流,吊弦长度可以通过固定螺栓进行调整,如图 1-10-9(b)所示。

非载流式整体吊弦:设计中认为无电流通过,吊弦长度不可调整,如图 1-10-9(c)所示。

非载流可调式整体吊弦:设计中认为无电流通过,吊弦长度可以调整,如图 1-10-9(d)所示。

(2)整体吊弦的特点

①采用整体导流式吊弦结构由于吊弦与线夹间为压接连接工艺,连接可靠,工艺简单,机械强度高,整体导流式结构避免了环节吊弦产生的磨损和电火花烧蚀等情况;

②耐腐蚀、寿命长,适于机械化加工制作,有利于批量生产;

③一般来说,经过精确计算后,一次性安装不须调整,大大减少了维修工作量。

(3)整体吊弦的预制施工要求

①预制工艺。整体吊弦的工厂化预制工艺有以下七个环节。

a. 工前检查。一是来料检查:确定零件是否与线材相匹配,吊弦线夹尺寸是否正确,有无断股、散股、磨伤等现象。二是工装检查:检查压接模的尺寸、表面质量以及有无影响正常压接的缺陷;检查压接模与压接钳是否连接良好;检查量具及尺寸标定装置是否准确;检查设置及其他辅助装置的安全防护。

b. 预拉。根据预制场地大小,每次从线盘中放出 30 ~ 50 m 长的吊弦线,在线索两端串接紧线器的拉力计,按 1.5 kN 张力对吊弦线进行预拉。

c. 吊弦线下料。按照《吊弦预制安装表》中吊弦下料长度，将吊弦线头部无散股处用细铜线绑扎，用断线钳截取线索，截断后线头无松散、毛刺等现象。

d. 穿线。取掉吊弦线上的铜扎线，将吊弦线穿过压接管，并放在压接装置护环的圆弧槽内，压接管尽量靠近护环，拉紧吊弦线，吊弦线剩余长度为 20 mm，防止单线未传入及伤线现象。

e. 压接。将穿好的吊弦线放入工装，按高度方向垂直放置，压接管中心应与型腔中心重合，将吊弦一端合模压接；将压好的一端套在压制平台的固定钢筋柱上，把吊弦拉直，用钢板尺复核吊弦的长度；合模压接另一端回头，压接时应使线鼻子与心形环在同一断面内。

f. 检查。对压接完毕的吊弦尺寸进行校核，确保工装达到设计要求，压接部位应光滑。

g. 标识、包装。将吊弦实际长度打印在吊弦线夹背面，并按照跨距分类、装箱。

②施工要求。整体吊弦的施工要求有吊弦布置、测量、安装误差等几方面。

a. 整体吊弦布置应符合设计要求，整体吊弦安装位置的测量应从悬挂点向跨中测量，其偏差应在跨中调整，施工偏差为 ±100 mm；运行速度在 160 ~ 200 km/h 时，安装允许偏差为 ±50 mm；整体吊弦制作长度偏差不大于 1.5 mm。

b. 吊弦安装上端可部分采用临时固定方式，下端均采用永久固定方式，吊弦长度按计算值确定，同一跨距吊弦应按计算编号安装，悬挂点高度符合设计要求，允许偏差为 ±30 mm；相邻吊弦点接触线高度施工偏差为 ±10 mm。

c. 吊弦上、下端安装应符合设计要求；吊弦不得有散股、断股、硬变等缺陷。

d. 在平均温度时，吊弦顺线路方向应垂直安装。温度变化时，由于吊弦顺线路方向有偏移量、承力索、接触线采用不同材质时，应按设计提供的曲线表安培，或者按计算公式计算的偏移量安装，顺线路方向施工偏差应不大于 20 mm；而采用同一材质时，在任何温度下均应垂直安装。

## 二、吊弦的计算

### 1. 吊弦的布置

吊弦一般是均匀布置在跨中，吊弦间距规定为 8 ~ 12 m，吊弦在跨中的布置如图 1-10-10 及图 1-10-11 所示。

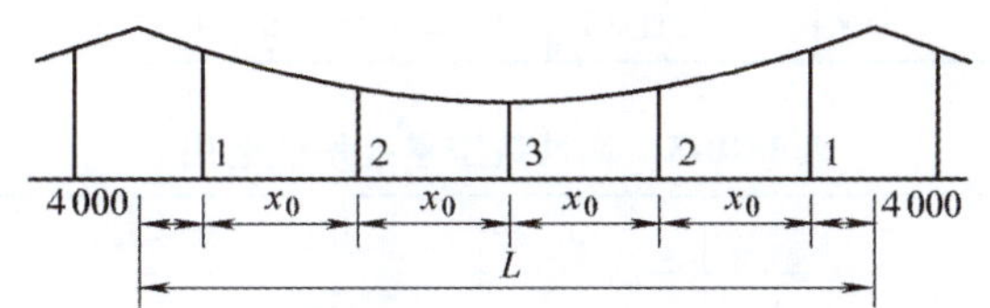


图-10-10 简单链型悬挂吊弦布置示意(单位:mm)

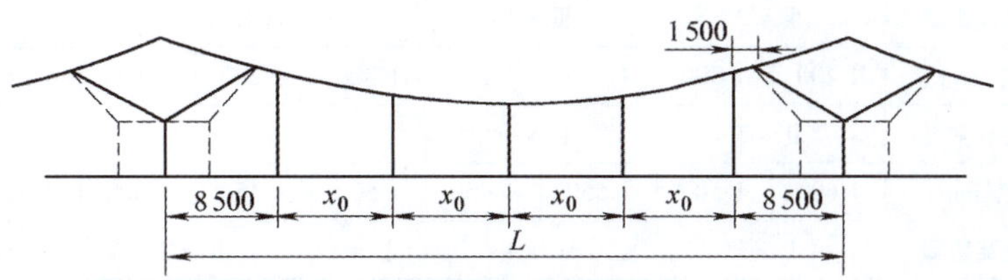


图 1-10-11 弹性链型悬挂吊弦布置示意(单位:mm)

根据吊弦间距确定吊弦的根数 $K$，不同跨距下吊弦间距 $X_0$ 由式(1-10-1)和式(1-10-2)计算。

弹性链型悬挂：
$$X_0=\frac{L-2\times 8.5}{K-1} \tag{1-10-1}$$

简单链型悬挂：
$$X_0=\frac{L-2\times 4}{K-1} \tag{1-10-2}$$

式中 $X_0$——吊弦间距(m)；

$L$——跨距长度(m)；

$K$——跨距中吊弦根数。

### 2. 吊弦长度的计算

吊弦长度可根据悬挂类型、结构高度、承力索张力、弛度及吊弦所在位置由式(1-10-3)计算

$$C=h-\frac{4\times(L-x)}{L^2}F_0 \tag{1-10-3}$$

式中 $C$——所求吊弦的长度(m)；

$L$——跨距长度(m)；

$h$——悬挂的结构高度(m)；

$x$——所求吊弦距定位点的距离(m)；

$F_0$——接触线无弛度时承力索的弛度(m)。

还可由式(1-10-4)计算

$$C=h-\frac{gx(L-x)}{2T_{CP}} \tag{1-10-4}$$

式中 $g$——每米悬挂的负载(N/m)；

$T_{CP}$——承力索在平均温度时的张力(N)。

经过大量的计算，不同悬挂类型吊弦长度可参照表 1-10-2 和表 1-10-3。

**表 1-10-2 简单链型悬挂吊弦类型及数量选用**

| 跨距 $l$(m) | 35～39 | | 40～49 | | | 50～59 | | | 60～65 | | | |
|---|---|---|---|---|---|---|---|---|---|---|---|---|
| 吊弦编号 | 1 | 2 | 1 | 2 | 3 | 1 | 2 | 3 | 1 | 2 | 3 | 4 |
| 长度(mm) | 1 650 | 1 500 | 1 600 | 1 450 | 1 400 | 1 600 | 1 350 | 1 250 | 1 550 | 1 300 | 1 200 | 1 100 |
| 类型及数量 | Ⅰ×4 | | Ⅰ×4 | | Ⅲ×1 | Ⅰ×2 | Ⅱ×4 | | Ⅰ×2 | Ⅱ×4 | | Ⅲ×1 |

**表 1-10-3 弹性链型悬挂吊弦选用**

| 跨距 $l$(m) | | 35～39 | | 40～49 | | 50～59 | | | 60～65 | | |
|---|---|---|---|---|---|---|---|---|---|---|---|
| 编 号 | | 1 | 2 | 1 | 2 | 1 | 2 | 3 | 1 | 2 | 3 |
| $h$ = 1 300 mm | 长度(mm) | 1 130 | 1 050 | 1 100 | 1 100 | 1 050 | 950 | 950 | 1 050 | 900 | 750 |
| | 类型及数量 | Ⅲ×3 | | Ⅲ×4 | | Ⅲ×5 | | | Ⅲ×4 | | Ⅵ×2 |
| $h$ = 1 500 mm | 长度(mm) | 1 400 | 1 300 | 1 350 | 1 250 | 1 300 | 1 200 | 1 100 | 1 250 | 1 100 | 1 000 |
| | 类型及数量 | Ⅱ×3 | | Ⅱ×4 | | Ⅱ×4 | | | Ⅲ×1 | Ⅱ×2 | Ⅲ×4 |
| $h$ = 1 700 mm | 长度(mm) | 1 600 | 1 500 | 1 550 | 1 450 | 1 500 | 1 350 | 1 300 | 1 450 | 1 300 | 1 250 |
| | 类型及数量 | Ⅰ×3 | | Ⅰ×4 | | Ⅰ×2 | Ⅱ×3 | | Ⅰ×2 | Ⅱ×4 | |

### 3. 吊弦偏移的计算

在设有补偿装置的链型悬挂中，当气温变化时，线索因热胀冷缩的物理特性，顺线路方向产生移动。当为半补偿链型悬挂时，承力索不设张力补偿装置，只产生垂直方向的弛度变化。而接触线在张力补偿装置作用下，顺线路移动使吊弦出现偏移，维修规程规定，吊弦偏移后与其垂直方向的夹角，顺线路不得超过30°，横线路方向不得超过20°。为保证吊弦偏斜角不超过上述标准，在安装吊弦时，应根据当时的气温计算出吊弦偏移值，根据偏移值装设吊弦，只有这样才可以确保在极限温度下，吊弦的偏移不超过规定值。

半补偿链型悬挂偏移值由式(1-10-5)计算

$$E = L\alpha_{\mathrm{J}}(t_x - t_{\mathrm{p}})(\mathrm{m}) \tag{1-10-5}$$

式中 $E$——所计算吊弦的偏移值(m)；

$L$——计算吊弦距中心锚结的距离(m)；

$\alpha_{\mathrm{J}}$——接触线的线胀系数(1/℃)；

$t_x$——安装时的温度(℃)；

$t_{\mathrm{p}}$——设计采用的平均温度(℃)。

全补偿链型悬挂，由于承力索和接触线在气温变化时，均产生顺线路方向移动，因此相对半补偿链型悬挂吊弦的偏移较小，当线材不同时由式(1-10-6)计算

$$E = L(\alpha_{\mathrm{J}} - \alpha_{\mathrm{C}})(t_x - t_{\mathrm{p}}) \tag{1-10-6}$$

式中 $\alpha_{\mathrm{C}}$——承力索的线胀系数(1/℃)。

当承力索和接触线采用相同的材质时，吊弦无论在什么温度安装，都应该垂直安装。

## 三、吊弦的维修要求

根据《高速铁路接触网运行维修规则》规定，吊弦维修标准如下：

(1)吊弦偏移。接触线与承力索同材质时，顺线路方向吊弦偏移达到以下技术标准(交叉吊弦除外)。

标准值:0。

标准状态:20 mm。

警示值:50 mm。

限界值:100 mm。

(2)吊弦的长度要能适应在极限温度范围内接触线的伸缩和弛度的变化，否则应采用滑动吊弦。吊弦预制长度应与计算长度相等，偏差应不大于±1.5 mm。

(3)吊弦线夹状态。吊弦线夹在直线处应保持铅垂状态，曲线处应垂直于接触线工作面。曲线处接触线吊弦线夹螺栓应穿向曲线外侧。

(4)载流环。吊弦载流环应固定在吊弦线夹螺栓的外侧，接触线吊弦线夹处载流环应与列车前进方向一致，线鼻子与接触线夹角保持30°~45°，承力索吊弦线夹处载流环应与列车前进方向相反。

(5)吊弦位置。

标准值:设计值。

标准状态:标准值±50 mm。

警示值：标准值 ±100 mm。

限界值：标准值 ±200 mm。

(6) 两相邻吊弦点接触线高差。

标准值：0。

标准状态：10 mm。

警示值：10 mm。

限界值：15 mm。

定位点两侧第 1 吊弦处(弹性链型悬挂时为弹性吊索外第 1 吊弦)接触线高度应相等。相对于定位点处接触线高度 ±10 mm，且不得出现 V 形。

(7) 吊弦损伤。

标准值：无损伤。

标准状态：无损伤。

警示值：断 3 根单丝。

限界值：断 7 根单丝。

(8) 弹性吊索长度应符合设计要求，悬挂点两端长度相等，允许偏差为 ±20 mm。

(9) 弹性吊索线夹处吊索外露中锚端为 20 mm，下锚端为 150 mm，允许偏差为 ±5 mm。

(10) 弹性吊索工作张力符合设计规定，不得松弛。允许偏差为标准值 ±10%。

(11) 弹性吊索不得有散股、断股(丝)、接头、补强、硬弯。

(12) 第 1 吊弦与相邻弹性吊索吊弦的高度差小于 10 mm。弹性吊弦与定位点处接触线高度相等。

(13) 弹性吊索两端与承力索的连接符合设计规定。

## 四、吊弦常见故障分析

在弹性简单悬挂中，由于吊索的特殊地位，经常造成吊索折断、烧断及压接强度不够、抽脱等事故中断供电时间较长。这类事故多发生在三、四跨锚段关节转换支柱处。

在链型悬挂中，吊弦折断故障极易发生，在三、四跨锚段关节处，尤其是载流承力索区段更易发生此类故障，虽然破坏程度较小，但易碰撞受电弓。

## 思考练习题

1. 吊弦的作用是什么？应如何制作吊弦？

2. 环节吊弦分为哪几类？说明整体吊弦的结构与特点。

3. 说明吊弦的维修要求。

4. 防风吊弦的作用是什么？

5. 吊弦常见故障有哪些？

6. 某全补偿简单链型悬挂，跨距为 65 m，需布置 7 根吊弦，结构高度 1.4 m，承力索弛度为 0.78 m，求吊弦间距和每根吊弦的长度？

7. 某半补偿弹性链型悬挂，悬挂类型为 GJ-70＋TCG110，已知该吊弦距中心锚结为 842 m，设计最高温度为＋40 ℃，最低温度为－20 ℃，求调整温度为－2 ℃时的吊弦偏移是多少？应向什么方向偏？

# 第十一节 接触网线岔

## 学习目标

1. 掌握线岔的作用；
2. 掌握线岔的结构及技术要求；
3. 掌握线岔的检调方法；
4. 了解线岔处常见故障。

## 一、线岔的作用及结构

### （一）线岔的作用

在站场上两股道相交处形成道岔，两股道接触网在道岔上方交叉则形成线岔［图 1-11-1（a）］。线岔的作用是保证电力机车受电弓，安全平滑地由一条接触线过渡至另一条接触线，达到转换线路的目的。

为了使电力机车受电弓由一股道顺利过渡到另一股道，在铁路道岔上空由两支汇交的接触线用限制管固定，并限制两相交接触线位置的设备称为线岔，又称空转辙器。当机车受电弓从一股道通过线岔时，由于受电弓有一固定宽度，因此在未运行到两导线交叉点时，即已接触到另一股道接触线，该处被称为线岔始触区。在接触瞬间，本股道接触线因受电弓抬升力的作用具有一定升高值，而相邻股道接触线仍保持原有高度，此时在始触区会出现两导线不等高现象，为保持两导线在始触区基本等高，使受电弓在始触区处不发生刮弓和钻弓事故，两导线交叉点处应安装一个限制管，如图 1-11-1（b）所示。

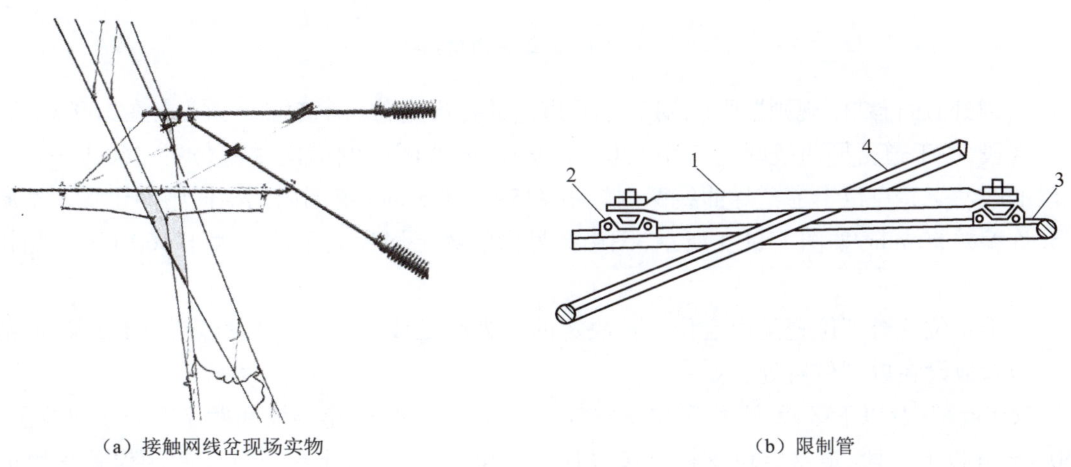


（a）接触网线岔现场实物　　（b）限制管

图 1-11-1　线岔

1—限制管；2—定位线夹；3—正线接触线；4—侧线接触线

### (二)线岔的结构

接触网线岔是由两相交接触线,一根限制管和固定限制管的线夹、螺栓组成。

限制管两端,用定位线夹固定在下面的接触线上,通过限制管将两相交接触线互相贴近,当上面接触线升高时,可利用限制管带动下面的接触线同时升高,以消除始触区两导线的高差。

限制管用 3/8 英寸镀锌钢管加工制成,两端扁平有圆孔用以固定定位线夹。其长度根据所安装接触线处至中心锚结的距离确定,当距离小于 500 m 时,采用 500 型,大于 500 m 时,选用 700 型,结构如图 1-11-1 所示,限制管参考尺寸见表 1-11-1。

如在平均温度安装时,限制管中心重合于接触线交叉点,安装温度高于平均温度,应略偏于下锚方向,低于平均温度,应略偏于中心锚结方向。

表 1-11-1　限制管参考尺寸

| 线岔至中心锚结距离(m) | 500 以下 | 500 以上 |
|---|---|---|
| 限制管长度(mm) | 1 300 | 1 550 |

## 二、线岔的定位

线岔定位是指两导线交叉点的投影点,在道岔导曲线两内轨轨距的位置,其位置与道岔类型有关,一般考虑单开道岔结构,如图 1-11-2 所示。

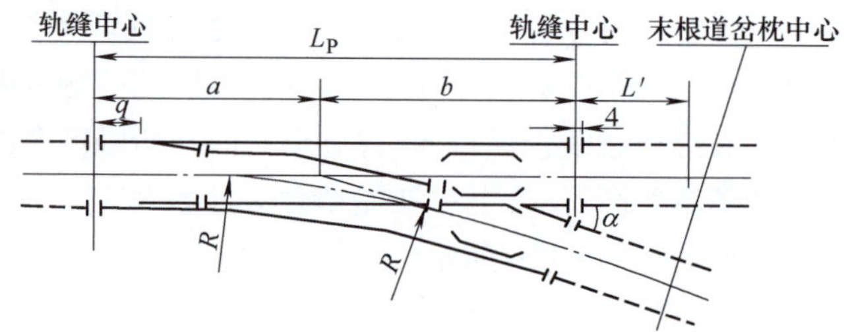


图 1-11-2　单开道岔结构

“接触网运行维修规则”规定,对于单开道岔的标准定位,两接触线交叉点在 160 km/h 及以下区段,位于道岔导曲线两内轨距 630 ~ 1 085 mm 范围内的横向中间位置;160 km/h 以上区段的线岔交叉点位于道岔导曲线两内轨距 735 ~ 1 085 mm 范围内的横向中间位置。横向位置允许偏差 50 mm,如图 1-11-3 所示(图中括号内的数字均为列车速度大于 160 km/h 的相关参数)。

标准定位的合理位置是由定位支柱决定的。为满足线岔交叉点标准定位的要求,道岔柱中心位置应设在以下位置处:

160 km/h 及以下区段,道岔定位支柱应位于道岔起点轨缝至线间距 700 mm 的范围内;160 km/h 以上区段,道岔定位支柱应按设计的定位支柱布置,定位支柱间跨距误差 ±1 m,如图 1-11-4所示。

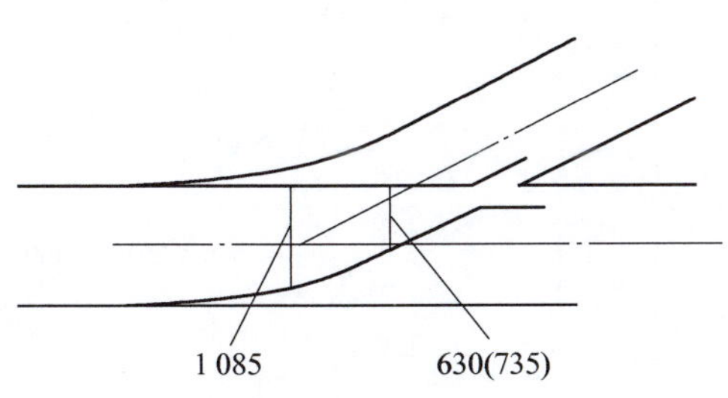


图1-11-3　单开道岔线岔位置示意(单位:mm)

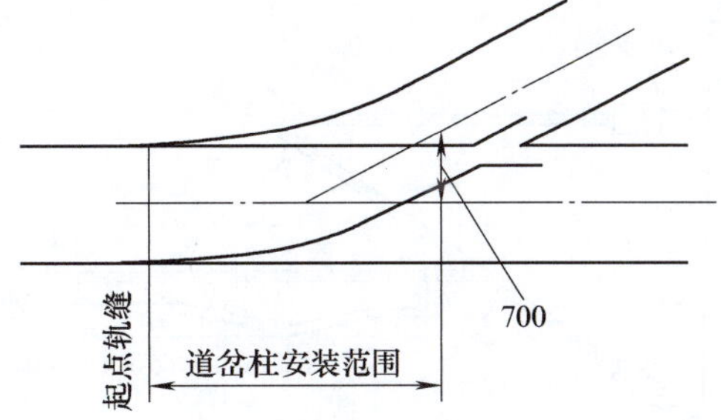


图1-11-4　单开道岔定位柱位置示意(单位:mm)

与组成线岔的两条接触线走向不同,在道岔柱处的定位方式可分为L型定位、Y型定位和LY型三种定位方式,其定位位置示意图如图1-11-5、图1-11-6和图1-11-7所示。

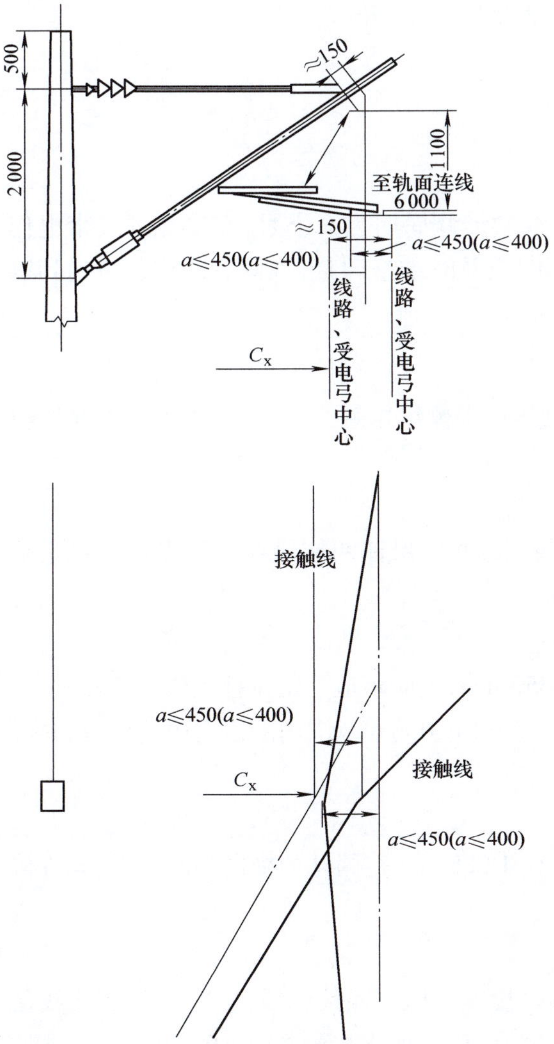

图1-11-5　单开道岔L型定位位置示意(单位:mm)

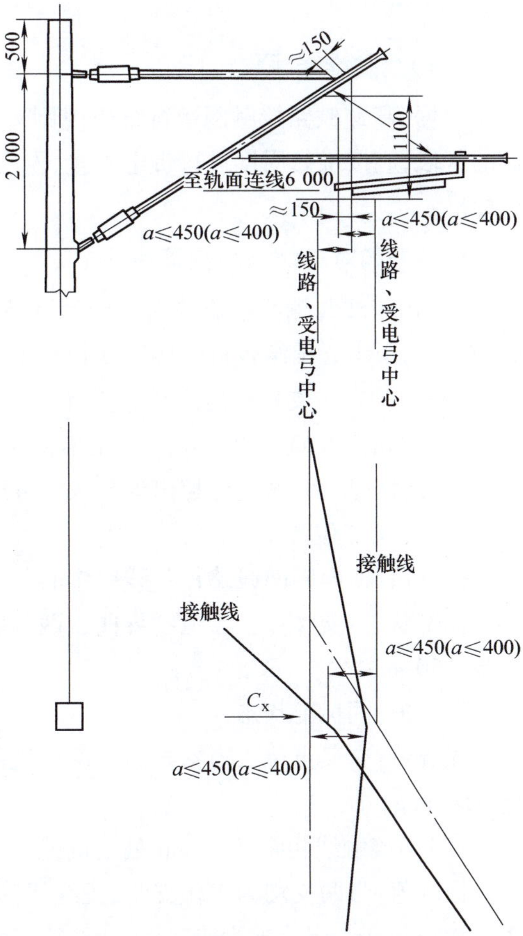

图1-11-6　单开道岔Y型定位位置示意(单位:mm)

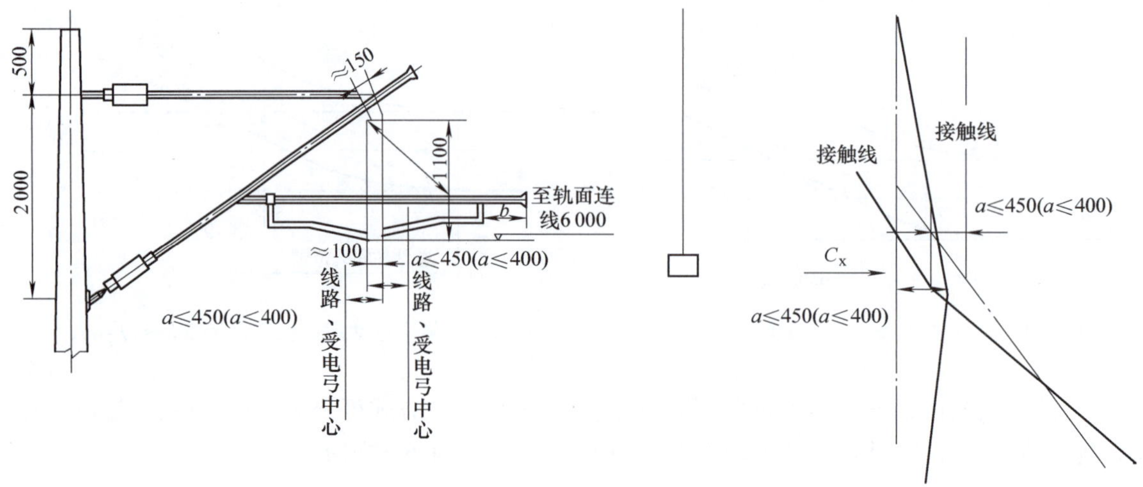


图 1-11-7　单开道岔 LY 型定位位置示意(单位:mm)

## 三、线岔的检调

### (一)线岔维修标准

根据《高速铁路接触网运行维修规则》规定,线岔维修周期为 6 个月,在没有开展带电作业的区段,应按维修周期进行带电测量,发现超标时应及时维修调整,维修后的线岔应达到以下标准:

#### 1. 单开和对称(双开)交叉线岔

(1)由正线与侧线组成的交叉线岔,正线接触线位于侧线接触线的下方;由侧线和侧线组成的线岔,距中心锚结较近的接触线位于下方。

(2)道岔定位支柱位置应符合设计。

(3)线岔交叉点两侧定位点拉出值满足设计要求,并应保证两接触线交叉点位于规定范围内,任何情况下线岔定位拉出值不大于 450 mm。

(4)交叉点位置。

标准值:横向距两线路任一线路中心不大于 350 mm,纵向距道岔定位柱大于 2.5 m。

标准状态:交叉点位于道岔导曲线两内轨距 735 ~ 1 050 mm 范围内的横向中间位置,允许偏差 ±50 mm。

警示值:同标准状态。

限界值:交叉点位于道岔导曲线两内轨距 630 ~ 1 085 mm 范围外的横向中间位置,允许偏差 ±50 mm。

(5)两接触线相距 500 mm 处的高差。

标准值:当两支均为工作支时,正线线岔的侧线接触线比正线接触线高 20 mm,侧线线岔两接触线等高。当一支为非工作支时,非工作支接触线比工作支接触线高 80 ~ 100 mm,并按设计要求延长一跨抬高 350 ~ 500 mm 后下锚。

标准状态:当两支均为工作支时,正线线岔侧线接触线比正线接触线高 10 ~ 30 mm;侧线线岔两接触线高差不大于 30 mm。当一支为非工作支时，非工作支接触线比工作支接触线抬高 50 ~ 100 mm，并延长一跨抬高 350 ~ 500 mm 后下锚。

警示值：同标准状态。

限界值：同警示值。

（6）限制管长度符合设计要求，安装牢固，并使两接触线有一定的活动间隙，保证接触线自由伸缩。

（7）始触区。线岔两工作支中，任一工作支的垂直投影距另一股道线路中心 600 ~ 1 050 mm 的区域内不得安装除吊弦线夹（必须时）外的其他线夹。在始触区至接触线交叉点处，正线和侧线接触线应位于受电弓中心的同一侧。

（8）道岔定位器支座、软横跨定位立柱不得侵入本线及邻线受电弓动态包络线。

（9）道岔开口方向、道岔定位后的第一个悬挂点设在线间距大于等于 1 220 mm 处，并应保证两线接触悬挂的任一接触线分别与相邻线路中心距离不小于 1 220 mm。

（10）当非工作支下锚偏角大于 8°时，非工作支应延长一跨并适当抬高后下锚。

（11）两支承力索垂直间距不应小于 60 mm。

（12）岔区腕臂顺线路偏移量符合设计要求，允许偏差 ±20 mm。

### 2. 复式交分和交叉渡线线岔

（1）复式交分道岔两接触线相交于中轴支距中点；交叉渡线道岔两接触线相交于两渡线中心线交点处。

标准值：0。

标准状态：50 mm。

警示值：100 mm。

限界值：150 mm。

（2）两接触线高差、限制管和始触区等，同单开道岔的线岔要求。

### 3. 无交叉线岔

（1）岔心两端的定位柱距岔心距离符合设计规定。

（2）岔区腕臂顺线路偏移应符合设计要求，允许偏差 ±20 mm。

（3）两承力索垂直间距不应小于 60 mm。

（4）道岔柱处接触线高度应符合设计要求，任何情况下拉出值不大于 450 mm。

（5）正线接触线距侧线线路中心，侧线接触线距正线线路中心水平投影 600 ~ 1 050 mm 范围为始触区。始触区不允许安装除吊弦线夹以外的任何线夹或零件。

（6）交叉吊弦。

①交叉吊弦应安装在正线接触线距侧线线路中心线，侧线接触线距正线线路中心线水平投影 550 ~ 600 mm 的范围内，两交叉吊弦间距一般为 2 m。交叉吊弦与其他吊弦间距（始触区反侧）不大于 6 ~ 8 m。

②交叉吊弦的安装顺序应保证在受电弓从道岔开口方向进入时，先经过侧线承力索与正线接触线间的吊弦。

③交叉吊弦的承力索端采用滑动吊弦线夹时，绝缘垫块应安装正确，保证滑动灵活；交叉吊弦接触线端的吊弦线夹螺栓及载流环应朝向远离另一支接触线的方向，线夹倾斜角最大不得超过15°。

(7)对于38号及以上道岔，在正线接触线距侧线线路中心、侧线接触线距正线线路中心水平投影大于850 mm处，各增设一根吊弦。接触线吊弦线夹螺栓从两接触线间向外穿。

(8)带辅助悬挂的无交叉线岔。

①在开口方向第一根道岔柱处，侧线定位点距离正线(直股)线路中心大于1 250 mm；

②第二根道岔柱处侧线抬高80～120 mm；

③在线路中心间距为720 mm处，正线与侧线接触线间距应小于1 200 mm；

④300 km/h以上线路的线岔，第二根道岔柱侧线定位点距离正线(直股)的线路中心应在1 250～1 350 mm间。

### (二)线岔的调整

线岔调整与道岔类型有关，目前在站场上常用的道岔有单开道岔、复式交分道岔和菱形道岔等，其中主要是单开道岔，因此掌握单开道岔的调整方法非常重要。

接触网工区在每次维修前后，应对线岔维修数据进行记录，并按要求填写表1-11-2。

表1-11-2　线岔维修记录

| 线岔号 | 维修日期 | | 交叉点位置、内轨距/横向(mm) | 两接触线相距500 mm处高差(mm) | 锚支抬高量(mm) | 间隙(mm) | 限制管等零件的状态 | 电连接状态 | 维修人互检人 | 备注 |
|---|---|---|---|---|---|---|---|---|---|---|
| | 日/月 | 项别 | | | | | | | | |
| 9号 | 20/9 | 修前 | 740/250 | 5 | 80 | — | 良好 | 合格 | | 工作支、非工作支值370、450 |
| | | 修后 | | | | | | | | |
| | | 修前 | | | | | | | | |
| | | 修后 | | | | | | | | |
| | | 修前 | | | | | | | | |
| | | 修后 | | | | | | | | |
| | | 修前 | | | | | | | | |
| | | 修后 | | | | | | | | |
| | | 修前 | | | | | | | | |
| | | 修后 | | | | | | | | |

其中“线岔号”栏应填写该站场接触网线岔所对应的道岔编号。“交叉点位置、内轨距馈向”栏，填写线岔投影点在两内轨轨距的纵向及横向位置。

“两接触线相距500 mm处高差”栏，应填写始触点处的检测数据。

“锚支抬高量”栏，填写线岔另一侧，两线间距500 mm处有一组为非工作支时的下锚支升高数据。

“间隙”栏，填写线岔限制管内，接触线与限制管的间距，正常情况应有1～3 mm间隙。

维修记录应认真填写,它将作为今后上级领导检查和事故处理的依据。

## 四、线岔处常见故障分析

接触网线岔是站场接触悬挂中的重要部位,也是事故多发地方,现就常见故障分析如下:

(1)线岔始触点处两导线不等高,容易造成受电弓钻弓事故。

(2)线岔另一端(即道岔定位柱的另一侧),当有一支是非工作支时,在线岔距为 500 mm 处,由于非工作支抬高不够,造成钻弓事故。

(3)由于线岔始触点有硬点,该处接触线易发生断线事故。

(4)限制管口接触线连接处定位线夹松动,限制管脱落引发弓网事故。

### 思考练习题

1. 线岔的作用和技术要求是什么?
2. 什么是始触区?
3. 说明限制管的作用。
4. 线岔的检调标准是什么?
5. 接触网线岔常见故障有哪些?

# 第十二节 软横跨

### 学习目标

1. 掌握 14 种软横跨节点的结构及用途;
2. 掌握软横跨预制中的负载计算法;
3. 掌握软横跨维修标准;
4. 了解软横跨的检调方法;
5. 了解软横跨的常见故障。

## 一、软横跨概述

### (一)软横跨基本结构

多股道接触悬挂通过横向线索悬挂在线路两侧的支柱上,这种装配方式称为软横跨。

软横跨由站场线路两侧支柱和悬挂在支柱上的横向承力索、上、下部定位索及支持和连接它们的零件组成。

根据软横跨线索与支柱的绝缘情况分类,一般分为绝缘软横跨和非绝缘软横跨两类,软横跨各线索与支柱间通过绝缘子绝缘的结构称为绝缘软横跨。软横跨各线索与支柱间没有绝缘子绝缘则被称为非绝缘软横跨。我国目前广泛采用绝缘软横跨。

绝缘软横跨是将横向承力索和上、下部定位索与支柱间通过悬式绝缘子绝缘，也就是对地绝缘。绝缘软横跨有很多优点，由于各条线索带电并采取对地绝缘措施，有利于供电维修人员开展带电维修作业。又因为绝缘子串均装在线路两侧，故在电力和内燃机车混合牵引区段，可有效减轻绝缘子的污损程度，同时减少了清洗绝缘子的工作量。在线路较多的站场上用绝缘软横跨可节约大量绝缘子，并且有利于机车司机瞭望信号，增加了车站的美观。

横向承力索是软横跨的主要构件，它的作用是承受各股道纵向接触悬挂的全部垂直负载。根据负载重量有单根承力索组成的单横承力索和双根承力索组成的双横承力索。由于横向承力索承载较大，因而均选用 GJ-70 镀锌钢绞线。

横向承力索下方布置有上、下部定位索，上部定位索的作用是固定各股道纵向承力索，并将纵向承力索的水平负载（包括风力、曲线力等）传递给支柱。下部定位索作用是固定定位器，以便对各股道接触线按技术要求定位，并将接触线水平负载传递给支柱。由于上、下部定位索只承受水平力，承载不大，故上、下部定位索多采用 GJ-50 镀锌钢绞线。

横向承力索与上部定位索之间，安装有软横跨直吊弦，它的作用是连接横向承力索与上部定位索，并将接触悬挂垂直重量传递给横向承力索，通过调节软横跨直吊弦长度可以满足上部定位索的安装要求。软横跨直吊弦采用两股 $\phi4.0$ mm 镀锌铁线绞合制成，上端做成环状与固定在横向承力索上的横承力索线夹连接，下端与固定在上部定位索上的定位环线夹连接（该端可以调节）。

上部定位索与下部定位索之间，安装有斜拉线，它的作用是连接上下部定位索，通过调节斜拉线长度，可以满足下部定位索的安装要求，斜拉线采用两股 $\phi4.0$ mm 镀锌铁线绞合制成，上端做成环状与固定在上部定位索上的定位环线夹连接，下端与固定在下部定位索上的定位环线夹相连（该端可以调节）。

横向承力索和上、下部定位索的张力与弛度，可以通过线索两端的锚固拉杆进行调节，将线索一端的锚固拉杆螺母松开，而另一端锚固拉杆螺母旋紧，则线索会向收紧的一端做水平位移，两端同时旋紧则可以调整线索张力和弛度。锚固拉杆经球形垫块或角形垫块固定到钢支柱角钢上。

### （二）软横跨节点分析

软横跨所采用的结构视其所设地点和接触网线路情况而定，为简化软横跨结构表示方式，使用“节点”来划分不同的软横跨结构。每一种结构归纳为一种节点，目前广泛采用 14 种节点，每一组软横跨都是由不同节点构成的，特别是在股道较多而线路比较复杂的站场上，同一组软横跨上会出现很多不同形式的节点，故架设软横跨是一项比较复杂而细致的工作。

接触网链型悬挂软横跨节点示意图如图 1-12-1 所示。图中 $H$ 值为接触线距电化股道最高轨面（或轨面连线中心）的垂直高度。

（1）节点 1、2 用于软横跨与 13 m 或 15 m 高钢柱的连接结构，如图 1-12-2 所示。横向承力索由绝缘子、杵头杆、固定角钢、角形垫块固定在钢柱靠线路侧的立面上，上、下部定位索用杵头杆、固定角钢、球形垫块固定在钢柱田野侧立面上。节点 2 用于软横跨与站台上钢柱的连接结构，具体材料选用见表 1-12-1。

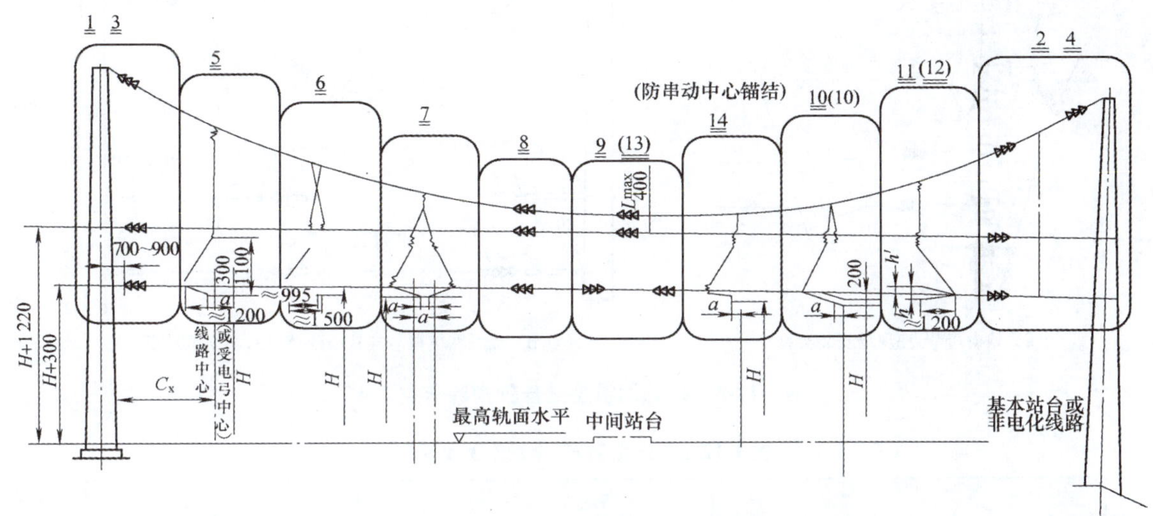


图 1-12-1　接触网链型悬挂软横跨节点示意

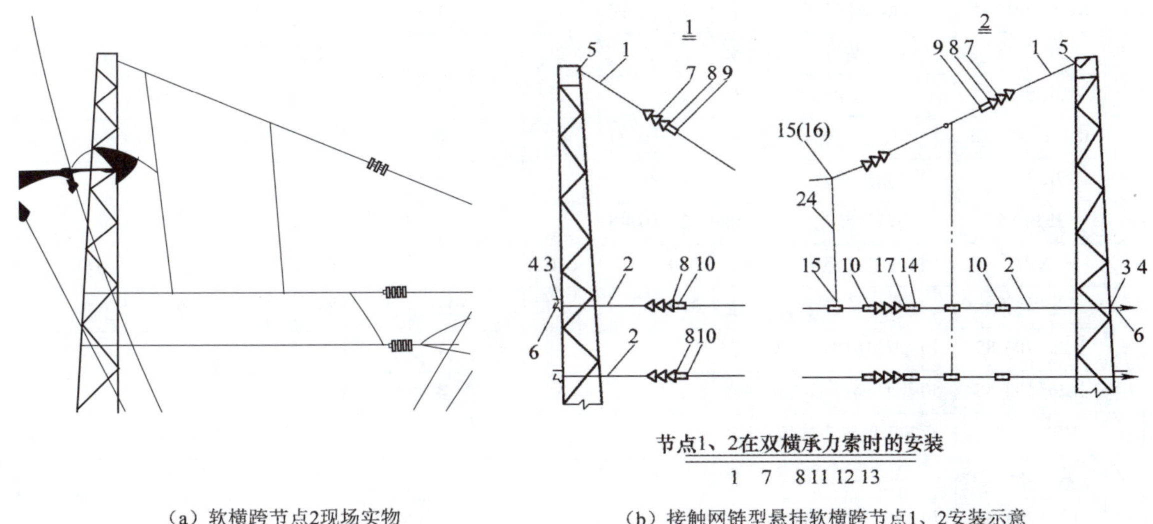


（a）软横跨节点2现场实物　　（b）接触网链型悬挂软横跨节点1、2安装示意

图 1-12-2　接触网链型悬挂软横跨节点 1、2

（2）节点 3、4 用于软横跨与地面以上 12 m 高钢筋混凝土柱的连接结构，如图 1-12-3 所示。横向承力索通过绝缘子串、双耳连接器、杵环杆、耳环杆固定在钢筋混凝土软横跨柱靠线路侧的立面上。节点 4 用于软横跨与站台上钢筋混凝土柱的连接。具体材料选用见表 1-12-1，其中开式螺旋扣(零件 23)仅在软横跨线索的一侧安装，当一对软横跨钢筋混凝土柱的节点均为节点 3 或节点 4 时，则在一侧的节点 3 或节点 4 中取消开式螺旋扣，改用其他零件，取消或增加，开式螺旋扣的用料变更见表 1-12-2。

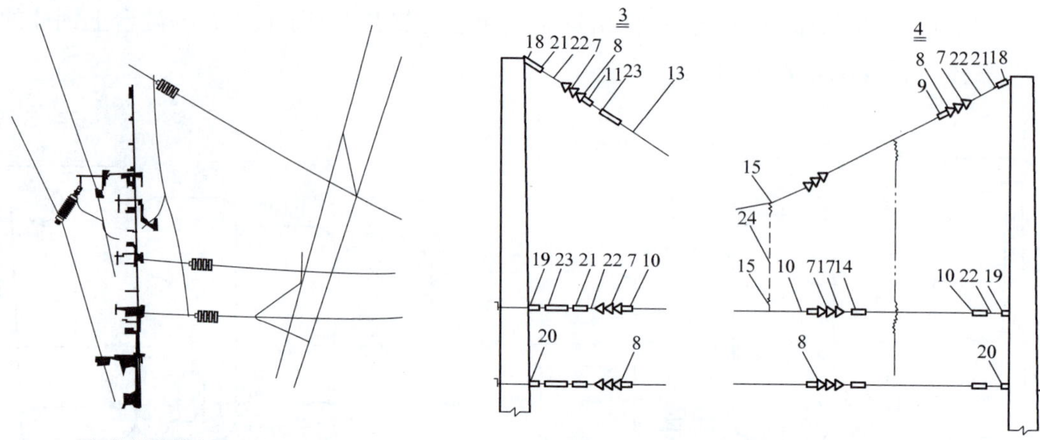


（a）软横跨节点3现场安装实物

（b）接触网链型悬挂软横跨节点3、4安装示意

**图 1-12-3　接触网链型悬挂软横跨节点 3、4**

**表 1-12-1　软横跨节点 1、2、3、4 用料**

| 序号 | 代　号 | 名　称 | 单位 | 节点 1 | | | | 节点 2 | | | | 节点 3 | | 节点 4 | |
|---|---|---|---|---|---|---|---|---|---|---|---|---|---|---|---|
| | | | | 单横承力索 | | 双横承力索 | | 单横承力索 | | 双横承力索 | | | | | |
| | | | | 数量 | 共数 | 数量 | 共数 | 数量 | 共数 | 数量 | 共数 | 数量 | 共数 | 数量 | 共数 |
| 1 | JL43(600)-85 | 600 型杵头杆 | 套 | 1 | 1.96 | 1 | | 1 | | 1 | | | | | |
| 2 | JL43-85 | 杵头杆 | 套 | 2 | 33 ×2 | 2 | | 2 | | 2 | | | | | |
| 3 | JL73-85 | 三孔角钢 | 件 | 2 | | 2 | | 2 | | 2 | | | | | |
| 4 | JL47(130)-85 | 130 型钩螺栓 | 套 | 4 | 0.37 | 4 | | 4 | | 4 | | | | | |
| 5 | JL31-85 | 角形垫块 | 套 | 1 | 0.762 | 1 | | 1 | | 1 | | | | | |
| 6 | JL30-85 | 球形垫块 | 件 | 2 | 0.18 | 2 | | 2 | | 2 | | | | | |
| 7 | XP-6 | 杵头悬式绝缘子 | 套 | 6/0 | | 6/0 | | 6/0 | | 6/0 | | 6/0 | | 6/0 | |
| 8 | $XWP_2$-6 | 杵头悬式绝缘子 | 套 | 3/9 | | 3/9 | | 3/9 | | 3/9 | | 3/9 | | 3/9 | |
| 9 | JL26(70)-85 | 70 型杵座楔形线夹 | 套 | 1 | | | | 1 | | | | | | 1 | |
| 10 | JL26(50)-85 | 50 型杵座楔形线夹 | 套 | 2 | | 2 | | 4 | | 4 | | 2 | | 4 | |
| 11 | GB2324-85 | WS-7 型碗头挂板 | 套 | | | 1 | | | | 1 | | 1 | | | |
| 12 | JL2324-85 | LV-0712 连板 | 件 | | | 1 | | | | 1 | | | | | |
| 13 | JL27(70)-85 | 70 型双耳楔形线夹 | 套 | | | 2 | | | | 2 | | 1 | | | |
| 14 | JL27(50)-85 | 50 型双耳楔形线夹 | 套 | | | | | 2 | | 2 | | | | 2 | |
| 15 | JL23-85 | 横承力索 | 套 | | | | | 2 | | 1 | | | | 2 | |
| 16 | JL24-85 | 双横承力索线夹 | 套 | | | | | | | 1 | | | | | |
| 17 | GB2323-85 | QP-7 球头挂环 | 件 | | | | | 2 | | 2 | | | | 2 | |
| 18 | JL45(400)-85 | 400 型耳环杆 | 件 | | | | | | | | | 1 | | 1 | |
| 19 | JL78(540)-85 | 540 型 DWS 底座 | 套 | | | | | | | | | 1 | | 1 | |
| 20 | JL78(580)-85 | 540 型 DWS 底座 | 套 | | | | | | | | | 1 | | 1 | |
| 21 | JL32-85 | 双耳连接器 | 套 | | | | | | | | | 3 | | 1 | |
| 22 | JL39-01-85 | 焊接杵环 | 件 | | | | | | | | | 3 | | 3 | |

续上表

| 序号 | 代号 | 名称 | 单位 | 节点1 | | | | 节点2 | | | | 节点3 | | 节点4 | |
|---|---|---|---|---|---|---|---|---|---|---|---|---|---|---|---|
| | | | | 单横承力索 | | 双横承力索 | | 单横承力索 | | 双横承力索 | | 数量 | 共数 | 数量 | 共数 |
| | | | | 数量 | 共数 | 数量 | 共数 | 数量 | 共数 | 数量 | 共数 | | | | |
| 23 | | M29 开式螺旋扣 | 套 | | | | | | | | | 3 | | | |
| 24 | | $\phi$4.0 mm 镀锌铁线 | 根 | | | | | | 1 | 1 | | | | 1 | |
| | | | | | | | | | | | | | | | |

注:表中 JL××-××-××表示接触网零件手册相应编号。

**表 1-12-2　取消或增加开式螺旋扣用料变更表**

| 序号 | 代　号 | 名　称 | 单位 | 节点3 | | 节点4 | | 附注 |
|---|---|---|---|---|---|---|---|---|
| | | | | 取消数量 | 增加数量 | 取消数量 | 增加数量 | |
| 1 | GB232485 | WS-7 型在碗头挂板 | 套 | 1 | | | 1 | |
| 2 | | M20 开式螺旋扣 | 套 | 3 | | | 3 | |
| 3 | JL27(70)-85 | 70 型双耳楔形线夹 | 套 | 1 | | | 1 | |
| 4 | JL26(70)-85 | 70 型杵座楔形线夹 | 套 | | 1 | 1 | | |
| 5 | JL39-01-85 | 焊接杵环 | 件 | 变更 2 件另 1 件不变 * | | | | |
| 6 | JL32-85 | 双耳连接器 | 套 | 2 | | | 2 | |

注:"＊"表示将上下部固定绳所用 JL39-01-85 焊接杵环中 175 的尺寸改为 550 mm,其余不变,各钢筋土软横跨处的开式螺旋扣应安装在同一侧。

当 $C_x>6$ m 时,节点 2 或节点 4 的横向承力索绝缘子串应下移,且与上、下部定位索绝缘子串在同一垂直平面内,另将悬吊上部定位索的吊弦外移至双点划线处,为此,零件需按表 1-12-3所示调整。

**表 1-12-3　侧面限界 $C_x>6$ m 时,软横跨零件调整**

| 序号 | 名称 | 单横承力索 | 双横承力索 | 横承力索平面示意图 |
|---|---|---|---|---|
| 1 | WS-7 型碗头挂板 | — | +1 | |
| 2 | 双耳连接器 | — | +1 | |
| 3 | 70 型杵座楔形线夹 | +1 | — | |
| 4 | 70 型双耳楔形线夹 | +1 | — | |
| 5 | QP-7 球头挂环 | +1 | +1 | |
| 6 | 定位环线夹 | +1 | +1 | |
| 7 | LV-0712 联板 | — | +2 | |
| 8 | $\phi$4.0 mm 镀锌铁线 | 适量 | 适量 | |

(3)节点 5、X5 用于软横跨只悬挂一组工作支接触悬挂的装配,它相当于腕臂柱结构中的中间柱装配。节点 5 用于一般铁路线路或高速线路的站线悬挂定位。在节点 5 的装配中,对于半补偿链型悬挂纵向承力索安装在钩头鞍子内,对于全补偿链型悬挂,由于纵向承力索沿线

路方向产生偏移,因此安装在悬吊滑轮内。节点 X5 采用限位定位器,用于高速铁路的车站正线悬挂定位,其安装结构如图 1-12-4 所示,用料见表 1-12-4。

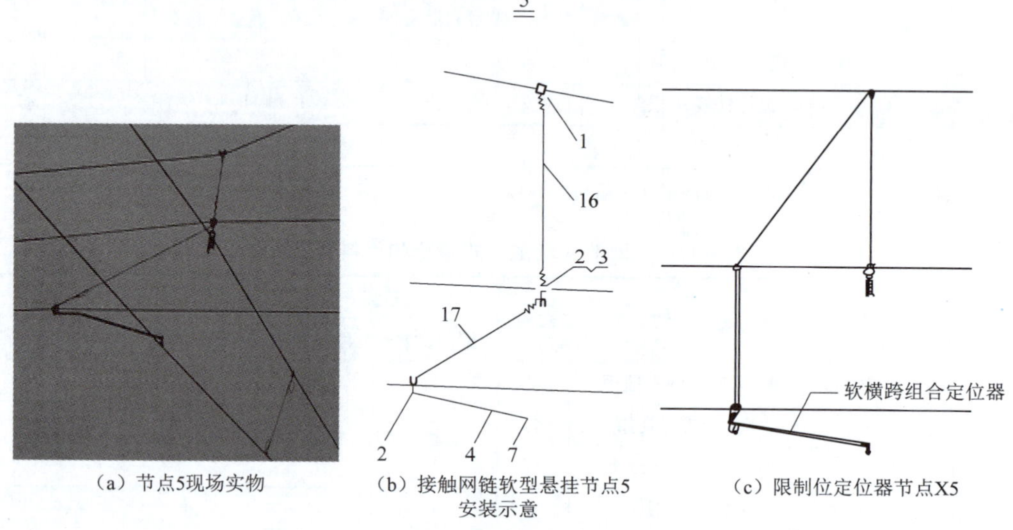


(a) 节点5现场实物　(b) 接触网链软型悬挂节点5安装示意　(c) 限制位定位器节点X5

**图 1-12-4　软横跨节点 5 示意**

(4)节点 6、7、X7 用于软横跨跨越道岔时的装配如图 1-12-5 所示,相当于腕臂道岔定位住的装配结构,节点 6 类似于 L 或 Y 型道岔定位柱,节点 7 及 X7 相当于 LY 型道岔定位柱结构。它们所悬挂的两组接触悬挂均为工作支,导线对轨面等高。节点 X7 采用限位定位器,用于正线道岔处悬挂定位。节点用料见表 1-12-4。

**表 1-12-4　软横跨节点 5、6、7 用料**

| 序号 | 代　号 | 名　称 | 单位 | 节点 5 | | 节点 6 | | 节点 7 | | 附　注 |
|---|---|---|---|---|---|---|---|---|---|---|
| | | | | 数量 | 共重 | 数量 | 共重 | 数量 | 共重 | |
| 1 | JL23-85 | 横承力索线夹 | 套 | 1 | | 1 | | 1 | | |
| 2 | JL25-85 | 定位环线夹 | 套 | 2 | | 3 | | 4 | | |
| 3 | JL77-85 | 悬吊滑轮 | 套 | 1 | | 2 | | 2 | | 铜承力索时用 JL771C-85 |
| 4 | JL63($L_3$)-85 | L3 型定位器 | 套 | 1 | | | | 2 | | 站线用 JL63(3/4B)85 3/4B 型定位器 |
| 5 | JL62(1-1500)-85 | 1-1500 型定位管 | 件 | | | 1 | | | | |
| 6 | JL63(DC)-85 | DC 型定位器 | 件 | | | 1 | | | | |
| 7 | JL01-85 | 定位线夹 | 套 | 1 | | 2 | | 2 | | 形式依线型选定 |
| 8 | JL10(1)-85 | 1 型长支持器 | 套 | | | 1 | | | | |
| 9 | JL12(1)-85 | 1 型定位环 | 套 | | | 1 | | | | |

(5)节点 8 用于软横跨横向绝缘分段,其结构如图 1-12-6 所示。在车站装卸线上,为满足装卸货物的要求,需要接触网停电,接触网沿线路方向可以通过分段绝缘器进行绝缘,但每组跨越装卸线的软横跨都是导电的钢索构成,因此需要在各组软横跨上将装卸线与邻线接触网电路隔开,这时必须设计节点 8。跨越上、下行股道间的软横跨安装三片绝缘子,用节点 8a 表示;当

位于复线上、下行分开供电的车站安装 4 片绝缘子，用节点 8b 表示。其节点用料见表 1-12-5。

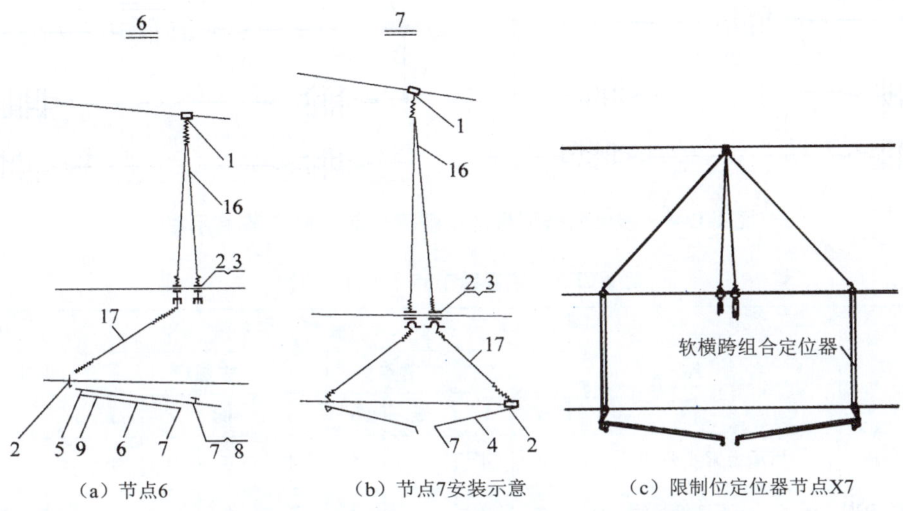


（a）节点6　（b）节点7安装示意　（c）限制位定位器节点X7

图 1-12-5　接触网软横跨节点 6、7 安装示意

（6）节点 9 用于软横跨跨越中间站台时的装配结构，当软横跨跨越车站中间站台时，为保证车站工作人员和旅客生命财产安全，在正对中间站台的下部定位索两侧，用绝缘子串与邻线电路断开，形成一个无电的中性区。如果中间站台设置了雨棚，上、下定位索均安装绝缘子，用节点 9b 表示，否则只在下部定位索上安装绝缘子，用节点 9a 表示，其结构如图 1-12-6所示，节点用料见表 1-12-5。

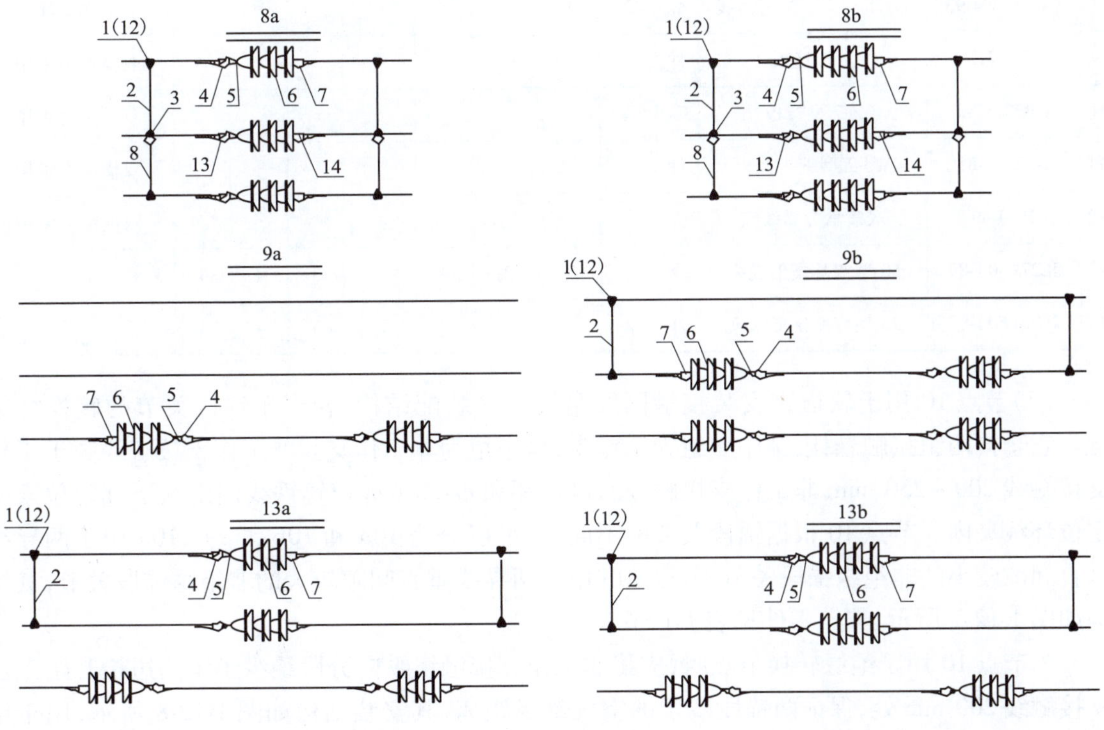


图　1-12-6

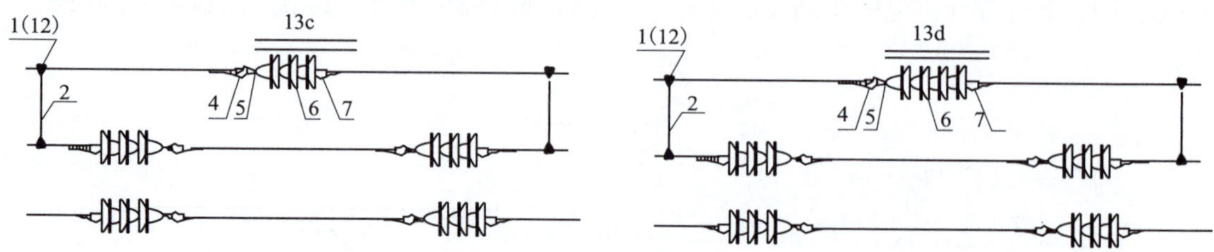


图 1-12-6　接触网链型悬挂软横跨节点 8、9、13 安装示意

表 1-12-5　软横跨节点 8、9、13 用料

| 序号 | 代　号 | 名　称 | 单位 | 数量 | | | | | | | | 附　注 |
|---|---|---|---|---|---|---|---|---|---|---|---|---|
| | | | | 节点 8 | | 节点 9 | | 节点 13 | | | | |
| | | | | a | b | a | b | a | b | c | d | |
| 1 | JL23(G)-96 | 横承力索线夹 | 套 | 4 | 4 | | 4 | 4 | 4 | 4 | 4 | |
| 2 | GB/T 4204-93 | $\phi$3.5 mm 不锈钢吊线 | 套 | 2 | 2 | | 2 | 2 | 2 | 2 | 2 | 下部吊线 |
| 3 | JL21(G)-96 | 定位环线夹 | 套 | 2 | 2 | | | | | | | |
| 4 | JL27-89 | 双耳楔型线夹 | 套 | 1 | 1 | | | 1 | 1 | 1 | 1 | 据横承力索选材 |
| 5 | GB2323-85 | QP-7 型球头挂环 | 套 | 3 | 3 | 2 | 4 | 4 | 4 | 5 | 5 | |
| 6 | $WXP_2$-70 | 杵头悬式绝缘子 | 件 | 9 | 12 | 6 | 12 | 12 | 14 | 15 | 16 | |
| 7 | JL26-89 | 杵座楔形线夹 | 套 | 1 | 1 | | | 1 | 1 | 1 | 1 | 据横承力索选材 |
| 8 | GB/T4204-93 | $\phi$3.5 mm 不锈钢吊线 | 套 | 2 | 2 | | | | | | | 下部吊线 |
| 9 | LV-0712 | V 形连板 | 件 | | | | | | | | | 双横承力索用 |
| 10 | GB2328-85 | Z-7 型挂板 | 套 | | | | | | | | | 双横承力索用 |
| 11 | GB2324-85 | WS-7 型碗头挂板 | 件 | | | | | | | | | 双横承力索用 |
| 12 | JL24-89 | 双横承力索线夹 | 件 | | | | | | | | | 双横承力索用 |
| 13 | JL27(50)-89 | 50 型双耳楔形线夹 | 套 | 2 | 2 | 2 | 4 | 3 | 3 | 4 | 4 | |
| 14 | JL26(50)-89 | 50 型杵座楔形线夹 | 件 | 2 | 2 | 2 | 4 | 3 | 3 | 4 | 4 | |

(7)节点 10 用于软横跨安装接触网线路转换的装配结构,相当于锚段关节的转换柱结构。它悬挂两组接触悬挂,其中一组为工作支,另一组为非工作支。非工作支接触线高于工作支接触线 200 ~ 250 mm,非工作支接触线通过夹环和 $\phi$4.0 mm 镀锌铁线固定在下部定位索的定位环线夹内。节点 10 根据锚段关节的不同,又可以分为 10a 和 10b。节点 10a 用于两导线垂直间隙较小的非绝缘锚段关节,节点 10b 用于两导线垂直间隙较大的非绝缘锚段关节,其结构如图 1-12-7 所示,节点零件见表 1-12-6。

当节点 10 用于绝缘转换节点时,应将非工作支接触线纵向分段绝缘子串裙边抬升距工作支接触线 200 mm 处,保证两锚段线索的空气绝缘距离,其安装结构如图 1-12-8 所示,用于绝缘转换节点时的增加零件见表 1-12-7。

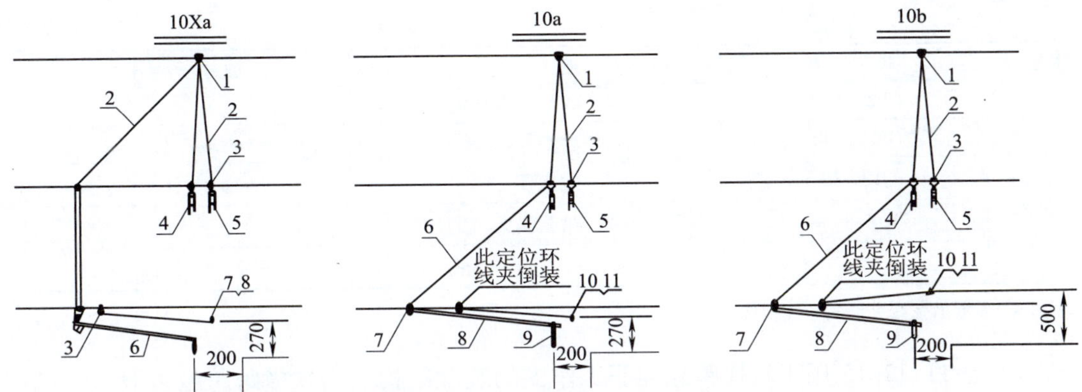


图 1-12-7　接触网链型悬挂软横跨节点 10 安装示意(单位:mm)

表 1-12-6　节点 10a、10b、10Xa 零件表

| 序号 | 代　号 | 名　称 | 单位 | 数量 | | 说明 |
|---|---|---|---|---|---|---|
| | | | | 10a | 10b | |
| 1 | JL23(G)-96 | 横向承力索线夹 | 套 | 1 | 1 | |
| 2 | GB/T4204-93 | $\phi$3.5 mm 不锈钢吊线 | 根 | 2 | 2 | 上吊线 |
| 3 | JL21(G)2001 | 带耳定位环线夹 | 套 | 2 | 2 | |
| 4 | JLJL07-89 加长 | 加长悬吊滑轮 | 套 | 1 | 1 | |
| 5 | JLJL07-89 | 悬吊滑轮 | 套 | 1 | 1 | |
| 6 | GB/T4204-93 | $\phi$3.5 mm 不锈钢吊线 | 根 | 1 | 1 | 下吊线 |
| 7 | JL21(G)-96 | 定位环线夹 | 套 | 2 | 2 | |
| 8 | JL62(1-1500)-89 | 1-1500 型定位管 | 件 | 1 | 1 | |
| 9 | JL10(1)-89 | 1 型长支持器 | 套 | 1 | 1 | |
| 10 | GB/T4204-93 | $\phi$3.5 mm 不锈钢吊线 | 根 | 1 | 1 | |
| 11 | JL36-89 | 夹环 | 套 | 1 | 1 | |
| 12 | JL980(XR)-2001 | 软横跨组合定位器 | 套 | | | 1 |

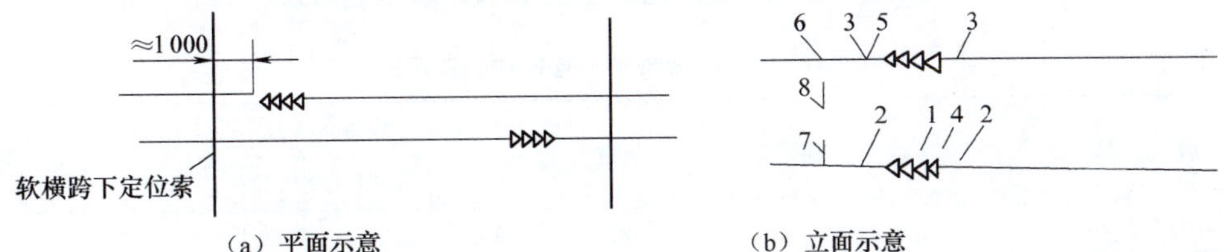


(a) 平面示意　　(b) 立面示意

图 1-12-8　接触网链型悬挂软横跨绝缘转换节点 10 安装示意(单位:mm)

表 1-12-7　绝缘转换节点 10 增加零件

| 序号 | 代　号 | 名　称 | 数量(铜电车线) |
|---|---|---|---|
| 1 | XP-6 | 杵头悬式绝缘子 | 8 |
| 2 | JL27(Z)-85 | Z 型双目楔形线夹 | 2 |
| 3 | JL27(70)-85 | 70 型双目楔形线夹 | 2 |

续上表

| 序号 | 代　　号 | 名　　称 | 数量(铜电车线) |
|---|---|---|---|
| 4 | GB2324-85 | W-70A 型腕点挂板 | 2 |
| 5 | GB2323-85 | QP-7 型球头挂环 | 2 |
| 6 | JL36-85 | 夹环 | 1 |
| 7 | JL02-85 * | 吊弦线夹 | 1 |
| 8 | — | $\phi$4.0 mm 镀锌吊线 | ≈2 mm |

注:“ * ”表示吊弦线夹形式依线型选定。

(8)节点 11、12、15 用于软横跨悬挂非工作支的装配结构。当软横跨跨越多股道车站时,某股道非工作支在下锚时,由于线索改变方向的夹角一般不大于 6°,所以可能穿越相邻的几组软横跨,这几组软横跨将悬挂非工作支。当下锚线索抬高不超过下部定位索时,选用节点 11,超过下部定位索则选用节点 12,当固定于上部定位索时选用节点 15。其接触线定位连接方式与节点 10 的非工作支接触线相同。其结构如图 1-12-9 所示,节点用料见表 1-12-8。

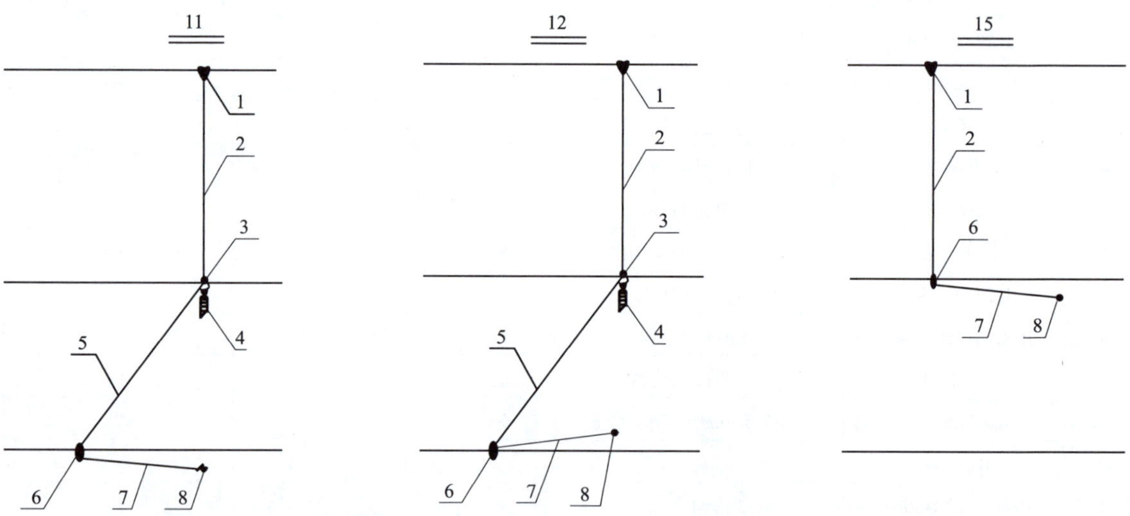


图 1-12-9　接触网链型悬挂节点 11、12、15 安装示意

表 1-12-8　软横跨节点 11、12、15 用料

| 序号 | 代　　号 | 名　　称 | 单位 | 数量 | | | 说　　明 |
|---|---|---|---|---|---|---|---|
| | | | | 11 | 12 | 15 | |
| 1 | JL23(G)-96 | 横承力索线夹 | 套 | 1 | 1 | 1 | |
| 2 | GB/T4204-93 | $\phi$3.5 mm 不锈钢吊线 | 根 | 1 | 1 | 1 | 上部吊线 |
| 3 | JL21(G)2001 | 带耳定位环线夹 | 套 | 1 | 1 | | |
| 4 | JLJL-07-89 | 悬吊滑轮 | 套 | 1 | 1 | | |
| 5 | GB/T4204-93 | $\phi$3.5 mm 不锈钢吊线 | 根 | 1 | 1 | | 下部吊线 |
| 6 | JL21(G)-96 | 定位环线夹 | 套 | 1 | 1 | 1 | |
| 7 | GB/T4204-93 | $\phi$3.5 mm 不锈钢吊线 | 根 | 1 | 1 | 1 | 拉线 |
| 8 | JL36-89 | 夹环 | 套 | 1 | 1 | 1 | |

节点 11 接触线在此处升高后与下部定位索之间的垂直距离应满足 $h = H' - (H + 200)$，节点 12 接触线在此处升高后，与下部定位索之间垂直距离应满足 $h = H' - (H + 430)$，其中 $H'$为下部定位索距轨平面（或轨平面连线中心）的高度。$h$ 为正值时接触线在下部定位索的下方；$h$ 为负值时接触线在下部定位索的上方，均悬挂非工作支。

（9）节点 13 用于软横跨跨越中间站台又需要横向绝缘分段的装配结构，相当于节点 8 与节点 9 的组合。既满足软横跨绝缘分段要求，又兼顾车站站台上工作人员和旅客生命财产安全。节点 13 分为 13 a、13 b、13c、13d。节点 13a 用于一般中间站台的横向电分段；节点 13 b 用于复线上、下行中间站台的横向电分段；节点 13c 用于设有雨棚的一般中间站台的横向电分段；节点 13d 用于设有雨棚的复线上、下行中间站台的横向电分段。其结构如图 1-12-6所示，节点用料见表 1-12-5。

（10）节点 14 用于软横跨设置防窜中心锚结的装配结构，基本结构与节点 5 类似，只是在纵向承力索悬挂点及两侧安装防窜钢绞线和中心锚结绳、中心锚结线夹等设备。当采用限位定位器时节点号为 X14。其结构如图 1-12-10 所示，节点用料见表 1-12-9。

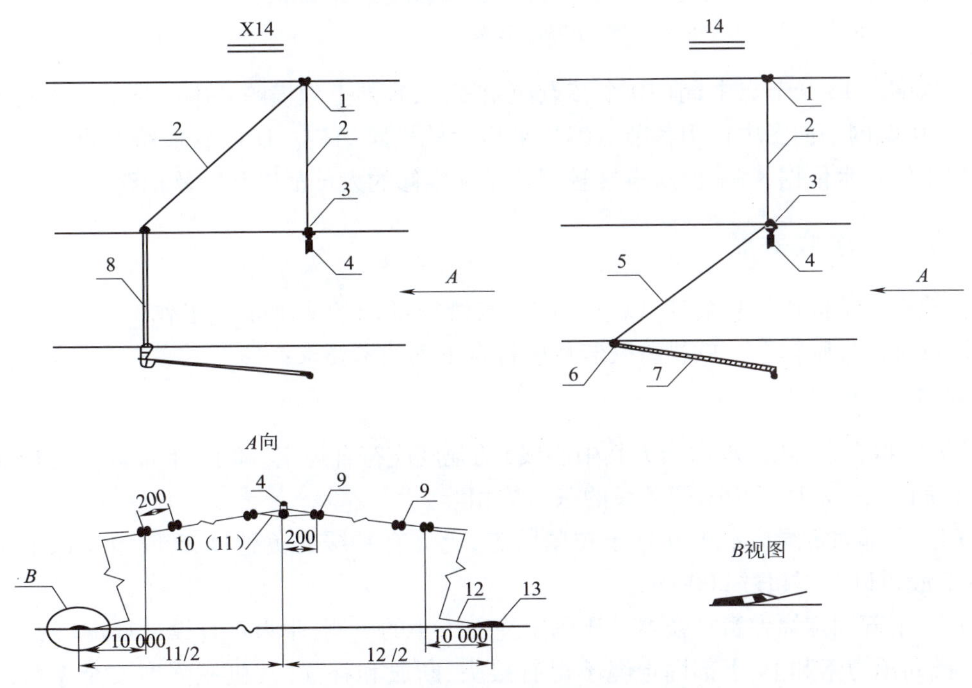


图 1-12-10　软横跨节点 14 和 X14 安装示意（单位：mm）

表 1-12-9　软横跨节点 14、X14 用料

| 序号 | 代　号 | 名　称 | 单位 | 数量 | | 说　明 |
|---|---|---|---|---|---|---|
| | | | | 14 | X14 | |
| 1 | JL23（G）-96 | 横承力索线夹 | 套 | 1 | 1 | |
| 2 | GB/T4204-93 | $\phi$3.5 mm 不锈钢吊线 | 根 | 1 | 2 | 上部吊线 |
| 3 | JL21（G）2001 | 带耳定位环线夹 | 套 | 1 | 1 | |
| 4 | JLJL07-89 | 悬吊滑轮 | 套 | 1 | 1 | |

续上表

| 序号 | 代　号 | 名　称 | 单位 | 数量 | | 说　明 |
|---|---|---|---|---|---|---|
| | | | | 14 | X14 | |
| 5 | GB/T4204-93 | φ3.5 mm 不锈钢吊线 | 根 | 1 | | 下部吊线 |
| 6 | JL21(G)-96 | 定位环线夹 | 套 | 1 | | |
| 7 | JL63($A_3$)-89 | $A_3$定位器 | 套 | 1 | | 含定位线夹 |
| 8 | JL9801(XR)-2001 | 软横跨组合定位器 | 套 | | 1 | |
| 9 | CJL39-98 改 | 承力索中心锚结线夹 | 套 | 6 | 6 | |
| 10 | THJ-70 | 承力索中心锚结辅助绳 | 套 | 1 | | 长约 1.0 m |
| 11 | THJ-95 | 承力索中心锚结辅助绳 | 套 | | 1 | 长约 1.0 m |
| 12 | THJ-70 | 接触线中心锚结辅助绳 | 套 | 2 | 2 | |
| 13 | JL03-2004 | 接触线中心锚结线夹 | 套 | 2 | 2 | |

注:1. 承力索为双横承力索时,各零件中的零件 1 应更换为 JL24-85 双横承力索线夹;
2. 节点 14 为站内软横跨处防串支的中心锚结,接触线中心锚结安在邻两跨中;
3. 节点 14 中的零件 11 应在接触悬挂调整完毕后再安装。

上述软横跨 15 个节点中,前 10 个节点使用较多,车站上软横跨基本就是上述软横跨各节点的组合,接触网平面图中也用各节点编号来显示软横跨结构。所以软横跨节点是今后施工与维修的重要技术依据,每一位从事接触网技术和维修的人员都应掌握软横跨节点。

## 二、软横跨维修要求

由于软横跨结构比较复杂,所以它是施工与维修部门的一项重要工作。根据《高速铁路接触网运行维修规则》规定,软横跨安装后应符合下列技术要求:

### 1. 软横跨维修标准

(1)横向承力索(双横承力索为其中心线)的弛度应符合规定,和上、下部固定绳应布置在同一个铅垂面内。双横承力索两条线的张力应相等。

(2)上、下部固定绳应水平并处于拉紧状态,允许有平缓的负弛度,5 股道及以下不超过 100 mm,5 股道以上不超过 200 mm。

(3)上、下部固定绳弹簧补偿器处于固定绳受力小的一侧,张力符合设计规定。

(4)横向承力索和上、下部固定绳不得有接头、断股和补强,其机械强度安全系数应符合附件 6 的规定。

(5)软横跨直吊线、斜拉线应采用不锈钢等防腐性能好的材质;软横跨直吊线应保持铅垂,吊线呈拉紧状态,上端永久固定,无松弛,横向承力索与上部固定绳在最短吊线处距离为 400 ~ 600 mm。

(6)下部固定绳距接触线距离正线为 400 mm,侧线为 300 mm,允许偏差 ±50 mm。

(7)软横跨应垂直于正线,各部螺栓、垫片、弹簧垫圈应齐全,螺栓紧固,各杵头杆螺纹外露长度应为 20 ~ 80 mm,调整螺栓的螺杆外露长度应为 50 mm 至螺纹全长的 1/2。

(8)横向承力索和上、下部固定绳的电分段绝缘子串应在同一垂直面内。位于站台沿上方绝缘子带电裙边应尽量与站台对齐,股道间横向电分段绝缘子应位于股道中间。横向承力索两端绝缘子串外侧钢帽距支柱内缘不小于400 mm,上、下部固定绳两端绝缘子串的裙边至支柱内缘的最小距离不小于700 mm,带电侧绝缘子裙边距线路中心线不小于200 mm。

(9)各部件应齐全完好,连接牢固。支柱上角钢底座应水平,各斜吊线完好无松弛,并留有不小于200 mm的余量。

### 2. 软横跨安装、检调

软横跨安装时应满足以下基本要求:

(1)测量调整横向承力索与上部定位索间的最小间距,若最小间距小于400 mm,则须按下列方法调整。

①滑轮组挂在横向承力索与上部定位索之间,拉动滑轮组,使滑轮组受力,最短吊弦松弛。

②放开最短吊弦,放松至横向承力索与上部定位索间最小间距大于400 mm某适当位置(最短吊弦若短可更换)。

③松开滑轮组,使最短吊弦受力并测其值大于400 mm即可。

(2)检查调整双横承力索的受力状态,若受力不均匀,调整方法是重新做承力索回头。回头制作方法如下:

①在横向承力索上打紧线器,铁塔上挂铁线套,用双钩或手扳葫芦连接起来。

②短杉木杆斜插在铁塔斜撑中,操作人站在杉木杆上紧双钩紧线器或手扳葫芦使之受力,横向承力索松弛。

③打开横向承力索回头,根据测量情况重新做回头并连接牢固,松开双钩或手搬葫芦观察,受力若还不均匀时,还应重新做回头,直至标准为止。

(3)检查上、下部定位索与横向承力索是否在同一平面内,否则,则需调整。调整方法如下:

①调整悬吊滑轮(或杵座鞍子)中纵向承力索的受力位置,即松开U形线夹(或定位环线夹)打至合适位置。

②调整接触线定位,减少因定位偏移而造成的固定绳受力偏移。

(4)检查上、下部定位索的弛度。

①测量方法:用绝缘测杆先测量出靠近钢柱(或混凝土柱)边的上、下部定位索间距,再依次测其他位置的间距,比较后大于钢柱(或混凝土柱)两杵环杆间距的就说明有正弛度(杵环杆应水平)。

②调整正弛度的方法:

a. 通过调节螺栓或开式螺旋扣来调节杵环杆长度。

b. 调整杵环杆或螺栓长度还不能满足需要时,可采用重新做回头的方法。

(5)下部定位索距接触线间距应在300~400 mm范围、内,最小不得小于250 mm,若小于250 mm,则应调整。调整方法如下:

①单滑轮挂在上部定位索上,绳子绑在下部定位索上,拉动单滑子,使单滑子受力,斜拉线松弛。

②放开斜拉线,调斜拉线长度至合适位置(斜拉线不够长需更换),保证下部定位索距接触线间距在300~400 mm范围内,最小不小于250 mm。

③当调斜拉线无法保证时,在保证拉出值("之"字值)前提下,可适当调整定位器来保证

下部固定绳与接触线之间的距离。

(6)检查直吊弦是否垂直(左右偏移允许误差 ±100 mm),若不垂直,超过误差,则需调整。调整方法为:

①挂梯挂在承力索上(为防止挂梯滑移,可在挂梯上绑绳,绳子固定在邻近钢柱或混凝土柱上,或在横向承力索较低侧安装一个防滑线夹)。

②用双滑子挂住横向承力索(为防止双滑子滑移可在横向承力索较低侧安装一个防滑线夹)与上部定位索,拉紧双滑子使其受力,使直吊弦松弛。

③观察直吊弦偏斜原因,若上边偏斜则松开横向承力索线夹调正;若下边偏斜则松开横承力索线夹或 U 形线夹(定位环线夹)调整。

(7)检查绝缘子串是否对齐或有下垂现象,若有则可通过调整两边杵头杆长度、开式螺旋扣(混凝土柱),当杵头杆长度、开式螺旋扣已无法再调整时,可通过重新做回头的方法调整。

(8)检查软横跨各部分零件是否齐全良好,检查各部受力杆件是否受力良好。

(9)检查各部分线索有无松散股,回头绑扎是否良好。

(10)软横跨若因烧伤或有接头时应更换。

①若是软横跨有电分段,要更换的线索只是在分段的一边时,先在要更换线索一端钢柱(混凝土柱)上挂上铁丝套,将紧线器打在不需更换的分段线索上,用双钩(或手扳葫芦)摇紧,使被换线索松弛,拆下被换线索,将新做的软横跨线段换上去。

②若整个软横跨线索需更换时,先在一侧钢柱(混凝土柱)上挂上铁丝套,将紧线器打在被更换线索上,用双钩(或手扳葫芦)摇紧,使线索松弛,拆下杵头杆、连接处楔形线夹,将新做的软横跨线段连同绝缘子串一起吊上去与杵头连好。

③在另一边钢柱上挂上双滑子,在新线上打上紧线器、用双滑子拉紧线索处于水平。

④将做好的回头与钢柱(混凝土柱)上杵杆相连。

⑤用单滑子(或双滑子)拉住,分别将原各股道负荷移至新换线段上。按标准进行检查调整各部分。

(11)在复线电气化区段,当某一正线接触网停电维修,而另一条正线处于运营状态时(即实行"V"形天窗作业方式),软横跨节点 8 的三串绝缘子经常处于对地绝缘状态。为了保证作业人员人身和设备安全,横向电分段绝缘子串一般采用四片组成。

(12) 下部定位索的高度以电化股道的最高轨面连线的中心为准,接触线高度不得超过 6 500 mm,轨面较低时,可采用按不大于接触线允许坡度升高接触线的方式安装,接触线高度超过 6 500 mm 时,可采用加设调节立柱的措施安装。

图 1-12-11 所示为不等高轨面处软横跨定位器的安装($D_1 \sim D_3$)及软横跨处接触悬挂定位安装($D_4$)示意图,此图仅为不等高轨面软横跨中低轨面处的安装图,各节点适用范围见表 1-12-10,其中 $R$ 为线路曲线半径,$\Delta h$ 为接触线与下部固定绳之间的距离,安装所需零件见表 1-12-11。各节点按单横承力索设计,若为双横承力索时,各节点中的零件应更换为 JL24-85 双横承力索线夹,其余不变。节点 $D_1$ 弯折定位管时,需保证 $AB$ 段保持不小于 1/10 的斜度。

表 1-12-10 不等高轨面软横跨节点适用范围

| 节点代号 | | $D_1$ | $D_2$ | $D_3$ |
|---|---|---|---|---|
| 适用范围 | R(m) | $R \geq 300$ | $R > 800$ | $300 \leq R \leq 800$ |
| | Δh(m) | $300 \leq \Delta h \leq 500$ | $\Delta h > 500$ | $\Delta h > 500$ |

表 1-12-11 接触网链型悬挂不等高轨面软横跨零件

| 序号 | 代 号 | 名称 | 材料 | 单位 | 节点 $D_1$ | | 节点 $D_2$ | | 节点 $D_3$ | | 节点 $D_4$ | | 附注 |
|---|---|---|---|---|---|---|---|---|---|---|---|---|---|
| | | | | | 数量 | 共数 | 数量 | 共数 | 数量 | 共数 | 数量 | 共数 | |
| 1 | JL23-85 | 横承力索线夹 | KT33-8 | 套 | 1 | | 1 | | 1 | | 1 | | |
| 2 | JL77-85 | 悬吊滑轮 | KT33-8 | 套 | 1 | | 1 | | 1 | | — | | |
| 3 | JL21-85 | 定位环线夹 | KT33-8 | 套 | 2 | | 1 | | 1 | | 1 | | |
| 4 | JL63$\left(\frac{3}{4}B\right)$-85 | $\frac{3}{4}$B 型定位器 | A3 | 套 | — | | 1 | | — | | 1 | | |
| 5 | JL62(1-1850)-85 | 1-1850 型定位管 | A3 | 件 | 1 | | — | | — | | — | | |
| 6 | JL64-85 | 软定位器 | A3 | 套 | — | | — | | 1 | | — | | |
| 7 | JL12(1)-85 | 1 型定位环 | KT33-8 | 套 | — | | — | | 1 | | — | | |
| 8 | JL(T85)-85 | T85 型定位环 | ZQ A1g-4 | 套 | 1 | | 1 | | 1 | | 1 | | |
| 9 | JL10(1)-85 | 1 型长支持器 | KT33-8 | 套 | 1 | | — | | — | | — | | |
| 10 | JL372-83 | 调节立柱 | A3 | 套 | — | | 1 | | 1 | | — | | 长度 L 由高差实际轨面 |
| 11 | JL372(D)-85 | D 型调节立柱 | A3 | 套 | — | | — | | — | | 1 | | |
| 12 | | 6Q-3 型钢线卡子 | KT33-8 | 套 | — | | 4 | | 4 | | 4 | | |
| 13 | JL36-85 | 夹环 | A3 | 套 | — | | — | | — | | 1 | | |
| 14 | | 上部吊线 | $\phi$4.0 mm 镀锌铁线 | 根 | 1 | | 2 | | 2 | | 1 | | 两股拧成现场确定长度 |
| 15 | | 下部吊线 | $\phi$4.0 mm 镀锌铁线 | 根 | 1 | | — | | — | | 1 | | 两股拧成现场确定长度 |
| 16 | | 拉线 | $\phi$4.0 mm 镀锌铁线 | 根 | — | | — | | 1 | | — | | 两股拧成现场确定长度 |
| 17 | | 拉线 | $\phi$4.0 mm 镀锌铁线 | 根 | — | | — | | — | | 1 | | 两股拧成现场确定长度 |

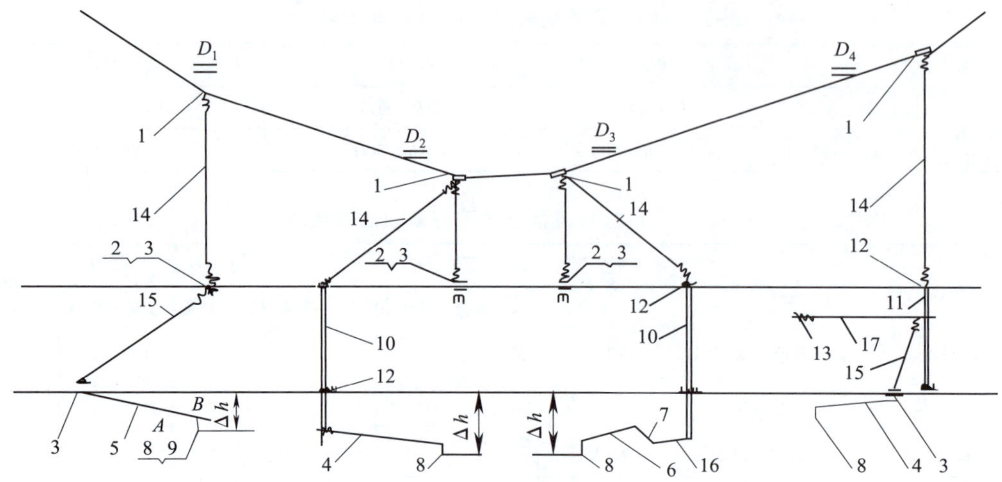


图 1-12-11　接触网链型不等高轨面处软横跨定位器安装示意图

(13)除特殊要求外,一般悬挂 6 支以上接触悬挂时,无论跨越几股道均采用双横承力索,悬挂 5 支及以下接触悬挂时,采用单横承力索。

## 三、软横跨常见故障

现场因软横跨故障而影响供电事故的例子并不多见,但是,一旦软横跨发生故障,其影响范围很大,波及到站场上、下行很多条股道,恢复时间较长。因此,对软横跨易发生故障的处所应经常检查,软横跨的故障大致分以下几个方面。

(1)软横跨接地侧绝缘子串因污染严重闪络击穿或损坏,造成接触网接地故障。

(2)分段供电用的分段绝缘子串污染严重或损坏,当一部分接触网设备停电维修时,带电部分接触网设备因分段绝缘子串污染严重闪络或损坏而造成接触网的接地故障。

(3)下部定位索距接触线的铅垂距离太小,受电弓抬升接触网,造成受电弓刮坏下部固定绳故障。

(4)接地侧或分段的绝缘子串中,杵头连接部分弹簧销脱落,线索松弛或上人作业时绝缘子串下垂,杵头从绝缘子串中脱落,造成软横跨线索抽脱故障。

(5)下部定位索松弛严重(正弛度严重),受电弓刮断下部定位索引发故障。

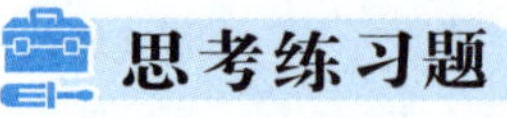

## 思考练习题

1. 说明软横跨 1～14 节点的用途。
2. 根据习题图 1-12-12,标注图中软横跨节点。
3. 说明软横跨维修标准。
4. 说明软横跨常见故障。
5. 绘制习题图 1-12-12 的软横跨立体图(定位装置安装位置要考虑“之”字值的方向)。

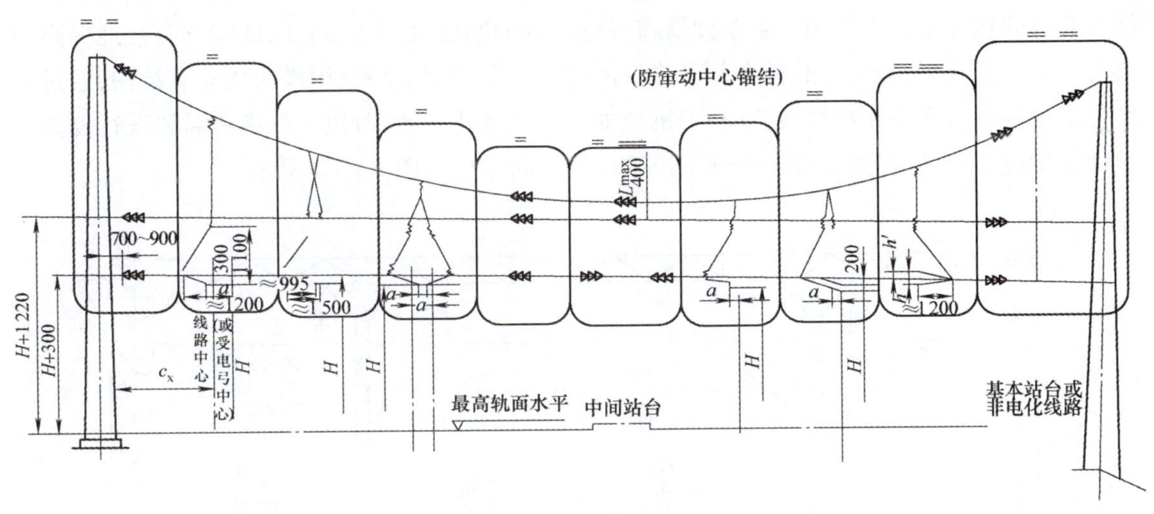


图 1-12-12　接触网链型悬挂软横跨节点示意

## 第十三节　硬　横　跨

### 学习目标

1. 掌握硬横跨基本结构及特点;
2. 掌握硬横跨的基本形式;
3. 掌握硬横跨维修标准和检调方法;
4. 了解硬横跨的安装方法。

硬横跨在欧洲国家早就有着广泛的应用,随着高速电气化铁路的兴起,硬横跨的优点显现出来,我国在高铁线路上广泛采用硬横跨结构,如图 1-13-1 所示。

图 1-13-1　接触网硬横跨

### 一、硬横跨结构特点

硬横跨具有机械上独立、事故范围小、结构稳定、抗振动及抗风性能好的优点,在接触网维修时股道间相互不产生影响。由于硬横跨具有较好的刚度、稳定性高,因此能够有效地提高和改善弓网受流状态,受电弓磨耗小并可降低离线率。同时硬横跨采用模块化安装结构,通过标准化设计使整体部件互换性强,有利于机械加工和机械化安装,避免了软横跨需要进行复杂力学计算的过程,可以提高工效加快施工进度。硬横跨结构如图 1-13-2 所示。

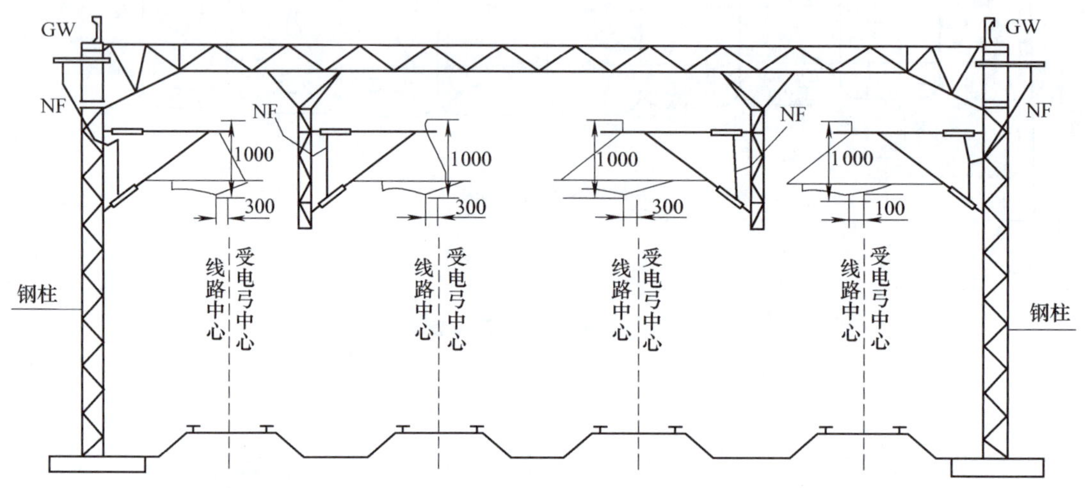


图 1-13-2　弹性链型悬挂结构示意(单位:mm)

硬横跨能有效降低支柱高度,通过采用二跨或三跨连续式跨越结构,可以满足多股道大型站场的硬横跨布置,它的跨越能力比较强。近年来我国研制出等径圆形钢筋混凝土支柱,用于 3~5 股道站场硬横跨支柱,体现出美观、经济和维护工作量小的优点。

## 二、硬横跨的基本形式

硬横跨多用于全补偿链型悬挂的站场上,一般是为固定承力索中心的锚结绳而设立的。

时速 200 km 区段,车站正线一般采用带吊柱(吊柱本体采用双槽钢焊接)的门型硬横梁结构。股道数较多的大站纯站线侧采用带上下部定位索的门型硬梁结构,如图 1-13-3 所示。硬横梁一般采用格构式横梁。

(a)带上下部定位索的门型硬梁

(b)带吊柱的门型硬横梁

图 1-13-3　硬横跨形式

硬横跨不仅具有机械上独立、股道之间不产生影响、事故范围小、结构稳定、抗振动、抗风性能好、稳定性强等优点,而且硬横跨具有较好的刚度,稳定性高,能改善弓网受流,因而又具有磨耗小、可降低离线率等一系列优点。

## 三、硬横跨的组成

硬横跨是由立于站场两侧的支柱和横梁(简称硬横梁)组成的,硬横跨横梁是由若干个梁段用螺栓连接而成。硬横梁端头部分梁段称为"硬横梁端头段",用"YHT"表示。硬横梁中间部分各梁段称为"硬横梁中间段",用"YHZ"表示。硬横梁整体用"YHL"表示。

根据跨度和悬挂负载数量选用不同长度和不同型号的梁段组成硬横梁,如 YHL-29.5(A)表示长度为 29.5A 型硬横梁。而 YHL-29.5(A)型硬横梁是由以下几部分梁段组成的:

YHT(A) + YHZ-1(A) + YHZ-1(A) + YHT(A)

它表示自左端至右端组成 YHL-29.5(A)型硬横梁的梁段是:2 段 YHT(A)型硬横梁端头段和 2 段 YHZ-1(A)硬横梁中间段构成。其中括号内 A、B、C 表示硬横梁采用不同型号的角钢制作。编号 1,2,3,…,表示采用不同长度的硬横梁。

硬横跨支柱采用钢柱或直径为 550 mm,容量为 60 kN · m 的圆形钢筋混凝土支柱埋入地下杯形基础内固定。

硬横跨钢支柱结构及型号规格见表 1-13-1。

表 1-13-1 硬横跨钢结构型号、规格表

<table>
<tr><th colspan="2">名 称</th><th>规格型号</th><th>备 注</th></tr>
<tr><td rowspan="5">简支式</td><td rowspan="2">硬横梁</td><td>YHL-H(梁长 25 m 以下)</td><td>与混凝土支柱配合</td></tr>
<tr><td>YHL-J(梁长 15 m ~ 40 m)</td><td>与钢支柱配合</td></tr>
<tr><td rowspan="2">硬横跨钢柱</td><td>YG250</td><td></td></tr>
<tr><td>YG450</td><td></td></tr>
<tr><td>连续硬横跨</td><td>LYHL-J</td><td>与钢支柱配合</td></tr>
<tr><td rowspan="9">刚结式</td><td rowspan="3">角钢格构式硬横跨</td><td>YHL-H (梁长 20 m 以下)</td><td>以下与混凝土支柱配合</td></tr>
<tr><td>YHL-J(梁长 20 m ~ 40 m)</td><td rowspan="2">与钢支柱配合</td></tr>
<tr><td>YHL-J(单跨 20 m ~ 40 m)</td></tr>
<tr><td rowspan="2">连续硬横跨</td><td>LYHL-H(单跨 13 m ~ 25 m)</td><td>与混凝土支柱配合</td></tr>
<tr><td>LYHL-J(单跨 20 m ~ 40 m)</td><td>与钢支柱配合</td></tr>
<tr><td>单钢管硬横跨</td><td>YHL-Gg Ⅰ</td><td rowspan="4">与钢管支柱配合</td></tr>
<tr><td>双钢管硬横跨</td><td>YHL-Gg Ⅱ</td></tr>
<tr><td>三钢管硬横跨</td><td>YHL-Gg Ⅲ</td></tr>
<tr><td>连续硬横跨</td><td>YHL-Gg Ⅰ Ⅱ Ⅲ</td></tr>
</table>

### (一)硬横跨结构与基础选用

根据跨度的大小和安装地点的不同,硬横跨按结构分为两大类:角钢结构式矩形断面硬横跨(角钢硬横跨)和钢管结构式三角断面硬横梁(钢管硬横梁)。通过吊柱安装接触悬挂。硬

横跨横梁与支柱采用抱箍式连接或法兰盘连接，横梁分若干段，梁段间通过法兰连接。角钢结构硬横跨的支柱采用环形等径预应力混凝土支柱（跨度 25 mm 及以下）或与横梁结构相同的角钢支柱（跨度 25～40 m 或跨度 25 m 以下承受负荷较大的硬横跨），钢管结构硬横跨支柱采用环形等径截面钢管柱。

钢管结构硬横跨主要用于车站风雨棚范围内，其余地点一般采用角钢结构硬横跨。

### 1. 硬横跨规格型号符号说明

采用混凝土支柱的角钢硬横跨表示为：YHK-H-“L”；

采用角钢支柱的角钢硬横跨表示为：YHK-J-“L”；

采用钢管硬横跨表示为：YHK-G-“L”。

其中 YHK 表示硬横跨，H、J、G 分别表示混凝土支柱的角钢硬横跨、角钢支柱的角钢硬横跨和钢管硬横跨，L 表示硬横跨的跨距，一般为硬横跨两侧支柱中心间的距离（m）。硬横跨制造时，横梁长度应根据现场实测跨距值确定。

硬横跨跨度及支柱高度范围参见表 1-13-2。表中支柱高度和硬横跨质量可随实际情况进行调整，不是最终准确值。YHK-H-20 和 YHK-H-25 的质量仅为一根横梁的质量，其余型号的硬横跨质量为一根横梁和两根支柱的质量，以上均为含吊柱的质量。

表 1-13-2　硬横跨跨度及支柱高度

| 硬横跨结构形式 | 规格型号 | 横梁跨度（m） | 支柱高度（m） | 硬横跨质量（kg） |
|---|---|---|---|---|
| 角钢结构 | YHK-H-20 | 20 | 8.2～10.4 | 1 400 |
| | YHK-H-25 | 25 | | 1 750 |
| | YHK-J-30 | 30 | 8.4～10.6 | 3 440～3 800 |
| | YHK-J-35 | 35 | 8.6～10.8 | 4 780～5 200 |
| | YHK-J-40 | 40 | | 5 230～5 650 |
| 钢管结构 | YHK-G-20 | 20 | 8.2～10.4 | 3 080～3 470 |
| | YHK-G-25 | 25 | | 3 480～3 870 |

### 2. 钢管横梁选用

横梁型号：PB－L。

钢管硬横跨跨距 $L=20\sim25$ m 时，断面尺寸 600 mm×520 mm。支柱断面直径为 350 mm。

### 3. 支柱选用

支柱型号：R-H，其中 R 表示等径钢管支柱，H 表示支柱高度，见表 1-13-3。

表 1-13-3　支柱型号选用

| 项　目 | 安装地点 | | | |
|---|---|---|---|---|
| | 区间 | 站台外 | 站台内 | 货物站台 |
| 轨地高差（m） | －1.04 | －0.8 | ＋0.5 | ＋1.1 |
| 支柱高度（m） | 10.41 | 10.17 | 8.87 | 8.27 |
| 基础外露高度（m） | 0.2 | 0.2 | 0.1 | 0.1 |

#### 4. 基础选用(表 1-13-4)

表 1-13-4 基础选用

| 地基承载力(kPa) | +50<br>-50 | +100<br>-100 | +150<br>-150 | +200<br>-200 | +250<br>-250 |
|---|---|---|---|---|---|
| 基础型号 | YJ-1 | YJ-2 | YJ-3 | YJ-4 | YJ-5 |

### (二)硬横跨吊柱选择

(1)吊柱型号:D-Y。其中 D 表示吊柱长度,吊柱 Y 表示 Y 型结构形式,两柱脚间的距离约为 1.1 ~1.3 m(一般选用 1.3 m),柱脚至两斜腿相交处的垂直距离为 0.7 m,吊柱的总长度 D 为 3 000 ~3 600 mm。

(2)吊柱的选用:吊柱的允许弯矩(两斜腿相交处)为 20 kN · m(标准值),只要不超过该值,无论悬挂几支,均可以选用 D-Y 型吊柱。

(3)由于横梁有拱高,吊柱的两个柱脚可能不等高,可以通过安装调节垫板调整柱脚高度,安装的吊柱呈竖直状态。

### (三)硬横跨安装高度(表 1-13-5)

表 1-13-5 硬横跨安装高度

| 接触线高度(m) | 结构高度 $h=1.1$ m | | 结构高度 $h=1.4$ m | | 备注 |
|---|---|---|---|---|---|
| | 承力索高度(m) | 硬横梁安装高度(m) | 承力索高度(m) | 硬横梁安装高度(m) | |
| 6.0 | 7.1 | 8 | 7.4 | 8.3 | 硬横跨安装高度是指梁底至最高轨面的垂直距离 |
| 6.45 | 7.55 | 8.45 | 7.85 | 8.75 | |

### (四)吊柱的安装限界及线间距要求

因考虑到腕臂上定位器的安装及与吊柱相邻股道上腕臂反定位的安装,将吊柱的安装限界及线间距要求统一如下:

(1)一般情况下正线上吊柱的限界为 2.3 m,站线吊柱的限界直线为 2.2 m,曲线为 2.3 m。

(2)安装后的吊柱与侧线路中心的距离不应小于 1.6 m,当邻侧线路为道岔柱或转换柱时,该值不应小于 1.9 m。按照上述要求,安装吊柱的两线间距离应满足要求,即:正线与站线间的距离一般不小于 4.6 m,邻侧为道岔柱时不小于 5.0 m;站线与站线间的距离一般不小于 4.2 m,邻侧为道岔柱是不小于 4.6 m。

### (五)钢接硬横跨硬横梁要求

钢接硬横跨硬横梁运抵工地后,应按生产厂提供的技术条件进行外观检查,其主要检查项目应符合下列要求:

(1)全梁跨度的允许偏差:30 m < $L$ < 40 m 为 ±25 mm; $L$ < 30 m 为 ±10 mm。$L$ 为两柱的理论中心距。

(2)全梁挠曲:立位检查其挠曲矢高 ≤ $L$/1 000($L$ 为梁长)。

(3)梁身扭曲:立位检查其挠曲矢高≤$H/125$($H$为梁高)。

(4)抱箍应基本圆整,局部变形(焊接变形)不宜过大;孔群中心线应与抱箍中心线重合,允许偏差±3 mm。

(5)各连接孔距允许偏差±1 mm;孔径的椭圆度允许偏差±1.5 mm;错孔(指零件的不同心度)偏差在0.5~1.0 mm的,每组孔中允许数量为50%;偏差在1.0以上大约1.5 mm的,每组孔中允许数量为10%。

(6)硬横梁防腐采用热喷锌,其质量要求如下:

①喷涂层应均匀平坦,色调一致;

②喷涂层厚度不应小于100 μm;

③喷涂层应与坯料表面结合良好,不得有脱落和龟裂形象;

④锌层外罩的密封清漆应均匀一致,无遗漏,无流挂。

(7)焊接处无裂纹,焊缝无虚焊。

## 四、硬横跨安装技术要求

根据《高速铁路接触网运行维修规则》规定,硬横跨的技术状态应符合下列要求:

(1)硬横梁的安装高度应符合设计要求,允许偏差0~+100 mm。

(2)硬横梁应呈水平状态,允许向上微拱,铰接硬横梁的挠度小于梁长的1/200,刚接硬横梁的挠度小于梁长的1/360。

(3)硬横梁与支柱、硬横梁各梁段之间应结合密贴,连接牢固可靠,螺栓紧固力矩应符合设计要求。

(4)固定绳安装方式技术状态符合相关要求,吊柱安装方式技术状态符合相关要求。

硬横梁再组装时,各梁段要连接紧密,其间隙可用厚3~5 mm,面积与角钢相同的垫片调整,各部螺栓要实行对角循环紧固。中间梁段有上下受力的方向性切记不得装反。硬横梁组装应顺直,并应预留拱度。硬横梁受力后应呈水平状态,其梁底距最高钢轨面的距离应符合设计规定。两支柱距离要符合设计要求,两支柱中心连线应垂直于车站正线,支柱应垂直设立。

## 五、硬横跨的安装方法

硬横跨一般通过机械化吊装作业车完成,安装步骤如下:

(1)首先进行地面组装,按设计给定的硬横梁型号将各梁段组装在一起。

(2)安装临时托架和操作架(用于安装圆形钢筋混凝土支柱),临时托架的顶部应为硬横梁抱箍的底面位置,操作架的安装高度视安装抱箍作业方便而定。

(3)在梁的两侧端部各绑一根晃绳,当吊车吊起硬横梁使其下弦杆超过支柱顶,通过晃绳调节横梁对准支柱,由柱顶套下放置在临时托架上。

(4)将抱箍塞入弦杆与支柱之间,用木楔或调整丝杠调整硬横梁与支柱的相对位置,对准孔位用螺栓固定,要先将螺栓与硬横梁固定,然后将两相对抱箍固定。最后拆除临时托架和操作架。

## 思考练习题

1. 说明硬横跨的结构特点。
2. 硬横跨的形式有哪几种?
3. 硬横跨是如何组成的?
4. 硬横跨的维修技术要求是什么?
5. 简述硬横跨的安装方法。

# 第十四节　分段、分相绝缘装置

## 学习目标

1. 掌握分段绝缘装置结构与要求;
2. 掌握分相绝缘装置的结构与要求;
3. 掌握分段、分相绝缘器的检调标准;
4. 了解分段分相绝缘器常见故障。

### 一、分段绝缘器

为了保证接触网供电的可靠性、灵活性,并能缩小停电事故的范围,需要对接触网进行电分段,电分段分为同相电分段和分相电(不同相电)分段。分段绝缘器用于接触网同相电分段处。

在同相电分段区域内,接触网电气上是独立的,并通过隔离开关连接。当某区段进行维修或发生事故时,可以打开相应的隔离开关实现停电作业,而不影响其他区段的正常供电。接触网电分段有横向电分段和纵向电分段两种。横向电分段是指接触网线路之间所进行的电分段。如在车站的装卸线、机车整备线、站场的正线与侧线间进行的电分段。纵向电分段是指接触网沿线路方向的电分段。如站场和区间连接处、区间遇有大型建筑物(长大隧道及长大下承桥)、接触网相邻锚段之间的电分段。

分段绝缘器又称分区绝缘器,在正常情况下,分段绝缘器被隔离开关短接,机车受电弓带电滑行通过;当某一侧接触网发生故障或因维修需要停电时,可打开该处的隔离开关,将该部分接触网停电,而其他部分接触网仍能正常供电,从而提高了供电的可靠性和灵活性。利用分段绝缘器分段的主要地点有:车站装卸线、机车整备线、电力机车库线、专用线同一车站内不同车场间及双线车站内上、下行之间等处,因为在这些区段受站场股道限制无法设立绝缘锚段关节式电分段。

目前现场常用的分段绝缘器,有菱形分段绝缘器、消弧分段绝缘器和 TK-XFFP-1.6T(G)型分段绝缘器。在结构上既保证机车受电弓平滑通过,又能满足供电分段的要求。

#### (一)滑道式菱形分段绝缘器

滑道式菱形分段绝缘器结构如图 1-14-1 所示。

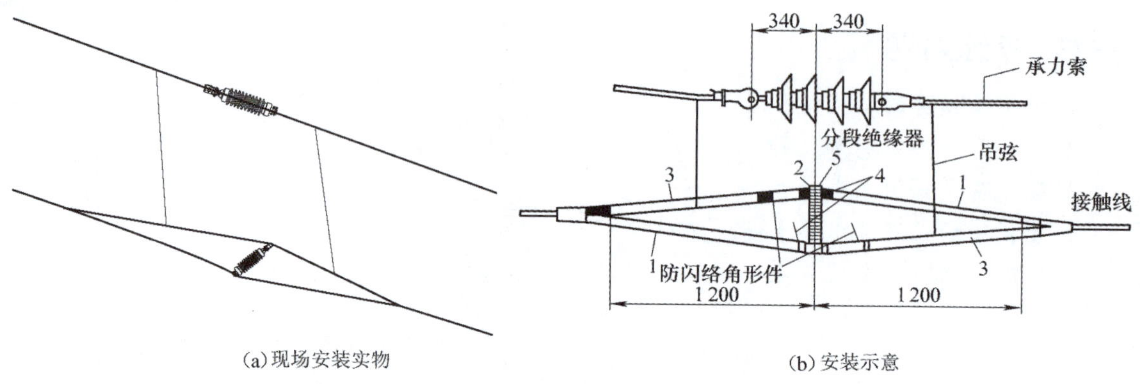


(a)现场安装实物　　(b)安装示意

图 1-14-1　滑道式菱形分段绝缘器示意(单位:mm)

1—玻璃纤维绝缘板;2—桥绝缘子安装座;3—导流板;4—防闪络间隙;5—18 裙硅橡胶绝缘子

受电弓通过分段绝缘器时,受电弓滑板与导流板和绝缘件同时接触。分段绝缘器绝缘件采用玻璃纤维树脂绝缘棒,具有较高的机械强度、绝缘强度和耐磨性。导流板用磷青铜制成,具有较好的导电性和耐磨性。桥绝缘子一般采用硅橡胶或聚四氟乙烯材料制成,结构上起支撑和绝缘作用。受电弓通过桥绝缘子下方时为防止在两导流板转换时拉弧,特设防闪络角隙,以保护桥绝缘子,角隙为 220 mm,采用不锈钢制成。绝缘件泄漏距离 1 200 mm,当用于钢铝接触线时总长度为 3 058 mm,用于铜接触线时,因接头线夹不同总长度为 2 812 mm。

滑道式菱形分段绝缘器,具有结构简单、质量轻、防污性能好,可适应 160 km/h 的行车速度。

## (二)消弧分段绝缘器

图 1-14-2 为消弧分段绝缘器的结构图。它是由两端较强的不锈钢三角形零件和两根绝缘滑道所组成。

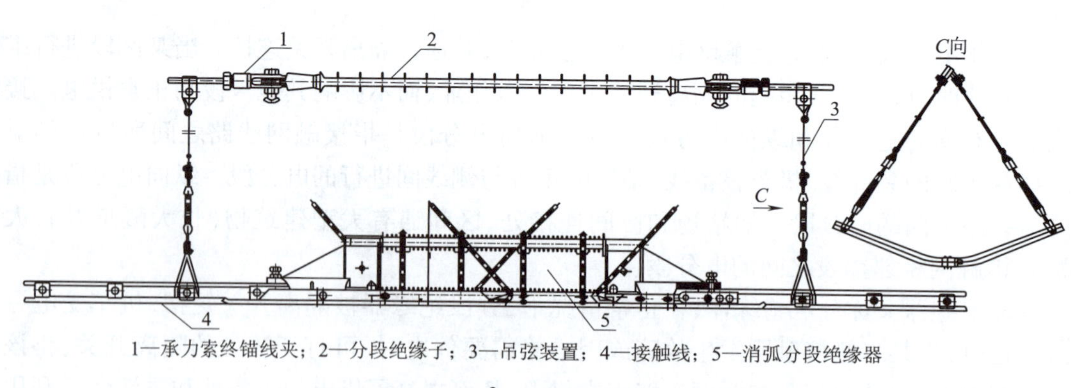


1—承力索终锚线夹;2—分段绝缘子;3—吊弦装置;4—接触线;5—消弧分段绝缘器

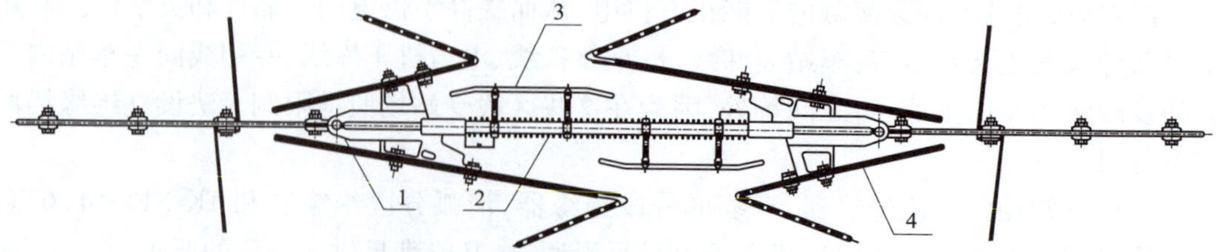


1—终端底座;2—主绝缘体;3—短导流板;4—长导流板

图 1-14-2　消弧分段绝缘器(单位:mm)

接触线的张力通过各部件实现平衡。其中连接接触线的三角形零件的横梁也像菱形分段绝缘器的桥绝缘子一样承受弯曲和压缩的作用,但不锈钢横梁抗弯能力较强,变形很小,保证了两根主绝缘滑道基本上只承受张力。其承载力可超过 80 kN。消弧分段绝缘器的铜导流板能承受受电弓的冲击、磨损并完成导流任务。

消弧分段绝缘器在两端导流板之间设了消弧角,消弧角的空气间隙小于分段绝缘器不同电位部件间的气隙值。

消弧分段绝缘器的结构紧凑、断口尺寸小,速度特性好。消弧分段绝缘器的导流板在安装准确到位时适用于 200 km/h 的行车速度。

### (三)TK-XFFP-1.6T(G)型分段绝缘器

图 1-14-3 为 TK-XFFP-1.6T(G)型分段绝缘器。其主绝缘采用抗弯的硅橡胶棒型绝缘子或抗弯的绝缘拉杆,和受电弓没有直接接触,因此能适应各种接触网的运行条件,通过速度可以达到 200 km/h。不仅可用于代替目前哈大线的 Adtranz 分段绝缘器,还可用于目前我国的绝大部分电气化铁路接触网系统。主滑道是专门制造的铜型材,导电和耐磨性能均较好,能够和现在接触网广泛采用的铜接触导线相配合。TK-XFFP-1.6T(G)型分段绝缘器主结构是左右对称的,有利于受电弓平滑通过,并减少对受电弓滑板的磨耗。

TKXFFP 型分段绝缘器在运行状态下,主绝缘件和机车受电弓滑板之间没有接触,因此,不受滑板碳粉或金属粉尘的直接污染,可以大大延长分段绝缘器的维护清扫周期,符合未来接触网运行和维护的发展方向。

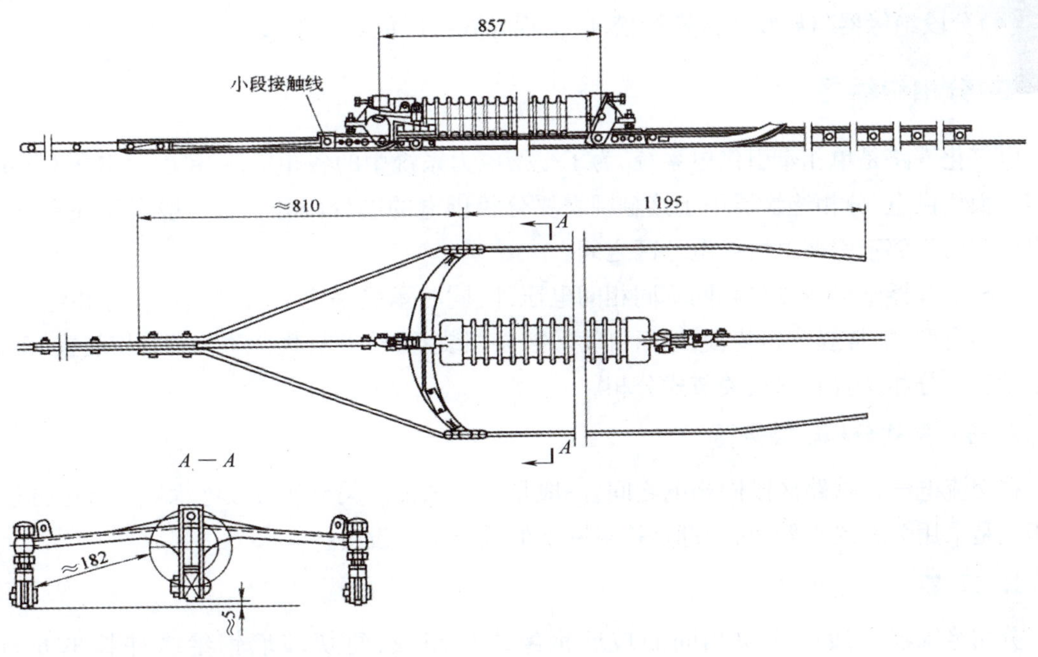


图 1-14-3 TK-XFFP-1.6T(G)分段绝缘器(单位:mm)

### (四)分段绝缘器的检调

《高速铁路接触网运行维修规程》规定分段绝缘器的技术状态应符合下列要求:

(1)分段绝缘器通过速度不得超过 120 km/h。空气绝缘间隙不小于 300 mm。

(2)分段绝缘器主绝缘应完好,其表面放电痕迹应不超过有效绝缘长度的 20%。

(3)分段绝缘器应位于受电弓中心,一般情况下偏差不超过 100 mm。相对于两侧吊弦点有 5 ~ 15 mm 的负弛度。滑道底面应平行于轨面,最大偏差不超过 10 mm。

(4)分段绝缘器导线接头、导流滑道端头处过渡平滑。承力索分段绝缘子应采用质量较小的有机复合绝缘子。

(5)分段绝缘器不应长时间处于对地耐压状态。雨、雪、雾、霾、冻雨等恶劣天气下,起电分段作用的隔离开关严禁处于分闸状态。隔离开关应在作业开始前 30 min 内断开,在作业间歇时间大于 30 min 时应闭合,继续作业时再断开,作业结束后应及时闭合。

(6)分段绝缘器安装位置符合规定,距离定位点不得小于 2 m。

分段绝缘器的安装要严格按设计图上的位置及各部尺寸要求进行。更换安装后应保持原锚段承力索的弛度及吊弦偏移量。绝缘器导流板与绝缘元件的衔接及导线接头处应平滑,绝缘器各部螺栓连接紧固密贴。绝缘器底面应平行于轨面,承力索绝缘与导线绝缘在同一垂直面内。

### (五)分段绝缘器常见故障

(1) 分段绝缘器不水平,造成碰弓刮弓事故。

(2)与导线接头线夹连接状态不良,形成硬点使接头处导线磨耗严重。

(3)分段绝缘器元件老化,形成裂纹,造成泄漏距离不够,发生闪络击穿事故。

(4)分段绝缘器与导线连接螺栓松动,出现导线拉脱的断线事故。

## 二、分相绝缘器

电气化铁路是单相牵引供电系统,为了平衡电力系统中的各相负荷,牵引变电所对接触网要实施换相供电,分相绝缘器用于接触网需要分相供电的电分段处。它一般安设在牵引变电所出口和两相邻牵引变电所供电分区之间。

分相绝缘器不但承受接触网不同相间电压外,同时承受一定的机械负荷。分相绝缘装置分为五种类型,即常规分相装置,地面自动转换分相装置,柱上断载自动转换分相装置、车载断电自动转换分相装置和锚段关节式分相。

### (一)器件式分相绝缘装置

在交流电气化铁路区段同相电之间,一般是靠绝缘锚段关节或分段绝缘器实现电分段,不同相电是采用分相绝缘器,它们都是接触网上的重要电气设备。

#### 1. 玻璃钢分相绝缘器

分相绝缘器一般由三块相同的玻璃钢绝缘件组成,每块玻璃钢绝缘件长 1.8 m,宽 25 mm,高 60 mm,底面做成斜槽,以增加表面泄漏距离,其结构如图 1-14-4 所示。

要求接触线和绝缘件连接平滑可靠,不得形成硬点,应保持接触线原有张力,保证机车受电弓平滑通过。

图 1-14-4 分相绝缘器安装结构(单位:mm)

由安装结构图可以看出,相邻分相绝缘器之间形成一个无电的中性区,考虑机车前后弓同时升起时也不至于发生相间短路事故,为防止受电弓通过分相绝缘器时,发生瞬间断电拉弧而烧损绝缘元件,造成断线事故。要求机车在通过分相区段前,应断开机车主断路器,不带负荷滑行通过分相区段,为此在分相装置附近的路肩上,应设置“断”“合”“禁止双弓”标志牌以提示司机,其安装位置如图 1-14-5 所示。

对 200 ~ 250 km/h 开行电力机车牵引列车的铁路,在反向断电标的背面(列车前进方向)增设“机车合”标识,表示自该标识之后电力机车应合闸。对 200 km/h 以下图定开行动车组列车的铁路,在距电分相中性区终止位置 400 m 处附近(列车前进方向)增设“动车合”标识,表示自该标识之后动车组列车应合闸。线路反方向按相同原则设置。

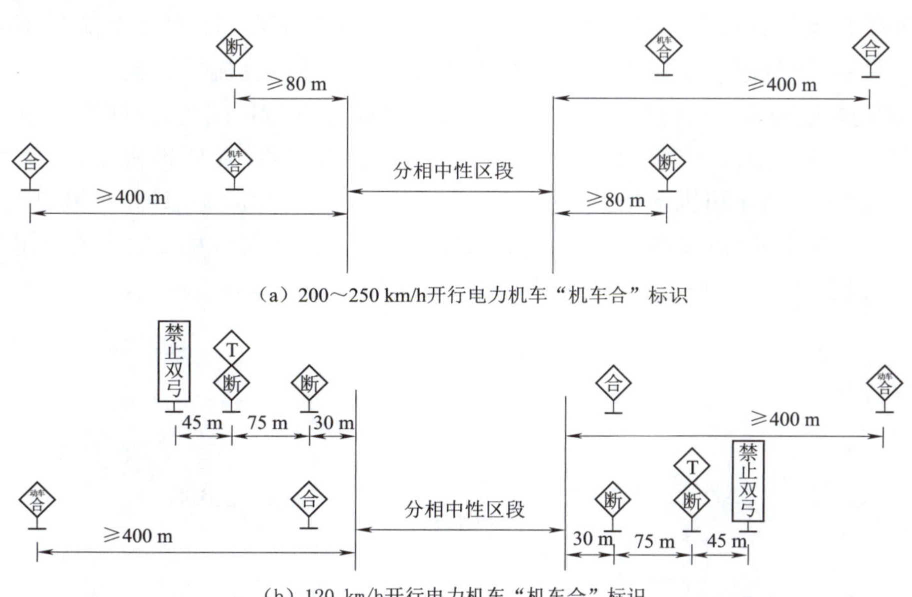


(a) 200～250 km/h开行电力机车“机车合”标识

(b) 120 km/h开行电力机车“机车合”标识

图 1-14-5 “断”“合”“禁止双弓”标志牌

### 2. XTK 分相绝缘器

XTK 分相绝缘器是一种新型接触网分相设备，采用国内优质材料及先进工艺制作，具有优良的耐弧、耐磨性能，整体质量小（T 型 5.5 kg，GL 型 6.2 kg），T 型长度为 2 200 mm，GL 型长度为 2 300 mm。泄漏距离为 1 800 mm，经现场使用证明可保证接触网弹性均匀，机车受电弓通过时具有较好的运行效果，XTK 分相绝缘器的安装结构如图 1-14-6 所示。

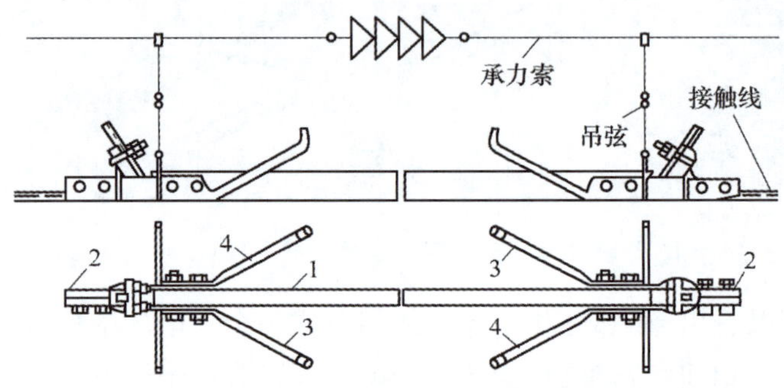


图 1-14-6　XTK 分相绝缘器安装示意

1—绝缘元件；2—接头线夹；3、4—导流角隙

## （二）地面开关自动切换分相装置

随着高速铁路的发展，我国开始在几条主要干线进行提速，出现了准高速和高速铁路，而接触网上每隔 20 ~ 25 km 左右就有一个约 30 m 长的供电死区，在高速铁路区段，机车每小时要过十几个电分相，若断电过分相不仅影响车，还会因频繁操作机车主断路器使司机耗费精力，易发生拉弧烧损分相绝缘器，所以研制接触网自动切换分相装置势在必行。

地面开关自动切换过分相装置的工作原理如图 1-14-7 所示。图中，1JY、2JY 不采用一般的分相绝缘设备，而是用绝缘锚段关节，以保证机车受电弓连续受流平滑通过。

当机车从 A 相驶来到达位置传感器 1CG 时，使位置开关 1ZK 闭合，中性段接触网由 A 相供电。待机车进入中性段到位置传感器 3CG 时，1ZK 分断，2ZK 随即迅速闭合，使中性段由 A 相转为 B 相供电，机车司机不用进行任何操作，待机车驶离 4CG 后，2ZK 分断，中性段失电恢复原状。反向来车时，由控制系统自动识别，控制两台真空开关以相反顺序轮流闭合。机车过中性段时，仅有 0.1 ~ 0.13 s 的断电时间，所有开关设备均安设在变电所内。

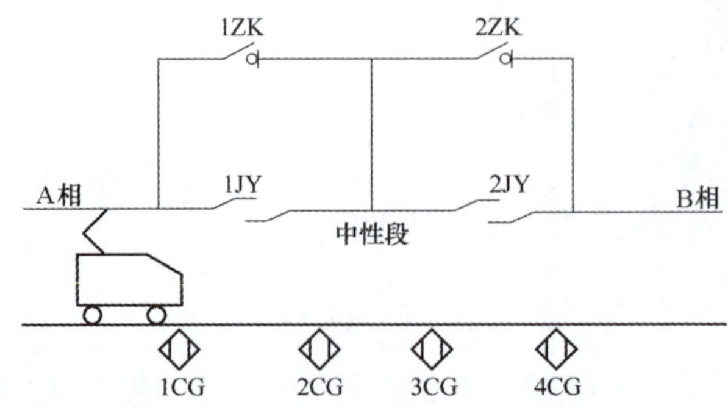


图 1-14-7　地面开关自动过分相示意

### (三)柱上开关自动断电过分相装置

柱上开关自动断电方式原理如图 1-14-8 所示。图上采用 6 个分断绝缘器(FD),将接触网分隔成五段,每两个为一组。当机车到达 a 之前,分断绝缘器 a—c 中间部分,通过电磁线圈 3 与 a 端处于同电位,机车从 a 点进入 b 点后,受电弓通过电磁线圈 3 取流,从而使 A 开关闭合,c—d 区段带电,机车从 c 进入 c—d 端后,受电弓通过真空开关 A 取流,电磁线圈电流为零,使真空开关 A 断开,机车失电进入滑行阶段。当机车从 g 点进入分段 g—h 区段时,受电弓通过电磁线圈 4 取流,开关 B 闭合,f—g 区段有电(对机车运行无意义)。机车驶离 i 点后,电磁线圈 4 电流为零,开关 B 打开完成一次自动过分相过程。中间一段机车要靠滑行通过,由于 d—f 间距较小,因此当机车时速为 200 km/h,机车失压时间仅为 0. 15 s 允许司机无操作满负荷通过分相装置。

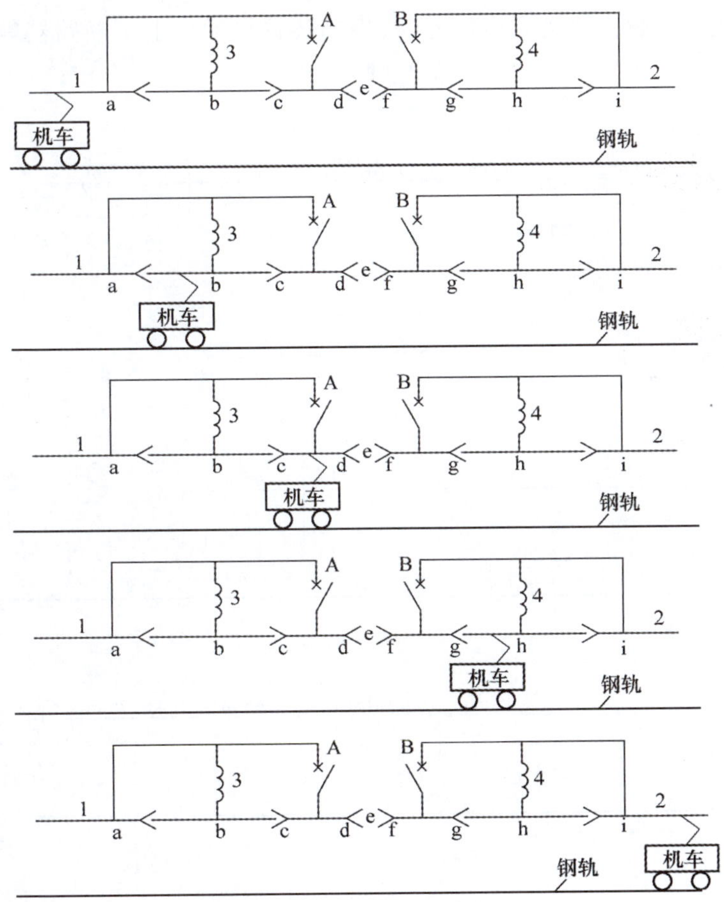


图 1-14-8　柱上开关自动断电方式原理

### (四)车载断电自动转换分相装置

车载断电自动转换分相装置是在电力机车控制室内及电分相区域安装必要的装置和设备,实现电力机车自动转换的电分相装置。

车载断电自动转换电分相装置包括四部分。地面感应装置安装在分相区域中的相应位置,用于判断机车与分相装置的相对位置;车载感应接收装置是安装在电力机车上,用于接收地感应信息;主电路设备用来实现电分相时的断开、分合主电路电源;控制设备是用来实现自动化及智能化。

车载断电自动转换分相系统是采用在轨道上埋设磁性感应装置对分相区进行定位。以机车运行方向为基准,1 号、3 号地面感应器埋设在轨道右侧,2 号、4 号地面感应器埋设在轨道左侧。其埋设地点如图 1-14-9 所示。

1 号地面感应器是机车过电分相的预备信号(单线反向时是 4 号地面感应器),当机车接收到该信号时,机车控制装置做好过电分相的各种准备工作(相当于常规过电分相时机车司机看到的“禁止双弓”信号牌)。2 号地面传感器是过电分相时的断电信号。当机车接收到该信号时,控制装置会立即执行过电分相的全部动作(相当于常规过电分相时机车司机看到的“断”信号牌)。3 号地面感应器是通过电分相后的自动恢复信号,它同时也是反向运行时的立即断电信号。当机车上感应器接到该信号时,控制装置自动合上主断路器等系列动作(相当于常规过电分相时机车司机看到的“合”信号牌)。

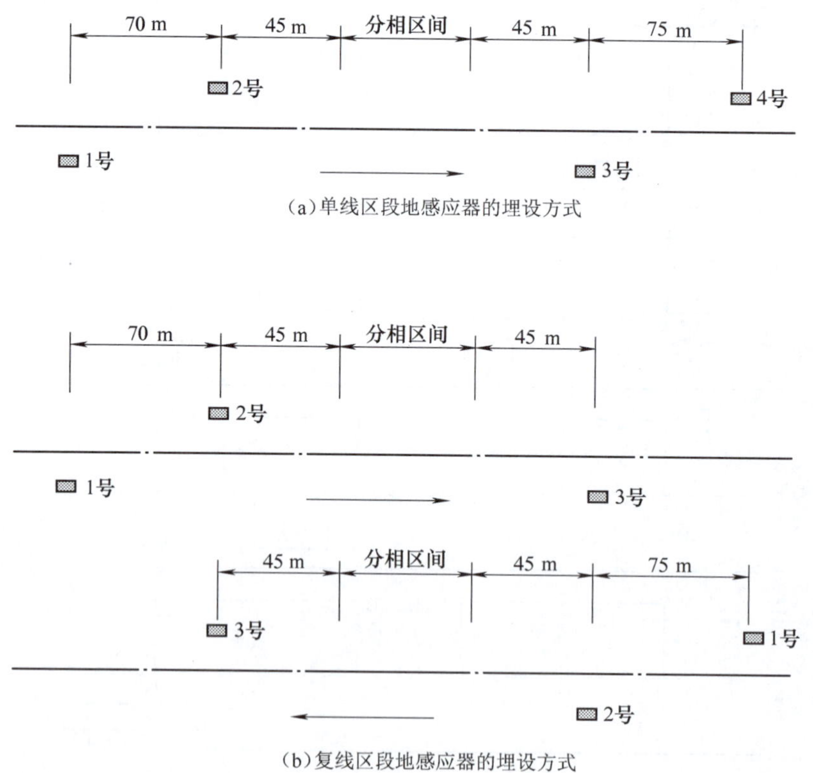


图 1-14-9　地面感应装置的定位

采用自动过电分相代替传统的手动过电分相,大大减轻了乘务人员的劳动强度,能有效避免人为操作不当而引起烧坏分相绝缘器、变电所跳闸而中断供电等事故,提高了过电分相区的安全度,并较大地减小了速度损失,有利于高速运行。

### (五)锚段关节式分相结构

在高速电气化铁路线路上,由于机车高速运行中,受电弓对接触线有较大的接触压力,普通常规带有绝缘滑道式(又称器件式)分相绝缘装置硬点现象严重,不仅造成接触线磨耗增加,而且会形成电弧烧损接触线和受电弓,满足不了机车高速通过要求。为解决高速机车通过电分相区段,目前广泛采用锚段关节式电分相结构。

#### 1. 七跨锚段关节式电分相

图 1-14-10 为全补偿简单链型悬挂七跨绝缘锚段关节示意图,其中 $H_0$ 为工作支接触线距轨面连线的高度,$H_1$ 为下锚支接触线在转换柱($ZX_1$、$ZX_2$)处的高度,其中 $H_1 = H_0 + 500$ mm,两非工作支接触悬挂在下锚交叉点处就避免相碰触,每一分相绝缘锚段关节处设电连接四处,设两台常开隔离开关。

从图 1-14-10 中可以看出,在七跨锚段关节中,加入一个七跨长的中性嵌入线,中型嵌入线要保证在中间五个跨距内是绝缘的。工作原理如下:

(1)当没有电力机车通过时,中性嵌入线的左侧锚段关节 $ZX_3$ 柱至右侧锚段关节 $ZX_3$ 柱间与其他线索相互间是绝缘的,在顺线路方向靠绝缘子串绝缘,横线路方向靠空气绝缘。

(2)当电力机车运行到左侧锚段关节 $ZX_1$ 转换柱时,通过立面图可知受电弓仍接触原锚段接触线,嵌入线处于抬高下锚状态。

(3)当电力机车运行到左侧锚段关节 $ZX_3$ 柱时,通过立面图可知此时两接触线对轨面等高,受电弓在该点实现两个锚段的转换,即从原锚段转换到嵌入锚段。转换瞬间嵌入锚段带电。

(4)电力机车受电弓脱离左侧锚段关节 $ZX_3$ 柱定位点后,只接触嵌入线锚段,由于该锚段两端绝缘子的作用,电力机车受电弓处于无电滑行阶段。当滑行到右侧锚段关节 $ZX_3$ 柱定位点时,电力机车受电弓接触到具有另一相电的锚段。继续向前运行时,机车受电弓逐渐脱离嵌入锚段接触线并顺利通过分相锚段关节。

通过以上分析可知,七跨锚段关节无电区从左侧锚段关节 $ZX_3$ 柱至右侧锚段关节 $ZX_3$ 柱,占有 3 个跨距大概 150 m 长。在通过分相区段前,电力机车要自动切断内部主断路器靠惯性通过无电的中性区。

隔离开关 GK 是协助救援开关,由于七跨分相绝缘无电区较长(150 m),增加了机车停在无电区的概率,当机车因故停在无电区内时,有以下几种救援方案。

(1)电力机车停在无电区的任何位置,均可采用其他机车救援。

(2)电力机车停在左侧锚段关节 $ZX_3$ 柱和 $ZX_2$ 柱之间时,不得闭合开关 GK,可以采用其他机车救援。若必须闭合开关 GK,则应先将来车方向的供电臂停电,电力机车降下受电弓,然后闭合隔离开关 GK 向无电区供另一相电,电力机车再升弓开出无电区。当电力机车驶出分相区段后,再打开开关 GK,救援结束。

#### 2. 九跨锚段关节式电分相

九跨锚段关节平面图如图 1-14-11 所示。

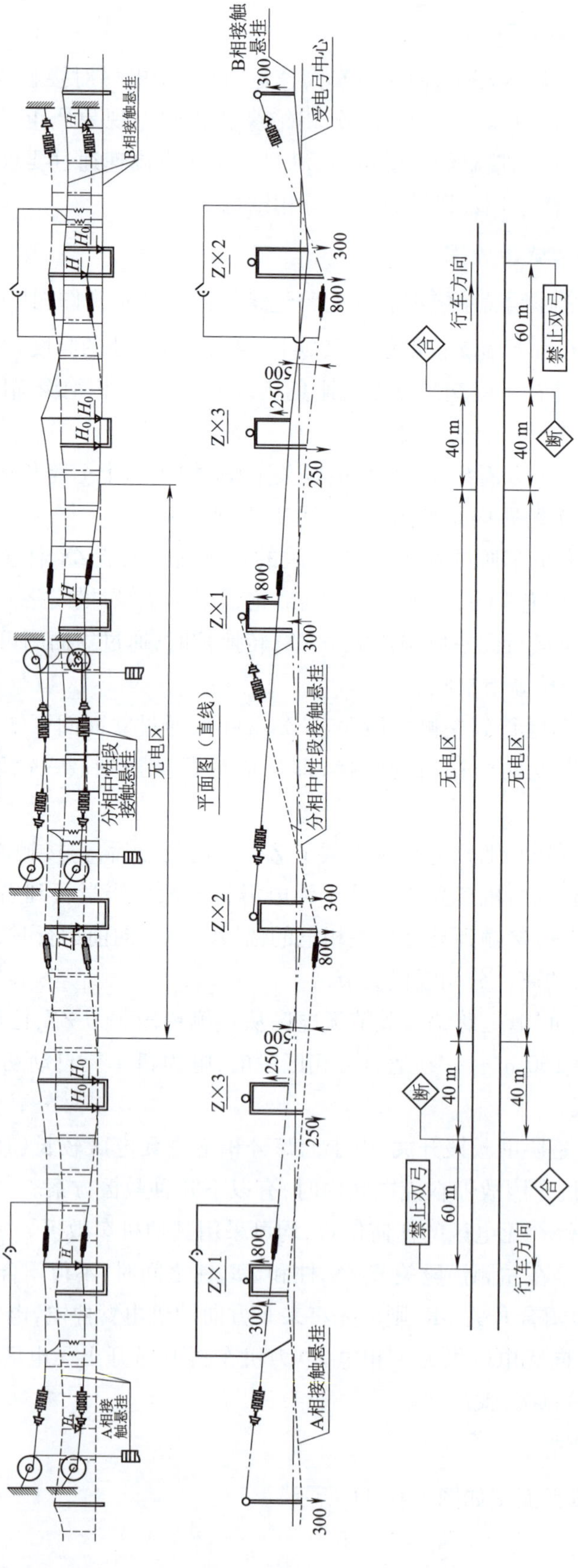

立面图

A相接触悬挂

B相接触悬挂

分相中性段接触悬挂

无电区

$H$ $H_0$ $H_1$

平面图（直线）

A相接触悬挂

B相接触悬挂

分相中性段接触悬挂

受电弓中心

Z×1 Z×3 Z×2 Z×1 Z×3 Z×2

300 800 250 500 250 300 800

禁止双弓 断 合

行车方向

60 m 40 m 无电区 40 m 60 m

图 1-14-10　七跨锚段关节示意

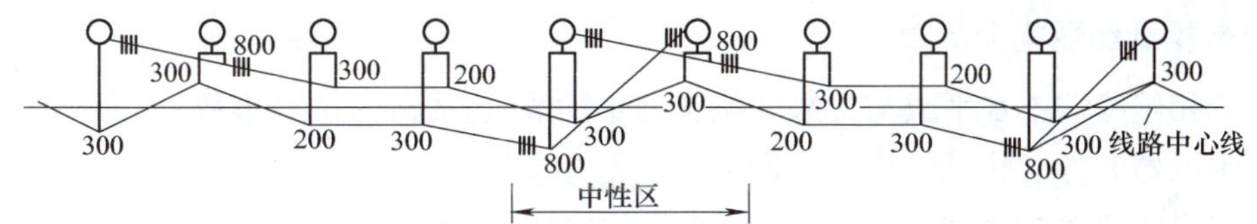


图 1-14-11 九跨锚段关节平面示意(单位:mm)

在高速接触网电分相区段,为适应更高时速电力机车通过要求,可采用九跨锚段关节结构,机车在通过九跨锚段关节电分相区段时,可以保证有更平稳地过渡。由于加大了中性段长度,有利于机车双弓或多弓运行。

上述七跨和九跨锚段关节在技术要求上与绝缘锚段关节基本相同,其中要保证中性区长度符合设计要求。嵌入的中性线与相邻锚段在电路上要保持绝缘,他们在顺线路方向是靠分段绝缘子串绝缘,在垂直线路方向是靠空气绝缘,在检调中要注意空气绝缘距离满足技术要求,并不得在工作支与非工作支转换点处发生钻弓事故。

## (六)分相绝缘器检调

根据《高速铁路接触网运行维修规则》规定,常规分相绝缘器安装后应达到以下标准:

(1)分相绝缘器通过速度不得超过 120 km/h。

(2)分相绝缘器主绝缘应完好,其表面放电痕迹应不超过有效绝缘长度的 20%。主绝缘严重磨损应及时更换。

(3)分相绝缘器应位于受电弓中心,一般情况下偏差不超过 100 mm。双线区段,在列车运行方向为 1‰的上升坡度;单线区段,为 50 mm ± 10 mm 的负弛度。

(4)分相绝缘器导线接头处过渡平滑。承力索分段绝缘子应采用质量较小的有机复合绝缘子。

(5)中性区长度符合《铁路技术管理规程(高速铁路部分)》规定。

分相绝缘器平时禁止检调,需要更换时要向电力调度提出申请,经批准才能作业。一般在分相两端供电臂同时停电时进行。若带电作业更换三根以上绝缘件中的一根时,必须确认至少两根绝缘件良好,然后用截面积不小于 25 $mm^2$ 的短接线,短接须更换的绝缘件,作业完毕拆除短接线,作业中应加强行车防护,当影响受电弓通过时应向司机显示降弓信号,但应尽快恢复良好状态。

锚段关节式电分相就符合正要求:

(1)分相绝缘器通过速度不得超过 120 km/h。

(2)分相绝缘器主绝缘应完好,其表面放电痕迹应不超过有效绝缘长度的 20%。主绝缘严重磨损应及时更换。

(3)分相绝缘器应位于受电弓中心,一般情况下偏差不超过 100 mm。双线区段,在列车运行方向为 1‰的上升坡度;单线区段,为 50 mm ± 10 mm 的负弛度。

(4)分相绝缘器导线接头处过渡平滑。承力索分段绝缘子应采用质量较小的有机复合绝缘子。

(5)中性区长度符合《铁路技术管理规程(高速铁路部分)》规定。

### (七)分相绝缘器常见故障

(1) 分相绝缘器不水平或与接触线接头处不平顺,造成碰弓刮弓事故。

(2) 绝缘器元件老化,形成裂纹,发生闪络击穿事故。

(3) 绝缘锚段关节绝缘子破损,两相短路造成变电所跳闸。

(4) 中性区位置或长设置不当,机车通过分相区时造成短路。

## 思考练习题

1. 在什么地方安设分段绝缘器?
2. 常见分段绝缘器有哪几种?
3. 对分段绝缘器的检调要求有哪些?
4. 为什么机车通过分相绝缘器时要断开主断路器?
5. 分相区段长度要考虑什么因素?
6. 分相绝缘器安装后应达到什么技术标准?
7. 分段分相绝缘器常见故障有哪些?
8. 七跨锚段关式电分相结构工作原理是什么?

# 第十五节　隔离开关与电连接

## 学习目标

1. 掌握隔离开关的结构及维修标准;
2. 掌握电连接的作用和技术标准;
3. 掌握隔离开关的操作过程;
4. 掌握电连接的结构和安装要求;
5. 了解隔离开关与电连接的常见事故。

## 一、隔离开关

隔离开关的作用是连通或切断接触网供电分段间的电路,增加供电的灵活性,以满足维修和供电方式的需要。

隔离开关一般装设在大型建筑物两端、车站装卸线、专用线、电力机车库线、机车整备线、绝缘锚段关节、分区、分相绝缘器等需要进行电分段的地方。

### (一)隔离开关的类型和结构

接触网采用电力系统中的35 kV单极隔离开关和电气化铁路专用耐污型单极隔离开关,隔离开关性能见表1-15-1。

表 1-15-1　常用隔离开关技术特性

<table>
<tr><th>型　号</th><th>额定电压(kV)</th><th>最大工作电压(kV)</th><th>额定电流(kA)</th><th>极限通过电流限值(kA)</th><th>10 s 热稳定电流有效值(kA)</th><th>破冰厚度(mm)</th><th>母线最大拉力(N)</th><th>每极质量(kg)</th><th>配用操作机构</th></tr>
<tr><td>$GW_1\frac{10}{400}$</td><td>10</td><td>11.5</td><td>400</td><td>25</td><td>10</td><td>—</td><td>—</td><td>20</td><td>CS8-1</td></tr>
<tr><td>$GW_1\frac{10}{600}$</td><td>10</td><td>11.5</td><td>600</td><td>35</td><td>14</td><td>—</td><td>—</td><td>21</td><td>CS8-1</td></tr>
<tr><td rowspan="2">$GW_4$-35</td><td rowspan="2">35</td><td rowspan="2">40.5</td><td>600</td><td>50</td><td>10</td><td rowspan="2">5</td><td rowspan="2">490</td><td rowspan="2">65</td><td rowspan="2">CS11</td></tr>
<tr><td>1 000</td><td>80</td><td>15</td></tr>
<tr><td rowspan="2">$GW_4$-35D</td><td rowspan="2">35</td><td rowspan="2">40.5</td><td>600</td><td>50</td><td>10</td><td rowspan="2">5</td><td rowspan="2">190</td><td rowspan="2">68</td><td rowspan="2">CS8-6D</td></tr>
<tr><td>1 000</td><td>80</td><td>15</td></tr>
<tr><td rowspan="3">$GW_4\frac{35}{60}$</td><td rowspan="3">35<br>60</td><td rowspan="3">40.5<br>69.5</td><td>600</td><td>50</td><td>10</td><td rowspan="3">5</td><td rowspan="3">490</td><td rowspan="3">—</td><td rowspan="3">CS11</td></tr>
<tr><td>1 000</td><td>80</td><td>15</td></tr>
<tr><td>2 000</td><td>104</td><td>30</td></tr>
<tr><td rowspan="3">$GW_4\frac{35}{60D}$</td><td rowspan="3">35<br>60</td><td rowspan="3">40.5<br>69.5</td><td>600</td><td>50</td><td>10</td><td rowspan="3">5</td><td rowspan="3">490</td><td rowspan="3">—</td><td rowspan="3">CS8-6D<br>CS15-D</td></tr>
<tr><td>1 000</td><td>80</td><td>15</td></tr>
<tr><td>2 000</td><td>104</td><td>30</td></tr>
</table>

按其用途分为带接地刀闸和不带接地刀闸两种。其型号为 $GW_4$-35、$GW_4$-35D、$GW_4$-25/630T、$GW_4$-25/630TD。

符号的意义：G—隔离开关；W—户外型；4—产品序号；35、25—额定电压为 35 kV、25 kV；D—带接地刀闸；T—铁路专用；630—额定电流 630 A。

按操作次数多少分为经常操作和不经常操作两种。经常操作的隔离开关安装在车站货物装卸线、机车整备线和库线等处，选用带接地刀闸的 $GW_4$-35D 或 $GW_4$-25/630TD 型开关。当开关打开的同时，接地刀闸将接通停电侧刀闸，以保证装卸货物和维修机车人员的安全。

不经常操作的隔离开关，安装在绝缘锚段关节、分相电分段和馈电线等处，采用不带接地刀闸的 $GW_4$-35、$GW_4$-25/630T 型开关。

上述四种开关的主体结构基本相同，只是带接地刀闸的开关多了一套接地刀闸和联动装置，其结构如图 1-15-1 所示。

它由金属底座、绝缘瓷柱、导电刀闸、接地刀闸和操动机构组成，开关的分合过程是操作手动机构，经转动杆转动主轴上的瓷柱，并带动导电刀闸水平转动 90°，转动同时又通过交叉连杆使另一个瓷柱和导电刀闸转动 90°。

隔离开关安装时，对于腕臂柱安装在支柱顶部，软横跨柱安装在支柱的 1/2 高度处，导电刀闸通过电连接线与接触网连接，如图 1-15-2 所示，其零件见表 1-15-2。

隔离开关性能见表 1-15-1。表中 $GW_1$-10 单级隔离开关用于 BT 供电方式中回流线与吸流变压器二次侧的连接。

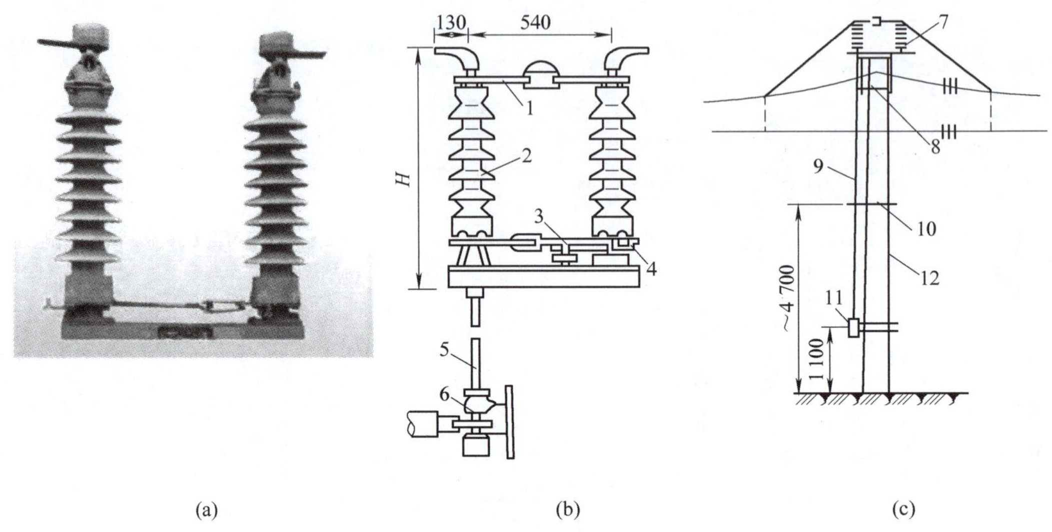


图 1-15-1　隔离开关(单位:mm)

1—导电刀闸;2—瓷柱;3—交叉连杆;4—底座;5—传动杆;6—操动机构;
7—隔离开关;8—隔离开关托架;9—传动杆;10—传动杆限制架;11—手动操动机构;12—支柱

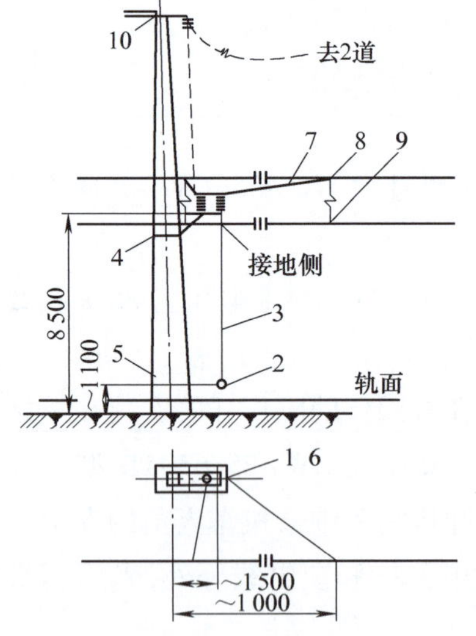


图1-15-2　软横跨柱隔离开关(单位:mm)

表 1-15-2　软横跨柱隔离开关零件表

| 序号 | 代　号 | 名　称 |
|---|---|---|
| 1 | $GW_4$-350 | 隔离开关 |
| 2 | $CS_8$-6D | 手动操动机构 |
| 3 | YB234-63 | 传动杆 |
| 4 | — | 开关支架 |
| 5 | — | 操动机构支架 |
| 6 | $SY_1$-TL-150-4 | 压接式钢铝过渡线夹 |
| 7 | — | LJ-150 电连接线夹 |
| 8 | JL05-71 | 电连接线夹 |
| 9 | — | 钢铝接触线电连接线夹 |
| 10 | — | 跳线肩架 |

$GW_4$-25/630T 与 $GW_4$-25/630TD 为电气化铁路专用耐污型隔离开关,额定电压为 25 kV,额定电流 630 A,其主要特点是瓷柱采用了耐污型支持绝缘子,主要技术性能见表 1-15-3。

表 1-15-3　耐污型隔离开关支持绝缘子技术特性

| 泄漏距离(mm) | 工频闪络电压有效值(kV) | | | 50%全波冲击闪络电压幅值(kV) | 抗弯破坏负荷(N) | 抗扭破坏负荷(N·m) | 备注 |
|---|---|---|---|---|---|---|---|
| 1 200 | ≤1 800 | ≤1 400 | ≤32 | ≤300 | ≤9 824 | ≤981 | 污闪盐密 0.3 $mg/cm^2$ |

### （二）隔离开关的操作

(1)接触网倒闸作业执行一人操作、一人监护制度。

(2)接触网隔离开关、负荷开关的倒闸作业，具备远动功能的由供电调度员远动操作。不具备远动功能或远动功能失效时，由供电调度员发布倒闸命令，作业人员当地操作。

(3)在高速铁路防护栅栏内进行当地倒闸作业时，必须在上、下行线路封锁或本线封锁、邻线列车限速160 km/h及以下进行。

(4)从事隔离开关、负荷开关现场倒闸作业人员应由安全等级不低于三级人员担任。

(5)接触网作业人员进行隔离开关、负荷开关倒闸时，必须有供电调度的命令；对动车所等单位有权操作的隔离开关，接触网作业人员倒闸作业之前，须告知该单位主管负责人，并共同确认做好相应措施。

(6)在申请倒闸命令时，先由安全等级不低于三级的要令人向供电调度提出申请，供电调度员审查无误后发布倒闸命令；要令人受令复诵，供电调度员确认无误后，方可给命令编号和批准时间；每次倒闸作业，发令人要将命令内容记录，受令人要填写“隔离(负荷)开关倒闸命令票”(图1-15-3)。

(7)操作人员接到倒闸命令后，必须先确认开关位置和开合状态无误，再进行倒闸。倒闸时操作人必须戴好安全帽和绝缘手套，穿绝缘靴，操作准确迅速，一次开闭到位，中途不得停留和发生冲击。

(8)倒闸作业完成，确认开关开合状态无误后，向要令人报告倒闸结束，由要令人向供电调度员申请消除倒闸作业命令。供电调度员要及时发布完成时间和编号并进行记录，要令人填写“隔离(负荷)开关倒闸完成报告单”(图1-15-4)。

(9)遇有危及人身或设备安全的紧急情况，可以不经供电调度批准，先行断开断路器或有条件断开的负荷开关、隔离开关，并立即报告供电调度。但再闭合时必须有供电调度员的命令。

(10)严禁带负荷进行隔离开关的倒闸作业。严禁利用隔离开关或负荷开关对故障线路进行试送电。隔离开关可以开、合不超过10 km(延长公里)线路的空载电流，超过时，应经过试验，并经铁路局批准。

(11)远动操作时，供电调度员应通过调度端显示的遥信信号对开关位置进行确认，现场有作业人员时，还应进行现场确认。

(12)远动系统异常时，禁止远动倒闸操作。遇开关位置信号异常时，应立即安排人员现场确认。

(13)隔离开关、负荷开关的机构箱或传动机构须加锁，钥匙应存放于固定地点并由专人保管。

受令人要填写“隔离(负荷)开关倒闸命令票”，如图1-15-3所示。

### （三）隔离开关检调标准

根据《高速铁路接触网运行维修规则》规定，隔离开关应符合下列要求：

#### 1. 隔离(负荷)开关

(1)隔离(负荷)开关应动作可靠、转动灵活，转动部分应注以适合当地气候的润滑油。分闸角度及合闸状态应符合产品技术要求，止钉间隙符合规定。

**隔离(负荷)开关倒闸命令票**　第　号

1. 把　　　　车站(区间)第　　号隔离(负荷)开关闭合(或断开)。

2. 再将　　　车站(区间)第　　号隔离(负荷)开关闭合(或断开)。

发令人:　　　　　　　　　受令人:

批准时间:　　　时　　　分　　日期:　　　年　　　月　　　日

说明:本票用白色纸印黑色格和字。规格:半幅 A4。

图 1-15-3　隔离(负荷)开关倒闸命令票

操作完成后,操作人要立即填写“隔离(负荷)开关倒闸完成报告单”,如图 1-15-4 所示。

**隔离(负荷)开关倒闸完成报告单**　第　号

根据第　　　　号倒闸命令,已完成下列倒闸:

1.　　　　车站(区间)第　　号隔离(负荷)开关已于　　时　　分闭合(或断开)。

2.　　　　车站(区间)第　　号隔离(负荷)开关已于　　时　　分闭合(或断开)。

倒闸操作人:　　　　　　发令人:　　　　　　受令人:

完成时间:　　　时　　　分　　日期:　　　年　　　月　　　日

说明:本票用白色纸印黑色格和字。规格:半幅 A4。

图 1-15-4　隔离(负荷)开关倒闸完成报告单

(2)隔离(负荷)开关触头接触面应平整、光洁无损伤,并涂以导电介质。触头间接触紧密,接触压力均匀,用 0.05 mm × 10 mm 的塞尺检查,线接触为 0 mm,面接触不大于 4 mm。

(3)引线和连接线的截面与开关额定电流及所连接接触网当量截面相适应,引线连接良好且不得有接头。引线及连接线应连接牢固接触良好,无破损和烧伤。当接触悬挂受温度变化偏移时,引线的长度应保证有一定的活动余量并不得侵入限界,引线摆动到极限位置对接地体的距离不小于 350 mm。

(4)支持绝缘子应清洁无破损和放电痕迹,瓷釉剥落面积不超过 300 $mm^2$。

(5)新安装的隔离(负荷)开关在投入运行前应做《电气装置安装工程　电气设备交接试验标准》进行交接试验,试验合格后方可投入运行。

(6)负荷开关的技术状态应符合产品技术要求。

### 2. 隔离开关操作机构

(1)隔离开关操作机构应完好无损并加锁。操作时平稳正确无卡阻和冲击,联锁、限位器作用良好可靠。操作机构箱应密封良好,箱体及托架等无锈蚀并可靠接地。

(2)具有远动操作功能的隔离开关,应能保证当地位及远动位的正常操作。

(3)电动隔离开关操作机构的分合闸电机、接触器等部件状态良好,接线紧固,限位开关位置正确,操作灵活可靠。

(4)驱动装置的电机转向正确,机械系统润滑良好,分、合闸指示器与开关实际位置相符合。驱动装置的电机和传动器的滑动离合器应符合技术要求。

#### (四)隔离开关常见故障

隔离开关在运行中经受电气和机械冲击,绝缘会逐渐老化和破损现象,隔离开关常见故障如下:

1. 当隔离开关绝缘子破损、脏污,会造成绝缘子闪络或击穿事故。

2. 电连接引线与开关设备上的设备线夹和接触线上的电连接线夹接触不良,则引起接触线、承力索、电连接线、吊弦的烧损事故。

3. 开关引线弛度小拉力大,会使设备线夹或支持绝缘子折断。

4. 开关主刀闸闭合不良,造成触头长期发热而烧损。

5. 开关长期不用,又未及时维修,使传动轴锈蚀造成开关无法正常使用。

6. 在有负载的线路上操作隔离开关,引起电弧烧损开关或支持绝缘子爆炸。

## 二、电连接

电连接接的作用是,将接触悬挂各分段供电间的电路连连接起来,保证电路的畅通,通过电连接可实现并联供电,减少电能损耗提高供电质量。在电气设备与接触网之间,用电连接线进行可靠的连接,使设备充分发挥作用,避免出现烧损事故,完成各种供电方式和维修的需要。

电连接线用导电性能好的材料制成,在铜接触线区段采用铜绞线 TJ-95。在钢铝接触线区段,采用 LJ-150 多股铝绞线。为减少电连接线与接触线连接处的硬点,保持接触网弹性,要求电连接与接触线连接端做成螺旋弹簧状,当电连接线在连接处意外烧损时,能够放开几圈继续使用,以便节约材料。

#### (一)电连接的分类

电连接按其使用位置不同,分为横向电连接和纵向电连接。

##### 1. 横向电连接

横向电连接的主要作用是,能实现并联供电,如在载流承力索区段,为使承力索上的电流通过接触线流向受电弓,需要每隔 200 ~ 250 m 在承力索与接触线间,安装一组电连接线,如图 1-15-5所示。

当隧道内为简单悬挂隧道外为链型悬挂时,应在隧道口承力索与接触线间安装电连接线,这样可以避免承力索电流经吊弦流向接触线,防止吊弦烧损。

为满足站场上电力机车起动时所需的大电流,在各股道间安装股道电连接线,实现几股道接触网并联供电,可减少能耗并提供较大电流,股道电连接线结构如图 1-15-6 所示。

线岔处为防止两导线因电位不等而出现受电弓拉弧现象,必须安装电连接线,保证始触区两导线等电位。

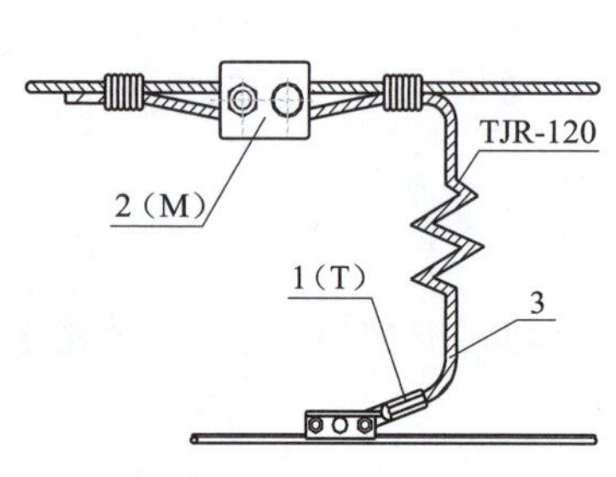

图 1-15-5 横向电连接

1—接触线电连接线夹；2—承力索电连接线夹；
3—电连接线

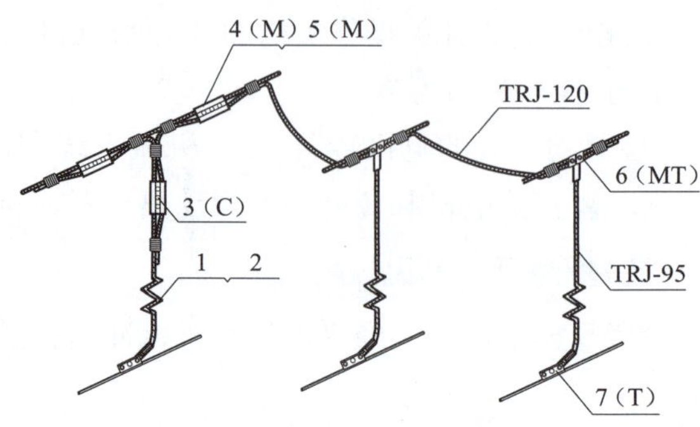

图 1-15-6 股道电连接

1—电连接线；2—接触线电连接线夹；3—T120 型电连接线夹；
4—T150B 型电连接线夹；5—T95B 型电连接线夹；
6—T 形电连接线夹；7—T-1a 型接触线电连接线夹

**2. 纵向电连接**

纵向电连接的作用是使供电分段或机械分段处两侧接触悬挂实现电的连通，如绝缘锚段关节和非绝缘锚段关节，两转换柱靠锚柱侧安装的电连接线。电分段处隔离开关与接触悬挂间的电连接线等都称为纵向电连接。纵向电连接线结构如图 1-15-7 所示。

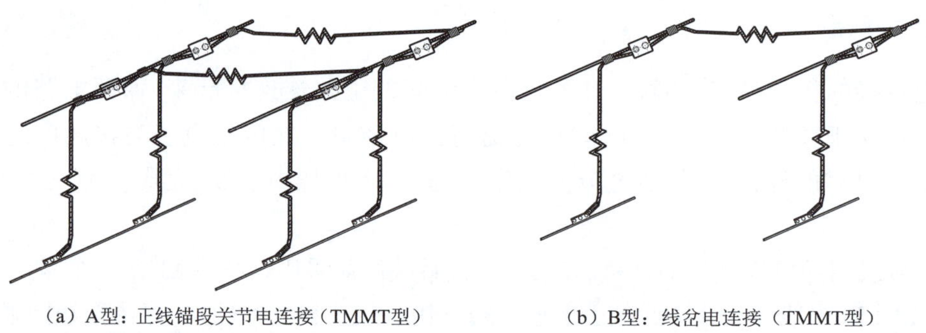
（a）A型：正线锚段关节电连接（TMMT型） （b）B型：线岔电连接（TMMT型）

图 1-15-7 纵向电连接线结构

## （二）电连接维修技术标准

根据《高速铁路接触网运行维修规则》规定，接触网电连接应符合下列要求：

在锚段关节、线岔和车站电力机车、动车组经常起动处的股道之间等处所，应装设电连接。

1. 电连接位置和数量符合设计要求，安装位置允许偏差 ±500 mm。

**2. 电连接线**

（1）承力索、接触线间距≤1 000 mm 时采用“C”形连接的方式（图 1-15-8）。间距 >1 000 mm 时采用“S”形连接（图 1-15-9）。其裕度满足接触线、承力索因温度变化伸缩的要求。

（2）电连接线均要用多股软铜线做成，其额定载流量不小于被连接的接触悬挂、供电线的额定载流量，且不得有接头、压伤和断股现象，电连接线端头外露 10 ~ 20 mm。

（3）对于压接式电连接线夹，电连接线不应有压伤和断股现象。

**3. 电连接线夹**

（1）电连接线夹的材质和规格须与被连接线索相适应，优先采用压接形式。

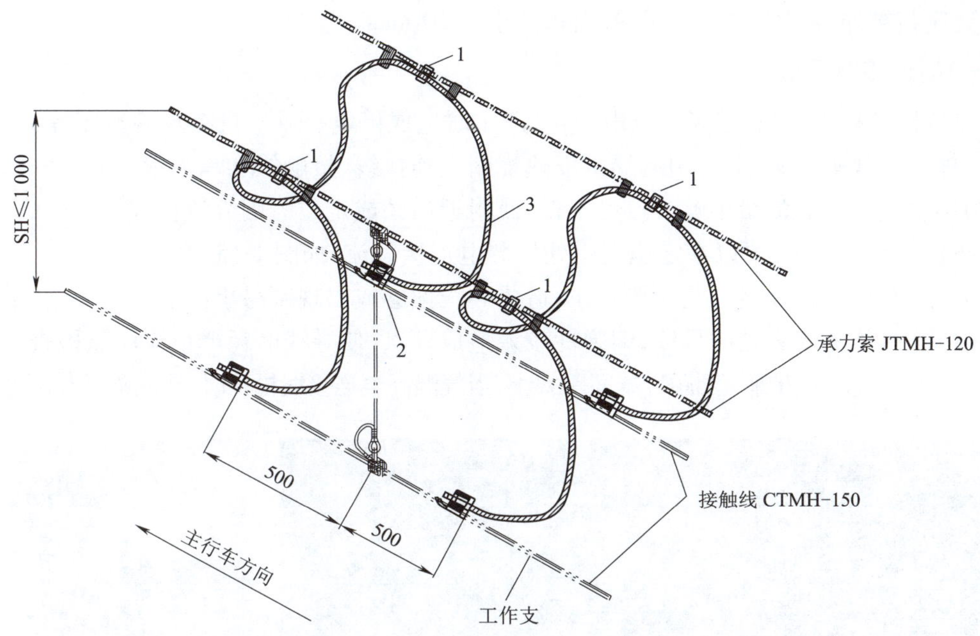


图 1-15-8　锚段关节、道岔电连接采用"C"形的安装方式(单位:mm)

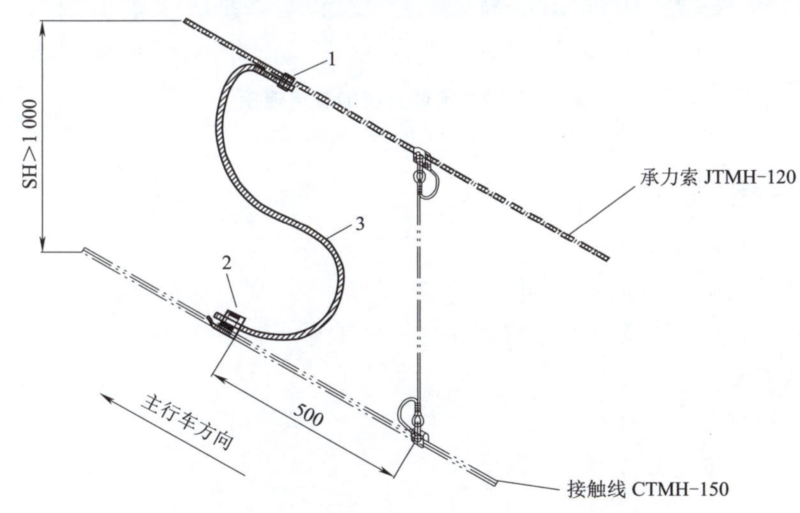


图 1-15-9　横向电连接采用"S"形的安装方式(单位:mm)

(2)电连接线夹与接触线、承力索、供电线之间连接牢固,线夹内无杂物。

(3)承力索、接触线电连接线夹压接后应端正,符合压接标准。接触线电连接线夹在直线处应处于铅垂状态,在曲线处应与接触线的倾斜度一致。

(4)工作支接触线电连接线夹处接触线高度与最近相邻吊弦点高度相等,允许偏差 0 ~5 mm。

(5)压接式接触线电连接线夹与线槽契合的 U 形螺纹卡子应平行压接于线槽内,不得跳出接触线线槽。U 形螺纹卡子应保证卡子插入后,另一端露头 1 ~3 mm。

4. 电连接线夹与线索接触面均应涂电力复合脂。

5. 极限温度条件下,交叉跨越线索间距不足 200 mm 的处所应加装等位线。等位线及其连接线夹应与被连接线索材质匹配，截面积不小于 10 $mm^2$。

### （三）电连接常见故障

电连接设备故障，将直接影响供电质量，严重时造成停电、刮弓、机车车辆损坏等事故。

（1）电连接线夹接触不良，引起局部发热烧断电连接线、接触线和承力索。

（2）因电连接线载流量不够或接触不良，使附近吊弦或定位器因分流被烧坏。

为防止定位环烧坏，可以在定位支座处加装电连接载流，如图 1-15-10 所示。

（3）接触线电连接线夹安装位置不正，造成导线偏磨或出现刮弓事故。

（4）电连接线夹安装处的导线，因弹性较差造成硬点，使导线磨耗严重应注意检查。

（5）电连接线最下方弹簧圈距导线间距太小，当气温高电连接线松弛时，造成碰弓和刮弓事故。

（a）烧坏的定位器和定位环　　（b）定位支座加装的电连接

图 1-15-10　定位支座加装电连接

## 思考练习题

1. 隔离开关的作用是什么？
2. 应如何选择 $GW_4$和 $GW_4$-35D 开关？
3. 隔离开关的检调标准是什么？有哪些常见故障？
4. 说明隔离开关的操作过程。
5. 电连接的检调标准是什么？
6. 电连接有哪些常见故障？

# 第十六节　桥、隧接触网设备

## 学习目标

1. 掌握桥钢柱安装形式；
2. 掌握桥、隧接触网技术要求；
3. 了解隧道内悬挂类型的选择方法；
4. 了解隧道内悬挂结构。

铁路在跨越河流峡谷，穿越群山就会有桥梁和隧道等建筑物，桥梁和隧道中的接触网设备与区间设备有所不同，本节将分别介绍这两种情况下的接触网结构。

## 一、桥梁接触网设备

### （一）桥支柱安装结构

铁路桥梁的种类很多，根据桥梁的承载方式可分为上承桥和下承桥。

桥梁上接触网的安装一般是，当为上承桥梁时，可将支柱安装在桥梁墩台顶帽上或墩台身上，当为下承钢桁梁桥时，可利用钢梁结构安装悬挂点，悬吊接触悬挂。

#### 1. 在桥梁墩台上安装钢柱

在桥梁墩台的顶帽上，有条件时可以直接将斜腿钢柱安置于顶帽上，如图 1-16-1 所示。但要尽量避免支柱内缘与桥梁栏杆等结构物发生干扰。桥梁钢柱上使用的腕臂、定位器等装置与腕臂柱相同。

有的桥梁墩台顶面较狭窄，不能安装斜腿钢柱时，可借助支架及接腿来安装钢柱。

#### 2. 在多线路桥梁上安装硬横跨

山区铁路，因地形条件限制，有的站场股道架设在多线桥上，其线间距离不能安装腕臂柱时，支柱需设置在两最外股道外侧的桥墩上。如果采用软横跨，必将造成在桥墩上安装高度高、容量大的软横跨柱的不合理现象，此时可设置硬横跨。如图 1-16-2 所示的是在三线桥上安装的硬横跨。在桥墩两边顶帽上，各安装一根斜腿钢柱作硬横跨立柱，其上架设一组钢横梁用来悬挂接触网，并在立柱的适当位置安装一根定位绳，供各股道接触线定位用。

图 1-16-1 斜腿支柱在墩台顶帽上安装图

图 1-16-2 桥上硬横跨安装图

### 3. 在下承钢桁梁桥上安装支持结构

当接触网通过下承钢桁梁桥时，可利用桥梁构件作支持结构。一般在满足各项技术要求下，桥梁净空内只能通过接触线，如采用链型悬挂，承力索需利用由型钢（槽钢或角钢）制成的“门”形构件作为支持构件，将其悬吊在桥梁上方。接触网的跨距，考虑接触线的最低高度并结合悬挂点在桥梁上安装的可能来确定。下承桥内链型悬挂安装的立面及悬挂点断面如图 1-16-3所示。

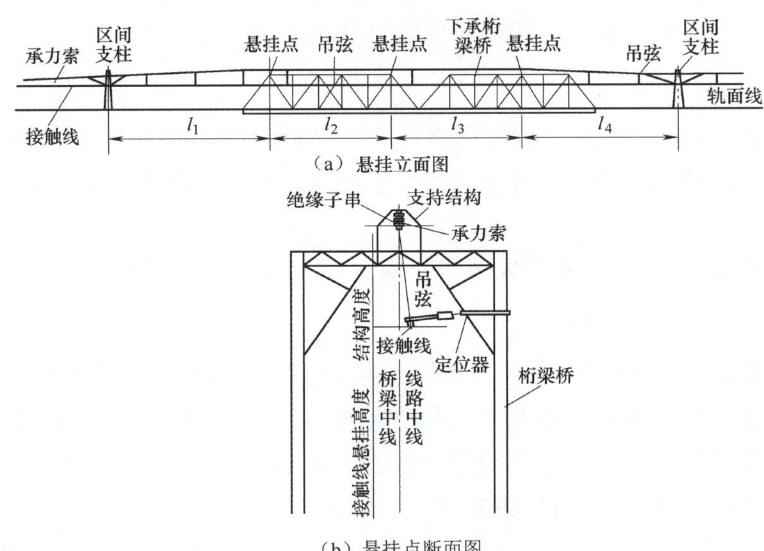


（a）悬挂立面图

（b）悬挂点断面图

图 1-16-3　下承桥内链型悬挂安装图

## （二）桥梁支柱类型

目前在桥梁上使用较为常见的斜接腿钢柱有 8 种，即

$X\frac{80}{11}$, $X\frac{100}{11}$, $X\frac{80}{11.5}$, $X\frac{100}{11.5}$, $X\frac{80}{12}$, $X\frac{100}{12}$, $X\frac{80}{12.5}$, $X\frac{80}{12.5}$

符号 X 表示桥上专用的斜腿桥钢柱，分子表示垂直方向的支柱容量，分母表示支柱高度。

在新建或改建的铁路桥梁施工时，建桥单位可根据电气化工程设计部门所提供的设计依据，预先在墩台或顶帽上留出安设桥钢柱的位置，桥钢柱可直接立于桥台顶面，钢柱规格见表 1-16-1。

表 1-16-1　桥上钢柱型号

| 桥钢柱型号 | | | | | | | |
|---|---|---|---|---|---|---|---|
| $G\frac{80}{9}$ | $G\frac{100}{9}$ | $G\frac{120}{9}$ | $G\frac{200}{9}$ | $G\frac{80}{11.5}$ | $G\frac{100}{11.5}$ | $G\frac{120}{11.5}$ | $G\frac{200}{11.5}$ |
| $G\frac{80}{12}$ | $G\frac{100}{12}$ | $G\frac{120}{12}$ | $G\frac{200}{12}$ | $G\frac{80}{12.5}$ | $G\frac{100}{12.5}$ | $G\frac{120}{12.5}$ | $G\frac{200}{12.5}$ |

在桥梁上，由于支柱之间的跨距受到桥墩间距的限制，当跨距较大时，风对接触网的影响将增加，有出现脱弓的危险，为了避免发生事故，可采用具有双定位的防风定位装置，如图 1-16-4所示。

该装置有效地缩减了相邻两桥钢柱之间的跨距，减少了跨中导线的风偏移数值，具有较为明显的防风功能。

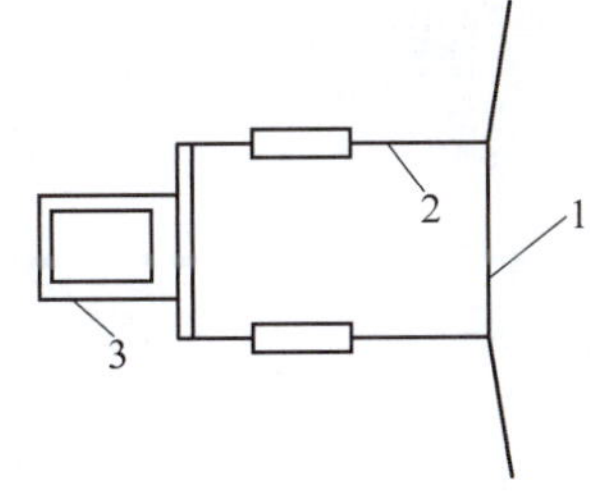

图 1-16-4 桥上防风定位

1—接触线；2—定位装置；3—支柱

## 二、隧道内接触网设备

由于隧道接触悬挂的结构高度受到隧道净空的限制，所以悬挂类型和支持装置结构都要根据不同断面的隧道来进行选择和设计。一个好的悬挂结构形式，既要充分利用隧道净空，保证安全可靠的供电，又要改善隧道内悬挂的受流条件，这对于减少投资加快电气化铁路建设具有非常重要的意义。

### （一）隧道内接触悬挂的特点

隧道内的悬挂可以利用隧道壁，而无须设立支柱，可按技术要求在隧道壁上任意选取固定位置。

隧道内的跨距受隧道净空的制约，一般常采用小跨距，对于链型悬挂其跨距值可取25 ~ 40 m，简单悬挂可取 15 ~ 25 m。跨距值的确定必须结合隧道断面情况，并经过技术、经济综合比较后决定。

隧道内接触悬挂类型的选择不取决于隧道外结构，而只在充分利用隧道净空的基础上，满足超限货物带电通过的要求。因此接触悬挂类型将随着隧道高度和断面的不同而异。隧道内接触悬挂应优先采用全补偿链型悬挂，并宜与区间悬挂方式相一致；当隧道净空高度不能满足要求时，可采用简单悬挂。采用简单悬挂时，列车运行速度不宜超过 80 km/h。隧道内接触悬挂宜采用承力索位于接触线正上方的直链型悬挂。

当隧道净空符合《标准轨距铁路限界　第 2 部分：建筑限界》中的隧限-1（隧限-1 适用于 1959 年后新建或改建为 $v \leq 160$ km/h 的内燃牵引铁路）标准时，电气化区段隧道断面如图 1-16-5 所示

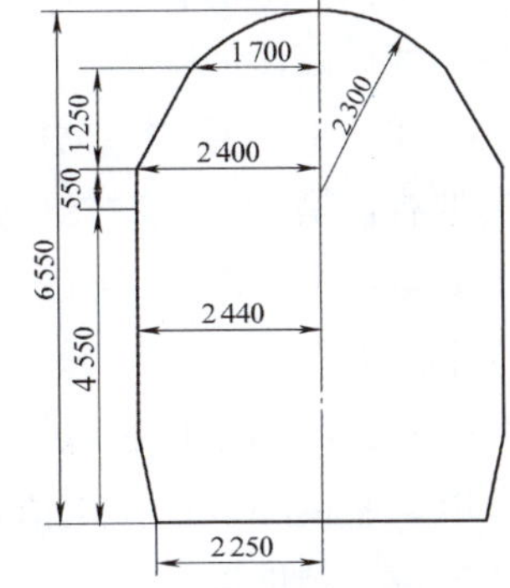

图 1-16-5 电气化区段隧道断面（单位：mm）

对于不符合《标准轨距铁路限界　第 2 部分：建筑限界》中隧限-1的标准时的低净空隧道，接触线距轨面的最低高度不应小于 25 kV 带电体与所通过的机车车辆和货物列车间 350 mm 的安全距离，但最低高度不应小于 5 330 mm。

由于隧道内接触线高度低于区间设计高度，因而要求从区间至隧道内的接触线坡度变化应符合普速/高速铁路接触网运行维修规则中的相关规定。力求平缓过渡，以免使接触线出现硬点影响受电弓取流。

### （二）隧道内接触悬挂结构

#### 1. 隧道内的链型悬挂

隧道悬挂分为半补偿和全部补偿链型悬挂两种类型，如图 1-16-6 和图 1-16-7 所示。

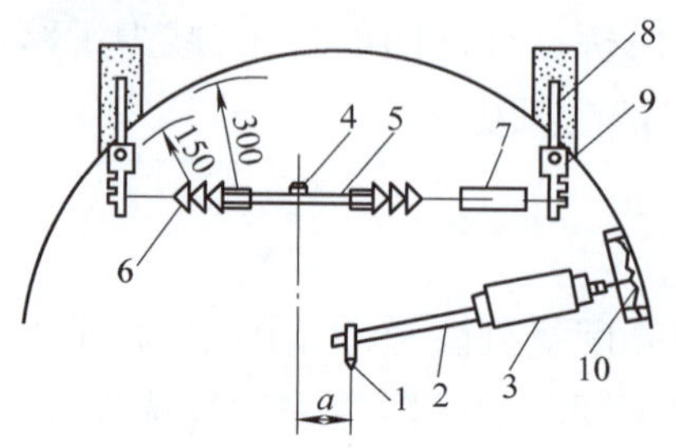


图 1-16-6　隧道内半补偿水平悬挂图(单位:mm)

1—支持器;2—定位管;3—棒式绝缘子;4—承力索和固定板夹;5—承力横杆;6—悬式绝缘子;7—成套调整器;8—立柱;9—立柱接头;10—定位齿座

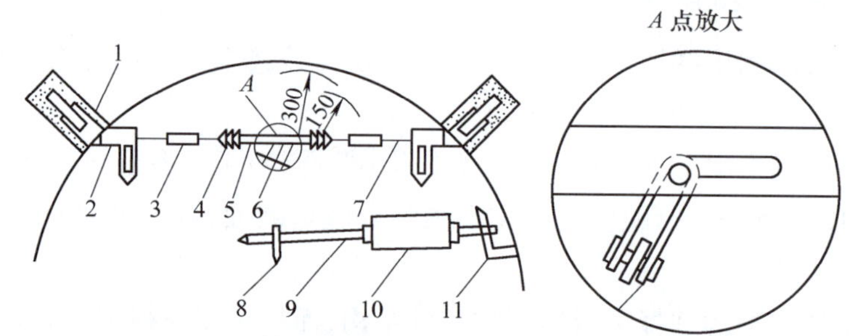


图 1-16-7　隧道内全补偿水平悬挂图(单位:mm)

1—水平悬挂埋入杆;2—角鸭嘴;3—调整螺栓;4—悬式绝缘子;5—滑轮支架;6—悬吊滑轮;7—杵环杆;8—支持器;9—定位管;10—棒式绝缘子;11—定位齿座

按安装情况分,目前已采用的装配结构有水平悬挂、V 形悬挂和垂直悬挂,其中水平悬挂结构使用较多。

在图 1-16-6 中,加强埋入杆用水泥浇灌固定在隧道顶壁,外露部分连接立柱接头,力柱接头带有齿槽,便于悬挂绝缘子串,并可通过齿槽调节悬挂高度。承力索用固定板夹固定在水平承力索架上,在架上可以调节承力索的横向位置,通过成套调整器可以使整个悬挂装置基本呈水平状态。

隧道中的定位装置由棒式绝缘子、定位管和支持器组成。调节支持器在定位管上的位置,可以调整接触线的拉出值。棒式绝缘子通过定位齿座与隧道壁相连,利用不同的齿位可以调节定位管的坡度。

全补偿水平悬挂方式如图 1-16-7 所示,在洞顶的埋入杆下安装角鸭嘴,可以调整悬挂高度,通过调整螺栓便装置处于水平状态。承力索敷设在悬吊滑轮内,这样安装可以不影响承力索顺线路的移动,两串绝缘子之间用滑轮支架相连,悬吊滑轮固定在支架上,其他装置与半补偿相同。

隧道定位点和悬挂点的位置在顺线路方向错开 1 m,以防止接触线定位点被受电弓抬高时发生悬挂装置碰撞受电弓的事故。同时便于安装调整。在隧道净空范围内尽量加大结构高度。

隧道中接触网带电体距接地体的空气绝缘距离应保证在 300 mm 以上,在净空允许的情况下,考虑带电作业,设计中采用400 mm,接地侧绝缘子瓷裙边至接地体的距离应在150 mm以上。

**2. 隧道内的简单悬挂**

当隧道净空较低时可采用简单悬挂,即承力索不进隧道而在洞口下锚,接触线进隧道,形成隧道内的简单悬挂方式。

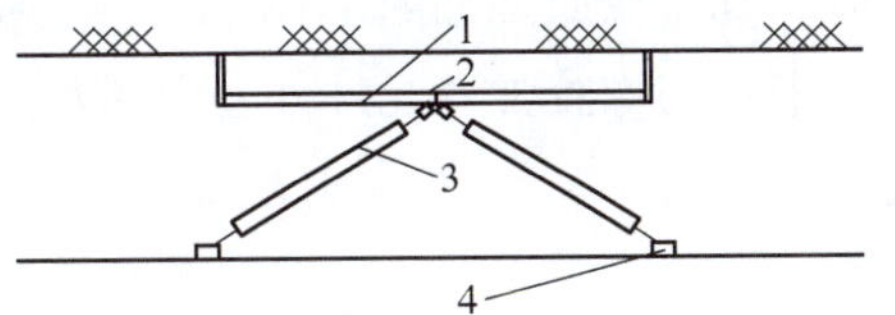


图 1-16-8 隧道"人"字形简单悬挂安装示意

1—滑动杆;2—梯形板;3—硅橡胶绝缘子;4—定位线夹

根据接触线在隧道里的高度,为保证必要的绝缘间隙,其装配结构对隧道的要求目前分为不开挖和局部开挖洞顶两种方式。由于现在不断使用绝缘性能好、体积小、质量小的新型绝缘元件,因而一般不采用局部开挖隧道的方式。为了提高通过扩大货物的能力,简单悬挂从结构上可分为"人"字形悬挂和"T"形悬挂,如图 1-16-8和图 1-16-9 所示。

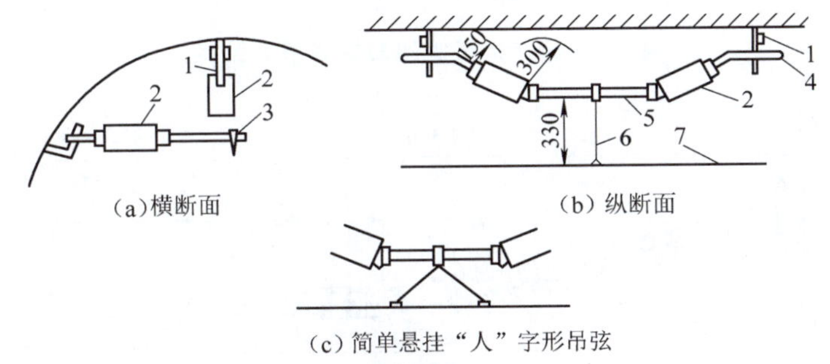


图 1-16-9 隧道内"T"形简单悬挂安装示意(单位:mm)

1—锚栓;2—绝缘子;3—定位器;4—连接杆;5—滑杆;6—滑动吊弦;7—接触线

"人"字形悬挂采用两个硅橡胶绝缘子,通过梯形板呈"人"字形悬挂在滑动管上,其另一端通过定位线夹与接触线相连,梯形板可在滑动杆上滑动,因而整体装配结构不影响接触线顺线路的移动,滑动杆两端通过调整板和"人"字形悬挂埋入杆固定在隧道壁上,装配方向为顺线路方向。

定位装置由硅橡胶绝缘子与定位管、支持器组成,定位点与悬挂点在顺线路方向错开1.5 m,这种装配结构由于使用了体积小、绝缘性能好的绝缘元件,使隧道净空得以充分利用,因此对于低净空隧道均可采用这样的安装结构。

隧道净空较大时可采用"T"形悬挂,它主要由棒式绝缘子、B 型滑动管、滑动吊弦、埋入杆及其他连接零件组成。滑动吊弦可随接触线的伸缩在滑动管上滑动,为了改善吊弦点的弹性,还可采用"人"字形吊弦,如图 1-16-9(c)所示。

**3. 隧道内弹性支座悬挂定位装置**

弹性支座悬挂装置在国外电气化铁路接触网上被广泛采用,国内电气化铁路接触网首次采用弹性支座悬挂装置是在哈(尔滨)大(连)既有线电气化改造项目中。

弹性支座悬挂不仅支撑与固定接触线,而且为接触线提供了良好的弹性,可以使机车受电弓与接触线平稳接触,有效地减少机车受电弓与导线的磨耗,延长接触网使用寿命,同时还可使机车受电弓平稳地获取电能,保证铁路机车车辆正常运行。

(1)弹性支座悬挂装置的结构和原理

弹性支座悬挂装置的基本结构如图1-16-10所示,它由橡胶弹性元件、安装固定支座、阻尼平衡元件、弹性元件外卡箍、水平转板、垂直调整连接套、绝缘子连杆、定位杆、定位线夹等组成。其工作原理如图1-16-11所示,橡胶弹性元件的内套与固定支座通过螺栓固定,弹性元件外卡箍与橡胶弹性元件外套卡紧后,其两端分别连接阻尼平衡元件和绝缘子连杆及定位杆。

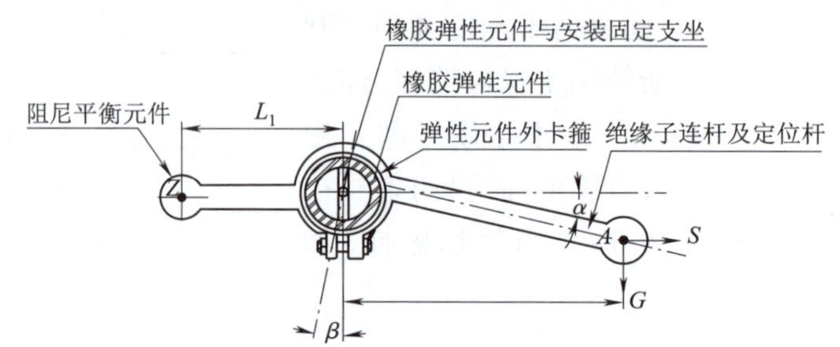


图1-16-10 弹性支座悬挂装置的结构

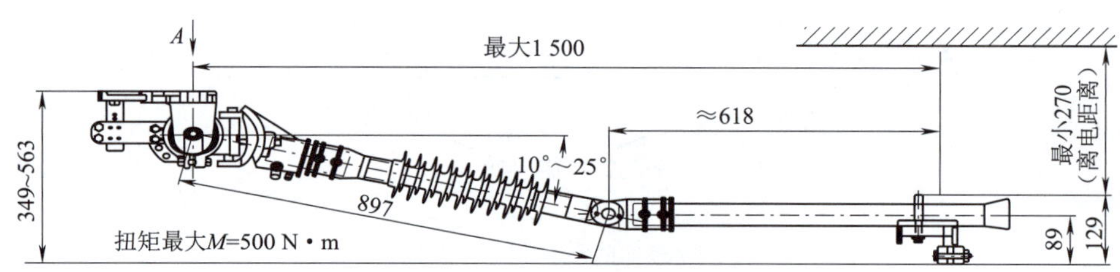


图1-16-11 弹性支座悬挂装置工作原理(单位:mm)

当接触网导线通过线夹与$A$点相连时,由于导线等的自重$G$和水平张力$S$使得$A$点开始向下运动,同时带动弹性元件外套向左转动,橡胶层开始弹性变形,当偏转到一定程时度时,弹性元件产生的扭矩和阻尼元件产生的扭矩之和与外力产生的扭矩达到平衡,即

$$M_R + M_Z = M_G + M_S$$

式中 $M_R$——橡胶弹性元件变形产生的扭矩;

$M_Z$——平衡阻尼块产生的扭矩;

$M_G$——接触线自重产生的扭矩;

$M_S$——接触线水平张力产生的扭矩。

弹性元件橡胶材料的弹性模量为$E$,那么,弹性元件的扭矩$M_R$就是其偏转角的函数,即

$$M_R = Ef(\beta)$$

当$M_Z$的值一定时,$\beta$值就反映了$M_R$的大小,同样也反映了接触线与受电弓的接触压力。这样可以根据机车运行速度来确定受电弓的抬升力,通过调节$M_Z$值的大小来调整$\beta$角的大小,从而控制接触线与受电弓的接触压力。

对于已处于平衡的弹性支座系统,逆时针调整外套卡箍并调整阻尼平衡元件$Z$点的位置,使接触线达到规定的导高。

当受电弓由远处滑向悬挂装置定制点时,受电弓将接触线往上顶,而外套在橡胶弹性的作用下开始逆时针偏转,从而带动接触线向上避让,以便受电弓与接触线有良好的接触,同时又能平稳通过;当受电弓滑过定制点后,$A$点又开始向下运动,但在阻尼平衡元件和橡胶弹性

元件的共同作用下，这种恢复又确保了接触线对受电弓的跟随性。

（2）弹性支座悬挂装置的技术参数

①定位装置最大工作荷重大于2.5 kN；

②定位装置水平耐拉伸荷重大于3.7 kN；

③定位线夹与接触线滑动荷重大于1.5 kN；

④定位装置的连接件与定位管、定位线夹间的滑动荷重大于4.0 kN；

⑤弹性支座破坏荷重大于7.5 kN。

## 三、桥、隧接触网技术要求

（1）桥梁、隧道内的埋入杆件（包括立柱）应安装牢固，无断裂、变形，其填充物不得剥落和裂纹，对杆件要适时做好防腐处理。

（2）隧道内"V"形、"人"字形简单悬挂滑动环与滑动杆不卡滞。

（3）隧道立柱应保持铅垂状态，其倾斜角不得大于1°；立柱地脚螺栓必须是双螺帽，拧紧螺帽后螺栓外露长度不得大于30 mm；调整立柱用的垫片不得超过3片；立柱垂直线路的位置符合规定，允许偏差如无规定时，按50 mm执行。立柱底板与拱顶间隙的填充物符合规定。

（4）接触网空气绝缘间隙不应小于表1-16-2的规定。

表1-16-2　空气绝缘间隙值

（单位：mm）

| 序号 | 有关情况 | | 正常值 | 困难值 |
|---|---|---|---|---|
| 1 | 绝缘锚段关节两悬挂点间隙 | 一般情况（适用于任何高程） | 450 | — |
| | | 吸流变压器处 | 300 | — |
| 2 | 同回路自耦变压器供电线带电体距接触悬挂或供电线带电体间隙 | | 500 | 450 |
| 3 | 25 kV带电体距固定接地体间隙 | | 300 | 240 |
| 4 | 25 kV带电体距机车车辆或装载货物间隙 | | 350 | — |
| 5 | 受电弓振动至极限位置和导线被抬起的最高位置距接地体的瞬时间隙 | | 200 | 160 |
| 6 | 隔离开关引线，电连接接线（包括跨另一支接触悬挂时）及自耦变压器供电线及跳线距接地体间隙 | | 330 | — |
| 7 | 在对向风吹，风速为13 m/s时，25 kV带电体与保护线的间隙 | | 250 | — |
| 8 | 绝缘元件接地侧裙边距接地体间隙（适用于任何高程） | 瓷及钢化玻璃绝缘子 | 100 | 75 |
| | | 有机复合绝缘元件 | 50 | — |

现在我国隧道悬挂结构还在不断改进中，随着新技术、新设备的使用，隧道悬挂装配将会更趋完善。

## 思考练习题

1. 桥、隧接触网悬挂有什么特点？
2. 桥梁上使用较为常见的斜接腿钢柱有哪几种？
3. 隧道内一般采用什么悬挂方式？
4. 说明桥、隧接触网技术要求。

# 第十七节　接触网其他设备

## 学习目标

1. 掌握接触网地线的作用；
2. 了解避雷器的作用；
3. 了解吸流变压器回流线的工作原理；
4. 了解扼流变压器的工作原理。

## 一、接触网地线

我国交流电气化铁路接触网对地额定电压为25 kV，接触网带电部分和接地部分经绝缘元件（悬式绝缘子、棒式绝缘子）绝缘。绝缘子虽然起绝缘作用，但是，在通常情况下总有微弱的泄漏电流经绝缘元件流回大地，这样的微弱泄漏电流一般对设备和人身不会造成伤害。随着绝缘元件的老化，严重脏污或出现裂纹或浸水时，绝缘强度下降，这时泄漏电流就会相应增加。当支柱对地有较大的接地电阻时，泄漏电流在支柱上形成较大过渡电压，严重时会危及人身安全。同时，较大的泄漏电流经支柱（混凝土柱）内部金属部分钢筋时会发热，使金属软化造成支柱强度下降，拉断支柱，危及设备安全。另外，当绝缘元件缺残及遭到击穿时，会形成短路电流。但是，由于支柱本身电阻、基础电阻、基础至钢轨过渡电阻以及接触电阻值较大，在短路电流经过这较大电阻时，无疑就限制了短路电流值，致使因短路电流不足以使继电保护动作，而在短路点处形成长时间的连续电弧，烧损设备并在地表面形成跨步电压。为了避免上述情况的发生，接触网应设立接地装置，将接触网设备中非带电的金属部分与钢轨（牵引轨）经地线直接相连。

接地根据其作用不同可分为工作接地和保护接地。为保证设备安全运行而设置的接地称工作接地，如混凝土柱、钢柱接地和避雷器接地侧接地等。以防护为目的而设置的接地称为防护接地，如桥的铁栏栅等，站台上钢柱双接地，一方面是工作接地，另一方面是出于防护目的。

接触网接地系指通过接地线接于牵引轨，由接地线（接地体）及接地部件组成的接地设备，称为接地装置。接地装置（包括接地线和接地体）均应有可靠电气连接。

在通常情况下，无信号轨道回路区段，支柱的接地线直接接钢轨；有信号轨道回路区段，支柱的接地装置应加设击穿电压不大于800 V的火花间隙或保安器。在正常情况下，火花间隙可以保证支柱与钢轨之间的绝缘，使绝缘子因老化等原因形成的泄漏电流不能直接泄向轨道。一旦绝缘子击穿，火花间隙上出现高压，间隙击穿，这样就把支柱和牵引轨接通。

### （一）接地线的作用

接触网的地线是起保护作用的。地线将接触网设备中非带电的金属部分与钢轨直接连接起来，接触网带电部分和非带电部分靠绝缘子来绝缘。当绝缘子发生击穿、闪络或绝缘子老化而严重漏电时，地线起到了很好的金属通路。若没有地线时，接触网对地泄漏电流将会经接地电阻很大的支柱(或隧道壁)入地,泄漏电流可能达不到使牵引变电所、开闭所、分区所保护动作、跳闸。长时间不正常放电,一方面造成电能损失,另一方面导致设备过热损坏。同时,泄漏电流流经大地形成的跨步电压会危及人身安全,它对附近地下埋设金属电缆以及金属管道形成腐蚀。装设地线后,电阻很小,泄漏电流直接入钢轨,电流增大时会使牵引变电所保护动作、跳闸,切断电流,起到保护设备和人身安全的作用。另外,由于保护动作可判断出接触网上出现了故障,可以迅速派人检查,查出隐患,排除故障,保证安全供电。

《铁路电力牵引供电设计规范》规定:接触网钢柱,金属支持结构及距接触网带电部分 5 m 以内的所有金属结构均应接地。

### (二)地线的安设及要求

钢筋混凝土支柱地线安装如图 1-17-1 所示,地线分上、中、下三部分。拉杆底座到腕臂底座为上部地线;腕臂底座至支柱底部为中部地线;支柱底部至钢轨为下部地线。

当钢筋混凝土支柱内有预埋地线时,则可省去上、中部地线,下部地线直接同支柱内预埋地线的地线孔相连,另一端固定在钢轨上,与钢轨相连接的地线不得采用焊接的方式。

对于钢柱,地线直接接在钢柱根部的螺栓孔上;另一端固定在钢轨或接地极上,如图 1-17-2 所示。与钢轨相连的地线不得采用焊接方式。

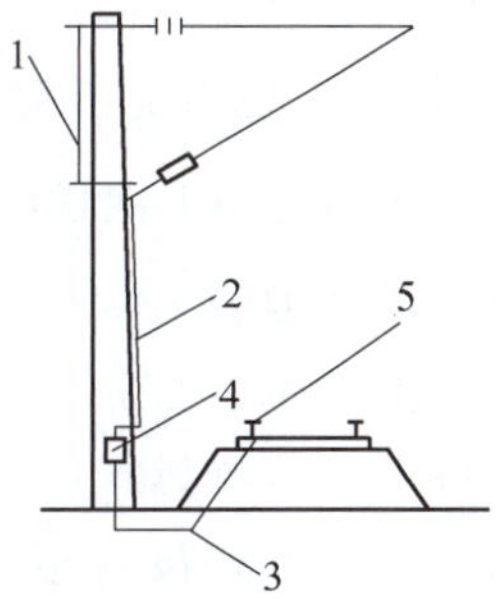

图 1-17-1　混凝土柱地线安装

1—上部地线;2—中部地线;3—下部地线;4—接地线连接夹;5—钢轨

接触网地线除钢筋混凝土支柱的上、中部地线用 $\phi$10 mm 的圆钢外,其余均采用 $\phi$12 mm 圆钢制成。在连接端应制成圆环状便于安装。安装时应接在牵引轨上,注意不能短接两根钢轨,否则会造成短接信号,出现红光带、信号误动作。

以上介绍的只是支柱单根接地方式,在有架空地线或保护线的支柱上可采用集中接地方式,即所有支柱上非带电的金属部分用 $\phi$10 mm 圆钢互相连接后,不是经下部地线接钢轨,而是直接和同杆架设的架空地线或保护线连接。架空地线和保护线两端分别再接钢轨,即所谓的集中接地方式。

图 1-17-2　钢柱地线安装

### (三)AT 供电方式接触网闪络保护与接地

目前,在 AT 供电区段接地保护方式采用了绝缘 AT 保护线方式(双重绝缘方式)和不绝缘 AT 保护线方式两种。

#### 1. 绝缘 AT 保护线方式(双重绝缘方式)

所谓绝缘 AT 保护线方式,即保护线(PW 线)悬挂在钢柱上时的闪络保护方式,如图 1-17-3 所示。肩架固定在钢柱上,PW 线经一个悬式绝缘子悬挂在肩架上,所以 PW 线对钢柱是绝缘的。支撑接触网拉杆处的一串悬式绝缘子,或压管处棒式绝缘子以及腕臂根部棒式绝缘子,在接地侧各连接一处接地跳线,此接地跳线接 PW 线上。接地跳线支柱侧对悬式绝缘子串增加了一个悬式绝缘子,对棒式绝缘子而言改用了双重绝缘棒式绝缘子,接地跳线是安装在棒式绝缘子主绝缘瓷体与附加绝缘瓷体之间。这样拉杆或腕臂处接地跳线与钢柱也是绝缘的。同时正馈线(AF 线)及供电线(F 线)在肩架上悬挂时,接地侧也增加了一个悬式绝缘子,接地跳线对 AF 及 PW 线肩架也是绝缘的,对钢柱软横跨的软横跨接地侧绝缘子串,在接地侧也增加了一个悬式绝缘子,软横跨上的接地跳线对钢柱也是绝缘的,故称绝缘保护线方式。

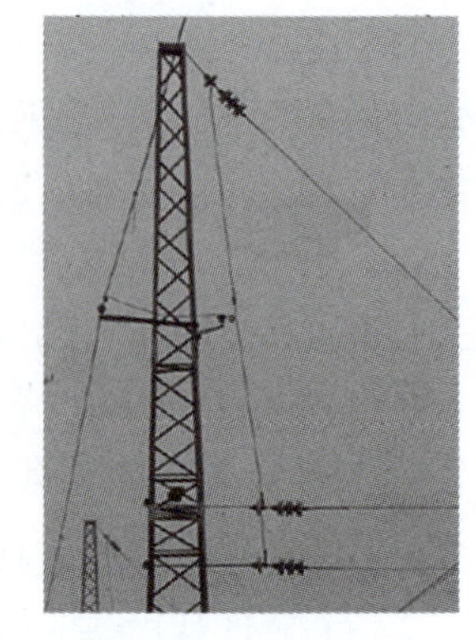
图 1-17-3　钢柱绝缘 AT 保护线方式

当绝缘子闪络或击穿时,其闪络或击穿电流不经过钢柱和肩架,也不经钢轨和大地回路回牵引变电所(开闭所、分区所),而是经接地跳线流至保护线,再经保护线流至牵引变电所(开闭所、分区所)内,致使有关的保护设备动作。这样闪络或击穿电流就不会使钢柱带电,保证了人身安全,也避免了对信号轨道电路的干扰。

### 2. 不绝缘 AT 保护线方式

所谓不绝缘 AT 保护线方式,就是 PW 线在 AF、PW 线肩架(AP 肩架)上悬挂时,不经悬式绝缘子而直接挂在悬吊零件上。这种方式用在钢筋混凝土支柱上,如图 1-17-4 所示。这种方式没有接地跳线,只有接地连线,接地连线就是把拉杆底座、腕臂底座、AP 肩架、固定角钢等接触网设备中非带电金屑部分,用 $\phi10$ mm 圆钢接地线连接起来。当接触网绝缘子或 AF 线绝缘子串闪络或击穿时,短路电流直接从金属底座经零件、肩架流入 PW 线,从 PW 线回牵引变电所(开闭所、分区所),使保护动作。短路电流不会使钢筋混凝土支柱带电,也不会顺着支柱入地或流入钢轨,效果与绝缘 AT 保护线方式相同。

图 1-17-4　钢筋混凝土支柱不绝缘 AT 保护线方式

## (四)接地极的安装

接地极又称接地体,它是深埋地中并直接与大地接触的金属导体。接触网接地一般直接接至钢轨或保护线上,但是有些需接到接地极上。采用接地极的地点有:安有隔离开关、避雷器、吸流变压器的支柱;位于行人较多的站台上的支柱;需要进行双接地的支柱以及远离钢轨的支柱等。

### 1. 接地极的形式

接地极根据使用材料不同可分为角钢接地体、钢管接地体、圆钢接地体等,如图 1-17-5 所示。

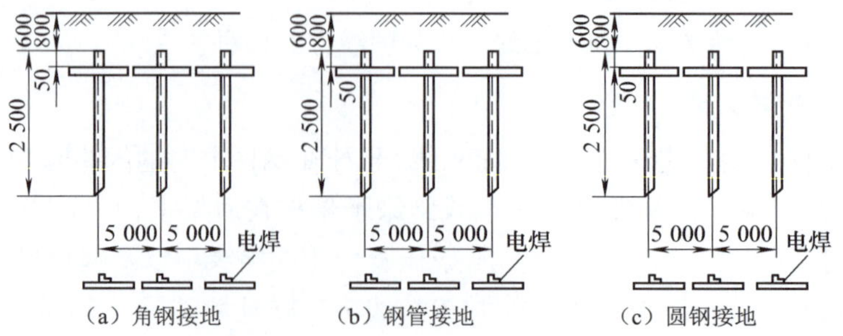

图 1-17-5　接地极形式(单位:mm)

### 2. 安装

在杆上地线安装完毕后，要进行接地极的安装，接地极安装方法如下：

(1)挖接地极沟，沟深0.8～1 m，底宽0.5 m，上宽1～1.5 m，从支柱开始"一"字形开挖(有四根接地体角钢的也可以支柱为中心挖成闭合形沟)。

(2)将接地极扁钢理顺直，摆在沟边；从支柱向远离支柱方向依次将接地体角钢垂直打入沟底正中，扁钢与接地角钢焊接，角钢头露出50～60 mm。

(3)回填、夯实。$\phi$12 mm圆钢露土部分应能与支柱上地线搭接，用接地电阻测试仪测试接地电阻，电阻值应小于10 Ω。若接地电阻达不到要求时，可接长接地极网络，每增加一垂直接地体角钢时，水平接地体扁钢相应加长5 m，直至接地电阻达到要求。对土壤电阻率高的地方可采用如下方法：增设接地体射线根数和长度，采用外引接地体和土壤中加食盐、化学处理土壤、更换土壤等方法。

(4)将接地极用$\phi$12 mm圆钢与支柱上地线用接地线夹连接起来，接触面去漆并涂凡士林。

### 3. 接地电阻测试

接触网中的各种接地装置是保证接触网设备安全运行、维护人员及行人的人身安全的重要设施，各种接地电阻值要越小越好，不得超过设计规定值，见表1-17-1。

表1-17-1　接触网设备及其邻近物接地装置的接地电阻值(Ω)

| 类　别 | 接地电阻值 | 类　别 | 接地电阻值 | 类　别 | 接地电阻值 |
|---|---|---|---|---|---|
| 开关、避雷器、吸流变压器 | 10 | 零散的接触网支柱 | 30 | 避雷线 | 10 |
| 架空地线 | | 距接触网带电体5 m以内的金属结构 | | | |

各种接地装置均需进行接地电阻测试(直接接钢轨的可不测试)，一般采用电阻测量仪测量，常用的接地电阻测量仪见表1-17-2。

表1-17-2　接地电阻测试仪型号规格

| 生产厂 | 名称 | 型号规格 | 准确度 |
|---|---|---|---|
| 1 | 接地电阻测量仪 | 2C8型量程0～1/10/100 Ω | ±5% |
| 2 | 安全火花接地电阻测量仪 | 2C18型量程0～1/10/100 Ω | ±5% |
| 3 | 晶体管接地电阻测量仪 | 2C34型量程0～2/20/200 Ω | ±2.5% |
| 4 | 接地电阻测量仪 | 2C24型量程0～10/100/1 000 Ω | ±5% |

除晶体管测试仪外，其余型号接地电阻测试仪系由手摇发电机、电流互感器、电位器及检流计等组成。借助开关旋钮改变互感器的二次绕组产生的电流，可得到不同的量限。

接地电阻属于分布电阻，在接地点附近比较大，在接地点20 m以外的电阻不再增加，为了消除探测电极的影响，通常探测电极P埋设在距接地点10 m以外，位于接地点与辅助电极E之间，如图1-17-6所示。

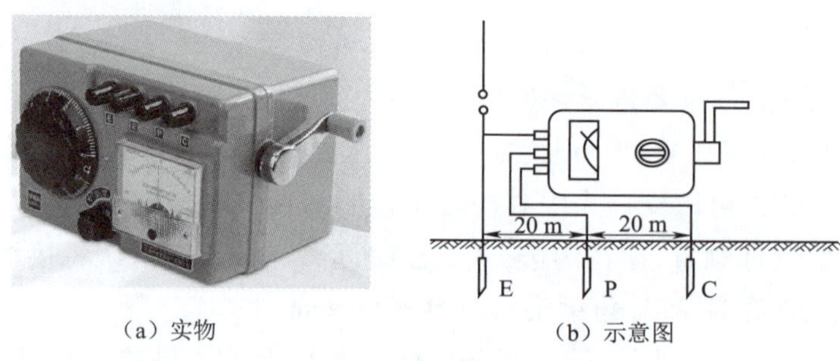


（a）实物　　（b）示意图

图 1-17-6　接地电阻测试仪

### （五）隧道内地线的安设要求

隧道内接触网地线宜采用集中接地（接地母线）方式，也可利用回流线（直接供电方式）或保护线（AT 供电方式）作闪络保护地线。接地母线的引下线宜采用嵌入隧道壁内方式设置。

接地母线应每隔约 500 m 接一次钢轨，小于 500 m 的隧道宜在中部有一处接钢轨。在无信号轨道回路区段可直接接钢轨；在有信号轨道回路区段可直接接扼流变压器线圈中性点或串接火花间隙后直接接钢轨。

接地母线接至隧道口处，按上述要求接钢轨同时在洞口处打接地极，接地极接地电阻不得大于 10 Ω。

## 二、避雷器

避雷器安装在接触网支柱上，与接触悬挂相连接，作为接触网大气过电压保护之用。

接触网工作的额定电压为 25 kV，但在某种情况下会出现大大超过 25 kV 的电压，称为过电压。接触网过电压主要有大气过电压和操作过电压。大气过电压即雷电过电压，它电压幅值大、容量大、破坏性强，如不进行防护可能烧毁设备，击穿绝缘，造成重大设备事故。操作过电压是由供电设备的切换形成，如变压器的投入与退出，隔离开关的开、合操作等，都可能产生过电压。操作过电压的幅值可能为工作电压的几十倍，有较强的破坏性。这种峰值很高的过电压会使绝缘子闪络、击穿而发生短路事故，造成接触网设备损坏，当安装了避雷器后，它能及时地将雷电引入大地。

避雷器一般安装在绝缘锚段关节、开闭所、分区所和变压器处，对接触网线路和供电设备进行过电压保护。

接触网用避雷器主要有角隙避雷器、氧化锌避雷器等几种。氧化锌避雷器是一种新型避雷器，在目前接触网中广泛应用。

### 1. 氧化锌避雷器

它主要由氧化锌压敏电阻构成。每一块压敏电阻从制成时就有一定开关电压，在正常工作电压下（即小于压敏电压）压敏电阻值很大，相当于绝缘状态，但在冲击电压作用下（大于压敏电压），压敏电阻呈低值被击穿，相当于短路状态。然而压敏电阻被击状态，是可以恢复的；当高于压敏电压的电压撤销后，它又恢复了高阻状态。因此，在电力线上安装氧化锌避雷器后，当雷击时，雷电波的高电压使压敏电阻击穿，雷电流通过压敏电阻流入大地，此时其残压不会超过被保护设备的耐压，达到了保护的目的。此后，当作用电压降到动作电压以下时，自动终止"导通"恢复绝缘状态，整个过程不存在电弧燃烧与熄灭的问题，从而保护了电器设备的安全。

氧化锌避雷器是目前较理想的过电压保护装置，与传统避雷器相比，提高了通流能力，可以做成无间隙避雷器，改变了避雷器的结构。氧化锌避雷器结构简单、安装方便，工作可靠，防雷效果好。

氧化锌避雷器的外部构造和安装结构如图 1-17-7 和图 1-17-8 所示。避雷器安装材料见表 1-17-3。

电气化铁路用氧化锌避雷器有下列型号：

Y5WT-42/120 型，HY5WT-84/240 型

Y10WT-42/120 型，HYl0WT-84/240 型

其中 Y——氧化锌避雷器；

HY——瓷外套氧化锌避雷器；

W——无间隙；

T——电气化铁路用；

5、10——标称放电电流，单位：kA；

42、84——定电压，单位：kV；

120、240——标称放电电流下最大残压，单位：kV。

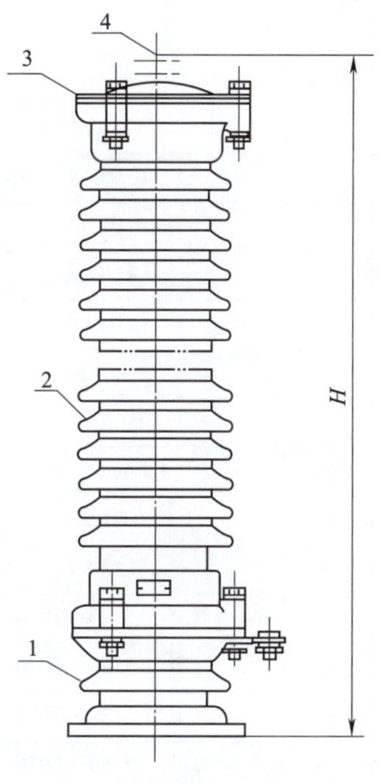


图1-17-7 氧化锌避雷器外形构造

1—底座；2—避雷器单元；3—顶盖；4—高压接线端子

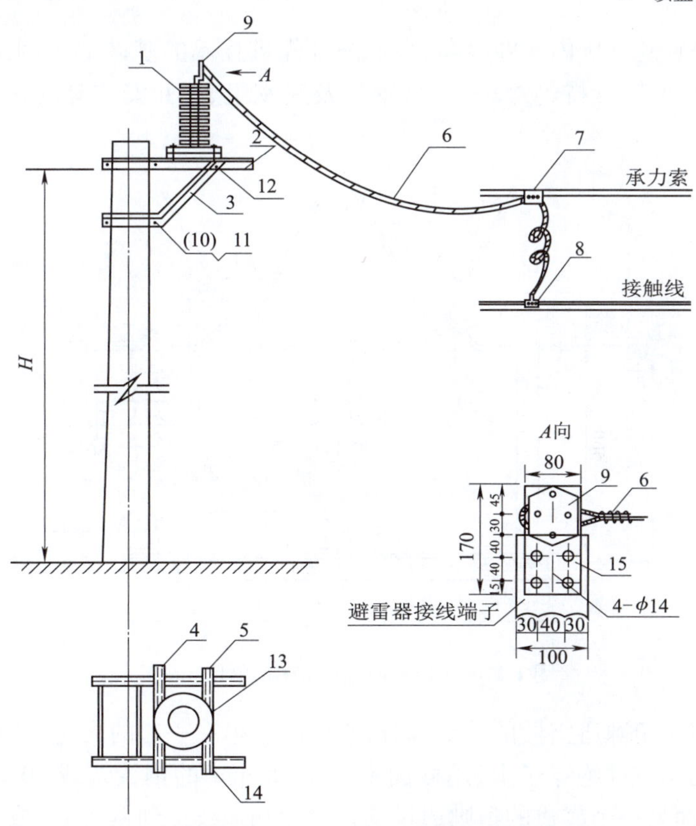


图 1-17-8 避雷器在混凝土方柱、钢柱安装结构(单位：mm)

表 1-17-3　避雷器安装材料

| 序号 | 代号 | 名称 | 单位 | 数量 | 备注 |
|---|---|---|---|---|---|
| 1 | Y5WT-42/120 | 氧化锌避雷器 | 套 | 1 | |
| 2 | BL06-94 | 避雷器托架角钢 | 件 | 1 | 型号按支柱选 |
| 3 | BL07-94 | 避雷器托架斜撑 | 件 | 1 | 型号按支柱选 |
| 4 | BL05-94 | 双孔横槽钢 | 件 | 1 | 型号按支柱选 |
| 5 | BL04-94 | 单孔横槽钢 | 件 | 1 | 型号按支柱选 |
| 6 | TRJ-120 | 软铜绞线 | m | 5.5 | |
| 7 | JL05-89 | 承力索电连接线夹 | 套 | 1 | |
| 8 | JL04(A)-89 | 接触线电连接线夹 | 套 | 1 | |
| 9 | JL05(TR120)-89 | 避雷器电连接线夹 | 套 | 1 | |
| 10 | JL47-89 | 130 型钩螺栓 | 套 | 8 | 钢柱上安装用 |
| 11 | GB/T 5780—2016 | M16 螺栓 | 套 | 4 | 长度按支柱选 |
| 12 | GB/T 5780—2016 | M16×50 螺栓 | 套 | 2 | |
| 13 | GB/T 5780—2016 | M12×50 螺栓 | 套 | 3 | |
| 14 | GB/T 5780—2016 | M12×75 螺栓 | 套 | 4 | |
| 15 | d10 | 铜连接板 | 套 | 1 | $d=10$ |

### 2. 角隙避雷器

角隙避雷器是在总结国内实践经验，吸取国外先进技术的基础上研制出的一种新型防雷设备。它是由角型间隙、支持绝缘子、支持钢管及底座组成，并安装有动作记录器，其结构如图 1-17-9所示。

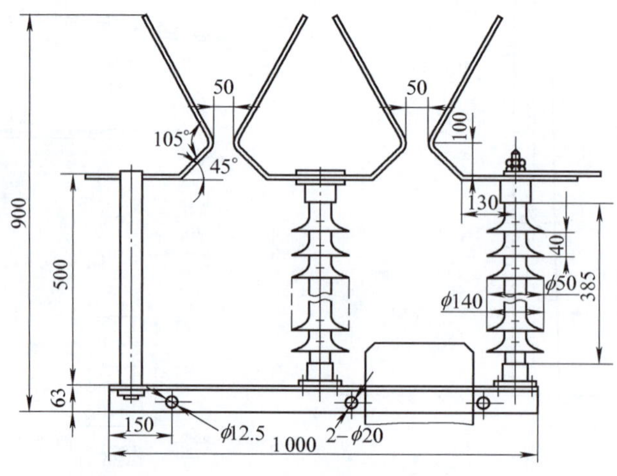


图 1-17-9　角隙避雷器结构(单位:mm)

放电角型间隙是角隙避雷器的关键部分，它由两个串在一起的火花间隙组成，其中一个靠边的角固定在防污型支柱绝缘子上，用截面不小于 25 $mm^2$ 的钢绞线或 70 $mm^2$ 的钢芯铝线将其连接到接触网，而另一个靠边的角则通过支持钢管和地线接到钢轨上(或架空地线上)。

当接触网产生过电压时，角隙击穿放电电流被引入大地，此时角隙之间的电弧在电动力和上升的热气流作用下，自动沿着开放的角型导体向外拉长，弧柱迅速变细并在大气中冷却熄灭，使接触网又恢复到正常工作状态。

实践表明，角隙避雷器具有制作容易、安装方便、维护简单、防护效果好、使用寿命长的特点。由于支持绝缘子采用了 ZSW 型棒式支柱绝缘子，泄漏距离为 1 200 mm，是加强性防污瓷柱，从而提高了避雷器的防污能力及接触网运行的可靠性。

角隙避雷器一般安装在接触网支柱顶部，与线路中心呈 45° ~ 90°角，在该角度下形成环线状，以便在放电时电动力效应得到充分发挥。也可以将避雷器安装在肩架上，这时应将其接地的角隙置于支柱侧，并应使避雷器与支柱间有不小于 1 m 的距离。接地侧的角通过接地孔、连接导线与动作记录器连接，记录器应可靠地连接在地线上。

角型避雷器每年应定期进行 1 ~2 次检查，检查角型金属棒是否间隙对正，放电间隙是否符合要求，支柱绝缘子瓷瓶是否完好，清扫支柱绝缘子上的污垢。电气连接部分应涂工业凡士林油，动作记录器在运行之前或运行 1 ~2 年后，应进行一次简易的检测，如测量直流电阻、动作性能等。

### 3. 避雷器设置条件

接触网线路在通过重雷区时要考虑安设避雷器。关于雷区的划分，一般是根据 20 年及以上的雷电日记录。用算术平均求得的平均值称为该地区的雷电日。雷电等级划分如下：

少雷区：年平均雷暴日在 20 天及以下的地区。

多雷区：年平均雷暴日在 20 天以上，不超过 40 天的地区。

高雷区：年平均雷暴日在 40 天以上，不超过 60 天的地区。

《铁路电力牵引供电设计规范》规定，根据雷电日及运营经验，按下列原则对接触网进行大气过电压保护。

(1) 吸流变压器的原边应设避雷装置。

(2) 高雷区及强雷区，下列重点位置应设避雷器：

①分相和站场端部的绝缘锚段关节；

②长度 2 000 m 及以上的隧道两端；

③较长供电线或 AF 线连接到接触网上的接线处。

(3) 强雷区应架设独立的避雷线，其接地电阻值应符合表 1-17-1 的规定。

## 三、吸流变压器

在电气化铁路接触网中，为了消除电气化铁路对通信线路和广播线路产生的感应影响，以致在通信线路上产生危险电压和杂音干扰，使通信质量下降，而装设了吸流变压器。吸流变压器用于 BT 供电方式的电气化铁路中，吸流变压器是通过锚段关节串接在接触网线路中的，它的二次侧串在回流线中。其工作原理如图 1-17-10 所示。

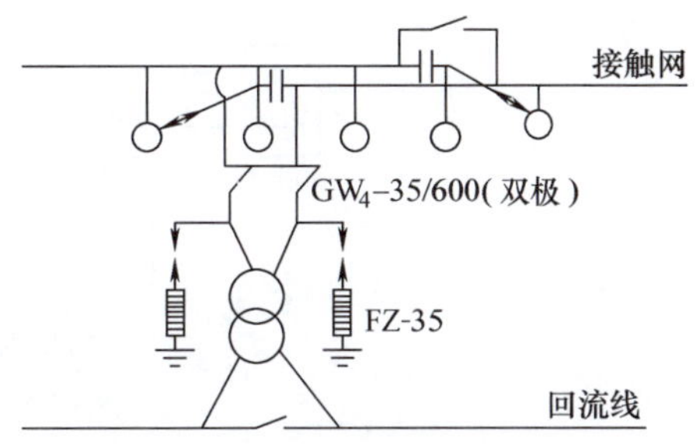


图 1-17-10 吸流变压器接线原理

### (一) 吸流变压器的维修标准

(1) 吸流变压器台架应水平放置，距地面高度为 3.5 m，台架应牢固、平稳。

(2)吸流变压器台上所有设备引线加工应对称一致,整齐美观,25 kV 侧引线对地距离不得小于 500 mm,回流线对地距离不少于 200 mm。

(3)吸流变压器与台架连接应牢固、平稳。变压器下不得加垫片,并应添设腰箍加强固定于支柱上(用 6 股 $\phi$4.0 mm 镀锌铁线)。

(4)当吸流变压器需安设吸湿器时,吸湿器应完整无锈蚀,与油枕连接紧密,吸湿器内的干燥剂应干燥、不变色。

(5)吸流变压器油枕的油面高度及油色正常,变压器无渗油现象。

(6)瓷套管清洁、无裂纹、无破损及放电痕迹,瓷釉剥落面积不大于 300 $mm^2$。

(7)变压器身无锈蚀,外壳接地良好,声响正常。

(8)引线受力适当,连接牢固,接触良好。25 kV 侧引线对接地体距离不得小于 300 mm。

(9)变压器绝缘电阻允许值为:

| | | |
|---|---|---|
| 低对高及地 | 40 ℃/180 MΩ | 30 ℃/270 MΩ |
| | 20 ℃/400 MΩ | 10 ℃/600MΩ |
| 高对低及地 | 40 ℃/180 MΩ | 30 ℃/270 MΩ |
| | 20 ℃/400 MΩ | 10 ℃/600 MΩ |

(10)接地装置接地电阻应小于 10 Ω。

吸流变压器常见的维修工作有:绝缘电阻与接地绝缘电阻的测量,吸流变压器维修前的拆除与投入的操作程序,以及吸流变压器引线的安装。

### (二)绝缘电阻与接地电阻的摇测方法

(1)低压圈对高压圈及地绝缘电阻

用软铜线分别短接低压圈两套管的导电杆和高压圈两套管的导电杆,并将高压圈短接线延长与吸流变压器外壳连接。将兆欧表的“线端”连接于低压圈接线上,“地端”连接于高压线圈短接线上,先慢后快摇动兆欧表的手柄,最后以 120 r/min 的匀速摇动兆欧表 1 min,读取绝缘电阻值。接线如图 1-17-11(a)所示。

(2)测高压圈和低压圈及地绝缘电阻

将低压圈短接线延长与吸流变压器外壳连接,拆除高压圈短接线与外壳的连接,将兆欧表的“线端”改接于高压圈短接线,地端改接于低压圈短接线,按上述方法摇动兆欧表 1 min,读取绝缘电阻值。结束后拆除所有短接线和兆欧表连接线,接线如图 1-17-11(b)所示。

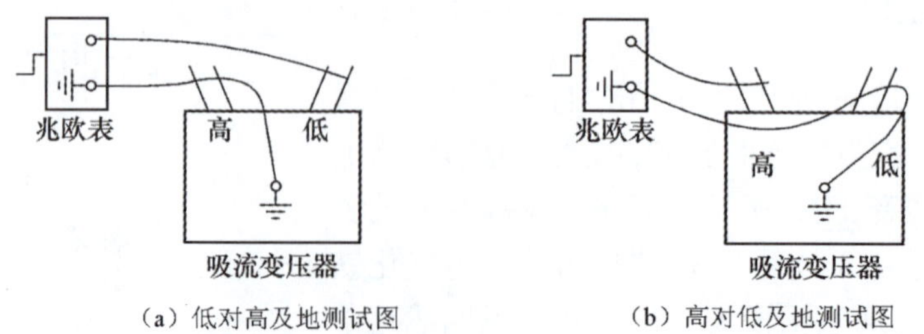


(a)低对高及地测试图　　(b)高对低及地测试图

图 1-17-11　吸流变压器绝缘电阻摇测方法

## 四、扼流变压器

电气化铁路靠钢轨将牵引电流送至牵引变电所,而铁路自动闭塞区段也通过轨道传递信号电流。在每个信号自动闭塞区段间钢轨需要绝缘，为了保证牵引电流通过轨道绝缘节，特在轨道绝缘节处安装扼流变压器，轨道信号电流由于频率不同，在通过扼流变压器时产生谐振（呈现高阻抗），而牵引电流则能顺利通过。所以扼流变压器起到通过牵引电流扼制信号电流的作用。

轨道绝缘节两侧扼流变压器，其线圈两端分别接到两个钢轨上，中心抽头相连并接吸上线，如图 1-17-12 所示。

复线间线间连接是连接到相邻绝缘头上扼流变压器线圈中点的。在单牵引轨回路的情况下，只能用一根钢轨来流通牵引电流，而第二根钢轨则用作流通自动闭塞电流，如图 1-17-13 所示。

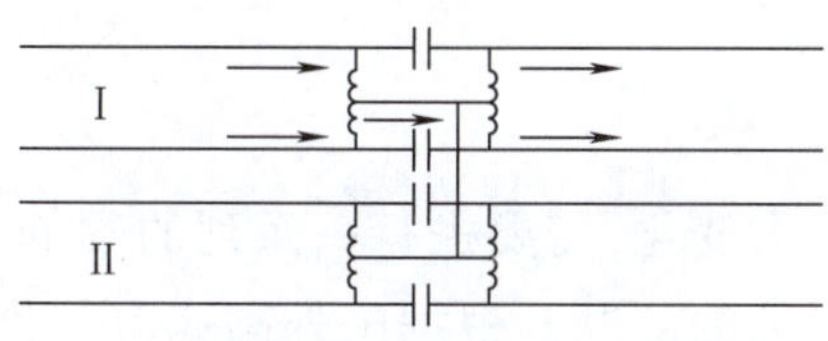

图 1-17-12 扼流变压器原理

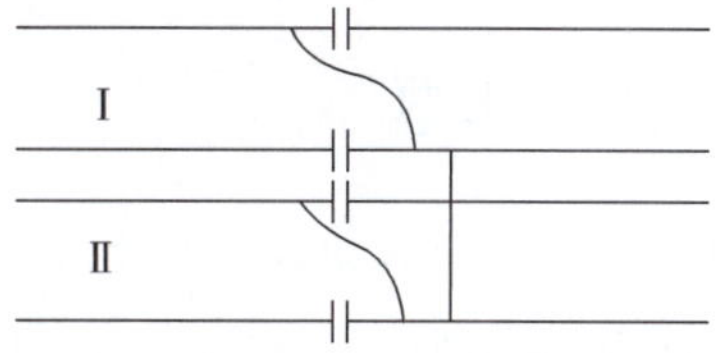

图 1-17-13 牵引电流在钢轨中流通

在非自动闭塞区段上，回流线要连接到电气化线路的钢轨上。在单轨道回路的车站上，要将回流线连接到所有牵引轨上。在双牵引轨道电路情况下，回流线应连接到扼流变压器线圈的中点。在有多条线路时，在回流线连接的位置上，在各条线路的钢轨之间应加装线间连接线。

AT 供电方式吸上线与 BT 供电方式吸上线不同，BT 吸上线是经过扼流变压器把钢轨与回流线连接起来，吸上线内流过的是牵引电流。而 AT 供电方式吸上线不流过牵引电流，仅在变电所、分区所、开闭所出口处的吸上线与 BT 方式吸上线作用相同，一般在两自耦变压器之间接 1 ~ 3 处，主要作用是降低钢轨电位。

吸上线应满足下列技术要求：

(1)吸上线电缆截面应满足回流要求，外露部分电缆护管应无损伤。

(2)吸上线埋入地下时，埋深不少于 300 mm。穿过钢轨、桥台时应采取防护措施。

(3)吸上线的设置和安装还应符合以下要求：

①吸上线型号及安装位置应符合设计要求；

②在有轨道电路区段，采用截面满足要求的电缆接至扼流圈中性板。吸上线必须与支柱密贴连接牢固；

③吸上线与回流线连接时，距离悬挂点的距离应符合设计要求。

## 思考练习题

1. 说明接触网地线的作用。
2. 说明隧道内地线的安设要求。
3. 对接触网接地电阻有什么要求？
4. 雷电会对接触网造成什么伤害？
5. 接触网设置避雷装置的原则是什么？
6. 扼流变压器为什么能起到通过牵引电流扼制信号电流的作用？

# 第十八节　高速铁路接触网结构

## 学习目标

1. 了解高速铁路接触悬挂类型的选择；
2. 了解无交叉线岔结构和工作原理。

## 一、接触悬挂类型

接触网结构在机车高速运行情况下，发生了许多重大变化，需要进行一系列的改革，采取什么样的悬挂类型来适应高速铁路，一直是一些国家研究的课题。根据国外高速电气化铁路运行经验，高速滑行的受电弓，其抬升力在空气动力和自身惯性作用下，以列车速度平方的比例大幅度增加，因而使接触线产生较大的抬升量，当驶过等距支柱甚至在跨距中的等距吊弦时，会周期性激发接触线振动，它会使接触线弯曲应力增加，容易引发疲劳断线事故，同时这种振动可沿导线以一定速度传播，在遇到吊弦线夹和悬挂点时，会将波反射放大引起导线振荡，这是引起受电弓离线的主要原因，离线产生的电弧会烧伤接触线使磨耗增加，即电磨耗。当导线弯曲刚度小而张力大时，其波动速度可由下式求出

$$v_C = 3.6\sqrt{\frac{T}{\rho}} \tag{1-18-1}$$

式中　$v_C$——接触线的波动传播速度(km/h)；

$T$——接触线张力(N)；

$\rho$——接触线的线密度(kg/m)。

当列车速度 $v$ 远低于波动传播速度 $v_C$ 时，接触线以受电弓接触的位置为中心，接触点前后方向线索呈对称变形状态。当列车速度 $v$ 接近波动传播速度 $v_C$ 时，由于波向接触点前方的传播速度变小，使得接触点前方的接触线不发生变化，而接触点后方的接触线发生很大振动，造成接触点处接触线被强行弯曲，产生较大的应力。应力的增加使接触线出现疲劳破坏，同时因接触线上下起伏变化大，受电弓离线增加受流状态变差。实践证明当列车运行速度在波动传播速度的70%以下时，可以认为受电弓具有稳定的受流状态。所以在保证受电弓受流质量前提下提高列车速度，就必须相应地提高接触线的波动速度。

根据式(1-18-1)可以看出，提高接触线波动速度可从以下两个方面入手：

(1)提高接触线的张力。

(2)减小接触线的线密度，即采用轻型化线索。

目前在主要电气化铁路干线上普遍采用110 $mm^2$铜接触线，在张力为9.8 kN时，其波动速度是358 km/h，如需提高接触线张力则要加大线索截面积，这不利于提高接触线波动速度，为此现在大量使用铜合金接触线，提高其强度，从而达到提高接触线波动速度和列车运行速度

的目的。

接触悬挂类型的选择涉及技术、经济和安装维修等各个方面，通过综合评价，目前有三种悬挂类型已应用在高速电气化铁路中。

### 1. 简单链型悬挂

简单链型悬挂完全可以满足 330 ~ 350 km/h 的运行速度，简单链型悬挂维修简单造价低，有多年成熟的运行经验。

### 2. 弹性链型悬挂

德国开发的高速接触网普遍采用弹性链型悬挂，其主要出发点是降低接触网弹性不均匀度，在 20 世纪 80 年代末修建的曼海姆到斯图加特高速铁路(250 km/h)上采用。弹性链型悬挂比简单链型悬挂弹性好，但造价较高。

### 3. 复链型悬挂

复链型悬挂是用带弹簧的吊弦合成的悬挂。复链型悬挂运行性能好，但造价高、设计复杂，施工和维修难度大，复链型悬挂形式如图 1-18-1 所示。

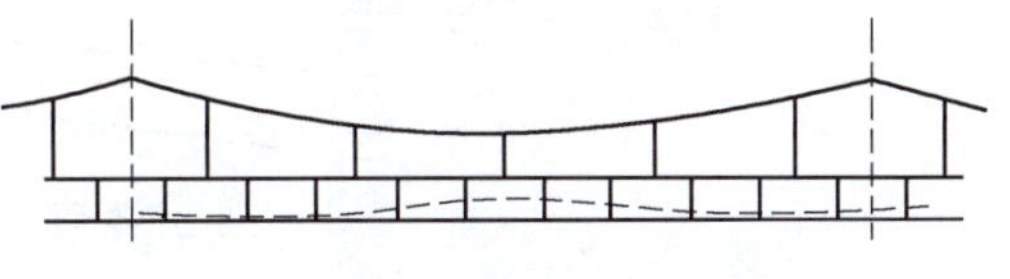

图 1-18-1 复链型悬挂示意

各悬挂类型受流性能见表 1-18-1。

表 1-18-1 3 种悬挂类型性能比较

| | 预留弛度简单链型悬挂 | 弹性链型悬挂 | 复链型悬挂 |
|---|---|---|---|
| 弹性均匀度 | 差 | 好 | 好 |
| 平均弹性 | 小 | 大 | 小 |
| 稳定性 | 好 | 差 | 好 |
| 受电弓轨迹 | 差 | 好 | 最好 |
| 定位点抬高量 | 小 | 大 | 较小 |
| 优选跨距(m) | 60 ~ 65 | 60 ~ 65 | 60 ~ 65 |
| 施工 | 方便 | 较不方便 | 最不方便 |
| 投资(亿元) | 1.0 | 1.02 | 1.2 ~ 1.3 |

目前京沪高速铁路采用全补偿简单链型悬挂，根据国外经验和我国铁路路轨现状，通过科技人员论证，普遍认为采用全补偿简单链型悬挂较为合适，特别是在车速不高的情况下，投资少见效快，完全能够适应 300 km/h 以上车速的要求。

## 二、无交叉线岔

### 1. 两线式无交叉线岔结构

线岔是接触网上的重要设备，在常速下，一般采用有交叉线岔，运行经验表明它完全能满足要求，但也存在着问题，交叉线岔硬点不易消除，列车无论从正线进入侧线，还是从侧线进入正线，在始触点处受电弓都要接触两条接触线，接触瞬间由于受电弓抬升力的作用，将要接触的导线总是比正在滑行的导线低，如图 1-18-2 所示。因此，会造成低侧导线会沿受电弓滑板圆弧导角向上移动到接触板上，这就难免发生钻弓和打弓事故，也给现场施工和维修带来困难。尤其是高速铁路，这种滑动接触对接触线和受电弓危害极大，为此在新建高速电气化铁路正线道岔上普遍推广无交叉线岔。现介绍武广高铁采用的无交叉线岔结构。无交叉线岔平面布置如图 1-18-3 所示。

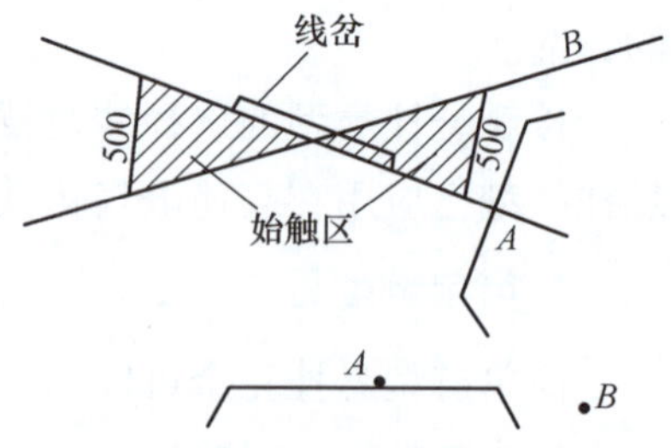


图 1-18-2　始触点处导线示意（单位：mm）

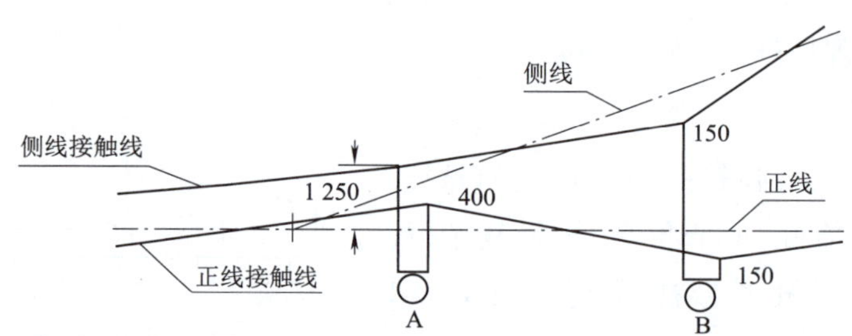


图 1-18-3　无交叉线岔平面布置（单位：mm）

由于道岔处钢轨没有超高，所以各自线路中心线与驶入该线的受电弓中心轨迹相重合。图 1-18-3 中道岔柱 A 柱设立在两线间距 150 mm 处，侧线接触线定位点距正线线路中心为 1 250 mm（侧线拉出值为 1 100 mm，再加上线间距 150 mm），高于正线 120 mm。正线拉出值为 400 mm。

道岔 B 柱设在线间距 1 400 mm 处，对正线和侧线的拉出值均为正定位 150 mm。导线高度为 5 300 mm。在道岔区域内，侧线接触线具有一定坡度，即侧线导线高度自 A 柱定位点向 B 柱定位点逐渐降低。线间距 600 ~1 050 mm 及两导线高差 150 mm 范围内的空间区域属于始触区。

当列车沿正线通过时，按 DSA250 型受电弓导角宽度 1 950 mm 的半宽 975 mm 考虑，再加上受电弓摆动 250 mm，则受电弓横向包络线宽为 1 225 mm。此时由于侧线接触线对正线的拉出值为 1 250 mm，所以正线列车受电弓不会接触侧线接触线，实现正线机车能够高速通过线岔。

当列车由正线驶入侧线时，受电弓进入始触区后，随着侧线导线高度的降低，列车受电弓逐渐接触侧线导线而脱离正线导线，实现两条导线顺滑地平稳过渡。

当列车从侧线驶入正线时，随着侧线导线逐渐升高，受电弓倒角在始触区适当位置与正线自然接触，并脱离侧线而进入正线。

根据技术要求，在两线间距 550 ~ 600 mm 间装设一组交叉吊弦，以保证侧线或正线列车通过时，始触区两工作支导线有相同的升高值。两线式无交叉线岔适用于侧线通过车速不高的区段。

### 2. 三线式无交叉线岔结构

三线式无交叉线岔又称锚段关节式线岔，主要在法国、意大利、韩国和西班牙等国高速铁路中采用，适用于高速道岔结构，线岔结构如图 1-18-4 所示。

根据图 1-18-4 中相邻线索的位置，锚段关节式无交叉线岔连续分布 5 个锚段关节，其中 1 号和 5 号关节为四跨非绝缘锚段关节，2 号和 4 号关节为五跨非绝缘锚段关节，3 号关节为四跨绝缘锚段关节（由导向支和侧线接触悬挂组成），3 号锚段关节主要是考虑该道岔位于两条正线间，需要通过锚段关节实现绝缘。

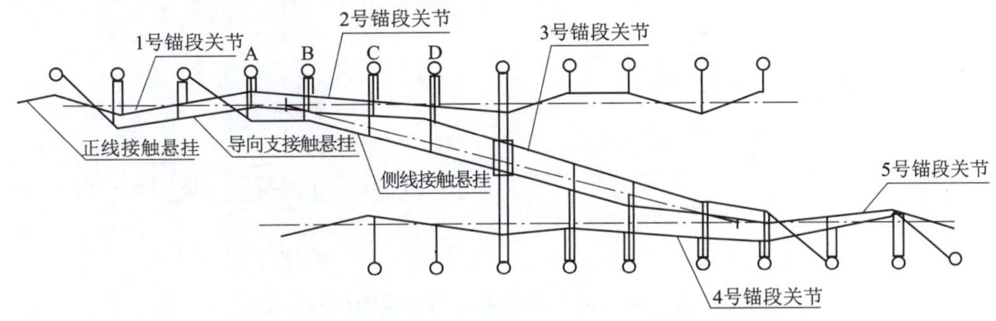


图 1-18-4　锚段关节无交叉线岔示意

图 1-18-4 中 B 柱与 C 柱间是 2 号锚段关节的中心跨距，受电弓在该跨距实现正线接触线与侧线接触线的转换。

当列车高速通过正线时，受电弓始终不与侧线接触线接触，但在 1、2 号锚段关节内与导向支接触线存在转换过渡关系，不影响机车正常运行，机车可高速过岔。

当列车由正线驶入侧线时，受电弓在 1 号锚段关节处由正线接触线过渡到导向支接触线，在 2 号锚段关节处（B 柱与 C 柱之间）从导向支接触线过渡到侧线接触线，通过 C 柱后驶入侧线。

当列车由侧线驶入正线时，受电弓在 2 号锚段关节（C 柱与 B 柱间），先从侧线转换到导向支接触线，经过 1 号锚段关节 A 柱后再由导向支接触线转换到正线接触线，最终驶入正线。另一侧线岔具有相同的运行过程。

锚段关节无交叉线岔，要求非工作支接触线始终布置在受电弓动态包络线范围以外，由于工作支与非工作支接触悬挂转换过渡平缓，所以它能够允许电力机车高速通过侧线，具有比 2 线式无交叉线岔更好的侧线通过性能。

无交叉线岔安装、调整精度较高，能够适应多种形状的受电弓，理论上可以适应 400 km/h 速度的要求，在调整中要求接触线始触区范围尽量在受电弓中心的同一侧，以避免引发受电弓钻弓事故，无交叉线岔一般适用于 18 号以上道岔。

## 三、高速道岔的接触网线岔结构

为适应高速列车通过，车站普遍采用高速道岔，38 号（道岔辙叉夹角的正切值）道岔是目前已采用的高速道岔之一，随着道岔型号的增加，道岔区段将会更长，因此接触网在高速道岔上的布置将更加复杂，现就该型道岔的接触网线岔布置形式作一简要介绍。38 号道岔接触网的布置结构如图 1-18-5 所示。

图 1-18-5 中所示为一连接两条正线的渡线，由于岔区较长，在渡线两侧对称布置有 8 根支

柱，第一根道岔柱（A 柱）距起始轨缝（$W_A$）8.68 m，支柱中心所在处，渡线与正线线路中心相距（$s_p$）0.1 m。第二根道岔柱（B 柱）距 A 柱 50 m，支柱中心所在处，渡线与正线线路中心相距 0.5 m。第三根道岔住（C 柱）与第四根道岔住（D 柱）顺线路相距 3 m，两支柱中点处的渡线与正线间距为1.65 m。C、B 柱之间相距 51 m。

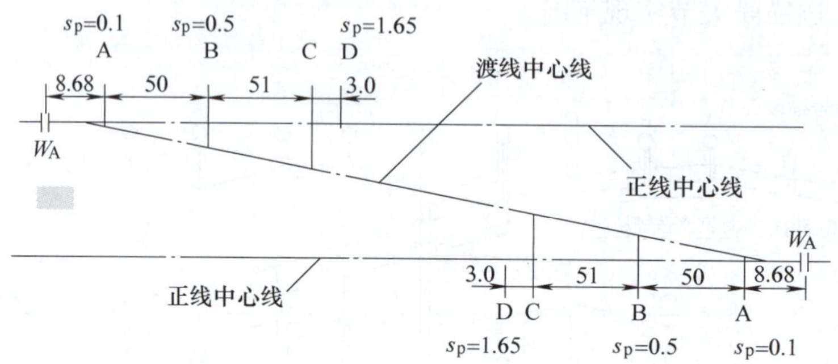


图 1-18-5　38 号道岔接触网的布置结构（单位：m）

渡线与相邻两条正线接触网组成两组交叉线岔，线岔布置结构如图 1-18-6 所示。

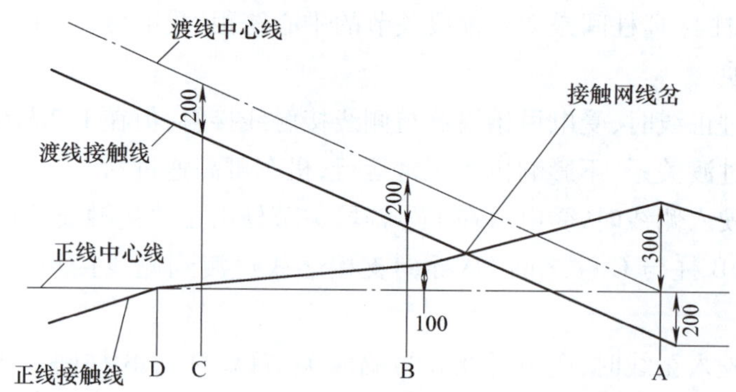


图 1-18-6　38 号道岔线岔布置结构（单位：mm）

调整标准如下：

（1）A 柱正线接触线拉出值对于正线为 -300 mm，渡线接触线拉出值对渡线为 +200 mm。

（2）B 柱正线拉出值为 -100 mm，渡线拉出值为 +200 mm，两接触线水平间距 200 mm。两接触线在 A、B 柱之间形成一个交叉点构成线岔。

（3）C 柱渡线接触线拉出值为 +200 mm，D 柱正线接触线拉出值为 0。

（4）A 柱正线接触线高度应低于渡线接触线 130 mm。

（5）B 柱正线接触线高度应低于渡线接触线 10 ~ 20 mm。

（6）线岔定位柱处两支接触线拉出值不得大于 350 mm，两工作支线间距 600 ~ 1 050 mm 范围内，渡线接触线与正线接触线应等高。

（7）线岔两接触线交点距定位点不得小于 2 500 mm，且交点距两线路中心的距离≤350 mm。两支承力索交叉处无摩擦。

（8）两线路中心距离 400 ~ 1 050 mm 范围内不得布置任何线夹。

（9）两线路中心距离 800 ~ 1 050 mm 范围内两接触线应位于受电弓同一侧，岔尖方向的两支悬挂工作支接触线也在受电弓的同一侧，非工作支按要求抬高。

(10)线岔限制管应安装牢固，偏移符合要求，自由伸缩无卡滞，两线间上下活动间隙1～3 mm。限制管的长度符合要求(不应小于2 550 mm)，且渡线接触线与限制管两端线夹无摩擦现象。

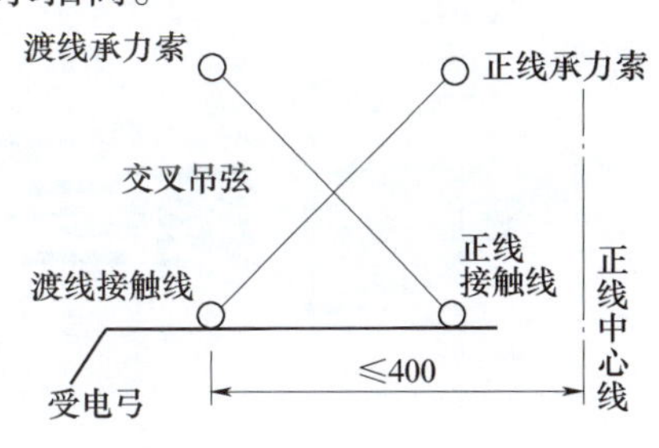


图1-18-7 交叉吊弦位置
(单位：mm)

在靠近始触区处，正线和渡线之间要装设交叉吊弦，具体装设位置如图1-18-7所示。

交叉吊弦的布置要求如下：

(1)岔心侧安装交叉吊弦2根，交叉吊弦位于距线路中心≤400 mm范围内，两交叉吊弦纵向间距为200～300 mm。

(2)下锚侧渡线接触线距正线线路中心≤400 mm范围内正线承力索对渡线接触线安装交叉吊弦1根。

(3)渡线必须延长一跨(≥30 m)后方可下锚，非工作支拉出值≤800 mm，接触线高于正线接触线250～300 mm，非工作支接触线坡度不得大于10‰。

安装交叉吊弦的目的是限制始触区两导线地高差，保障受电弓能够平滑安全地通过始触区。

维修要求：

(1)测量调整交叉点位置，使其符合标准。

(2)对定位点拉出值和该定位相邻两跨距的跨中接触线偏移值进行复测，不超过规定。

(3)测量调整线岔始触区内两工作支水平及两交叉接触线非工作支抬高。

(4)检查限制管安装位置及活动间隙。

(5)检查各部线夹及防松垫片，紧固螺栓并涂油。

## 思考练习题

1. 说明无交叉线岔的基本结构。
2. 影响受电弓取流的因素有哪些？
3. 应如何改善接触悬挂的弹性？

# 第二章　接触网负载计算

## 第一节　气象条件及计算负载的确定

### 学习目标

1. 掌握接触网气象条件的确定方法；
2. 各种风、冰和合成负载的计算方法。

接触网是露天装置，要经受外界各种自然条件变化的影响。气象条件对接触网工作质量及技术状态有较大的影响，故气象条件是接触网设计计算时最原始、最重要的基础资料，同时也是设计计算时的基本依据。所选择气象条件的数值恰当与否，对于接触网设计质量至关重要。如果把百年不遇的不利情况作为依据，在设计时，必然会缩小跨距，加强设备结构，提高安全系数，结果造成物资浪费，造价过高。但如果把频繁出现的较严重情况也不予考虑，选择数值较低，则会降低运营的可靠性，事故率高，后果也很严重。所以，气象条件必须结合具体情况慎重、细致地进行确定。

### 一、气象条件的确定

俗话说"气象万千"，确定接触网计算气象条件是一项复杂、困难的工作。我国疆域辽阔，地形错综复杂，气象差异很大，这给确定接触网气象条件带来了不少困难。在具体确定时应力求准确，满足设计需要，取值尽量规格化、系列化，且同一线路的气象条件尽可能地统一起来。接触网设计的气象条件，应根据最近记录年限不少于 20 年的沿线气象资料计算，并结合既有电气化铁路或高压架空送电线路的运营经验确定。目前，我国电气化铁路勘测设计部门对于接触网计算气象条件的选择和确定方法如下：

#### 1. 最高温度与最低温度

最高温度 $t_{max}$ 与最低温度 $t_{min}$ 应根据线路通过地区的实际极限温度，采用各地气象台的年最高、年最低温度，在数值上取 5 的整倍数。考虑到全国大多数地区情况，一般最高温度宜取为 40 ℃；最高计算温度宜为最高气温的 1.5 倍。最低气温应按 15 年发生一次的平均最低值计算确定。

全国各地有所不同，其中广东、广西、福建和浙江沿海地区取为 -5 ℃，长江流域及云、贵、川的大部分地区取为 -10 ℃，黄河流域、华北平原的大部分地区取为 -20 ℃，河北、山东西北部、东北地区的南部等地取为 -30 ℃，东北地区北部及其他高寒地区则取为 -40 ℃。

温度的变化会使线索的张力和弛度发生变化。温度过低线索被拉紧，甚至出现负弛度不利于受电弓正常取流。温度过高，线索伸长，弛度增大，也会影响正常取流，造成接触线磨耗严重，缩短使用寿命。

### 2. 最大风速 $v_{max}$

接触网的风偏设计风速，应采用空旷地区、离地面 10 m 高度处的 10 min 自动记录 15 年发生一次的平均最大值；接触网的结构设计风速，应采用空旷地区、离地面 10 m 高度处的 10 min自动记录50 年发生一次的平均最大值。如气象台(站)的纪录支部符合上述要求，则应按规定进行换算。

风对接触网的影响主要体现在风不仅增加了支柱和悬挂的机械负荷，而且在不同方向和风速的作用下，会使线索产生多种形式的振动、摆动。故设计时必须考虑风的影响。

### 3. 最大风速出现时的温度 $t_v$

最大风速时的气温应按最大风速时的实际值和强风季节最冷月的月平均气温综合确定。

### 4. 线索覆冰时的温度 $t_b$

接触网线索覆冰与否，应视该地区实际情况而定，我国在覆冰地区一般选取 -5 ℃为线索覆冰时的温度。

### 5. 覆冰厚度 $b$ 和覆冰密度 $\gamma_b$

接触网设计采用的覆冰厚度，应根据沿线气象记录和运营经验确定，且取整数为 0,5,10,15,20 mm。

接触网覆冰考虑为圆筒形，沿导线表面等厚度分布，不考虑导线截面的不规则形状，设计资料中只给出承力索覆冰厚度。接触网计算时一般不考虑吊弦及其线夹的覆冰载荷，考虑受电弓滑板运行中的刮冰作用，计算接触线冰厚时应折算为承力索覆冰厚度的一半。线索覆冰的密度因地区和结冰情况不同而异，为统一起见，计算中一般取为 0.9 g/cm$^3$。

冰对接触网的影响有两方面，一是覆冰会增加线索所承受的机械负荷；二是由于隧道内拱顶不严密，严寒季节渗水结成冰柱，易使导体短路而影响正常供电。

### 6. 线索覆冰时的风速 $v_b$

覆冰时相应的风速很难测定，根据经验和有关资料，除个别强风重冰区应按调查数据取值外，其余地区应按 10 m/s 计算。

### 7. 接触线无弛度时的温度 $t_0$

接触线无弛度时受流条件最好。当正弛度时，考虑到受电弓上举力的作用对正弛度有一定的补偿，而在负弛度时，反而会加大负弛度。所以，正弛度比负弛度的受流条件要好，负弛度时受流条件最差。确定无弛度温度的原则是，接触线在最高温度下产生的正弛度其绝对值略大于在最低温度下产生的负弛度的绝对值，一般接触线无弛度温度要比平均温度低一些。为了改善受流条件，减少负弛度。我国 $t_0$取值方法如下：对于半补偿链型悬挂，无弛度温度比平均温度低 5 ℃。

### 8. 吊弦及定位器正常位置时的温度 $t_p$

确定这一温度的原则是,吊弦及定位器在最高或最低温度下产生的纵向偏移值尽量相等,并要求吊弦及定位器无纵向偏移的时间尽可能地长些。在设计中,一般取该地区最高计算温度与最低温度的平均值。

### 9. 隧道内气象条件

隧道内接触网设计的气温取值应按下列原则确定:

(1)隧道内接触网设计气温应依据隧道长度及该锚段在隧道内的长度而定。当2/3锚段长度及以上位于长度大于2 000 m的隧道内时,设计气温可按比隧道外接触网设计气温最低值高5 ℃,最高值低10 ℃取值;其余情况可与隧道外接触网设计气温取为一致。

(2)隧道内接触网的最高计算温度宜为所取最高设计气温的1.5倍。

(3)隧道内腕臂、吊弦、定位器正常位置时的温度宜按最高计算温度和最低设计气温的平均值计算。

(4)隧道内接触悬挂及附加导线悬挂不宜考虑垂直线路方向的风荷载和冰荷载。

## 二、计算负载的确定

### (一)计算负载的分类

接触悬挂单位长度负载系指每米悬挂本身及外部条件(冰、风)对其所形成的负载。计算负载分为垂直负载和水平负载。在计算中,无论垂直负载还是水平负载,均认为是沿跨距均匀分布的。

垂直负载包括悬挂的自重和覆冰载荷,在计算时,不考虑吊弦及其线夹的冰重。水平负载包括风负载和由吊弦横偏造成的水平负载。由于吊弦横偏引起的水平负载很小,在设计中一般不予考虑。水平负载还包括线索改变方向所产生的水平分力,如之字力、曲线力等。

### (二)各种负载的计算

#### 1. 自重负载

一般标准型号的线索,其单位长度自重可通过查材料表确认。在链型悬挂负载计算中,还应考虑吊弦及其线夹的自重,通常按平均0.5 N/m计算,并以符号 $g_d$ 表示。安装或检修人员及工具重力荷载按0.8 kN。承力索的自重负载用 $g_c$ 表示,接触线的自重负载用 $g_j$ 表示。

#### 2. 冰负载

计算冰负载时,其冰壳的计算厚度应不小于实际观测到的每五年至少出现一次的最大覆冰厚度。当计算接触线覆冰时的垂直负载时,可忽略其截面的沟槽形状,即认为是圆形,并且沿导线覆冰呈圆筒状。由于运行中电力机车受电弓滑板的刮冰作用,在计算时;将接触线覆冰厚度折算为承力索覆冰厚度的一半。对于承力索,则认为覆冰呈圆筒状,且全线覆冰厚度相等,其覆冰负载为

$$g_{bc}=\frac{\pi\gamma_b b(b+d)}{1\ 000} \tag{2-1-1}$$

式中 $g_{bc}$——承力索的冰负载(N/m);

$b$——覆冰厚度(mm);

$d$——承力索直径(mm);

$\gamma_b$——覆冰的密度(0.9 $g/cm^3$)。

计算接触线冰负载时,式(2-1-1)中的 $d$ 则为接触线的平均直径 $d=(A+B)/2$,且接触线的覆冰厚度折算为承力索覆冰厚度的一半,即 $b_j=b/2$。

### 3. 风负载

风负载是指风作用到线索和支柱上的压力,又称风压。在线索上的风负载为

$$P_v=\mu_Z\cdot\mu_S\cdot d\cdot L\cdot\frac{v^2}{1\,600}\cdot\sin\theta \tag{2-1-2}$$

式中 $P_v$——线索所受的风载(N);

$\mu_Z$——风压高度变化系数,见表 2-1-1;

$\mu_S$——风荷载体形系数,见表 2-1-2;

$d$——线索直径,接触线取平均直径(mm);

$L$——跨距中线索的长度(m);

$\theta$——风向与线索的夹角;

$v$——最大风速(m/s)。

$P_{cv}$ 表示承力索的风负载,$P_{jv}$ 表示接触线的风负载。

**表 2-1-1 风压高度变化系数**

| 离地面或海平面高度(m) | 地面粗糙度类别 | | | |
|---|---|---|---|---|
| $\alpha_v$ | A | B | C | D |
| 5 | 1.17 | 1.00 | 0.74 | 0.62 |
| 10 | 1.38 | 1.00 | 0.74 | 0.62 |
| 15 | 1.52 | 1.14 | 0.74 | 0.62 |
| 20 | 1.63 | 1.25 | 0.84 | 0.62 |
| 30 | 1.80 | 1.42 | 1.00 | 0.62 |
| 40 | 1.92 | 1.56 | 1.13 | 0.73 |

注:1. 对于平坦或稍有起伏的地形,分压高度变化系数可根据地面粗糙度由表 2-1-1 确定。地面粗糙度分 A、B、C、D 四类,其具体含义如下:

A 类指近海海面和海岛、海岸、湖岸及沙漠地区;

B 类指田野、乡村、丛林、丘陵,以及房屋比较系数的乡镇和城市郊区;

C 类指有密集建筑群的城市市区;

D 类指有密集建筑群且房屋比较高的城市市区。

2. 对于山区的结构,分压高度变化系数可按平坦地面的粗糙度类别,由表 2-1-1 确定外,还应考虑地形条件的修正。对于与风险抑制的谷口、山口,修正系数为 1.20~1.50。

**表 2-1-2 风荷载体形系数**

| 项次 | 类别 | 体形 | 体形系数 $\mu_S$ |
|---|---|---|---|
| 1 | 混凝土支柱 | 环形截面 | 0.6 |
| 2 | | 矩形或工字形截面 | 1.3 |

续上表

| 项次 | 类别 | 体形 | 体形系数$\mu_S$ |
| --- | --- | --- | --- |
| 3 | 实腹型钢柱 | 环形截面 | 0.9 |
| 4 | | H形截面 | 1.3 |
| 5 | 格构式钢柱 | 由角钢组成的矩形断面钢柱 | $\phi \times 1.3 \times (1+\eta)$<br>(0.8)<br>$\phi$:桁架挡风系数<br>$\eta$:桁架背风面的风载降低系数 |
| 6 | | 由钢管组成的矩形断面钢柱 | 0.8×项次5计算值<br>(0.64) |
| 7 | 格构式横梁 | 由角钢组成的矩形断面横梁 | $\phi \times 1.3 \times (1+\eta)$<br>(0.8) |
| 8 | | 由钢管组成的三角形断面横梁 | 0.58 |
| 9 | 线索 | 链型悬挂 | 1.25 |
| 10 | | 简单悬挂(包括附加导线) | 1.2 |

空间桁架背风面的风载降低系数$\eta$,在设计中一般取表2-1-3中所列数值,表2-1-3中$F$为桁架构件的实际投影面积,它应按支柱构件逐一计算;$F_x$为桁架的轮廓面积。

**表2-1-3　空间桁架背风面的风载降低系数**

| $F/F_x$ | ≤0.1 | 0.2 | 0.3 | 0.4 | 0.5 | 0.6 | 1.0 |
| --- | --- | --- | --- | --- | --- | --- | --- |
| $\eta$ | 1.0 | 0.85 | 0.66 | 0.50 | 0.33 | 0.15 | 0.15 |

式(2-1-2)表示在一个跨距内线索承受的风负载。在计算时,总是取线索受风影响最大的情况,即风向与线索垂直,则$\sin\theta=1$。为了计算方便,取$L=1$ m,则线索单位长度的风负载为

$$P_v = \mu_Z \cdot \mu_S \cdot d \cdot \frac{v^2}{1\ 600} \tag{2-1-3}$$

式中　$P_v$——线索单位长度的风负载(N/m)。

其余符号同前。

对于支柱所承受的风负载可由式(2-1-4)求得

$$P_z = \mu_Z \cdot \mu_S \cdot F \cdot \frac{v^2}{1\ 600} \tag{2-1-4}$$

式中　$P_z$——支柱承受的风载(kN);

$F$——支柱迎风面的面积($m^2$)。

### 4. 合成负载

由于线索同时承受垂直负载和水平负载,因此还应确定两者的合成负载,合成负载系上述两负载的几何相加。应注意,在链型悬挂中,接触线所承受的水平负载被认为是由定位器传给了支柱,故计算悬挂的合成负载时不计算接触线的合成负载,只计算承力索的合成负载。当最大风速时,承力索的合成负载$q_{vc}$为

$$q_{vc} = \sqrt{(g_j + g_c + g_d)^2 + p_{cv}^2} \tag{2-1-5}$$

式中 $p_{cv}$——承力索的风负载。

覆冰时,承力索的合成负载为

$$q_{bc} = \sqrt{(g + g_{b0})^2 + p_{cb}^2} \tag{2-1-6}$$

式中 $q_{bc}$——承力索的合成负载;

$g$——链型悬挂自重负载;

$g_{b0}$——承力索和接触线的冰负载;

$p_{cb}$——承力索的负冰状态时的风负载。

链型悬挂无冰无风时,其合成负载为链型悬挂的自重负载,以符号 $q_0$ 表示

$$q_0 = g_j + g_c + g_d = g \tag{2-1-7}$$

合成负载对铅垂线间的夹角为

$$\varphi = \arctan \frac{p_{cb}}{g + g_{b0}} \tag{2-1-8}$$

计算线索的基本参数见表 2-1-4。

**表 2-1-4　线索计算基本参数**

| 型号 \ 参数 | $g_0$ (N/m) | $h$ (mm) | $S$ ($mm^2$) | $T$ (kN) | $\alpha$ (1/℃·$10^{-6}$) | $E$ (MPa) | $\gamma$ ($g/cm^3$) | $24\alpha$ | $\frac{1}{24\alpha}$ | $\alpha ES$ | $\frac{1}{\alpha ES}$ |
|---|---|---|---|---|---|---|---|---|---|---|---|
| GLCA $\frac{100}{215}$ | 9.25 | 16.5 | 215 | 10 | 17.4 | 98 066.5 | 4.3 | 0.000 417 6 | 2 349 | 37.41 | 0.026 7 |
| GLCA $\frac{80}{173}$ | 7.44 | 16.7 | 173 | 8.5 | 17.0 | 96 105.2 | 4.3 | 0.000 408 | 2 450 | 28.82 | 0.034 7 |
| TCG-100 | 8.9 | 11.8 | 100 | 10 | 17.0 | 127 486.5 | 8.9 | 0.000 408 | 2 450 | 22.10 | 0.045 2 |
| TCG-85 | 7.6 | 10.8 | 85 | 8.5 | 17.0 | 127 486.5 | 8.9 | 0.000 408 | 2 450 | 18.78 | 0.053 2 |
| GJ-70 | 6.15 | 11.0 | 72.2 | 15 | 12.0 | 196 133 | 7.85 | 0.000 288 | 3 472 | 14.28 | 0.070 |
| GJ-50 | 4.11 | 9.0 | 48.3 | 10 | 12.0 | 196 133 | 7.85 | 0.000 288 | 3 472 | 10.20 | 0.093 |
| LJ-185 | 5.06 | 17.5 | 183 | 12 | 23.0 | 61 781.9 | 2.70 | 0.000 552 | 1 811 | 18.47 | 0.054 1 |

## 思考练习题

1. 接触网负载计算应确定哪些气象条件?

2. 计算 GJ-70 + TCG-110 全部偿简单链型悬挂,在覆冰风速为 10 m/s,覆冰厚度为 10 mm,求线索长度为 60 m 时的合成负载(按田野、地面以上 5 m 考虑)。

# 第二节　腕臂支柱容量计算

## 学习目标

1. 掌握支柱负载计算的确定方法;
2. 掌握支柱容量的计算过程;

3. 掌握支柱类型的选择方法；

4. 能够根据接触网平面图计算和选择中间柱支柱容量。

装有腕臂的支柱一般称为腕臂支柱，它是接触网支柱中应用量最大的支柱，一般多采用横腹杆式预应力钢筋混凝土支柱，使用在区间干线和车站两端。

如何在标准支柱类型中，选用适合于不同区段和线路上的支柱，是接触网设计中需要解决的问题。

## 一、支柱负载的确定

支柱负载是指支柱在工作状态下，支柱上各力对支柱地面处的弯矩值，支柱负载计算就是计算该最大弯矩值。通常所说的支柱容量指支柱本身能承受的最大许可弯矩值。在进行支柱负载计算时，首先应认真分析支柱上所受到的力，确定各力的大小、方向和作用点，然后根据具体情况进行计算。支柱承受的负载按其方向可分为垂直负载和水平负载。

### 1. 垂直负载

(1) 接触悬挂自重负载

包括：接触线、承力索、吊弦的自重，即无冰、无风时的合成负载 $q_0$。

(2) 接触悬挂覆冰时的负载

在结冰地区应计算接触悬挂的冰负载，其中包括：承力索冰载 $g_{bc}$ 和接触线冰载 $g_{bj}$。

(3) 腕臂自重

包括：腕臂、绝缘子、定位装置及其连接零件的重量，用符号 $Q_0$ 表示。

(4) 腕臂冰重。

冰雪地区应记入腕臂的冰重，用 $Q_{b0}$ 表示。

### 2. 水平负载

(1) 支柱风负载

支柱本身的风负载为

$$P_0 = \mu_S \cdot F \cdot \frac{v^2}{16} \tag{2-2-1}$$

式中 $\mu_S$——风荷载体形系数(表 2-1-2)；

$F$——支柱迎风面的面积($m^2$)。

(2) 接触悬挂传给支柱的风负载

接触悬挂传给支柱的风负载包括：接触线风负载 $p_j$ 和承力索的风负载 $p_c$。当支柱承担附加导线(如回流线、供电线等)时，还应包括附加导线的风负载 $p_f$。

### 3. 曲线上线索改变方向产生的水平负载

在曲线区段，线索布置呈折线状，在支柱定位点处，因线索改变方向而产生的向曲线内侧的水平分力，通常称为曲线力，以符号 $p_R$ 表示，接触线在曲线区段的受力分析如图 2-2-1 所示。图 2-2-1 中 $A$ 点为曲线上某支柱接触线定位点，圆弧为受电弓

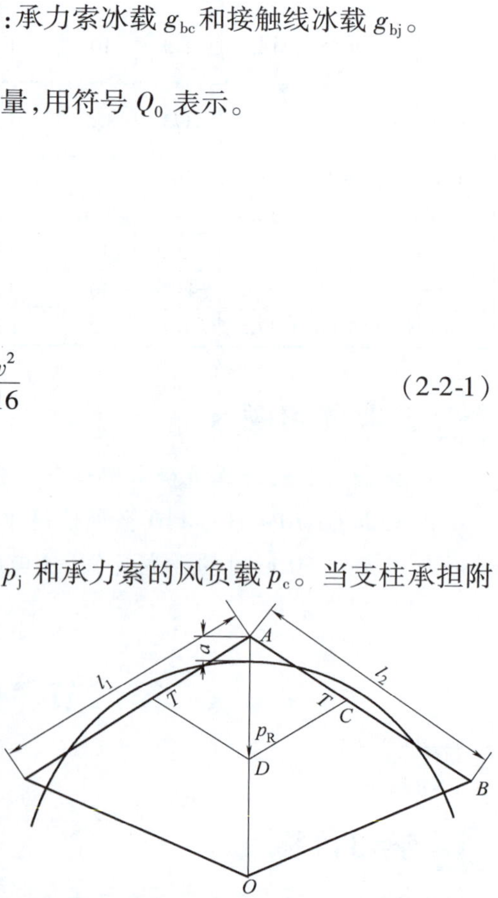

图 2-2-1 接触线曲线力分析

中心轨迹，从图上看出$\triangle AOB \backsim \triangle ACD$则

$$\frac{p_R}{T}=\frac{l}{R+a}$$

由于$R>>a$，所以

$$p_R=T\frac{l}{R} \tag{2-2-2}$$

当定位点两侧跨距不等时，$l$取平均值

$$l=\frac{l_1+l_2}{2}$$

则

$$p_R=T\frac{l_1+l_2}{2R}$$

#### 4. 直线上接触线"之"字布置时产生的水平分力

在直线上，接触线呈"之"字形布置，对支柱定位点处产生的水平分力$p_{之}$，简称为"之"字力，"之"字力分析如图 2-2-2 所示。

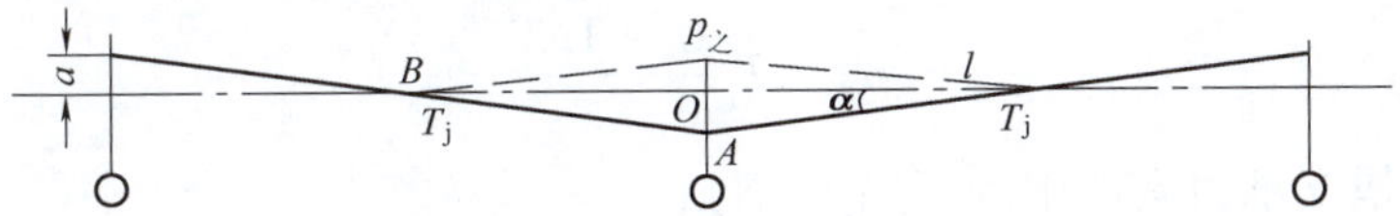


图 2-2-2　接触线"之"字力分析

如图 2-2-2 所示，接触线在定位点处"之"字值很小，因此$\alpha$角也很小，可以把$\sin\alpha$看作与$\tan\alpha$相等，则

$$\tan\alpha=\frac{2a}{l}$$

$$\frac{p_{之}}{2}=T_j\sin\alpha$$

$$p_{之}=2T_j\sin\alpha$$

因为$\tan\alpha\approx\sin\alpha$，则

$$p_{之}=4T_j\frac{a}{l} \tag{2-2-3}$$

式中　$a$——接触线"之"字值(m)；

$T_j$——接触线张力(N)。

#### 5. 下锚支线索改变方向产生的水平力

当线索下锚时，下锚支线索由于改变方向对转换柱产生的水平分力，以符号$p_m$表示。在直线区段与曲线区段上，锚柱与转换柱是否在线路同侧或异侧；绝缘锚段关节和非绝缘锚段关节；下锚分力的计算方法和大小都不相同。

(1)直线区段

在直线区段，下锚支线索张力，对转换柱定位点处产生的垂直于线路中心线的分力称下锚

力,用力的投影关系可以求得。

①非绝缘转换柱下锚分力如图 2-2-3 所示。

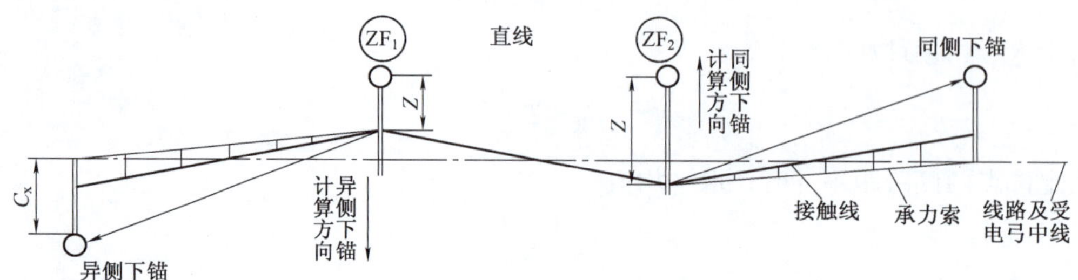


图 2-2-3 非绝缘转换柱下锚力分析

非绝缘转换柱承受两支接触悬挂,分别为工作支和非工作支,两悬挂的水平间距为 0.1 m,计算中忽略不计,要分析计算下锚时受力较严重的情况。图 2-2-3 中 $ZF_1$ 为转换柱与锚柱异侧布置时,下锚力的计算方式,$ZF_2$ 为同侧下锚时的计算状态。无论是同侧还是异侧,下锚力计算公式相同,其关系式为

$$p_{Mc} = T_c \frac{C_x + 1.2}{l} \tag{2-2-4}$$

$$p_{Mj} = T_j \frac{C_x + 1.2}{l} \tag{2-2-5}$$

式中 $p_{Mc}$——下锚支承力索产生的下锚力(N);

$p_{Mj}$——下锚支接触线产生的下锚力(N);

$T_c$——下锚支承力索的张力(N);

$T_j$——下锚支接触线的张力(N);

$C_x$——锚柱侧面限界(m);

$l$——转换柱与锚柱间的跨距值(m);

1.2——包括锚柱斜率、锚柱轨面处宽度、转换柱非工作支拉出值等。

②绝缘转换柱下锚力分析如图 2-2-4 所示。

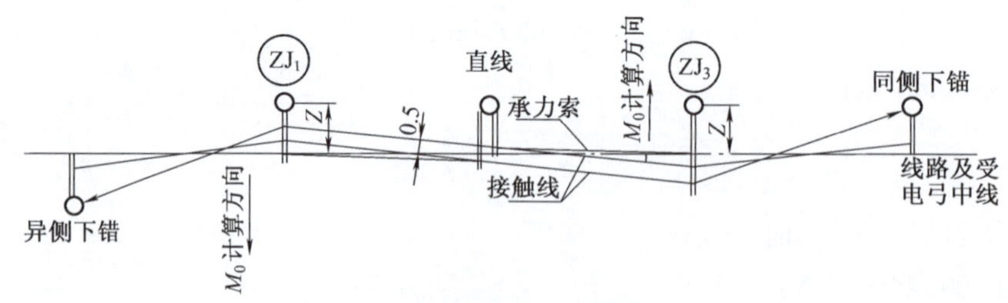


图 2-2-4 绝缘转换柱下锚力分析

受力分析与非绝缘转换柱相同,同侧与异侧下锚力计算公式相同,计算公式为

$$p_{Mc} = T_c \frac{C_x + 1.05}{l} \tag{2-2-6}$$

$$p_{Mj} = T_j \frac{C_x + 1.65}{l} \tag{2-2-7}$$

式中符号意义与非绝缘转换柱下锚力公式相同。

直线区段悬挂中心与支柱中心之间的距离为(适用于非绝缘转换柱与绝缘转换柱):

直线同侧下锚:$Z = C_x + D + 0.3$

直线异侧下锚:$Z = C_x + D - 0.3$

其中,$D = \frac{1}{2}[b - \frac{b-a}{L} \times$(支柱埋入土内的深度+轨面距路肩的垂直距离)]

式中 $D$——支柱轨平面处的宽度(m);

$a$——顺向路方向支柱上顶宽度(m);

$b$——顺向路方向支柱下底宽度(m);

$L$——支柱总长度(m);

$C_x$——支柱侧面限界(m)。

(2)曲线区段

曲线转换柱受力分析如图 2-2-5 所示,其中 $p_{R1}$ 为转换柱左侧和右侧工作支的曲线分力,$p_{R2}$ 为转换柱左侧下锚支的曲线分力,$p_{RM}$ 为转换柱右侧下锚支因曲线下锚所产生的水平分力。另外还要附加两接触悬挂的水平风负载,它们均为转换柱上的水平负载。

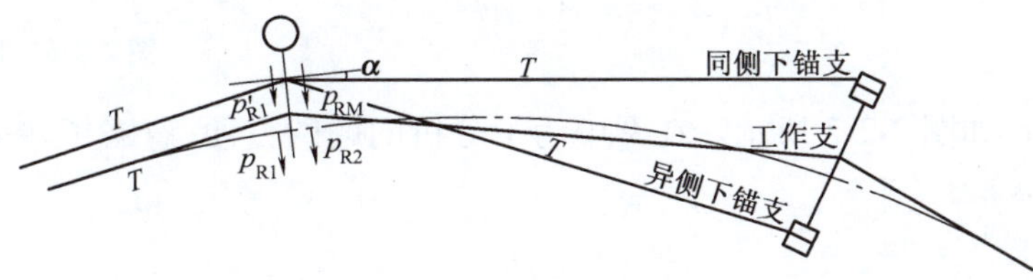


图 2-2-5 曲线区段下锚力分析

①对于非绝缘转换柱,其工作支曲线力与一般中间柱曲线力的计算方法相同,即,

承力索工作支曲线力: $p_{Rc1} = T_c \frac{l}{R}$

接触线工作支曲线力: $p_{Rj1} = T_j \frac{l}{R}$

式中 $T_c$——承力索张力(N);

$T_j$——接触线张力(N);

$R$——曲线半径(m);

$l$——平均跨距(m)。

②绝缘转换柱工作支曲线力的计算方法为

承力索工作支曲线力: $p_{Rc1} = T_c\left(\frac{l}{R} + \frac{0.5}{l}\right)$

接触线工作支曲线力: $p_{Rj1} = T_j\left(\frac{l}{R} + \frac{0.5}{l}\right)$

③非绝缘转换柱下锚支左侧曲线力的计算方法为

承力索非工作支曲线力: $p_{Rc2} = T_c \frac{l_1}{2R}$

接触线非工作支曲线力：　　$p_{Rj2}=T_j\dfrac{l_1}{2R}$

④绝缘转换柱下锚支左侧曲线力的计算方法为

承力索非工作支曲线力：　　$p_{Rc2}=T_c\left(\dfrac{l_1}{2R}+\dfrac{0.5}{l_1}\right)$

接触线非工作支曲线力：　　$p_{Rj2}=T_j\left(\dfrac{l_1}{2R}+\dfrac{0.5}{l_1}\right)$

⑤对转换柱右侧下锚力的分析如下：

在转换柱上的下锚分力，是由于非工作支线索张力产生的，应该用力的投影关系计算下锚力，首先分析力的三角形边长关系，如图 2-2-6 所示。图 2-2-6 中 B 点是非工作支在转换柱处的定位点，从图 2-2-6 上可知，$\triangle BAO \backsim \triangle BCD$，所以

$$\frac{CD}{DB}=\frac{AB}{OB}\quad 即\quad \frac{x}{l}=\frac{\frac{l}{2}}{R}$$

则

$$x=\frac{l^2}{2R}$$

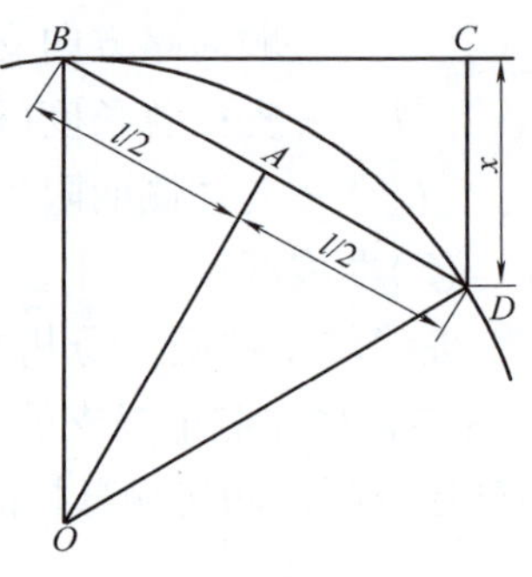


图 2-2-6　曲线偏斜分析

当线索下锚后，如图 2-2-7 所示。在图中为了分析问题的方便，忽略了转换柱定位点处拉出值的影响，所以

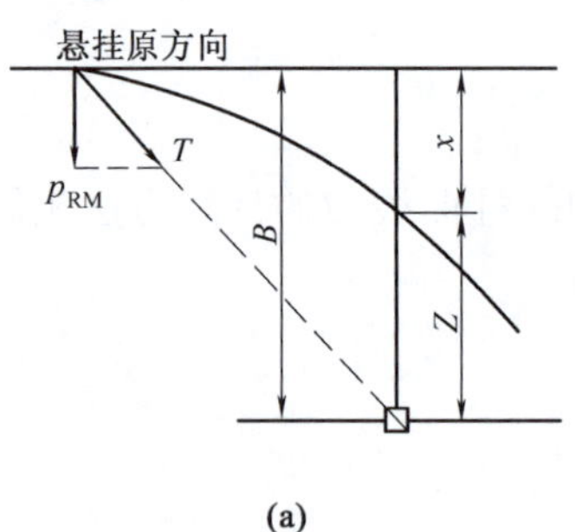


(a)

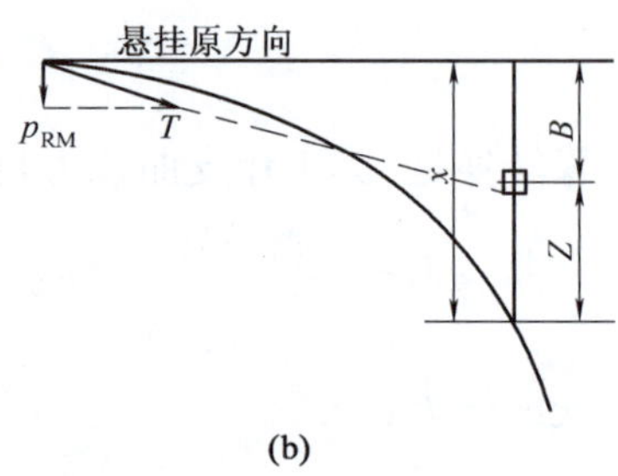


(b)

图 2-2-7　曲线下锚力分析

$$\frac{p_{RM}}{T}=\frac{B}{l}$$

整理后得

$$p_{RM}=T\frac{B}{l} \tag{2-2-8}$$

式中　$p_{RM}$——下锚支线索在转换柱产生的下锚分力(N)；

$T$——下锚支线索的张力(N)；

$l$——下锚支所在跨距值(m)；

$B$——下锚点距转换柱定位点切线方向的偏移值(m)。

其中，
$$B = x \pm Z = \frac{l^2}{2R} \pm Z$$

式中 $Z$——轨面处锚柱侧面中心至悬挂中心的距离(m)。

当锚柱位于曲线内侧时取“ + ”号,锚柱位于曲线外侧时取“ - ”。

锚柱位于曲线外侧时： $Z = Z_W = C_x + \frac{1}{2}S_D + c - a$

锚柱位于曲线内侧时： $Z = Z_N = C_x + \frac{1}{2}S_D - c + a$

式中 $a$——锚柱拉出值(m)；

$S_D$——支柱轨面处侧面宽度(m)；

$c$——受电弓中心的偏移值(m)。

⑥非绝缘转换柱立于曲外时下锚力的计算方法为：

锚柱立在曲外并与相邻转换柱同侧时： $p_{Mc} = T_c\left(\frac{l}{2R} - \frac{Z_W}{l}\right)$

$$p_{Mj} = T_j\left(\frac{l}{2R} - \frac{Z_W}{l}\right)$$

锚柱立在曲外并与相邻转换柱异侧时： $p_{Mc} = T_c\left(\frac{l}{2R} + \frac{Z_N}{l}\right)$

$$p_{Mj} = T_j\left(\frac{l}{2R} + \frac{Z_N}{l}\right)$$

⑦非绝缘转换柱立在曲线内侧时下锚力的计算方法为

锚柱与转换柱同侧： $p_{Mc} = T_c\left(\frac{l}{2R} + \frac{Z_N}{l}\right)$

$$p_{Mj} = T_j\left(\frac{l}{2R} + \frac{Z_N}{l}\right)$$

锚柱与转换柱异侧： $p_{Mc} = T_c\left(\frac{l}{2R} - \frac{Z_W}{l}\right)$

$$p_{Mj} = T_j\left(\frac{l}{2R} - \frac{Z_W}{l}\right)$$

⑧绝缘转换柱立在曲线外侧时下锚力的计算方法为：

锚柱与转换柱同侧： $p_{Mj} = T_j\left(\frac{l}{2R} - \frac{Z_W - 0.5}{l}\right)$

$$p_{Mc} = T_c\left(\frac{l}{2R} - \frac{Z_W - 0.5}{l}\right)$$

锚柱与转换柱异侧： $p_{Mc} = T_c\left(\frac{l}{2R} + \frac{Z_N + 0.5}{l}\right)$

$$p_{Mj} = T_j\left(\frac{l}{2R} + \frac{Z_N + 0.5}{l}\right)$$

⑨绝缘转换柱立在曲线内侧时的下锚力为：

锚柱与转换柱同侧： $p_{Mc} = T_c\left(\frac{l}{2R} + \frac{Z_N + 0.5}{l}\right)$

$$p_{Mj} = T_j\left(\frac{l}{2R} + \frac{Z_N + 0.5}{l}\right)$$

锚柱与转换柱异侧：

$$p_{Mc} = T_c\left(\frac{l}{2R} - \frac{Z_W - 0.5}{l}\right)$$

$$p_{Mj} = T_j\left(\frac{l}{2R} - \frac{Z_W - 0.5}{l}\right)$$

## 二、支柱负载计算要求

计算接触网支柱负载确定支柱容量，采用校验计算法。首先从标准支柱类型中选用一种，计算该柱上各力的大小，找出诸力对支柱地面中点处的力臂，求出各力矩之和即为所计算的支柱负载。用该值与预先选的支柱容量比较，当大于原选支柱容量时，则计算结果无效，应另选更高一级容量的标准支柱，重新按前述过程进行计算。当小于原选支柱容量时，则原计算有效，计算结果满足条件。为节约投资，计算前应先从小容量支柱选起，不要造成浪费。计算时应注意以下几点：

(1)支持装置和接触悬挂重量可查阅《电气化铁道设计手册　接触网》；

(2)计算各类支柱负载时，各部分尺寸应尽量准确，以免误差过大；

(3)对布置在曲线内侧的支柱进行计算时，应正确地选择风吹的方向，使计算结果是支柱处于最危险状态。以这种计算结果选用的支柱，在实际使用中更加安全可靠。

(4)有特殊装配(如兼装吸流变压器等设备)和附加导线的支柱，应按其实际使用情况并参照接触网计算方法计算。

(5)支柱的最大弯矩与气象条件有关，它可能出现在最大风速或最大覆冰时，应选择其中最大值，作为选择支柱容量的计算依据。

## 三、支柱负载计算及其容量选择

在设计中，腕臂柱负载计算一般应考虑中间柱、中心柱、转换柱等。由于支柱所在位置、悬挂数目和受力条件不同，应根据具体情况精确计算，并经济合理地使用支柱。下面介绍常用的中间柱、中心柱和转换柱的计算方法。

### (一)中间柱负载计算及容量选择

图 2-2-8 为中间柱所承受的各种负载。

其符号意义如下：

$H$——支柱地面以上的高度(m)；

$H_j$——接触线至地面的高度($H = H_0 + 0.8$)(m)；

$H_0$——接触线工作高度(m)；

$H_c$——承力索至地面的高度($H_c = H_j + h$)(m)；

$H_f$——附加导线高度(m)；

$h$——接触悬挂的结构高度(m)；

$Z$——悬挂点至支柱中心线的水平距离(m)；

$Q_g$——接触悬挂垂直负载，包括承力索、接触线及吊弦线夹的重量，覆冰地区应计入冰重($Q_g = g_c + g_j + g_d + g_b$)(N)；

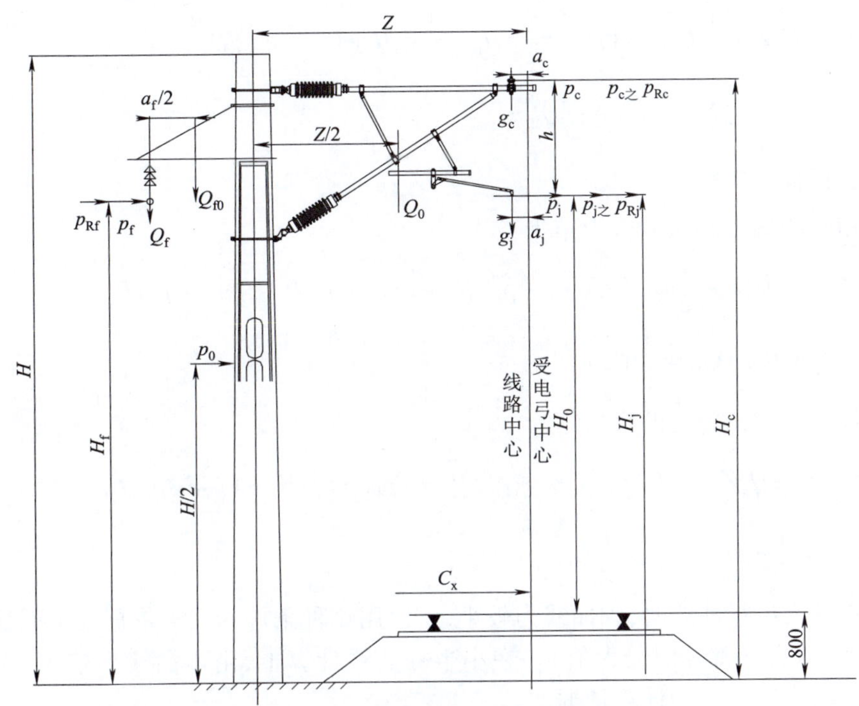


图 2-2-8 中间柱负载分析

$Q_0$——接触悬挂支持装置垂直负载，覆冰时应包括冰重(N)；

$Q_f$——附加导线悬挂点处垂直负载，覆冰时应计入冰重(N)；

$Q_{f0}$——附加导线肩架及悬挂零件的重量(N)；

$a_f$——附加导线悬挂点至支柱中心线的水平距离(m)；

$a_c$——承力索的拉出值(m)；

$a_j$——接触线的拉出值(m)；

$C_x$——支柱侧面限界(m)；

$p_0$——支柱地面以上本身承受的风负载(N)；

$p_j$——接触线的风负载(N/m)

$p_c$——承力索的风负载(N/m)；

$p_f$——附加导线的风负载(N/m)；

$p_{Rc}$——承力索的曲线水平力(N)；

$p_{Rj}$——接触线的曲线水平力(N)；

$p_{Rf}$——附加导线的曲线水平力(N)；

$P_{j之}$——接触线的“之”字力(N)；

$P_{c之}$——承力索的“之”字力(N)。

### 1. 直线区段支柱

一般选择风从田野吹向线路侧为计算依据，支柱的力矩和为

$$M_0 = Q_g + \frac{1}{2}Q_0 + H_c(P_c + P_{c之}) + H_j(P_j + P_{j之}) + P_f H_f - Q_f a_f - \frac{1}{2}Q_{f0}a_f + \frac{1}{2}p_0 H$$

### 2. 曲线区段曲外支柱

以风从田野吹向线路为计算依据，其合力矩为

$$M_0 = Q_g Z + \frac{1}{2}Q_0 Z + (p_c + p_{Rc})H_c + \frac{1}{2}p_0 H + (p_j + p_{Rj})H_j$$

$$+ (p_f + p_{Rf})H_f - Q_f a_f - \frac{1}{2}Q_{f0} a_f$$

**3. 曲线区段曲内支柱**

①风从田野吹向线路时的合力矩为

$$M_0 = -Q_g Z - \frac{1}{2}Q_0 Z + (p_{Rc} - p_c)H_c + (p_{Rj} - p_j)H_j + (p_{Rf} - p_f)H_f$$

$$-\frac{1}{2}p_0 H + Q_f a_f + \frac{1}{2}Q_{f0} a_f$$

②风从线路吹向田野时的合力矩为

$$M_0 = -Q_g Z - \frac{1}{2}Q_0 Z + (p_{Rc} + p_c)H_c + (p_{Rj} + p_j)H_j + (p_{Rf} + p_f)H_f$$

$$+\frac{1}{2}p_0 H + Q_f a_f + \frac{1}{2}Q_{f0} a_f$$

上述计算在大半径曲线时，因曲线力较小，所以用哪种条件为计算依据要根据具体情况定（一般是两种风吹方向都算取最大值）。在小半径曲线计算上，由于曲线力较大，一般选择风产生的力与曲线力同方向为计算依据。

## （二）非绝缘转换柱负载计算

直线非绝缘转换（$ZF_2$）支柱负载分布如图 2-2-9 所示。

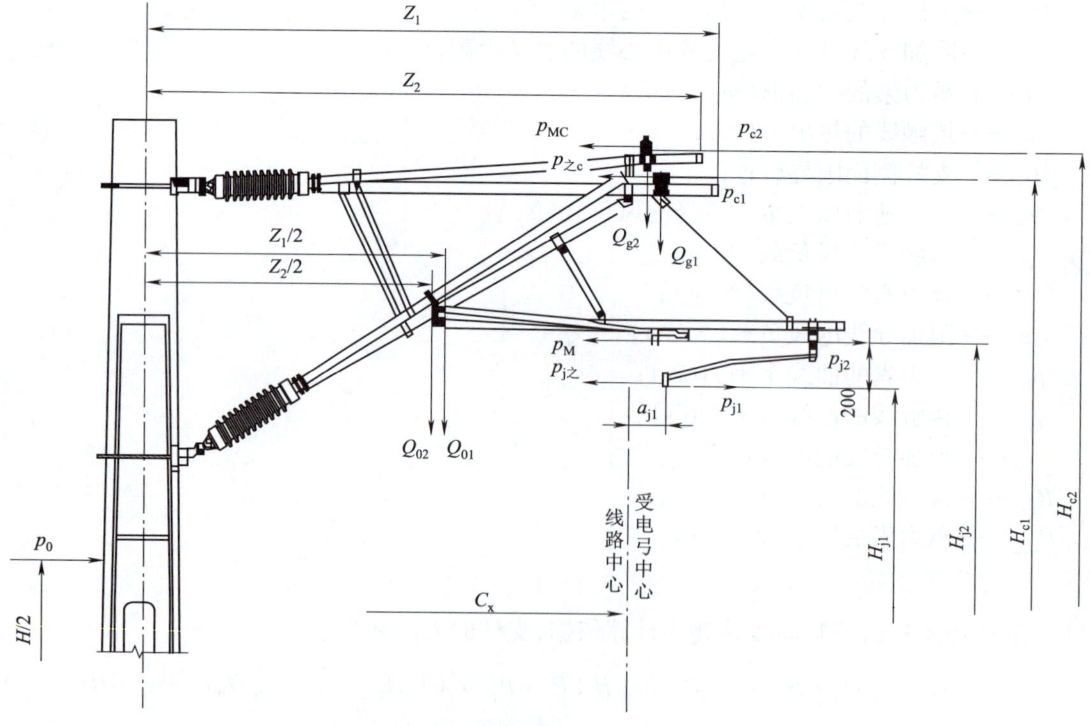


图 2-2-9 直线非绝缘转换柱（$ZF_2$）负载分析（单位：mm）

直线同侧下锚（按图 2-2-3 中 $ZF_2$ 计算），合力矩为

$$M_0\left(Q_{g1}+\frac{1}{2}Q_{01}\right)Z_1+\left(Q_{g2}+\frac{1}{2}Q_{02}\right)Z_2+(p_{j1}-p_{之})H_{j1}+(p_{j2}-p_{Mj})(H_{j2}+0.2)$$

$$+(p_{c1}-p_{之c})H_c+\frac{1}{2}p_0H+(p_{c2}-p_{Mc})(H_c+0.2)$$

式中

$$p_{之c}=T_c\frac{3a}{l}$$

直线非绝缘转换（$ZF_1$）支柱负载分布如图 2-2-10 所示。

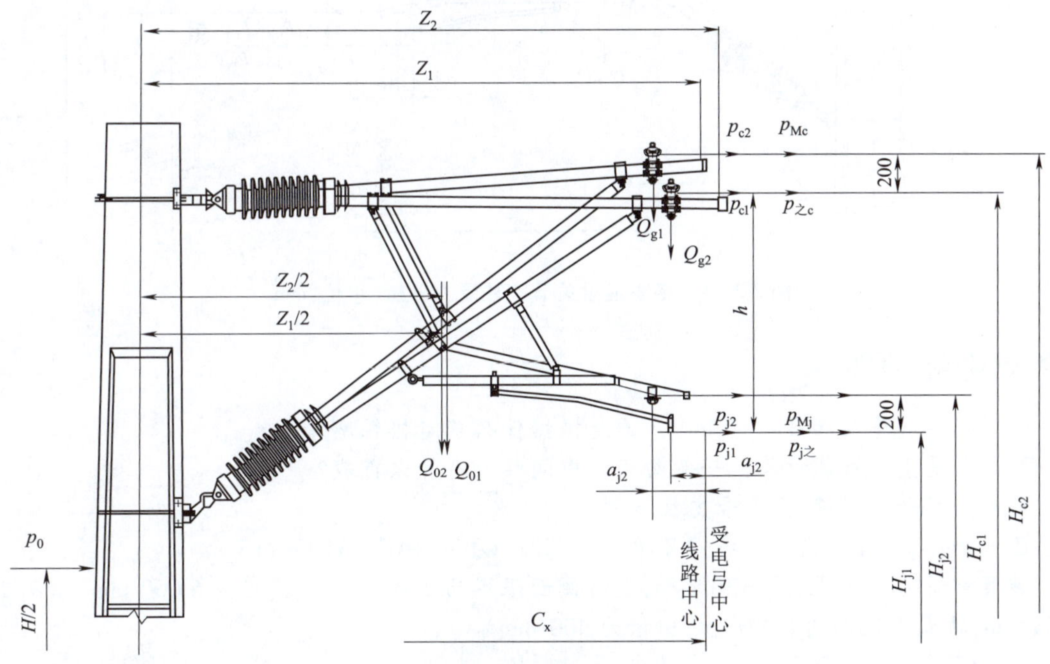


图 2-2-10 直线非绝缘转换柱（$ZF_1$）负载分析（单位：mm）

直线异侧下锚（按图 2-2-3 中 $ZF_1$ 计算）合力矩为

$$M_0\left(Q_{g1}+\frac{1}{2}Q_{01}\right)Z_1+\left(Q_{g2}+\frac{1}{2}Q_{02}\right)Z_2+(p_{j1}-p_{之})H_{j1}+(p_{j2}-p_{Mj})(H_{j2}+0.2)$$

$$+(p_{c1}-p_{之c})H_{c1}+\frac{1}{2}p_0H+(p_{c2}-p_{Mc})(H_{c2}+0.2)$$

### （三）绝缘转换柱和中心柱的负载计算

绝缘转换柱和中心柱的负载分布如图 2-2-11 所示。

根据图 2-2-10 中力的分布情况进行计算，计算过程和方法与非绝缘转换柱相同，只是力臂有所变化，如非工作支比工作支抬高 0.5 m、水平间距 0.5 m，中心柱两导线都是工作支，只是水平距离为 0.5 m。因此计算水平力和垂直力的力臂时应考虑该值，另外多了一个腕臂应计入该腕臂的重量，其具体计算公式请参阅接触网相关设计手册，也可根据力矩的计算方法自己推算。

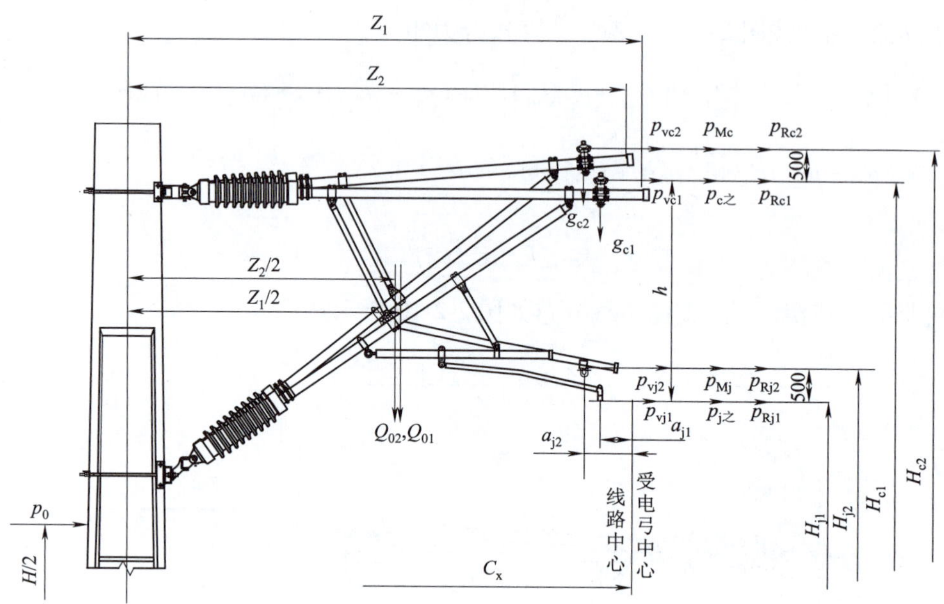


图 2-2-11　绝缘锚段关节支柱受力分析(单位:mm)

## 思考练习题

1. 说明经济跨距和技术跨距。我国是根据什么确定接触网跨距?

2. 什么是支柱负载计算?一般曲线外中间柱上有什么负载?

3. 根据习题 3 图确定 15 号支柱类型。

已知条件:悬挂类型为全补偿简单链型悬挂,GJ-70 + GLCA100/215。

腕臂重量为 500 N,$v_{max}$ = 30 m/s;支柱侧面限界为 2.6 m,导线高度为 6 000 mm,结构高度为 1.5 m,轨面至地面为 0.8 m,拉出值为 400 mm。

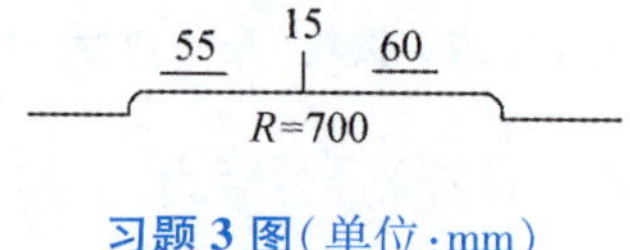


习题 3 图(单位:mm)

4. 根据图 2-2-9,试写出直线非绝缘转换柱同侧和异侧下锚合力矩计算公式。

# 第三节　软横跨负载计算

## 学习目标

1. 掌握软横跨支柱负载计算原则;
2. 掌握软横跨各种负载计算方法;
3. 掌握支柱容量计算和支柱类型的选择;
4. 掌握支柱校验的方法。

软横跨支柱是多股道站场上的重要设备,软横跨支柱的种类很多,应如何选择合适的支柱,是本节要解决的主要问题。

软横跨支柱负载计算的主要任务是根据支柱上力的分布,计算各力对支柱地面中点的力矩和,通过该值选择支柱类型,计算过程与腕臂柱负载计算基本相同,一般采用校验法,即先选择一个标准支柱进行计算,然后将计算值与所选支柱容量进行比较,只有当计算值小于所选支柱计算容量时,计算结果才有效,说明支柱类型选择正确,否则应重新选择支柱类型按原过程计算,具体方法如下。

## 一、所计算软横跨平面布置图

软横跨平面布置图如图 2-3-1 所示。

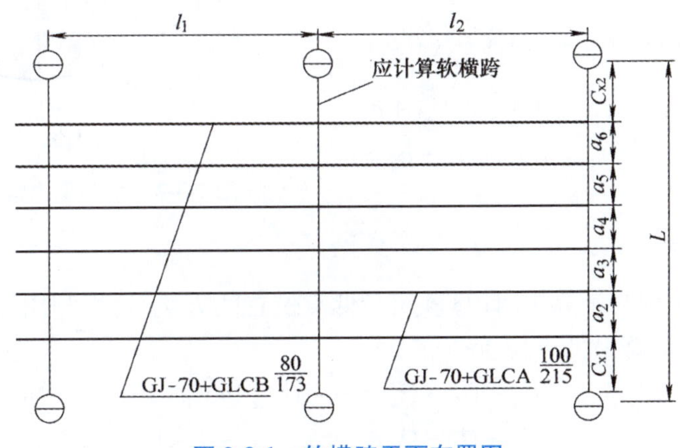


图 2-3-1 软横跨平面布置图

## 二、计算原则

计算中,应考虑支柱可能出现的最危险情况,一般要分析计算最大风速和覆冰两种恶劣气象条件受力状态。

软横跨横向承力索,承受纵向接触悬挂及节点的全部垂直负载包括覆冰负载,上部定位索承受纵向承力索的水平负载,包括:曲线力、风力、下锚力等。当跨越六股道或悬挂 6 组及以上接触悬挂时,应采用双横承力索。下部定位索承担接触线的水平负载如风力、曲线力、“之”字力和下锚力,计算中认为各水平力均朝一个方向,以便能算出最大值。

由于软横跨在最初安装时(未挂纵向接触悬挂前),上、下部定位索已处于水平受力状态,将此时的水平张力称为松边张力,在设计计算中大站取 2 000 N,小站取 1 000 N。

在计算时,上、下部定位索上各定位点在正常负载下,均处于同一水平线上,不考虑负弛度,且固定点间距离较小,弛度和弹性伸长对其张力的影响很小,可以忽略不计。

计算选择标准支柱类型时,每组软横跨相对两支柱应选同一高度(相当于两支柱等高)。

## 三、计算方法

### 1. 求垂直负载

计算求各悬挂点的垂直负载,有绝缘子的节点 1、2、3、4、8、9、13,其绝缘子重量按二分之一平均分摊到相邻两悬挂点上。每股道的垂直负载由下式确定：

$Q_i = p_i$ + 纵向接触悬挂重量 + 一般节点重量 +（带绝缘子节点重量）/2

式中　　　　　$p_i$——横向承力索和上下部定位索分摊到该悬挂点的重量(N)；

纵向接触悬挂重量——该股道接触悬挂单位重量乘以平均跨距(N)；

一般节点重量——指没有绝缘子的节点重量(N)；

带绝缘子节点重量——指节点1、2、3、4、8、9、13的重量。

### 2. 求横向承力索固定端的水平分力 T

横向承力索分布如图2-3-2所示。

以 B 点为力矩中心，求各力对 B 点的合力矩，得 A 点的垂直反力 $F_A$ 为

$$F_A = \frac{1}{L}[Q_6C_{x2} + Q_5(C_{x2} + a_6) + Q_4(C_{x2} + a_5 + a_6) + Q_3(C_{x2} + a_4 + a_5 + a_6) + Q_2(C_{x2} + a_3 + a_4 + a_5 + a_6) + Q_1(C_{x2} + a_2 + a_3 + a_4 + a_5 + a_6)]$$

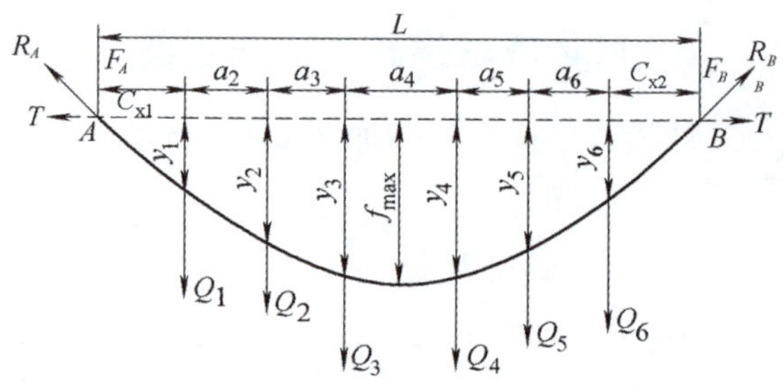


图2-3-2　横向承力索负载分布图

### 3. 求最低点位置

也可以用软横跨预制计算中，计算确定最低点位置的方法，这里利用悬挂点 A 的垂直反力 $F_A$，通过下式确定软横跨最低点位置。

当　　　　$$F_A - Q_1 - Q_2 - \cdots - Q_{i-1} > 0$$

而　　　　$$F_A - Q_1 - Q_2 - \cdots - Q_{i-1} - Q_i < 0$$

则认为 $Q_i$ 为横向承力索最低点位置。本例 $Q_3$ 点为最低点位置。

从最低点开始左侧各力对最低点取矩有 $\sum M_o = 0$，则

$$F_Al_1 - [Q_2a_3 + Q_1(a_3 + a_2) + Tf_{max}] = 0$$

移项后得：

$$T = [F_Al_1 - Q_2a_3 - Q_1(a_3 + a_2)]/f_{max}$$

式中　$f_{max}$——横向承力索在 A 点处的最大弛度值(m)；

$T$——横向承力索水平分力(N)；

$l_1$——$C_{x1} + a_2 + a_3$。

### 4. 求上、下部定位索的张力

上部定位索的最大张力为

$$T_{上} = 2\,000(或1\,000) + \sum P_cl + \sum P_{Rc} + \sum P_{Mc}$$

下部定位索的最大张力为

$$T_{下} = 2\,000(或1\,000) + \sum P_jl + \sum P_{Rj} + \sum P_{Mj} + \sum P_{之}$$

式中　$T_{上}$、$T_{下}$——上下部定位索的最大张力(N)；

$\sum P_cl$、$\sum P_jl$——各股道承力索、接触线的风负载之和(N)；

$\sum P_{Rc}$、$\sum P_{Rj}$——各股道承力索、接触线在曲线上的曲线力之和(N)；

$\sum P_{Mc}$、$\sum P_{Mj}$——各股道承力索、接触线下锚力之和(N);

$l$——计算跨距(可取两侧跨距的平均值)(m);

2 000(1 000)——松边张力(小站取1 000 N,大站取2 000 N);

$\sum P_{之}$——各股道接触线“之”字力之和(N)。

## 四、软横跨支柱容量计算

将上述各力对支柱地面垂直于线路方向的中点求力矩得

$$M_R = TH_h + T_上 H_上 + T_下 H_下 + P_0 H/2$$

式中 $M_R$——软横跨基础面(或地面)处可能出现的最大弯矩(N·m);

$H_h$——横向承力索固定端水平分力至钢柱基础面或混凝土柱地面的垂直高度;

$H_上$——上部定位索固定点至基础面(或地面)的垂直高度(m);

$H_下$——下部定位索固定点至基础面(或地面)的垂直高度(m);

$H$——钢柱高度或地面以上混凝土柱高度(m);

$P_0$——支柱风负载(N)。

如果有附加导线时,还应计入其负载力矩。当两支柱都立于路肩时,认为它们对地面是等高的,将计算结果与预选支柱容量进行比较,如计算值小于该支柱容量时,则上述计算结果和支柱类型选择有效。如计算结果大于支柱容量,应选更高一级容量的支柱,重复上述各项计算并进行比较,直到计算值小于所选支柱容量为止。

[例题]计算并选择四股道站场软横跨支柱。

### (一)已知条件

#### 1. 悬挂类型

Ⅱ、Ⅲ道正线采用GJ-70+GLCA100/215全补偿弹性链型悬挂;1、4道侧线采用GJ-70+GLCB80/173半补偿简单链型悬挂。

#### 2. 气象条件

$b=5$ mm;$v_b=10$ m/s;$v_{max}=30$ m/s;$t_{max}=+5$ ℃;

半补偿最大风时的张力为:$T_{CV_{max}}=11\ 230$ N。

#### 3. 软横跨主要结构尺寸及节点质量

软横跨结构尺寸及节点质量见表2-3-1和表2-3-2。

表2-3-1 横向承力索及上、下部定位索的安装高度(单位:m)

| 固定条件 | | 支柱类型 | | | 备注 |
|---|---|---|---|---|---|
| | | 钢筋混凝柱 | 钢柱 | | |
| 支柱高度(m) | | 12 | 13 | 15 | 括号内数字系指对正线轨面高度 |
| 横向承力索安装高度(m) | | 11.90(11.10) | 12.935(12.335) | 14.935(14.335) | |
| 上部定位索固定绳安装高度(m) | 大站 | 9.11(8.31) | 8.91(8.31) | 8.91(8.31) | |
| | 小站 | 8.66(7.86) | 8.46(7.86) | 8.46(7.86) | |
| 下部定位索安装高度(m) | 大站 | 7.55(6.35) | 7.55(6.45) | 7.55(6.45) | |
| | 小站 | 7.10(6.00) | 6.90(6.00) | 7.55(6.35) | |

注:表中数值系指固定点至基础面(钢筋混凝土柱为地线孔)的高度。而基础面至轨面(正线)的距离,钢支柱取0.6 m,钢筋混凝土支柱取0.8 m。

表 2-3-2　软横跨节点质量(单位:kg)

| 使用条件 | | 节点号 | | | | |
|---|---|---|---|---|---|---|
| | | 1、2、3、4、 | 5、11、12、$Q_5$、$Q_2$、$Q_{12}$ | 6、7、10、$Q_6$、$Q_7$、$Q_{10}$ | 8 | 9 |
| 大站 | 无冰 | 70 | 10 | 20 | 65 | 35 |
| | 有冰 | 80 | 10 | 20 | 75 | 45 |
| 小站 | 无冰 | 55 | 10 | 20 | 50 | 35 |
| | 有冰 | 65 | 10 | 20 | 60 | 45 |

注:1. 表中数值根据节点的实际质量归纳整理得出,仅供软横跨计算时采用;软横跨节点见第一章第十二节;

2. 绝缘子串片数,大站取 4,小站取 3,但节点 9 均取 3;

3. 每一节点的绝缘子覆冰质量取 10 kg。

计算中节点 8、9、13、14 等绝缘子重量,平均分推在两侧悬挂点上。

#### 4. 软横跨柱负载计算平面图及节点

软横跨负载计算平面图及节点如图 2-3-3 所示。

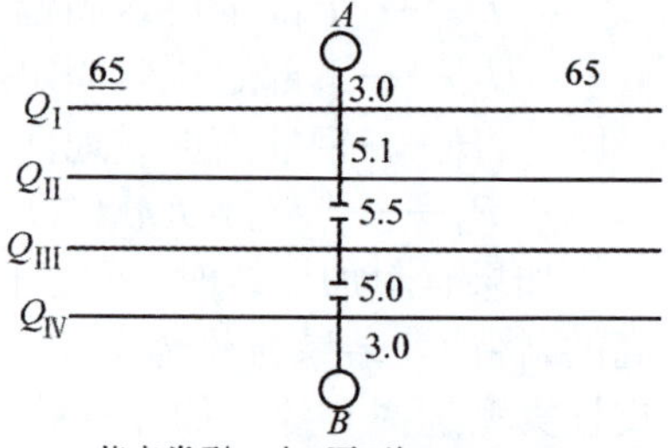


图 2-3-3　软横跨计算平面图及节点图

### (二)确定计算负载及支柱类型

#### 1. 预选支柱类型

根据第一章表 1-2-1,预选钢筋混凝土柱为

$$2 \times H\frac{X}{12+3.5}$$

#### 2. 计算每股道垂直悬挂重量

绘制负载计算图如图 2-3-4 所示。

$Q_{\mathrm{I}}$ =1/2(节点 3 重量) + 节点 5 重量 + 上下部固定绳及横承力索重量 + 纵向接触悬挂重量

$= [1/2 \times 55 + 10 + 0.72 \times (3.5 + 5.1) + 1.44 \times 65] \times 10$

$= 1\,372.92\ (\mathrm{N})$;

$Q_{\mathrm{II}}$ = 节点 5 重量 + 1/2(节点 8 重量) + 上下部固定绳及横承力索重量 + 纵向接触悬挂重量

$= [10 + 1/2 \times 50 + 0.72 \times (5.1 + 5.5) + 1.59 \times 65] \times 10$

$= 1\,459.82(\mathrm{N})$

$Q_{\mathrm{III}} = [10 + 50 + 0.72 \times (5.5 + 5.0) + 1.59 \times 65] \times 10$

$= 1\,709.1\ (\mathrm{N})$

$Q_{\mathrm{IV}} = [1/2 \times 55 + 10 + 1/2 \times 50 + 0.72 \times (5.0 + 3.5) + 1.44 \times 65] \times 10$

$= 1\,622.2\ (\mathrm{N})$

#### 3. 确定最低点位置

根据图 2-3-4,已知预选Ⅲ道为横承力索最低点位置,各垂直力对 B 悬挂点取矩,由 $\sum M_b = 0$ 得

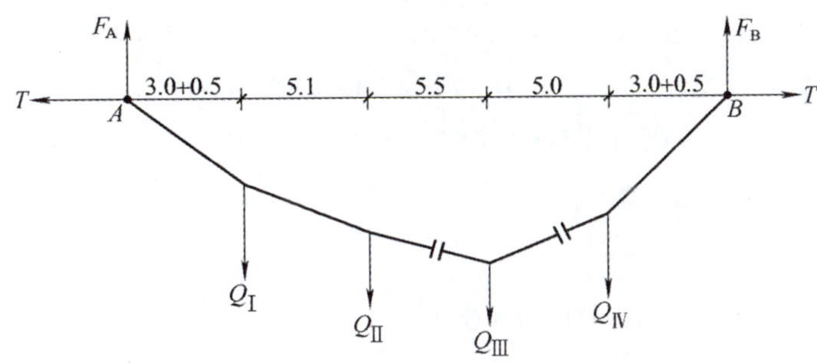


图 2-3-4 软横跨负载计算图(单位:m)

$F_A=1/L\times[Q_4\times3.5+Q_Ⅲ\times(5.0+3.5)+Q_Ⅱ\times(5.5+5.0+3.5)+Q_Ⅰ\times(5.1+5.5+5.0+3.5)]$

其中,$L$ 根据图 2-3-4 可求出

$$L=2\times3.5+5.1+5.5+5.0=22.6\ (\mathrm{m})$$

所以

$$F_A=\frac{66\ 865.302}{22.6}=2\ 958.64\ (\mathrm{N})$$

$F_A-Q_Ⅰ-Q_Ⅱ=2\ 958.64-1\ 372.92-1\ 459.82=125.9>0$

$F_A-Q_Ⅰ-Q_Ⅱ-Q_Ⅲ=-1\ 583.2<0$

故横承力索最低点位置在Ⅲ道。

#### 4. 求横承力索固定点的水平分力 $T$

以最低点 $O$ 为界,从 $F_A$ 至 $O$ 点各力对 $O$ 点取矩,由 $\sum M_o=0$。

因为 $F_A\times(3.5+5.1+5.5)-Q_1\times(5.1+5.5)-Q_Ⅱ\times5.5-Tf_{max}=0$

其中,$f_{max}$ 可根据软横跨结构尺寸表 2-3-1 求出

$$f_{max}=15.5-8.66-0.5-3.5-0.1=2.74\ (\mathrm{m})$$

所以 $T=(2\ 958.64\times14.1-1\ 372.92\times10.6-1\ 459.28\times5.5)\times1/2.74$

$=6\ 983.53\ (\mathrm{N})$

#### 5. 计算支柱负载确定支柱类型

根据股道数量和软横跨柱预选要求,确认选取混凝土软横跨柱。查表 1-2-1 可知几种类型支柱外形尺寸相同,现计算支柱上各力对支柱地面中点 $O$ 的力矩和。按地面以上 10 m,考虑支柱设置在田野(最大风速为 30 m/s)。

(1)上部定位索水平张力 $T_上$

$T_上=1\ 000+\sum P_c l$

$=1\ 000+4\times\mu_Z\times\mu_S\times d\times v_{max}^2\times l/1\ 600$

$=1\ 000+4\times1.25\times11\times30^2\times65/1\ 600$

$=3\ 010.94\ (\mathrm{N})$

(2)下部定位索水平张力 $T_下$(导线上各“之”字力均朝同一方向)

$T_下=1\ 000+\sum P_j l+\sum P_之$

$= 1\,000 + 2 \times \mu_Z \times \mu_S \times (d_1 + d_2) \times v_{max}^2 \times l/1\,600 + 2 \times 4 \times a \times T_j \times (d_1 + d_2)/l$

$= 1\,000 + 2 \times 1.25 \times (16.5 + 16.7) \times 30^2 \times 65/16\,00 +$

$2 \times 4 \times 0.3 \times (10\,000 + 8\,500)/65$

$= 4\,717.77(\text{N})$

(3)支柱风力 $P_0$

$$P_0 = 1.3 \times 30^2 \times \left[\left(\frac{d-c}{L} \times 12 + 0.3\right) + 0.3\right] \times 12 \times 10 \times \frac{1}{2 \times 16}$$

$= 3\,074.08(\text{N})$

(4)计算支柱负载

上部定位索安装高度为

$H_上$ = 轨面至地面高度 + 导线高度 + 结构高度 + 零件高度(0.16 m)

$= 0.8 + 6.0 + 1.7 + 0.16$

$= 8.66\ (\text{m})$

下部定位索安装高度为

$H_下$ = 轨面至地面高度 + 导线高度 + 导线至下部定位索高度(0.3 m)

$= 0.8 + 6.0 + 0.3$

$= 7.1\ (\text{m})$

横承力索安装高度为

$$H_横 = 12 - 0.1 = 11.9\ (\text{m})$$

注:也可以查表 2-3-1 取值计算。

各力对支柱地面中点 $O$ 的力矩和为

$M_R = 3\,010.94 \times 8.66 + 4\,717.77 \times 7.1 + 6\,983.53 \times 11.9 + 12 \times 3\,074.08 \times 1/2$

$= 161\,119.4(\text{N} \cdot \text{m})$

考虑附加 5 000 N · m 余量,则 $M_R = 166\,119.4\ \text{N} \cdot \text{m}$。

(5)确定支柱类型

由于 $M_R = 16.61 \times 10\ \text{kN} \cdot \text{m} < 17 \times 10\ \text{kN} \cdot \text{m}$

故可以选取两根如下类型的支柱

$$\text{H}\,\frac{17}{12 + 3.5}$$

## (三)校验

上述计算只考虑了最大风力的作用,没有考虑冰雪,如果要计算在覆冰情况下的支柱负载,可以在上述计算中将纵向承力索和接触线覆冰时的风载及垂直重量计算出来,再加上软横跨节点的覆冰重量,其他数据基本不变即可算出,但这时风力应取覆冰时的 $v_b$ 为计算条件。

### 1. 覆冰时负载的确定

由 $b = 5$ mm;$v_b = 10$ m/s 和式 $g_{bc} = \dfrac{\pi\gamma_b b(b+d)}{1\,000}$ 和式 $g_{bj} = \dfrac{\pi\gamma_b \dfrac{b}{2}\left(\dfrac{b}{2} + d\right)}{1\,000}$ $(b_j = b/2)$ 可得

出承力索和接触线在有覆冰时的负载值，此时纵向接触悬挂重量变为

$$Q_{纵\,\mathrm{I\,b、IV\,b}}=l\times(q_{j}+q_{c}+q_{d}+q_{bj}+q_{bc})$$
$$=65\times(0.615+0.744+0.05+0.22+0.124)$$
$$=113.95\ (\mathrm{kg})$$

$$Q_{纵\,\mathrm{II\,b、III\,b、}}=l\times(q_{j}+q_{c}+q_{d}+q_{bj}+q_{bc})$$
$$=65\times(0.615+0.925+0.05+0.22+0.145)$$
$$=127.08(\mathrm{kg})$$

则：$Q_{1b}$ = 1/2(节点 3 重量) + 节点 5 重量 + 上下部定位索及横承力索重量 + 纵向接触悬挂重量

$$=[1/2\times55+10+0.72\times(3.5+5.1)+113.92]\times10$$
$$=1\ 576.12(\mathrm{N});$$

$Q_{2b}$ = 节点 5 重量 + 1/2 节点 8 重量 + 上下部定位索及横承力索重量 + 纵向接触悬挂重量

$$=[10+1/2\times50+0.72\times(5.1+5.5)+127.06]\times10$$
$$=1\ 704.12(\mathrm{N})$$

$$Q_{\mathrm{III}b}=[10+50+0.72\times(5.5+5.0)+127.06]\times10$$
$$=1\ 946.2(\mathrm{N})$$

$$Q_{4b}=[1/2\times55+10+1/2\times50+0.72\times(5.0+3.5)+113.92]\times10$$
$$=1\ 825.4(\mathrm{N})$$

## 2. 覆冰时最低点位置的确定

$$F_{Ab}=1/L\times[Q_{\mathrm{IV}b}\times3.5+Q_{\mathrm{III}b}\times(5.0+3.5)+Q_{\mathrm{II}b}\times(5.5+5.0+3.5)+Q_{\mathrm{I}b}\times(5.1+5.5+5.0+3.5)]$$
$$=1/22.6\times[1\ 825.4\times3.5+1\ 946.2\times(5.0+3.5)+1\ 704.12\times(5.5+5.0+3.5)+1\ 576.12\times(5.1+5.5+5.0+3.5)]$$
$$=\frac{76\ 893.172}{22.6}=3\ 402.35(\mathrm{N})$$

同样，

$$F_{Ab}-Q_{\mathrm{I}b}-Q_{\mathrm{II}b}>0$$
$$F_{Ab}-Q_{\mathrm{I}b}-Q_{\mathrm{II}b}-Q_{\mathrm{III}}<0$$

仍然是第三股道为最低点。

## 3. 求覆冰时横承力索固定点的水平分力 $T_b$

以最低点 $O$ 为界，从 $F_A$ 至 $O$ 点各力对 $O$ 点取矩，由 $\sum M_o=0$。

因为 $F_{Ab}\times(3.5+5.1+5.5)-Q_{\mathrm{I}b}\times(5.1+5.5)-Q_{\mathrm{II}b}\times5.5-T_b f_{max}=0$

$$f_{max}=2.74\ \mathrm{m}$$

所以 $T_b=(3\ 402.35\times14.1-1\ 576.12\times10.6-1\ 704.12\times5.5)\times1/2.74$

$$=7\ 990.22(\mathrm{N})$$

#### 4. 覆冰时校验支柱容量

(1)覆冰时上部定位索水平张力 $T_{上b}$

$$\begin{aligned}T_{上b} &= 1\ 000 + \sum P_{cb}l \\ &= 1\ 000 + 4 \times \mu_Z \times \mu_S \times (d + 2b) \times v_b^2 \times l/1\ 600 \\ &= 1\ 000 + 4 \times 1.25 \times (11 + 2 \times 5) \times 10^2 \times 65/1\ 600 \\ &= 1\ 426.56(\text{N})\end{aligned}$$

(2)覆冰时下部定位索水平张力 $T_{下b}$(导线上各“之”字力均朝同一方向)

$$\begin{aligned}T_{下b} &= 1\ 000 + \sum P_{jb}l + \sum P_{之} \\ &= 1\ 000 + 2 \times \mu_Z \times \mu_S \times (d_1 + d_2 + b) \times v_b^2 \times l/1\ 600 + 2 \times 4 \times a \times T_j \times (d_1 + d_2)/l \\ &= 1\ 000 + 2 \times 1.25 \times (16.5 + 16.7 + 5) \times 10^2 \times 65/1\ 600 \\ &\quad + 2 \times 4 \times 0.3 \times (10\ 000 + 8\ 500)/65 \\ &= 2\ 071.05(\text{N})\end{aligned}$$

(3)覆冰时支柱风力 $P_{0b}$

$$\begin{aligned}P_{0b} &= 1.3 \times 10^2 \times \left[\left(\frac{d-c}{L} \times 12 + 0.3\right) + 0.3\right] \times 12 \times 10 \times \frac{1}{2 \times 16} \\ &= 341.66(\text{N})\end{aligned}$$

(4)覆冰时的支柱负载

上部定位索安装高度为

$$H_{上} = 8.66(\text{m})$$

下部定位索安装高度为

$$H_{下} = 7.1(\text{m})$$

横承力索安装高度为

$$H_{横} = 11.9(\text{m})$$

覆冰时各力对支柱地面中点 $O$ 的力矩和为

$$\begin{aligned}M_{Rb} &= 1\ 426.56 \times 8.66 + 2\ 071.05 \times 7.1 + 7\ 990.22 \times 11.9 + 12 \times 341.66 \times 1/2 \\ &= 124\ 192.05(\text{N} \cdot \text{m})\end{aligned}$$

考虑附加 5 000 N·m 余量,则 $M_R = 129\ 192.05\ \text{N} \cdot \text{m}$。

(5)确定支柱类型

由于 $$M_R = 12.92 \times 10\ \text{kN} \cdot \text{m} < 17 \times 10\ \text{kN} \cdot \text{m}$$

因此,H $\dfrac{17}{12+3.5}$能够满足在最大覆冰气象条件时的容量要求。

## 思考练习题

1. 当软横跨处在曲线站场上时,横向承力索与各定位索承受哪些力?

2. 确定图 2-3-4 的软横跨支柱类型。

已知:

(1)悬挂类型

3、4 道正线采用 GJ-70 + GLCA100/215 全补偿弹性链型悬挂;

1、2 道侧线采用 GJ-70 + GLCB80/173 半补偿简单链型悬挂。

(2)气象条件

$b=10$ mm；$v_b=10$ m/s；$v_{max}=30$ m/s；$t_{max}=+5$ ℃。

半补偿最大风时的张力为：$T_{cV_{max}}=11\ 500$ N。

(3)软横跨主要结构尺寸及节点重量、软横跨结构尺寸及节点重量见表 2-3-1 和表 2-3-2。

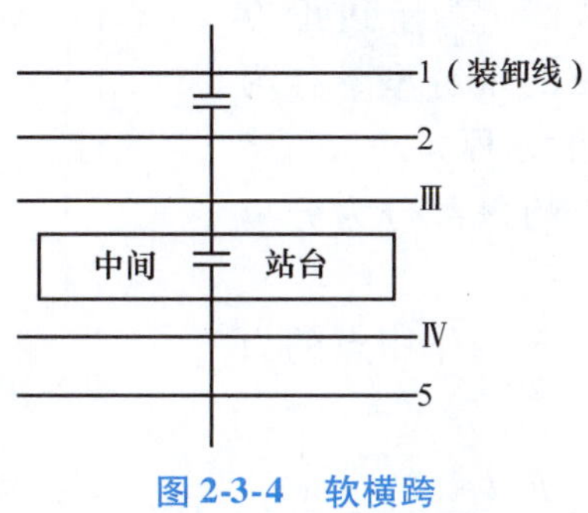


图 2-3-4 软横跨

## 第四节 接触悬挂的弹性

### 学习目标

1. 了解接触悬挂的弹性；
2. 了解简单链型悬挂和弹性链型悬挂的弹性；
3. 掌握改善受流状况和提高弹性的措施。

### 一、弹性

接触悬挂的弹性是表示接触悬挂结构性能好坏的重要标志之一。接触悬挂的弹性，是接触悬挂在受电弓抬升力的作用下所具有的升高性能，即在受电弓压力的作用下，每单位垂直力使接触线的升高程度，用 $\eta$ 表示，单位为 mm/N。

$$\eta=\Delta h/F$$

式中 $\eta$——弹性值；

$\Delta h$——接触线升高值；

$F$——接触线压力。

接触悬挂的弹性，对于受电弓的受流质量是一个重要的因素。衡量弹性好坏的标准有二：一是弹性的大小，它取决于接触线张力(链型悬挂包括承力索)的量值；二是弹性均匀程度，它取决于悬挂结构、悬挂类型和某些附在接触线上的集中负载的集中程度等。

确定弹性的方法有三种：弹性计算法、静态测量法及动态实测法。

静态测量法及动态实测法都是在高速电气化铁路建成以后才能进行，无法预见接触悬挂的弹性性能。

在建设高速电气化铁路的过程中，必须进行接触悬挂的性能计算，其中就有关于接触悬挂

弹性的计算。

## 二、简单链型悬挂的弹性分析

研究链型悬挂的弹性是在跨距中间施加外力 $F$,分析接触线和承力索升高状态。为了讨论方便,这里只以具有简单支柱吊弦的单链型悬挂为例,来建立跨距内各点弹性计算的方程。

设有简单链型悬挂,取跨距的一部分为分离体,如图 2-4-1 所示。

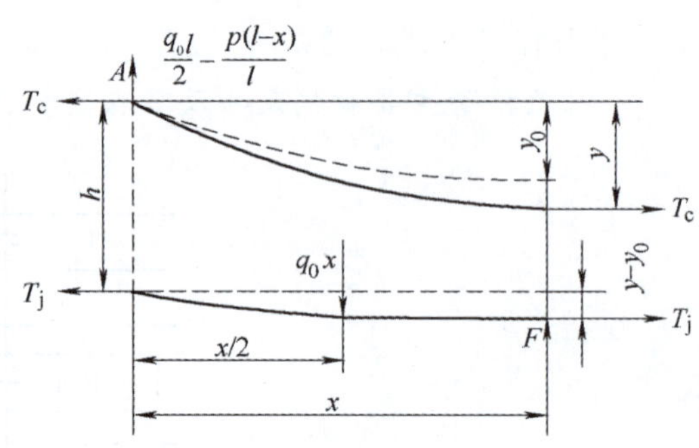

图 2-4-1　简单链型悬挂分离体示意

施加外力 $F$ 之后,令各力对 $F$ 的作用点的力矩和为零,可得方程

$$\frac{q_0 \times l \times x}{2} - \frac{F(l-x)x}{l} - \frac{q_0 x^2}{2} - T_c y - T_j(y - y_0) = 0 \tag{2-4-1}$$

经整理可得

$$y = \frac{\dfrac{q_0 \times x(l-x)}{2} + T_j \times y_0}{T_c + T_j} - \frac{F \times x(l-x)}{l(T_c + T_j)} \tag{2-4-2}$$

式中　$T_j$——接触线张力(kN);

$T_c$——承力索张力(kN);

$l$——所研究的跨距长度(m);

$q_0$——链型悬挂的自重负载(kN/m);

$y_0$——接触线无弛度时,承力索在所研究点的纵坐标。

在没有 $F$ 作用力时,承力索的纵坐标为 $y_1$,即

$$y_1 = \frac{\dfrac{q_0 \times x(l-x)}{2} + T_j \times y_0}{T_c + T_j} \tag{2-4-3}$$

链型悬挂在外加力 $F$ 的作用下的升高 $\Delta h$ 为

$$\Delta h = y_1 - y = \frac{F \times x(l-x)}{l(T_c + T_j)} \tag{2-4-4}$$

链型悬挂的弹性为

$$\eta = \frac{\Delta h}{F} = \frac{x(l-x)}{l(T_c + T_j)} \tag{2-4-5}$$

当 $x = l/2$ 时,跨距中心弹性具有最大值,即

$$\eta = \frac{l}{4(T_c + T_j)} \tag{2-4-6}$$

## 三、弹性链型悬挂的弹性分析

弹性链型悬挂由于支柱点弹性吊弦作用,引起了接触线高度的变化。此时,将式(2-4-1)中的力偶矩 $T_j(y—y_0)$ 用 $\phi T_j(y—y_0)$ 代替,即得弹性链型悬挂的弹性。因此,式(2-4-5)及式(2-4-6)可写为

$$\eta = \frac{x(l-x)}{l(T_c+\phi T_j)} \tag{2-4-7}$$

$$\eta_m = \frac{l}{4(T_c+\phi T_j)} \tag{2-4-8}$$

当受电弓的抬升力作用在两个吊弦之间时，还必须加上吊弦间距内的弹性分量，此弹性分量与吊弦间距及抬升力 $F$ 的位置有关，可由式(2-4-9)决定

$$\eta_d = \frac{x(a-x)}{aT_j} \tag{2-4-9}$$

式中 $a$ ——两相邻吊弦间的间距(m)；

$x$ ——抬升力 $F$ 距左边吊弦的距离(m)。

由此可见，弹性链型悬挂的弹性比简单链型悬挂的弹性良好，其良好程度与结构系数 $\phi$ 有关。

## 四、改善受流状况和提高弹性的措施

在电气化铁路上，电力机车沿接触网高速滑行取流，接触网通过受电弓向电力机车输送电能，并保证安全供电。接触线和机车受电弓之间有紧密的联系，它们在相对的高速滑行摩擦运动中完成输电和受电的任务，如图 2-4-2 所示。为此双方都规定了一定的技术条件，只有在这些技术条件不被破坏的情况下，上述运动才得以维持和进行，电气化铁路才能正常和安全运行。《新建时速 300 ~ 350 公里客运专线线路设计暂行规定》(上册)关于弓网受流质量评价标准引用了欧洲 TSI 标准(欧洲高速铁路关于能量子系统共用技术规范)，具体见表 2-4-1。

图 2-4-2 接触网与受电弓接触

表 2-4-1 技术规范

| 项 目 | 参 数 |
| --- | --- |
| 最大运行速度下接触力最大标准偏差 | $0.3\ F_m$ |
| 电大运行速度下燃弧率(%) | 0.14 |
| 定位器允许抬升量与实际最大抬升量之比 | ≥2 |

为了保证电力机车受电弓在接触网下高速滑行通过，以完成接触网向电力机车供电的任务，对接触线的高度、拉出值、定位器的坡度等技术参数有一定的要求。在受电弓滑行取流范围内不低于接触导线的障碍物。同时还要求接触网弹性均匀。接触网弹性均匀度要求见表 2-4-2。

对电力机车(特别是受电弓)的要求：应保证其受电弓的压力 $F_m$ 要符合图 2-4-3 所示压力曲线；保证受电弓安装位置正确，滑板完整平滑，滑板和导角之间平滑过渡等。当对弓网间动态受流质量进行评价时，如果受测量手段限制，对接触力(或标准偏差)和燃弧率只需评价其中的一个项目即可。例如，德国仅测接触力，法国则仅测燃弧率。对于燃弧率的测定方法，TSI 标准中有明确的规定。对于燃弧率标准的直观判据，标准 EN 50119《关于铁路应用设施—固定安装—架空电气牵引接触网》规定：如果每 100 m 接触网范围内出现持续时间大于 10 ms

（且最大为 25 ms）的可见电弧不大于一次，则视为弓网受流质量良好。

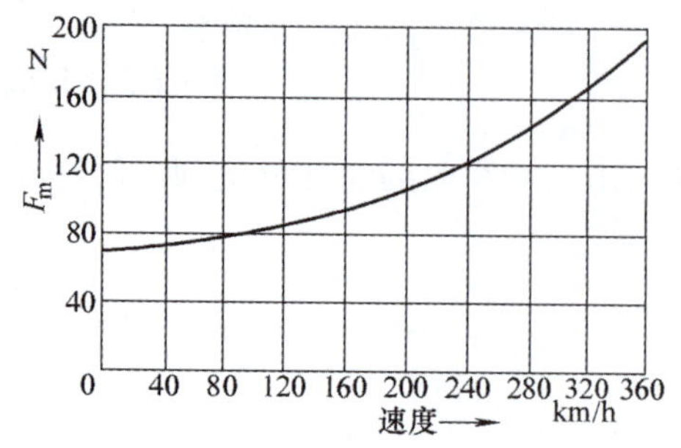


图 2-4-3　受电弓与接触线接触压力—速度曲线

表 2-4-2　接触网弹性均匀度要求

| 接触网悬挂类型 | 运行速度（km/h） | | |
|---|---|---|---|
| | 200～230 | 230～300 | 300 以上 |
| 简单链型悬挂（%） | <40 | <40 | <25 |
| 弹性链型悬挂（%） | <40 | <10 | <10 |

关于定位器允许抬升量与实际最大抬升量之比值，标准 EN 50119 规定：如果定位器带限位功能，该比值应不小于 1.5 倍。

这些技术要求的任何一点遭到破坏都可能产生弓网故障。

弓网故障一般是指打弓、刮网和刮弓。

弓网故障中的打弓，是指在受电弓运行取流过程中，由于某种原因造成弓、网相碰击，从而使受电弓不能平滑取流或造成接触网有关零部件损坏、脱落及电力机车受电弓损坏的故障现象。

所谓刮弓，是指接触悬挂状态不良或是自然的原因，致使电力机车受电弓移位到接触线上部运行，从而造成接触网设备和受电弓损坏的事故现象，即刮弓是由于接触网的原因引起的弓网故障现象。

所谓刮网，是指由于电力机车状态不良，致使受电弓移位到接触线上部运行，从而造成接触网设备和受电弓损坏的弓网故障现象，即刮网是由电力机车受电弓的原因引起的。

为了使接触悬挂具有良好的弹性，以使受电弓高质量地取流，从而提高电力机车的运行速度，就必须对与悬挂弹性有关的设备结构进行研究和改进。

受电弓从接触线取得电能的理想情况是，接触线与受电弓之间的接触压力在整个运行过中应保持不变，但在实际中是不可能的。当机车在运行中，由于受电弓对接触线的压力，使接触线被抬高。受电弓沿接触线取流运行的过程，包括向前和垂直的运动，这些运动使受电弓与接触线间出现非常复杂的振动过程。

当电力机车在高质量线路上以较低速度行驶时，受电弓高度变化的速度比较缓慢，它们之间的压力可以近似的看作是静压力，受电弓取流良好。当电力机车高速行驶时，受电弓高度变化非常迅速，会产生垂直向上的较大惯性力，受电弓沿接触线滑行过程中还要受到空气阻力、受电弓本身关节的摩擦力以及机车振动出现的力，这些力都影响着受电弓与接触线间的接触压力。所以要求受电弓在取流过程中弓线间接触压力的变化越小越好，不能超出对接触压力要求的规定范围。

当弓线间接触压力过小甚至为零时，受电弓与接触线间脱离发生离线状态。离线是十分有害的，它会使机车的供电变得时断时续，工作条件变差同时影响车速，特别是在离线的瞬间，由于电弧高温熔蚀作用，使接触线和受电弓滑板的接触面粗糙不平，两者磨耗速度大大增加，缩短了使用寿命。烧损严重的接触线会因机械强度降低而出现断线事故。弓线间的接触压力也不能过大，过大时接触线抬高严重，特别是在机车高速行驶过程中，会使弓线间磨耗增加，接触线出现较大的振动和摆动，在锚段关节或线岔处还可能出现刮弓与钻弓事故。为了保证受电弓的正常取流，要求弓线间的接触压力有一定的范围值。

根据接触悬挂类型的不同，机车运行速度的不同，接触线材质及磨耗等情况的要求，不同类型电力机车受电弓结构的情况，弓线间的接触压力有不同的要求。一般需要根据实际检测及运行经验综合确定。

在高速电气化铁路中，接触悬挂弹性的好坏对机车受电弓取流的影响非常大。由式(2-4-7)、式(2-4-8)和式(2-4-9)，可以看出弹性的大小，取决于接触线的张力和接触悬挂的结构形式。接触网与受电弓的配合良好与否也是影响受流的因素之一，因此可以利用以下方法提高接触网弹性和改善受流状况。

(1)使受电弓对接触线的压力不随受电弓的起伏波动而变化，这就需要改进受电弓结构使之与接触网配合良好。

受电弓为电力机车受流装置，接触线与受电弓之间的可靠接触，是保证电力机车良好取流的重要条件。尽量使受电弓对接触线的压力不随受电弓的起伏波动而变化，这就需要从受电弓结构方面研究改进。受电弓压力不正常的原因有：受电弓安装位置偏于轮距中心线，滑板不平滑或有缺陷、滑板和导角之间不能顺利过渡也能影响正常取流；在受电弓滑行范围内有低于接触导线的障碍物会影响受电弓取流；受电弓滑板材质应与接触线材质配合，以便使接触线的磨耗与滑板的磨耗互相适应，铜接触线区段用碳滑板或铜基粉末冶金滑板，钢铝接触线区段用钢滑板。

(2)受电弓沿接触线滑行时，接触点的轨迹尽可能接近于水平直线。这就要求尽量地减小接触线弛度，改善定位点及其他接触网硬点的弹性。改善接触悬挂的弹性性能，重点应在于提高定位点、分段分相、绝缘器、线岔等接触线上有可能出现硬点处的弹性，使接触线的高度、拉出值、导线坡度、定位器坡度、线岔、锚段关节、吊线等技术参数符合要求；同时尽量使全线接触悬挂的弹性均匀一致。采用轻型零件，减轻接触悬挂(特别是接触线上)的集中重量。

(3)提高接触悬挂单位质量，加大线索张力增加接触悬挂的稳定性是改善接触悬挂弹性的有效措施。采用双链型接触悬挂和其他复合链型悬挂(即具有弹性装置吊线的多链型悬挂)。改善张力自动补偿装置，研制新型补偿器结构以保证悬挂中线索的恒定张力；研制新型高强度的接触线以提高接触线和辅助绳索的张力等都是改善接触悬挂弹性的重要措施和手段。

无论采用什么样的手段，改善接触悬挂弹性的技术措施，都必须经过经济技术比较后确定。

## 思考练习题

1. 什么是弹性?
2. 应如何改善接触悬挂的弹性?
3. 影响受电弓取流的因素有哪些?

# 第三章 接触网设计

## 第一节 接触网设计概述

### 学习目标

1. 掌握接触网设计阶段；
2. 掌握接触网初步设计内容；
3. 掌握接触网施工图设计内容；
4. 了解施工配合与技术处理内容。

设计工作是铁路基本建设的一个重要环节。在接触网设计过程中，要严格遵守《铁路电力牵引供电设计规范》及有关技术、管理方面的规程、规范。

设计工作必须进行认真的调查研究，要坚持走群众路线，贯彻执行艰苦奋斗、勤俭建国的方针。设计文件要体现我国的政治、经济、自然资源等特点，所制定的技术政策要反映实践证明的成熟经验和科研成果，并吸收和采用国内外的先进技术和设备。

### 一、接触网设计阶段

接触网工程是属于铁路电气化工程的子项目，其设计程序和铁路电气化工程的设计阶段相一致。一般按三个阶段设计，即初步设计、技术设计和施工设计。对于工程简易、技术不复杂的接触网，可按两个阶段设计，即扩大初步设计和施工设计。具体步骤为：研究任务书—初步设计—初步文件鉴定—技术设计—技术设计文件审批—施工设计—施工配合及处理—参加交接验收。

建设项目采用的设计阶段，在设计任务书中规定。

铁路电气化工程应包括电气化工程的技术改造（主要指线路和站场的改造）和电气化两部分。接触网设计属于电气化部分。

初步设计应根据批准的设计任务书编制，文件一次提交有关部门审查。技术设计应根据批准的初步设计，首先进行技术改造部分，接触网技术设计要与线路技术改造部分拉开距离，即线路和站场技术改造基本完成后再进行接触网设计。但涉及站场总图所需的电气化资料（如机务段、供电段、牵引变电所、接触网工区、车辆段等）应及时提供上述两部分文件分别报审。施工设计应根据批准的技术设计扩大初步设计文件进行。要严格按基建程序办事，没有批准的设计任务书不得进行初步设计(或扩大初步设计),前一阶段的设计未经批准不得开展下一阶段的设计。两阶段的扩大初步设计和三阶段的技术设计工作,按规定经过批准后才能列入国家基本建设计划,进行施工设计。下面阐述各设计阶段的内容及要求。

## 二、初步设计

初步设计的目的在于解决电气化铁路的规模,确定主要技术标准和主要设计原则及配合关系,进行经济技术比较和拟定主要工程概算。初步设计文件经鉴定后,作为技术设计和国家控制建设项目投资的依据。

接触网的初步设计是根据国家下达的“设计任务书”进行的。初步设计阶段完成的主要技术文件为技术说明书和若干装配示意图。初步设计的编制内容,其深度要配合解决铁路电气化工程技术改造方案、牵引供电方案、机车交路、主要技术标准、设计原则,提出主要工程数量、主要设备类型和材料数量、用地及拆移数量、施工组织方案意见及总概算。接触网初步设计包括下面的内容。

### 1. 线路车站概况说明

(1)实行电气化线路的各车站平面图资料,并注明各站的电化股道、股道间距、道岔型号及岔心坐标、曲线半径及长度、站内有关设备及靠近线路5 m以内的各种建筑物情况,车站中心横断面图。

(2)详细的纵断面图、线路平面图、超高表、标准横断面图、线路信号机位置等情况。

(3)电气化线路中的大、中桥梁总表和改建桥梁丈量图、线路桥梁总布置图、桥台和墩帽图、跨线桥、天桥图表等。

(4)线路中包括的隧道明细表、隧道纵断面图、衬砌断面图、隧道内预留锚段关节位置图等。

(5)电气化线路的土质情况,如土壤允许承压力、安息角、是填方还是挖方、地下水位的高度、地下水冻结深度是否有侵蚀等,并注明滑坡地段及一些地下设施的情况。

(6)调查跨越电气化线路的电力线和通信线等情况,属于路外的电力线应与电力部门签订拆迁协议。

### 2. 气象条件及污秽地区划分情况

通过有关单位和环保部门,了解收集该电气化区段的气象资料和环境污染情况,进行实地了解、调查、初步拟定计算气象条件后征求气象部门、科研机关的意见,经研究分析制定出接触网计算用气象条件。

### 3. 接触网架设范围

### 4. 接触网悬挂类型

(1)站场、区间及大型建筑物采用的悬挂类型、方案比较优缺点、线材规格及许用张力。

(2)悬挂高度,包括站场、区间及大型建筑物内的悬挂高度、结构高度等。

### 5. 平面布置

(1)供电分段与锚段关节,包括变电所及分区所位置及供电方式,分相结构及形式,站场、区间及大型建筑物的纵向分段、横向分段以及锚段关节形式和是否允许反向行车等。

(2)接触网平面布置的主要技术原则。

(3)平面布置的主要数据,包括跨距长度、锚段长度及补偿形式、侧面限界及绝缘距离等。

#### 6. 支柱设备及支持装置

(1)区间支持装置包括支柱设备、支柱类型及支持形式。

(2)站场支持装置包括大站及小站的支持装置形式及支柱基础类型。

(3)隧道内支持装置包括支持形式及方案比较说明。

#### 7. 附加导线的架设标准

(1)供电线的类型及支持方式。

(2)加强导线的类型和架设方式。

(3)其他附加导线(电力线、捷接线、迂回线、回流线、正馈线等)的类型及支持方式。

#### 8. 防护措施

(1)防雷保护(大气过电压防护)。

(2)支柱防护。

(3)接地方式。

(4)绝缘间隙及绝缘配合。

#### 9. 特殊区域(如机场等)或区段的抗干扰防护

#### 10. 接触网维修组织

(1)车间、工区位置及管辖范围。

(2)主要维修设备及交通工具。

(3)接触网维护的组织形式及定员标准。

#### 11. 重大特殊设计的原则及新技术应用

#### 12. 存在及待解决的问题

#### 13. 概算资料

概算资料包括材料价格、工资标准、机械台班费、拆迁费、购地费、青苗赔偿费等经济概算资料。

根据上述设计原则,结合电气化铁路的特点,初步设计说明书中应附有必要的安装示意图,一般包括中间支柱安装示意图、软横跨或硬横跨安装示意图、隧道悬挂安装示意图,以及特殊设计安装示意图等。

此外,在初步设计说明书中还应列入主要材料设备表,包括接触线、承力索、支柱、基础、硬横梁、附加导线、隔离开关、避雷器、绝缘子、腕臂及主要型材等。

### 三、接触网技术设计

技术设计的目的,在于进一步补充、完善和修改初步设计,或者解决、说明初步设计鉴定中提出的各类问题,它是对初步设计的深化和完善,实际上它是接触网设计中的齐、优、新问题,即设计的内容齐全、选择的设备优良、采用的技术先进。技术设计应包括三个方面:技术说明书、附件及附表,以及附图。

### (一)技术说明书

技术设计是在初步设计鉴定原则通过的基础上进行的,应反映在初步设计以后的变化及技术设计的相关内容。

#### 1. 设计依据

(1)首先应阐述初步设计鉴定及审批意见的执行情况。

(2)其次应给出有关接触网设计的相关重大原则问题,诸如电化范围、电化限界及进行电化技术改造的意见及要求、初步设计确定的技术条件,以及受电弓特性及接触线允许的风偏移等。

#### 2. 接触悬挂

(1)站场、区间接触悬挂的类型。

(2)大型建筑物内的悬挂类型及结构高度。

#### 3. 平面设计

(1)接触网平面布置的原则和相邻跨距的配合,区间、站场及大型建筑物间的配合。

(2)供电与分段形式,锚段关节的结构与类型,允许跨距和许可锚段长度,以及“之”字值与拉出值的取值范围等。

#### 4. 支持装置

区间支持装置、站场支持装置、桥梁支持装置、隧道内支持装置,以及天桥、跨线桥下的支持装置等。

#### 5. 附加导线的类型及支持方式

(1)供电线、回流线、正馈线的类型及支持方式,同杆架设在接触网支柱上非牵引电力线的要求及结构。

(2)对电力架空线路的交叉跨越的要求。

#### 6. 防护措施

大气过电压防护、接线方式、绝缘距离及绝缘配合以及其他安全措施等。

#### 7. 主要设备选择

所选设备类型、性能、生产厂家及设备比选情况。

#### 8. 存在的问题

### (二)附件及附表

技术设计除了上述技术说明以外,还应具有下列附件及附表:

(1)主要设备表。

(2)主要材料表。

(3)主要工程数量表。

(4)有关协议、相关问题谈话记录与公文指示等。

(5)图纸目录表。

### （三）附图

在技术设计阶段应该完成更为完善和详尽的图纸，包括下述诸项：

(1)供电与分段示意图。

(2)站场、区间与隧道内的平面布置图例图。

(3)锚段关节示意图。

(4)软横跨(含硬横跨)装配示意图。

(5)桥梁支柱、支持结构示意图。

(6)隧道悬挂结构图及隧道内下锚安装示意图。

(7)供电线设计图。

(8)典型支柱安装示意图。

(9)其他特殊设计图。

## 四、接触网施工图设计

施工设计是根据已批准的技术设计文件进行，应完成全部施工图纸，并作为接触网工程施工的依据。在施工阶段，如因情况变化，发生技术标准与技术设计确定的技术原则或鉴定意见不符时，应报有关部门批准。技术设计的图纸，在施工设计中不再变动时，允许加绘图标后作为施工图。施工设计应完成的文件有下述三部分。

### （一）施工图设计说明书

施工设计说明书应包括下述诸项：

(1)技术设计审批意见及执行情况。

(2)施工设计的必要说明。

(3)施工注意事项。

### （二）附件及附表

在施工设计中应完成相应工程统计表，有下述诸项：

(1)工程数量表。

(2)主要设备表。

(3)主要材料表。

(4)采用的标准图、通用图目录。

(5)有关协议，重要谈话记录与公文指示。

(6)图纸目录表。

### （三）附图

施工设计主要提供施工图，它包括下述诸项：

(1)站场接触网平面设计图。

(2)区间接触网平面设计图。

(3)隧道内悬挂平面设计图。

(4)供电线、回流线、捷接线、正馈线、保护线平面设计图。

(5)接触网供电分段图。

(6)锚段关节示意图。

(7)各类支柱(中间支柱、绝缘转换支柱、非绝缘转换支柱、中心支柱、道岔支柱、定位支柱、锚支柱、多线路腕臂柱、桥梁支柱等)装配图。

(8)软横跨(含硬横跨)装配图。

(9)接触悬挂安装曲线(或安装表)。

(10)各类设备(包括隔离开关、避雷器、分段绝缘器、吸流变压器或自耦变压器等)安装图。

(11)隧道内悬挂安装图及结构图。

(12)中心锚结安装图。

(13)电连接安装图。

(14)吊弦接安装图。

(15)线岔接安装图。

(16)接地装置接安装图。

(17)腕臂结构图。

(18)定位器设计图。

(19)隧道内悬挂下锚结构图及安装图。

(20)隧道口悬挂下锚结构图及安装图。

(21)接触网工区设计图。

(22)支柱设计图。

(23)基础设计图。

(24)硬横梁设计图。

(25)零件设计图册。

(26)大型建筑防护网、防护栅图。

(27)非标准零件设计图。

(28)其他设计或特殊设计图。

## 五、施工配合与技术处理

施工单位完成施工设计后,通常认为是完成了全部工作,其实并不然。虽然设计工作已基本完成,但还有许多后续工作要做。在施工阶段,设计单位要派技术人员到现场进行施工配合与技术处理。在设计中,由于各种各样的原因,设计图不免有遗漏、疏忽甚至出差错的地方;还有一些是现场实际踏勘阶段的勘测数据不准或不符合实际的地方。这时,设计单位的技术人员就应配合工程部门在现场就实际存在或新出现的问题,进行就地协商处理,以免影响工程进度或工程质量。

在整个工程完成以后,设计单位还应参加工程部门与运营单位共同组织的交接验收工作,以听取建设单位的意见及对工程质量的评价。

## 思考练习题

1. 接触网分为哪几个设计阶段?

2. 接触网初步设计包括什么内容?
3. 接触网技术设计包括什么内容?
4. 接触网施工图设计包括什么内容?
5. 为什么要进行施工配合与技术处理?

## 第二节　接触网平面布置原则

### 学习目标

1. 掌握接触网站场和区间的主要设计原则和方法;
2. 了解隧道内接触网平面布置的一般要求。

接触网平面布置系指接触网平面图的设计,它是接触网设计中最重要的工作项目。接触网平面图综合了接触网结构、接触网设计计算、接触网平面图绘制等项内容。它集中反映了接触网设计上的主要技术原则,作为施工设计文件,它是接触网施工、交付运营及进行管理和维修的重要依据。

接触网平面布置工作应在掌握可靠的线路资料,并熟悉设计及运营管理规程、规范的基础上进行。接触网平面布置前应进行必要的设计计算,如计算接触悬挂的各种负载、跨距长度、锚段长度、各种支柱容量等,确定设计所必需的各种技术参数,如拉出值、侧面限界、悬挂类型、供电分段等。

接触网平面图的设计步骤一般分为:

(1)室内设计:根据区间与站场平面图及线路纵断面图,初步确定支柱位置、锚段长度及中心锚结和锚段关节的位置,并提出外业测量时需要特别注意的有关问题。

(2)外业测量:核对室内设计与现场情况是否相符,进行实地测量以纠正室内设计上的错误,同时注意记录和收集与原资料相差较大的特殊情况,为最后完成平面图设计收集详细的外业资料。

(3)完成正式的施工设计图:将外业资料汇总整理,对室内设计进行必要的调整,完成平面图上的全部设计内容。

在绘制接触网平面布置图时,车站与区间的接触网平面图应相互衔接。一般是先作站场后作区间,绘图比例一般大站取 1∶1 000,小站取 1∶2 000。

### 一、站场接触网平面布置原则

站场接触网平面布置的主要依据是站场平面图,此外还应包括站场范围内的桥梁、涵洞和隧道等图表,这些资料可向线路设计和工务部门索取。

站场平面布置顺序及布置原则:

#### 1. 放图工作

首先将车站有关部分描绘制图,包括站场全部电化股道(近、远期电化股道);与架设接触网有关的非电化股道；股道编号及线间距；道岔编号、型号及站内最外方道岔中心里程；曲线起讫点、半径、缓和曲线长度及总长，桥梁名称、中心里程、总长、孔跨式样及结构形式：隧道名称、起讫里程及总长；涵管、虹吸管、平交道、地道、天桥、跨线桥、架空渡槽等中心里程及宽度；站场名称、中心里程；站台范围（长×宽×高）；线路两侧与接触网架设有关的建筑物（如站舍、雨棚、仓库、扳道房、水鹤、起重机械、煤台及上、下挡墙等）；进站信号机的位置及里程。

### 2. 支柱布置

放图完成后即可着手进行站内支柱布置，应先从站场两端道岔集中的地段开始，向车站中心布置，最后完成两端咽喉道岔外侧的支柱布置。其设计原则及注意事项如下：

（1）道岔处支柱布置时，对于正线上的道岔均应设计标准定位柱，其余道岔应尽量满足标准定位。

（2）尽量采用已确定的设计允许最大跨距值以减少支柱数量。除特殊情况外，相邻跨距之比不应大于1.5∶1，桥梁、隧道口、站场咽喉等困难地段，不宜大于2.0∶1。

山口、谷口、高路堤、桥梁等风口范围内的跨距应按设计标准值缩小5～10 m。

绝缘锚段关节的转换跨距（即转换柱与中心柱间）和分相装置所在跨距应较正常跨距值缩减5～10 m。

接触网支柱最大允许跨距值，不宜大于65 m。

（3）跨距一部分在缓和曲线而另一部分在直线时，选择跨距应校验接触线的水平偏移值。跨距一半在缓和曲线而另一半在曲线时，按曲线选用或取稍大值。

（4）单线电气化区段，宜在车站的一端（以电源侧为好）设绝缘锚段关节；并装设隔离开关。

双线电气化区段，应能满足上下行分别停电、检修安全、实现“V”形天窗、方向行车的要求，按“V”形天窗的停电范围设绝缘锚段关节。并装设负荷隔离开关或消弧电动隔离开关，纳入远动控制为宜。

隔离关节的位置可不受站场信号机位置的限制，但其转换柱位置应设在距站场最外道岔岔尖50 m以外，以便于机车转线。

（5）布置支柱时，应尽量避开风雨棚、站房、仓库、跨线桥、涵洞、信号机等建筑物。站台上要少设支柱，站内重要房舍（如值班室）近旁的支柱，要注意不得正堵着门窗，要适当考虑美观，站房两边支柱应尽量布置对称。

（6）基本站台或中间站台上的支柱，其线路侧内缘至站台边不得小于1 500 mm，基本站台上的软横跨柱限界为5.0 m，路肩上的支柱为3.0 m，牵出线上的支柱限界为3.1 m。

（7）位于股道中间的支柱必须保证两侧限界的要求，对于站内远期预留的电化股道，在布置支柱时支柱容量和侧面限界应考虑留有一定的余量，但单线腕臂柱的位置和容量可不考虑预留。

（8）设计锚柱的位置时，应考虑下锚拉线的安设情况，即在锚柱后10 m范围内不得有影响拉线安装的任何障碍物。

（9）终端柱距车挡不宜小于10 m，因地形限制不能满足上述要求时，支柱可设于线路的一侧。

（10）在有几个电气化车场的车站上，宜将每个车场单独电分段。装卸线、旅客列车整备线及机车整备线，均应单独电分段，并在该处装设带接地刀闸的隔离开关。路外专用电气化线路应单独电分段。

封闭的水鹤、到发线、安全线、牵出线、机车走行线等不宜设接触网电分段。

（11）支柱位置应与高柱信号机相互配合，不得影响信号显示。直线区段与进站信号机和区间信号机显示前方同侧的接触网支柱，应按第一章第三节表 1-3-2 的要求适当加大接触网支柱侧面限界。曲线区段应按信号机和支柱的不同位置进行处理。单线区段地形允许时，支柱可布置在信号机对侧。

### 3. 划分锚段，确定锚段长度及经路，选择并确定下锚地点和中心锚结的位置

其设计原则是：

（1）接触网锚段长度应根据中心锚结与补偿器处线索的张力差、补偿器形式以及补偿导线的高度等综合因素确定，接触线、承力索的张力差均不得大于其额定张力的 ±10%，并应符合下列要求：

正线和双边补偿时的最大锚段长度，一般情况不宜大于 2×800 m，困难情况不宜大于 2×900 m，单边补偿的锚段长度为上述值的 50%。

站线最大锚段长度一般不宜大于 2×850 m，困难时不宜大于 2×950 m。

（2）站内锚段的划分一般为一股道一个锚段，对于大站，若正线较长需设两个锚段时，则两锚段在站内衔接处设三跨非绝缘锚段关节。站内渡线应尽量合并到别的锚段中去，不得已时也可自成一个锚段。

（3）在确定锚段经路及下锚位置时，应尽量避免在线岔处出现二次交叉，最好采用一次交叉的方式，如图 3-2-1 所示。

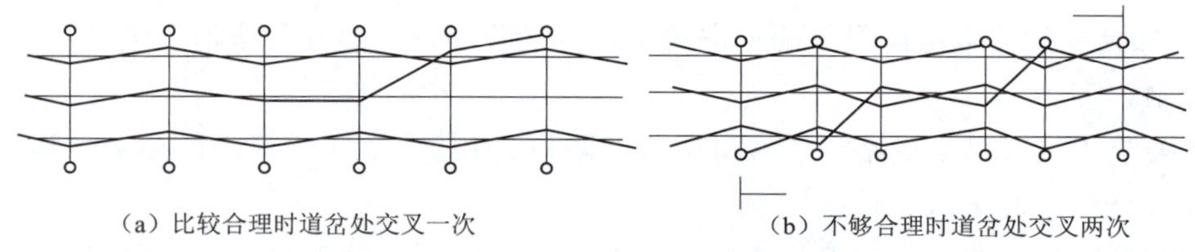

（a）比较合理时道岔处交叉一次　　（b）不够合理时道岔处交叉两次

图 3-2-1　锚段走向示意

即在道岔定位柱一侧出现交叉（线岔侧），另一侧不出现交叉。相邻两组线岔间接触悬挂以布置成平行状为好，线岔处接触线拉出值一般不超过 450 mm。在低速道岔上允许不定位，但定位点两侧接触线应为自然直线状，如非工作支离股道中心较远时，注意腕臂和定位器不宜过长。

（4）接触线工作部分改变方向时，该线与原方向的水平夹角正线不宜大于 6°，站线及接触线在非工作支部分改变方向时，不宜大于 10°。

### 4. 确定接触线的拉出值（或“之”字值）

接触线拉出值确定与布置支柱的方法相同，也从道岔集中区段开始，对于大站应在咽喉道岔处画出局部的接触网经路放大图，以明确相邻道岔接触线拉出值和线岔的分布情况。

选定拉出值时，应保证在最大风负载作用下，跨距中任一点接触线的最大风偏移值不超过

技术要求。对于道岔连接曲线上的拉出值,在选定后应进行接触线风偏移校验,当超过设计要求时,在线路条件允许的情况下可增设定位柱加以解决。

### 5. 根据技术标准确定支柱侧面限界

直线区段,通过超限货物列车的正线或站线必须大于 2 440 mm;不通行超限货物列车的站线必须大于 2 150 mm。

曲线区段,上述距离按现行国家标准《标准轨距铁路限界　第 2 部分:建筑限界》的规定加宽。

采用大型养路机械化养护的路基路段,接触网支柱侧面限界应满足大型机械作业需要,不应小于 3 000 mm。

基本站台上支柱的内缘距站台边缘 应有不小于 1 500 mm 的轻型车通道。

### 6. 确定支柱类型

根据平面布置前的计算依据,选择不同类型的腕臂柱和软横跨柱。设计原则和注意事项如下:

(1)设计规范规定:软横跨跨越股道数不宜超过 8 股道,在支柱容量允许时宜优先选用钢筋混凝土支柱。

(2)在装卸圆木、矿石等作业繁忙容易发生支柱碰毁的场所,采用钢柱,并应对支柱采取必要的防护措施。

(3)在软横跨钢柱上下锚时,可将普通钢柱容量上调一级,并打拉线后用作锚柱。

(4)当软横跨跨越股道数超过 8 股道,且股道间距允许时,应在中间增设一根软横跨柱,该支柱类型应按较大一侧的支柱容量来确定。

### 7. 选择支持装置、安装图号及软横跨节点

根据支柱所在位置、侧面限界及用途,通过接触网安装图选择不同的装配结构,并将所选图中的水平拉杆、腕臂、定位管、定位器等设备的规格和软横跨节点及安装图号,统一标注在接触网平面图相应栏目内。

### 8. 选择钢柱基础及横卧板类型

根据地质条件(土壤承压力和安息角)选择钢柱基础及横卧板类型。

### 9. 设备安装

设备安装即确定站内各种电气设备的安装位置,如根据供电分段的要求,确定分段、分相绝缘器、隔离开关、绝缘锚段关节、股道电连接、线岔、避雷器、接地线、限界门的安设位置。其设计原则为:

(1)在有几个电气化车场的大站,应将每个车场单独分段。装卸线、旅客列车整备线、机车整备线等均应单独分段,并在该处安装带接地刀闸的隔离开关。路外专用线应单独分段,封闭的水鹤、到发线、安全线、牵出线、机车走行线等不宜设接触网电分段。

(2)根据供电要求,接触网电分相的位置应符合下列规定:

接触网分相装置应设置在牵引变电所、分区所所在处及铁路局分界处,应满足电力机车运行方式、调车作业便利、供电线路合理及进站信号机位置和显示等要求。电分相装置距进站信

号机的距离不应小于300 m,并不宜设在大于6‰的大坡道地段。当不可避免必须设在6‰以上的大坡道地段时,应根据电力机车功率、牵引质量和线路坡度等条件进行校验,确保电力机车不得停滞在接触网中性段内。

接触网分相装置宜采用带中性段的空气间隙绝缘的锚段关节形式,行车速度为120 km/h以下的线路及困难区段可采用器件式分相装置。当电力机车采用自动过分相时,宜采用机车断电自动过分相方式。

(3)隔离开关的安装位置应便于电连接跳线,并符合操作机构的操作方向(操作手柄应朝向田野侧)。绝缘锚段关节处的隔离开关应装设于非工作支在支柱侧的绝缘转换柱上(即开口侧),如图3-2-2(a)所示。

安装于软横跨柱上的分段绝缘器附属隔离开关,应选择图3-2-2(b)中的位置1或3,不宜选择位置2或4。

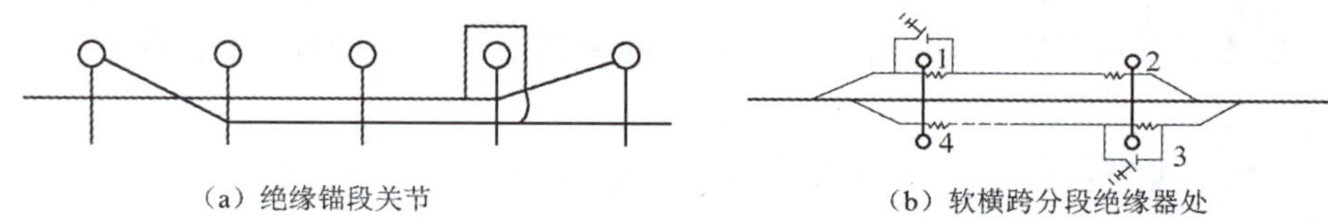


图3-2-2 隔离开关安装位置图

(4)股道电连接线,小站一般设一处,位于站场中部,大站设两处,位于站场两端机车起动点处(约车站长度的1/3处)。

(5)凡通行机动车和兽力车的平交道口均应设限界门,其通过高度不得高于4.5 m。靠平交道左右两侧的支柱宜对称布置,并设防护桩。对称布置确有困难时,支柱距平交道口中心不应小于10 m,平交道口处不宜布置锚段关节,困难时也不应在其左右两侧设锚柱。

### 10. 编排支柱号码

编排支柱号码,一般是顺公里标方向,从上行到下行先左侧后右侧的顺序编排。复线区段一般下行线侧采用单数,上行线侧采用双数。

### 11. 编写接触网主要设备材料表

编写该站场的接触网主要设备材料表,如各种线索、横卧板、基础、隔离开关、分段、分相绝缘器、避雷器、支柱等设备的型号和数量,安装图号和软横跨节点的编号及数量。

### 12. 编写技术说明

编写必要的技术说明,如接触网平面的设计依据、悬挂点处接触线的工作高度、各股道悬挂类型、道岔定位及设计时必须明确的主要技术原则、接地线情况及一些特殊地段的设计说明等。

## 二、区间接触网平面布置原则

区间接触网平面布置所依据的资料主要是线路平、纵断面图以及区间内桥梁、涵洞、隧道等图表。

区间平面布置图绘图比例一般为1:2 000;其平面布置的次序及设计原则如下:

(1)划分区间接触网锚段、锚段长度和中心锚结位置,确定方法与站场相同,锚段应尽量长,以减少锚段的数量。整个区间内各锚段长度在地形差异不太大时,应尽量均匀划分。

(2)区间内支柱布置一般从车站两端锚段关节处开始,应根据计算尽量采用最大允许跨距,相邻跨距不等时可参照站场支柱布置情况。

(3)缓和曲线上的支柱布置应参照站场支柱布置原则执行。布置时要避开涵洞、小桥、小隧道等建筑物。

(4)在曲线区段,特别是小半径曲线(包括缓和曲线),支柱应尽量设在曲线外侧,便于施工和维修。在单线区段,为了不妨碍信号标志的显示,在远方信号机及进站信号机前的接触网支柱,应尽量设在信号机的对侧,如果是同侧支柱应适当加大侧面限界。在曲线区段,支柱应设于信号显示前方 5 m 以远的地方。

(5)在隧道口处,如接触线高度需要改变时,其坡度一般地区不应大于2‰,困难区段不应大于3‰。

(6)尽量避免在桥上设立支柱,长大桥梁上可采取在桥墩台上设立钢柱的方法。

(7)直线区段的锚段关节,同侧下锚时的下锚跨距小于 45 m 时,最好采用异侧下锚,避免转换柱腕臂上的水平拉杆受压。

(8)在复线电气化区段,各条正线接触悬挂在机械上和电气上应尽量独立。

(9)对于跨线桥、天桥、衍梁桥等建筑物,接触悬挂的通过方式可视具体情况而定,但任何通过方式都要保证在极限温度情况下,接触线被受电弓抬高后(抬升高度按 100 mm 考虑)对地有足够的绝缘间隙,并应考虑留有一定的安装调整余量。

(10)对于链型悬挂,当承力索在支柱与相邻建筑物悬挂点上的高差较大时,要检查两者之间是否出现上拔力。如果该跨距由于高差而出现下式情况时,则存在上拔力(即高悬挂点对低悬挂点有向上拉的力),这时需要采取措施,如调整跨距的长度,降低悬挂点间高差等方法,其关系式为

$$L_{h}=\sqrt{\frac{2Z_{x}h}{W_{x}}}$$

式中 $L_{h}$——所检查的跨距值(m);

$h$——相邻悬挂点间的高度差(m);

$Z_{x}$——链型悬挂归算张力(N);

$W_{x}$——链型悬挂归算负载(N/m)。

(11)区间支柱应单独编号,对单线区段应从上行至下行顺序编排,复线区段下行线侧支柱编单号,上行线侧支柱编双号。

区间平面图中其他布置原则与站场相同。

## 三、隧道内接触网平面布置原则

由于隧道内不设支柱,且气象条件与区间有所不同,因此隧道内接触网平面布置比区间和站场简单,其设计原则如下:

### 1. 技术条件

(1)隧道内气象条件可根据本章第一节内容确定。

(2)隧道内常采用的悬挂类型有简单悬挂、半补偿和全补偿简单链型悬挂,一般根据隧道净空高度来选择,不受区间悬挂类型的限制。

(3)绝缘间隙应符合表 3-2-1 中的规定。

表 3-2-1 空气绝缘间隙值(单位:mm)

| 序号 | 有关情况 | | 正常值 | 困难值 |
|---|---|---|---|---|
| 1 | 绝缘锚段关节两悬挂点间隙 | 一般情况(使用于任何海拔高度) | 450 | — |
| | | 吸流变压器处 | 300 | — |
| 2 | 同回路自耦变压器供电线带电体距接触悬挂或供电线带电体间隙 | | 500 | 450 |
| 3 | 25 kV 带电体距固定接地体间隙 | | 300 | 240 |
| 4 | 25 kV 带电体距机车车辆或装载货物间隙 | | 350 | — |
| 5 | 受电弓振动至极限位置和导线被抬起的最高位置距接地体的瞬间间隙 | | 200 | 160 |
| 6 | 隔离开关引线、电连接线(包括跨另一支接触悬挂时)及自耦变压器供电线及跳线距接地体间隙 | | 330 | — |
| 7 | 在对向风吹,风速为 13 m/s 时,25 kV 带电体与保护线的间隙 | | 250 | — |
| 8 | 绝缘元件接地侧裙边距接地体间隙(适用于任何高程) | 瓷及钢化玻璃绝缘子 | 100 | 75 |
| | | 有机复合绝缘元件 | 50 | — |

注:1. 污秽地区的绝缘子泄漏距离增大时,表中所列的空气绝缘间隙值可不增大。

2. 在海拔超过 1 000 m 的地区,表中所列空气绝缘间隙应进行修正。

3. 在已建成的低净空的隧道、跨线桥等建筑物范围内,采用正常间隙确有困难时,方可采用表中困难值,并应相应采用防雷措施。但重雷区及距海岸线 10 km 以内的区段的空气间隙,应采用正常值。

此表 3-2-1 中的数据也适用于区间和站场平面布置。

(4)链型悬挂结构高度应保证最短吊弦长度不小于 250 mm。在布置定位点时,根据悬挂的跨距,可以每个悬挂点设定位,也可隔 1 ~ 2 个悬挂点设定位,应满足接触线对受电弓中心的偏移不超过 450 nm。

### 2. 隧道内平面布置的一般原则

(1)在隧道内尽量采用最大允许跨距,跨距的大小在直线区段取决于允许的接触线弛度,曲线区段取决于接触线的允许弛度和接触线对受电弓中心的最大水平偏移。跨距越大则接触线弛度越大,在满足接触线最低高度的条件下,对隧道净空的要求也高。

(2)隧道口第一个悬挂点的位置及接触线的拉出值,应与隧道口外相邻支柱的位置和拉出值相协调,应满足线索在规定坡度下,其带电部分对拱顶的距离不小于表 3-2-1 的规定。一般在距隧道口 0.3 ~ 1.0 m 范围内安设第一个悬挂点。

(3)对于电气化铁路的新建隧道,在下列地点应按接触网下锚要求在隧道内预留锚段关节及下锚洞:长度大于 2 000 m 的隧道;隧道间无法布置锚段关节的隧道群及桥隧相连地段的隧道;临近车站的隧道。

(4)隧道内不宜设置锚段关节,确实需要设置锚段关节的隧道应预留锚段关节断面、下锚洞及安装隔离开关的空间。

(5)长隧道内(包括隧道间无法布置锚段关节的隧道群及桥隧相连处),对新建隧道,当预留锚段关节断面及下锚洞时,锚段长度不宜大于2 000 m;对既有线隧道,当未预留锚段关节及下锚洞,且改建困难时锚段长度不宜大于3 000 m。

(6)隧道内锚段关节全补偿下锚宜采用坠砣补偿下锚方式,并宜选用铁砣。未预留锚段关节及下锚洞的隧道可采用坠砣补偿以外的下锚方式。

(7)相邻两跨距之比,不宜大于1.5∶1;隧道口地段,当隧道净空低、跨距较小时,隧道外跨距与隧道内跨距之比不宜大于2.0∶1。

(8)双线隧道位于隧道断面中部的中间立柱,宜采用上、下行线路各自独立的立柱,并且悬挂下行线路的中间立柱应位于悬挂上行线路中间立柱的前方。

(9)在直线区段,接触线应按“之”字形布置,定位点处的拉出值宜为±200 mm。

(10)在曲线区段,应根据曲线半径、超高值和接触悬挂跨距选取拉出值,在允许行车速度范围内,定位点拉出值不宜大于400 mm;电力机车受电弓宽度为1 250 mm时,跨距中点接触线距受电弓中心的偏出值不宜大于450 mm。

(11)接触悬挂及附加导线应避免在隧道洞门墙上下锚。当必须在隧道洞门墙上下锚时,应按《铁路隧道设计规范》相关规定办理。新建电气化铁路的隧道,必须在隧道洞门墙上下锚时,接触网设计专业应向隧道设计专业提供接触网下锚位置、预留件要求及受力荷载资料。

### 3. 平面布置的主要内容

平面布置的主要内容包括决定跨距、悬挂点的数量及安装埋入孔的位置、定位点的配置、拉出值数值、锚段关节及中心锚结的位置等。

### 思考练习题

1. 站场接触网平面布置的顺序是什么?
2. 区间接触网平面布置的顺序是什么?
3. 隧道内平面布置的主要内容是什么?

## 第三节 接触网平面布置

### 学习目标

1. 了解接触网平面图图例;
2. 掌握接触网平面图包含内容;
3. 掌握站场和区间接触网平面布置图绘制方法。

接触网平面布置系指接触网平面图的设计,它是接触网设计中最重要的工作项目。接触网平面图综合了接触网结构、接触网设计计算、接触网平面图绘制等项内容。它集中反映了接触网设计上的主要技术原则,作为施工技术文件,它是接触网施工、交付运营及进行管理和维修的重要依据。

接触网平面布置工作应在掌握了可靠的线路资料,并熟悉了设计及运营管理规程、规范的基础上进行。接触网平面布置前应进行必要的设计计算,如计算接触悬挂的各种负债、跨距长度、锚段长度、各种线路情况下支柱容量等,确定设计所必需的各种技术参数,如拉出值、支柱侧面限界、接触悬挂类型、供电分段等。

接触网平面图的设计步骤一般分为：

(1)室内设计：根据区间与车站平面图及线路纵断面图，初步确定支柱位置、锚段长度及中心锚结和锚段关节的位置，并提出外业测量时需要特别注意的有关问题。

(2)外业测量：核对室内设计与现场情况是否相符，进行实地测量以纠正室内设计上的错误，同时注意记录和搜集与原始资料相差较大的特殊情况，为最后完成平面图设计搜集详细的外业资料。

(3)完成正式的施工设计图：将外业资料汇总整理，对室内设计进行必要的调整，完成接触网平面图全部设计内容，达到施工设计图要求。

在绘制接触网平面布置图时，车站与区间的接触网平面图应相互衔接。一般先作车站后坐区间，绘制比例一般大站取1∶1 000，小站取1∶2 000。

## 一、接触网平面图图例

接触网平面布置图是由表示接触网设备与结构的各种图例组成的，要读懂接触网平面图首先必须熟悉接触网平面图图例内容，现根据国家铁路局发布的《铁路工程图形符号标准》，见表3-3-1。

表3-3-1　接触网平面图图例表

| 序号 | 图形符号 | 名称 | 说明 |
|---|---|---|---|
| 1 | (粗) | 接触网正线 | |
| 2 | (细) | 加强线 | |
| 3 | (细) | 供电线 | |
| 4 | | 承力索硬锚 | |
| 5 | | 接触线补偿下锚 | |
| 6 | | 承力索补偿下锚 | |
| 7 | | 链型悬挂硬锚 | |
| 8 | | 半补偿链型悬挂下锚 | |
| 9 | | 全补偿链型悬挂下锚 | |
| 10 | | 加强线下锚 | |
| 11 | | 回流线下锚 | |
| 12 | | AT供电线下锚 | |
| 13 | | 保护线下锚 | |
| 14 | | 架空地线下锚 | |
| 15 | | 接触线硬锚供电线及分区亭引出线下锚 | |

续上表

| 序号 | 图形符号 | 名称 | 说明 |
|---|---|---|---|
| 16 | 300 | 拉出值 | 拉出值 300 mm,书写位置即为拉出方向 |
| 17 | (1) (2) | 拉线基础 | (1)单拉线基础<br>(2)双拉线基础 |
| 18 | (1) (2) (3) | 区间腕臂钢筋混凝土柱 | (1)设计<br>(2)既有<br>(3)拆除 |
| 19 | (1) (2) (3) | 区间腕臂钢柱 | (1)设计<br>(2)既有<br>(3)拆除 |
| 20 | | 站场腕臂钢筋混凝土柱 | 圆直径 $d=2.5(1/2\ 000)$<br>圆直径 $d=4.0(1/1\ 000)$ |
| 21 | | 站场腕臂钢柱 | |
| 22 | | 定位钢筋混凝土柱 | |
| 23 | | 双线腕臂钢柱 | 用于高铁平面图 |
| 24 | | 下锚钢柱 | |
| 25 | | 钢筋混凝土柱软横跨 | |
| 26 | | 钢柱软横跨 | |
| 27 | | 钢筋混凝土柱硬横跨 | |
| 28 | | 钢柱硬横跨 | |
| 29 | | 隧道内接触网悬挂点 | |
| 30 | | 隧道内接触网悬挂定位点 | |
| 31 | (1) (2) | 车站雨棚内接触网悬吊 | (1)腕臂柱与雨棚柱合架<br>(2)雨棚内采用吊柱 |

续上表

| 序号 | 图形符号 | 名称 | 说明 |
| --- | --- | --- | --- |
| 32 | (1) <br>(2) 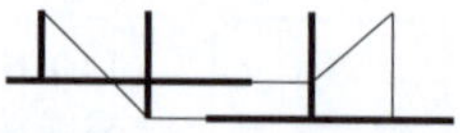 | 三跨关节 | (1)非绝缘<br>(2)绝缘 |
| 33 | (1) <br>(2) 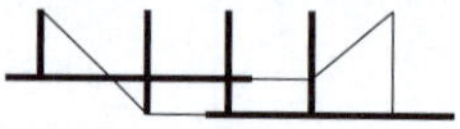 | 四跨关节 | (1)非绝缘<br>(2)绝缘 |
| 34 | (1) <br>(2) 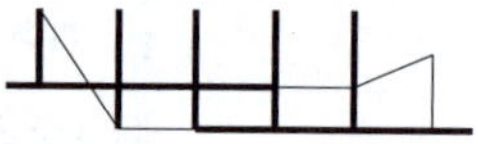 | 五跨关节 | (1)非绝缘<br>(2)绝缘 |
| 35 |  | 全补偿链型悬挂中心锚结 | |
| 36 |  | 防窜中心锚结 | |
| 37 | 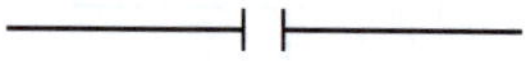 | 分段绝缘子串 | |
| 38 |  | 分段绝缘器 | |
| 39 |  | 分相绝缘器 | |
| 40 |  | 绝缘锚段关节 | 用于供电分段示意图 |
| 41 |  | 两断口关节式电分相 | |
| 42 | 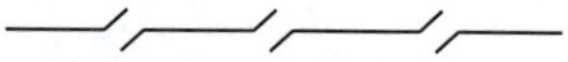 | 三断口关节式电分相 | |
| 43 |  | 氧化锌避雷器 | |
| 44 |  | 股道间电连接 | |
| 45 | 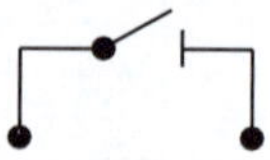 | 手动常开隔离开关 | |
| 46 | 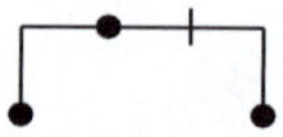 | 手动常闭隔离开关 | |
| 47 | 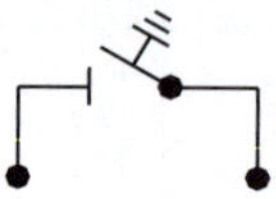 | 带接地刀闸隔离开关<br>(打开状态) | |
| 48 | 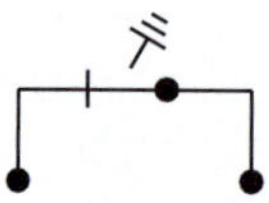 | 带接地刀闸隔离开关<br>(闭合状态) | |

续上表

| 序号 | 图形符号 | 名称 | 说明 |
| --- | --- | --- | --- |
| 49 | (1)<br>(2) 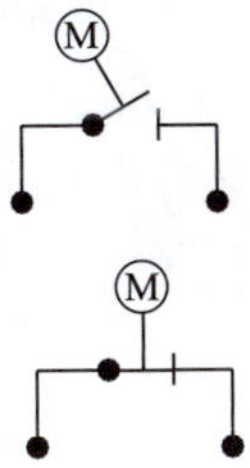 | 单级电动开关 | (1)常开型<br>(2)常闭型 |
| 50 | (1)<br>(2) 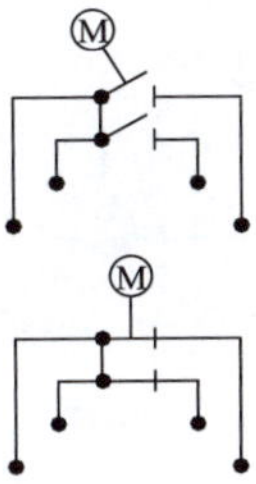 | 双级电动开关 | |
| 51 | (1)<br>(2) 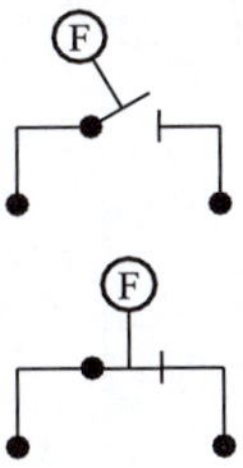 | 单级负荷开关 | |
| 52 | (1)<br>(2) 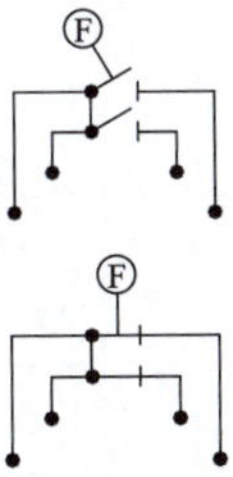 | 双级负荷开关 | |
| 53 | 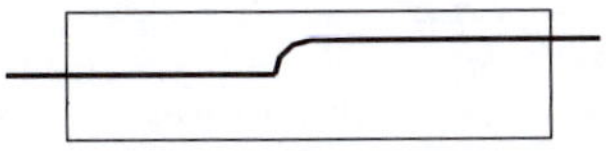 | 区间隧道 | |
| 54 | 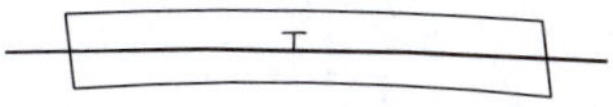 | 站场内隧道 | |
| 55 | 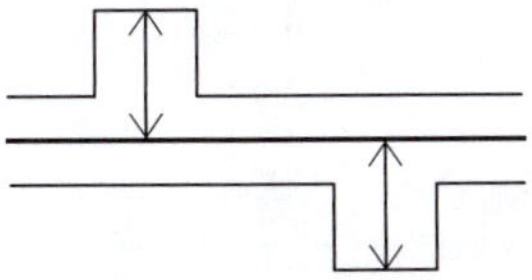 | 单线隧道内非绝缘关节 | |

续上表

| 序号 | 图形符号 | 名称 | 说明 |
|---|---|---|---|
| 56 | 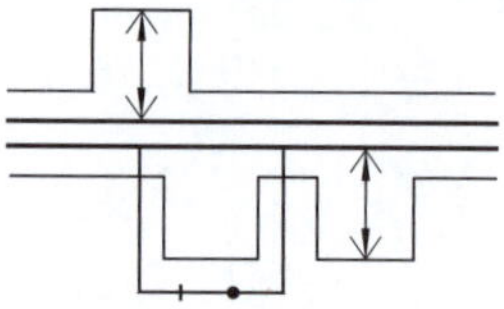 | 单线隧道内绝缘关节 | |
| 57 | 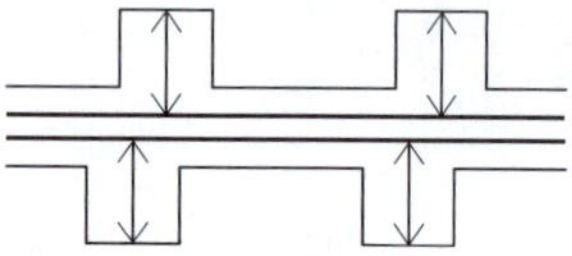 | 双线隧道内非绝缘关节 | |
| 58 | 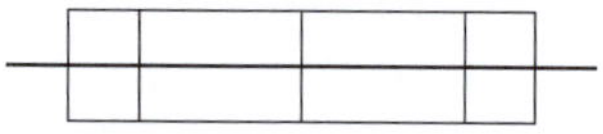 | 上承桥 | |
| 59 | 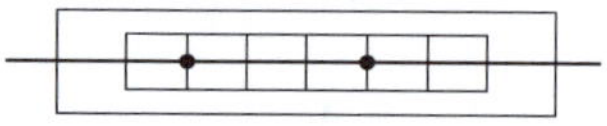 | 下承桥 | 圆点表示接触网悬挂点 |
| 60 | 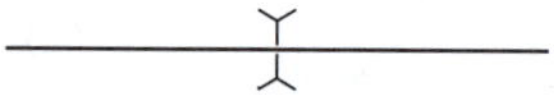 | 小桥、涵 | |
| 61 | 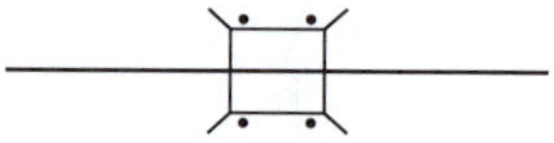 | 有限界门的平交道 | |
| 62 | 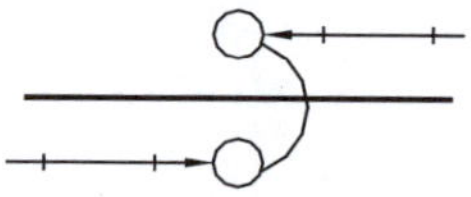 | 回流线跨越接触网 | |
| 63 | 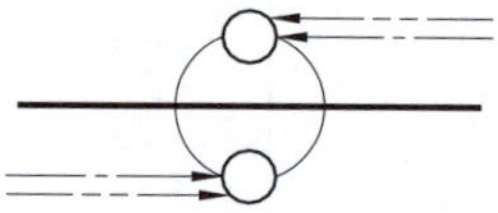 | AT供电线保护线跨越接触网 | |
| 64 |  | 吸上线位置 | 回流线、保护线、自耦变压器中性线与钢轨连接处 |
| 65 |  | 吸流变压器 | |
| 66 | 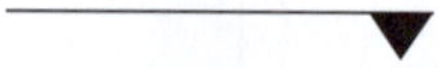 | 接触网起测点 | |
| 67 |  | 预留锯齿孔 | |
| 68 |  | 桥电缆孔 | |
| 69 | | 手孔 | |
| 70 | | 牵引供电电缆 | |
| 71 | 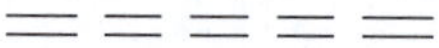 | 接触网电缆过轨 | |
| 72 |  | 接扼流圈中性点 | |

续上表

| 序号 | 图形符号 | 名称 | 说明 |
|---|---|---|---|
| 73 | [symbol] | 基础综合地线端子 | |
| 74 | △ | 接触网工区 | 用于供电分段示意图 |
| 75 | [symbol] | 接触网工区附领工区 | 用于供电分段示意图 |
| 76 | [symbol] | 接触网普通接地 | |
| 77 | = | 供电分束标志 | |

## 二、接触网平面布置图

接触网线路和接触网设备及结构状况，用接触网平面图表示，如图 3-3-1 所示为区间接触网平面图。图 3-3-1 采用电气化铁路接触网图形符号来示意接触网各种设备和结构的配置情况。

接触网平面图体现了电气化铁路的技术性能、设备安装位置、技术参数等重要内容，工程单位将依据平面图进行接触网施工，建设单位则组织施工、设计和维修部门一起，根据接触网平面图及有关验收标准进行验收、交接，对施工质量进行审查、评定及开通后的维修管理。因此从事接触网设计、施工和维修、运营部门的技术人员，都应熟悉和使用接触网平面图。

接触网平面图包括两部分内容，其一是接触网线路和接触网设备及结构状况图，如图 3-3-1所示；其二是接触网平面图中的表格栏部分。

接触网平面图中表格栏中包括以下项目：

### （一）支柱侧面限界

支柱侧面限界系指轨平面处支柱内缘至相邻线路中心的距离，支柱侧面限界必须符合铁路建筑接近限界的规定，其值随线路曲线半径不同而变化，任何情况下不得小于 2 440 mm，常用值见表 3-3-2。

对于软横跨支柱，其侧面限界见表 3-3-3。

### （二）接触线拉出值

曲线区段称接触线拉出值，在直线上称接触线“之”字值，两者均表示定位点处接触线距受电弓中心的距离，只不过直线区段受电弓中心与线路中心重合，故在直线区段又可表示为定位点处接触线距线路中心的距离。拉出值决定方法参见第一章第五节。

### （三）支柱类型

支柱类型表示支柱的材质、型号、容量及数量。如 2 × G150/13，表示两根容量为 150 kN × m，高度为 13 m 的钢柱。H48-250 表示容量为垂直线路方向 48 kN × m，顺线路方向 250 kN × m 的钢筋混凝土支柱，因为支柱为定型设计生产，为简便起见，在接触网平面图中支柱类型常简写为 H48-250（或 H38 等），不写型号中的分母部分。

### （四）地质情况和基础类型

地质情况表示支柱所在位置的地质状态，如土壤的种类、挖、填方等。若标注 +30°，则表示填方，土壤安息角为 30°。 −1. 5 为挖方，土壤允许承压力为 147 Pa。

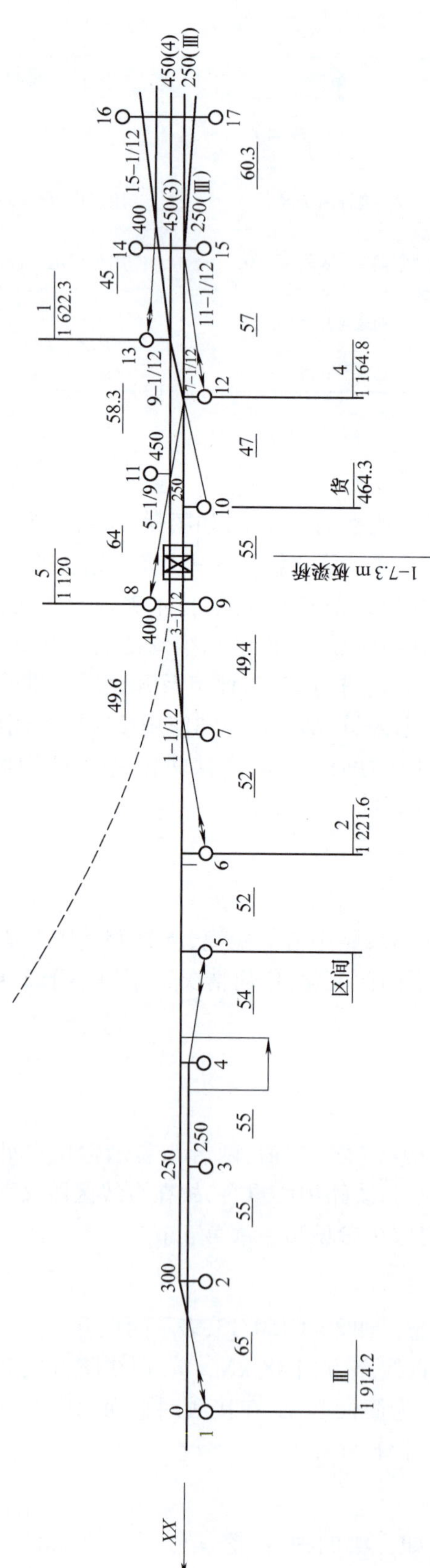

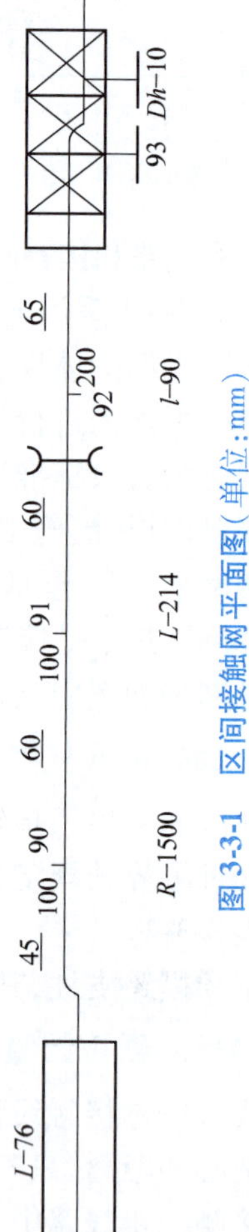

图 3-3-1　区间接触网平面图（单位：mm）

**表 3-3-2 接触网支柱规定侧面限界**

| 支柱类别 | 适用地点 | | | 侧面限界 $C_x$(m) | | | 说明 |
|---|---|---|---|---|---|---|---|
| 腕臂柱 | 一般地区 | | | 曲线半径(m) | 曲线外侧 | 曲线内侧 | 本表适用于最高行车速度 160 km/h，最大外轨超高 150 mm 的线路；当最高行车速度为 100 km/h 时，可采用括号内的数据，但 $R$=600 m 曲线内侧支柱的负误差只允许有 50 mm |
| | | | | 200~299 | 2.8 | 3.1 | |
| | | | | 300~599 | 2.7 | 3.1 | |
| | | | | 600~1 000 | 2.6 | 2.9(2.8) | |
| | | | | 1 001~4 000 | 2.6 | 2.9(2.7) | |
| | | | | ∞ | 2.5 | | |
| | 复线区段信号机前方 | 支柱、信号机均位于直线区段 | 通过信号机 | 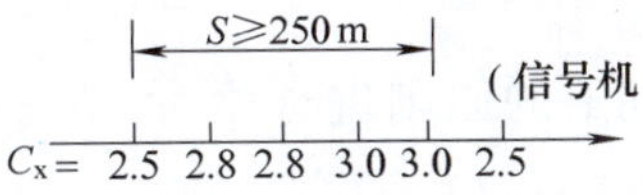 $S$≥250 m（信号机）<br>$C_x$= 2.5 2.8 2.8 3.0 3.0 2.5 | | | 1. 在 $S$ 范围内若支柱多于 4 根，则多余支柱的侧面限界 $C_x$ 取 2.8 m。<br>2. 信号机处接触线对线路中心的偏移宜离开信号机（即前进方向线路中心的右侧） |
| | | | 进站信号机 | 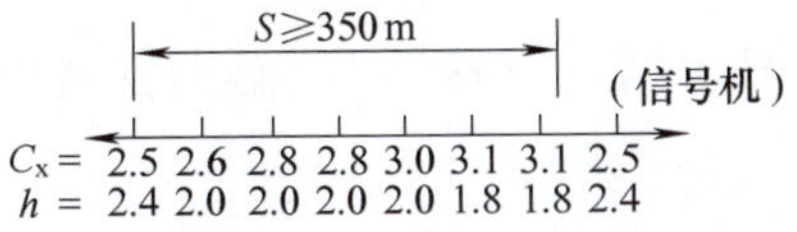 $S$≥350 m（信号机）<br>$C_x$= 2.5 2.6 2.8 2.8 3.0 3.1 3.1 2.5<br>$h$ = 2.4 2.0 2.0 2.0 2.0 1.8 1.8 2.4 | | | 1. $h$ 为拉杆底座与腕臂底座之间的距离。<br>2. 在 $S$ 范围内若支柱多于 6 根，则多余支柱的 $C_x$=2.6 m，$h$=2.0。<br>3. 信号机处接触线对线路中心的偏移宜离开信号机 |
| | | 信号机前方支柱位于曲线外侧 | 通过信号机 | | $R$≤1 000<br>5≤$S$≤10 | 1 000<$R$≤4 000<br>5≤$S'$≤15 | 1. 信号机与前方支柱的距离 $S'$≥5 m。<br>2. 当 $R$≤1 000 m 时若 $S'$>10 m 或1 000 m<$R$≤4 000 m 时 $S'$>15 m，则支柱安装同一般地区 |
| | | | | $C_x$ | 2.7 | 2.9 | |
| | | | | $h$ | 2.4 | 2.4 | |
| | | | 进站信号机 | $C_x$ | 2.8 | 3.0 | |
| | | | | $h$ | 1.8 | 1.8 | |
| | | 信号机位于缓和曲线，前方支柱位于直线 | |  （信号机） $y$<br>$y$<600 mm，$C_x$×$h$ 按直线区段选用<br>$y$≤600 mm，$C_x$×$h$ 同一般地区 | | | $y$——信号机处缓和曲线的支距 |
| | | 信号机前方支柱位于曲线内侧时与前方支柱的距离宜大于或等于5 m | | | | | |
| | 桥墩台 | | | 3.1 | | | 1. 按"电气化铁路桥梁墩台支架基座设计图"（图号：贰桥4059）选定。<br>2. 未采用上述图纸者按人行道尺寸选定 |
| | 道岔 | 单开 | | 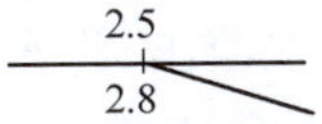 2.5<br>2.8 | | | 支柱位于直线侧时取 $C_x$=2.5 m<br>位于导曲线内侧时取 $C_x$=2.8 m |
| | | 对称 | | 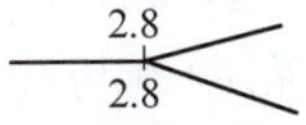 2.8<br>2.8 | | | |
| | | 交分 | | 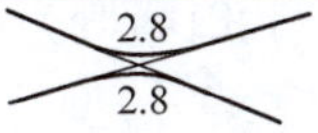 2.8<br>2.8 | | | |
| | 旅客站台 | | | 支柱内缘距站台边不得小于1 500 mm | | | 1. 尽量少设腕臂柱。<br>2. 绝缘腕臂柱上部须设防电护网 |
| | 牵出线 | | | 3.1 | | | 路基不够时可适当缩小 |

表 3-3-3　软横跨支柱侧面限界

| 支柱类别 | 适用地点 | 侧面限界 $C_x$(m) | 说　明 |
|---|---|---|---|
| 软横跨柱 | 一　般 | 3.0 | |
| | 基本站台 | 5.0 | 1. 支柱内缘距站台边不得小于 1 500 mm。<br>2. 站台宽度不足时可适当调整 |
| | 其他旅客站台 | 中间站台一般位于站台中心 | 支柱内缘距站台边不得小于 1 500 mm |
| | 牵出线 | 3.1 | 路基不够时可适当缩小 |

基础类型表示所选用的基础或横卧板类型及数量，要根据地质情况选（见第四章第一节）。

### （五）软横跨节点类型

软横跨节点共有 14 种，要按照从上到下的原则进行填写，填写时应注意与相应的软横跨支柱和各股道定位对齐。

### （六）安装图号

根据支柱所在线路位置、用途、型号等情况直接从“接触网安装图”上查出。填写时应写在该支柱和设备图例的正下方。

### （七）附加悬挂

标注接触网附加悬挂的安装高度和安装参考图号，如回流线、供电线、正馈线、保护线等。

### （八）备注

备注栏填写在平面图中出现特殊情况时的说明，如导线进入隧道前其高度的变化值，特殊设计说明等。

## 三、车站接触网平面布置图绘制

车站接触网平面布置图绘制的依据是车站平面图和已经设计好的车站接触网平面布置草图，绘制的过程与平面布置的顺序相似。

### （一）放图

放图即为将车站有关部分描绘制图。车站平面图中所绘的各股道线路中心线即为接触网平面布置图中接触悬挂位置，因为接触悬挂中整体是位于各股道线路中心线上，在接触网平面布置图中垂直线路方向上接触线的“之”字值和拉出值并不绘出，只是在相应位置上标出其数值的大小。

首先，将车站中电化正线股道用粗实线绘出，将车站中电化侧线股道用中实线绘出，将与架设接触网有关的非电化股道用中虚线绘出，将预留线路用细点划线绘出。

然后，标出车站接触网起测点。将线路两侧与接触网架设有关的建筑物（如站舍、雨棚、仓库、扳道房、水鹤、起重机械、煤台及上、下挡墙等）绘出。标出车站名称、中心里程、站台范围（长×宽×高）、股道编号及线间距、道岔编号、型号及站内最外方道岔中心里程，进站信号机的位置及里程。如果车站处在曲线上，标出曲线起讫点、半径、缓和曲线长度及总长，桥梁名称、中心里程、总长、孔跨式样及结构形式。如车站中有隧道，标出隧道名称、起讫里程及总长。标出涵管、虹吸管、平交道、地道、天桥、跨线桥、架空渡槽等中心里程及宽度。

## （二）支柱布置

首先从车站两端道岔集中的地段开始，根据道岔柱布置要求，先绘制车站两端道岔柱的位置，按照设计允许最大跨距值和接触网车站支柱布置原则，向车站中心布置。要注意核对车站两端道岔间距离应与相应支柱各个跨距的合相吻合，不要出现误差。咽喉道岔外侧的支柱，要根据车站内各股道接触网线索下锚情况，适当考虑锚柱，即当各股道接触网线索下锚点确定后，咽喉道岔外侧支柱布置完毕，最后考虑车站与区间的锚段关节设置位置，根据支柱编号原则编排各支柱号。

## （三）绘制软横跨

采用软横跨的车站，将各组软横跨所对应的支柱用软横跨图例标出，注意有电分段的节点（如上下行间、跨越中间站台等）在绘制时要同时绘出。

## （四）绘制各锚段及锚段关节

根据各个锚段的划分和中心锚结设置情况，以及设计所采用悬挂类型，将各锚段、渡线、中心锚结及锚段关节，以相应的接触网平面图图例绘制在平面图上，标出各锚段号及锚段长度。悬挂上相应的分段绝缘子串、分段绝缘器、分相绝缘器、电连接线和隔离开关也同时绘制于平面图中。

## （五）“之”字值及拉出值

根据设计原则，将各定位点处的“之”字值或拉出值在相应位置标出。“之”字值为300 mm时可用相应图例绘出。

## （六）绘制接触网上附加悬挂及设备

将接触网上回流线、供电线、正馈线、保护线、吸流变压器、避雷器、放电器、火花间隙、接地极、限界门等附加悬挂及设备以相应的接触网平面图图例绘制于接触网平面图中。

## （七）填写表格栏

在绘制完成接触网平面图上的线路悬挂和设备同时，即可标注相应的表格栏内容。

### 1. 支柱侧面限界

根据表3-3-2和表3-3-3所示支柱侧面限界的设置原则，在对应接触网平面图上每一支柱正下方的表格栏支柱侧面限界一栏中，标注上对应的支柱侧面限界大小。

### 2. 支柱类型

在表格栏支柱类型一栏中，标注上每一支柱的材质、型号、容量及数量。支柱的材质、型号、容量是根据接触网设计时支柱负载计算选择得出。

### 3. 地质情况和基础类型

根据支柱所在位置的地质状态，如土壤的种类、挖、填方等，在地质情况一栏填写该支柱处土壤的安息角或土壤承压力。根据土壤的安息角或承压力和挖、填方情况，选择出钢筋混凝土支柱的横卧板的与数量和钢柱基础类型，填写在基础类型一栏中。如果地质情况或基础类型情况连续几个跨距完全相同，可以在起始和结束的两个（组）支柱位置标注地质情况或基础类型，中间几个（组）用带箭头直线连接简化。

#### 4. 软横跨节点类型

在软横跨节点一栏中，在每组软横跨对应位置上，按由上到下的顺序标注各个节点号。当此栏较狭是可以分为两列写。正线节点号与侧线节点号可以有所区分。节点要与该软横跨各股道接触悬挂结构相对应。

#### 5. 设计并绘制车站接触网电气设备

电气设备主要是指安装在车站上的隔离开关和分段绝缘器。在绝缘锚段关节处设置隔离开关时，隔离开关应安设在非工作支靠近支柱侧的转换柱上，这样可以避免隔离开关电连接线跨越工作支承力索。设置软横跨柱上的隔离开关时，要注意操作机构开合方向。在车站装卸线上设置分段绝缘器时，要考虑尽量延长装卸线的长度。

设置分相绝缘装置时，要注意选择设置地点，不得设置在铁路大坡道地段、远方和进站信号机附近，一般考虑设置在区间相应位置处。

#### 6. 安装图号和附加悬挂

在安装图号栏中根据接触网平面图上不同类型的支柱，从接触网安装图中选择相对应的支柱装配图，然后将其图号标注在栏内相应位置上。选择安装图号时应注意。接触网装配图应满足所设支柱的安装要求。如要考虑支柱用途（即是否为中间柱、锚柱、转换柱、道岔柱软横跨柱等）、支柱侧面限界、线路状况等因素。在附加悬挂栏中标注上接触网附加悬挂的安装高度、肩架类型和安装参考图号。

#### 7. 备注

在备注栏标注在平面图中出现特殊情况时的说明，如果没有可以省略不填。

### （八）接触网主要设备材料表

将接触网主要设备材料，如各种线索、横卧板、基础、隔离开关、分段、分相绝缘器、避雷器、支柱等设备的型号和数量列表说明；将接触网安装图号和软横跨节点的编号及数量列表说明。

接触网主要设备材料表可以列于接触网平面图中，也可以附于设计说明书中。

### （九）完成接触网平面图

按照工程图纸要求，将该接触网平面图的名称、设计人（单位）、复核人、绘图日期、图号及比例尺大小标注于图纸右下方，完成接触网平面图。

## 四、区间接触网平面布置图绘制

区间接触网平面布置图的绘制依据是线路纵断面图、区间内桥梁、涵洞、隧道等图表。区间接触网平面布置图比例一般为1∶2 000，其平面布置顺序及设计原则说明如下：

### （一）放图

将所设计区间的铁路线路有关部分描绘平面图。把区间中电气化正线用粗实线绘出。标出区间两端起测点，区间起测点一般以车站两端段锚段关节处开始。将线路两侧与接触网架设有关的地形条件绘出，如标出曲线起讫点、半径、缓和曲线长度及总长，桥梁名称、中心里程、总长、孔跨式样及结构形式。标出涵管、虹吸管、平交道、立交桥、跨线桥、架空渡槽等中心里程及宽度。标出隧道名称、起讫里程及总长（隧道内接触网可以单独设计）。

### （二）划分区间接触网锚段，根据接触网线索张力差的规定，确定锚段长度、中心锚结位置

锚段应尽量长以减少锚段和补偿装置数量。确定锚段长度时要考虑锚段关节的位置，不要设置在桥梁、隧道、平交道口和跨线桥等处。本区间内各锚段净长度之合应与区间线路总长度相吻合。

### （三）布置支柱

区间内布置支柱首先从车站两端锚段关节处开始，根据锚段情况和设计规定跨距值，确定支柱位置。布置支柱时应尽量选择设计允许最大跨距，以减少支柱数量。支柱应尽量设计在曲线外侧，这样便于施工与维修。根据设计跨距长度标出各跨距长度，根据支柱编号原则编写支柱号。

### （四）标注“之”字值、拉出值和锚段基本参数

根据各个锚段的划分和中心锚结设置情况，以及设计所采用悬挂类型，将各锚段、渡线、中心锚结及锚段关节，以相应的接触网平面图图例绘制在平面图上，标出各锚段号及锚段长度。相应的分段绝缘子串、分段绝缘器、分相绝缘器、电连接线和隔离开关也同时绘制于平面图中。

根据设计原则，将各定位点处的“之”字值或拉出值在相应位置标出。

### （五）绘制接触网上附加悬挂、设备以及跨越线路情况

将接触网上回流线、供电线、正馈线、保护线、吸流变压器、避雷器、放电器、火花间隙、接地极、限界门等附加悬挂及设备以相应的接触网平面图图例绘制于接触网平面图中。

将电气化铁路所跨越地方电力线路、通信线路等情况根据绘图要求在接触网平面图中绘出。

### （六）填写表格栏

支柱侧面限界、支柱类型、地质情况和基础类型、安装图号和附加悬挂的标注与站场平面图的方法和要求相同。在备注栏标注平面图中出现特殊情况时的说明。

### （七）接触网主要设备材料表

接触网主要设备材料表附于设计说明书中。

### （八）完成接触网平面图

按照工程图纸要求，将该接触网平面图的名称、设计人（单位）、复核人、绘图日期、图号及比例尺大小标注于图纸右下方，完成接触网平面图。

## 思考练习题

1. 接触网平面图中表格栏内容有哪些？
2. 站场和区间平面图的绘制顺序是什么？
3. 能够熟练绘制并说明接触网平面图图例。

# 第四章 接触网施工

## 第一节　接触网基础工程

**学习目标**

1. 了解铁路建设管理规定；
2. 了解接触网施工预算编制；
3. 掌握接触网横向和纵向测量方法；
4. 了解基坑开挖的注意事项；
5. 掌握混凝土基础类型的选用。

### 一、铁路建设管理规定

电气化铁路建设工程属于铁路建设项目，为加强铁路建设管理，规范铁路建设行为，提高铁路建设水平，铁路建设必须贯彻执行国家有关方针政策，严格执行国家法律、法规和国务院铁路主管部门的规章及工程建设强制性标准，严格执行国家规定的建设程序。

铁路建设实行招标投标制、工程监理制、合同管理制、质量监督制。必须加强质量、安全管理，保证工程质量，保护人民生命和财产安全。从事铁路建设的项目管理、勘察设计、工程施工和监理、咨询等活动的企业和主要从业人员，必须按规定取得相应专业资质和个人执业资格，在批准的资质和资格范围内从业，接受国务院铁路主管部门依法进行的监督、检查。

#### (一)铁路建设程序

铁路建设程序包括立项决策、设计、工程实施和竣工验收等几个阶段。

**1. 立项决策阶段**

依据铁路建设规划，对拟建项目进行预可行性研究，编制项目建议书；根据批准的铁路中长期规划或项目建议书，在初测基础上进行可行性研究，编制可行性研究报告。项目建议书和可行性研究报告按国家规定报批。工程简易的建设项目，可直接进行可行性研究，编制可行性研究报告。

**2. 设计阶段**

根据批准的可行性研究报告，在定测基础上开展初步设计。初步设计经审查批准后，开展施工图设计。工程简易的建设项目,可根据批准的可行性研究报告,直接进行施工图设计。

### 3. 竣工验收阶段

铁路建设项目按批准的设计文件全部竣工或分期、分段完成后,按规定组织竣工验收,办理资产移交。

## (二)招标投标与合同管理

铁路建设项目工程勘察设计、施工、监理,以及工程建设有关的重要物资、设备等采购,应当依法进行招标投标,工程招标投标活动应当遵循公开、公平、公正和诚实信用的原则。

铁路建设工程招标投标活动受国家法律保护,招标投标活动及其当事人应当接受国务院铁路主管部门及其委托部门的监督。建设管理单位不得要求中标企业分割标段;勘察设计、施工企业不得转包或违法分包承接的铁路建设工程业务;监理企业不得转让承接的铁路建设工程监理业务。

招标确定中标人后,建设管理单位和中标人必须在规定的时限内,按照招标投标文件约定的合同条款,签订书面合同,明确当事人双方的权利和义务。当事人应严格履行合同约定,违约方必须承担相应的经济、法律责任。铁路建设实行合同备案制度,合同签定 15 日内,建设管理单位应向国务院铁路主管部门或其指定单位备案。

## (三)施工管理

承担铁路建设项目的工程施工承包企业必须执行国家有关质量、安全、环境保护等法律、法规,接受相关部门依法进行的监督、检查。

工程施工承包企业必须履行合同,按照合同约定,组建现场管理机构,配备相应的工程技术人员、施工力量和机械设备。必须详细核对设计文件,依据施工图和施工组织设计施工。对设计文件存在的问题以及施工中发现的勘察设计问题,必须及时以书面形式通知设计、监理和建设管理单位。工程施工的关键岗位、关键工种,必须严格执行先培训后上岗的制度。工程施工中应准确填写各种检验表格,按规定编制竣工文件。

## (四)施工监理管理

施工现场应建立总监理工程师、监理工程师、监理员各负其责的工程监理体系,现场监理人员的配置必须满足监理工作需要,涉及工程结构安全的关键工序和隐蔽工程,必须实行旁站监理。

监理人员必须认真审阅、检查设计文件,依据设计文件和施工组织设计实施监理,对发现的勘察设计问题,必须及时以书面形式通知设计和建设管理单位。建筑材料、构配件和设备必须经监理工程师检查签字后方可使用或安装,涉及工程结构安全的关键工序和隐蔽工程,必须经监理工程师签字后方可进行下一道工序作业。建设管理单位拨付工程款之前,验工计价文件应经总监理工程师签认。

铁路建设工程监理实行总监理工程师负责制和监理执业人员持证上岗制,必须执行铁路建设有关规程规范,依据设计文件、工程质量检验评定标准进行监理。为保证监理工作的正常开展,监理部门应配备必要的检测设备。

## (五)竣工验收管理

铁路建设项目按批准的设计文件建成后,必须按国家规定验收。未经验收或验收不合格的,不得交付使用。验收机构按国家规定设立。验收包括初验、正式验收和固定资产移交。限额以下项目和小型项目可一次验收。

建设管理单位确认建设项目达到初验条件后提出申请初验报告,验收机构认为达到初验标准后,组织对项目进行初验;初验合格后,方可交付临管运营。正式验收原则上在初验一年后进行。验收机构认为建设项目达到正式验收标准后,组织验收。验收合格后交付正式运营。正式验收合格后,按规定办理固定资产移交工作。

## 二、施工准备

接触网施工前应做好施工准备工作,它关系到开工日期、工程进度、工程质量和施工安全。准备工作做得越充分,考虑得越周到,工程进展就越顺利,因此施工准备是接触网工程的重要环节之一。

施工准备需要进行技术准备、物资准备、施工机具准备和施工组织计划的编制等几项主要工作。

### 1. 技术准备

技术准备工作包括:熟悉、复核设计文件,进行施工调查。由于我国目前已普遍推行工程招、投标制,所以在建设单位(一般指铁路建设公司)与施工单位签订合同后,建设单位应及时向施工单位提供线路的全部接触网施工设计文件。施工单位应及时组织各级施工负责人和主管技术人员,熟悉、复核设计文件。对管段内的接触网工程技术标准、工程概况、设计结构和技术图纸有一个比较系统的了解。在复核设计文件时,应重点了解以下几个方面:

(1)国家对该工程的建设要求、工期、投资、主要技术条件等。

(2)主要工程数量、技术标准、工程概况。

(3)设计原则、要求、采用的新技术、新结构。

(4)重点工程(长大隧道、特大站场)的位置(里程)、工程量、工期、施工方案及措施。

(5)开工前或施工中应注意解决的重大施工难题。

(6)设计中存在的问题,对一些原则性问题应及时通报上一级主管单位。

同时还要结合施工队伍现状和实际现场情况,审查施工组织方案是否合理。

施工调查应在熟悉设计文件的基础上进行,通过调查,搜集沿线气象、水文、地质资料,了解各站生活用品的供给情况,了解各工务段管辖区段内近期线路的起拨道、改线、换轨等工务改造工程,并向有关部门索取相关资料,及时发现施工现场存在影响施工的障碍物,如跨越铁路的电力线、通信线及其他跨越铁路的建筑物。对已有拆迁协议的线路,可了解拆迁工程的进展情况,还应注意搜集本区段全年列车运行时刻表及封闭点时刻表。对重点工程还应做专门的调查。如车流密度较大的客货站,调车作业十分频繁的编组站等,这些特大型站场往往是接触网工程控制工期的关键。

调查的方法,一般采用沿线徒步考察或步行与汽车、轨道车相结合的方式。携带的工具为:皮尺一把(30 m)、钢卷尺(2 m)一把、踏尺一根、望远镜和手电筒等。人员不宜过多,调查结束后编写施工调查报告。施工调查报告是调查的总结性资料,是编制实施性施工组织计划的主要依据,也可供上级机关制定施工方案、安排施工计划参考。

### 2. 物资准备

接触网施工的物资准备工作需要施工单位的技术和材料部门互相配合，根据设计图纸和施工进度，向上一级单位提出工程材料计划、施工材料计划、低值工具易耗品计划。

(1)工程材料计划包括：各种构件、零配件、建筑安装材料（如水泥、支柱、线夹等）。编制工程材料计划的依据是：接触网平面图、安装图、材料消耗定额。

(2)施工材料是指安装工程所必需的消耗性材料（如模型板、炸药、铁线等），由于施工材料随接触网结构、地质条件、施工方法不同而变化，因此备料计划视具体情况而定。

(3)低值工具易耗品均指施工中必需周转性使用的小型机具、劳保用品、常用工具（如锹、镐、扳手、梯子）等，这些工具的数量根据施工规模、性质酌情考虑。

### 3. 施工机具准备

接触网施工机械包括通用机械、专用机械和小型机具三类，接触网主要机具见表 4-1-1。

表 4-1-1 接触网施工主要机具表

| 序号 | | 名称 | 规格 | 主要用途 |
|---|---|---|---|---|
| 通用机械 | 1 | 载重汽车 | 载重 5 t、2.5 t | 运料、运送工人等 |
| | 2 | 自卸汽车 | 载重 3.5～5 t | 运送沙石等 |
| | 3 | 汽车吊 | 5 t 或 8 t | 装卸料、立限界门支柱等 |
| | 4 | 轨道车 | 160 kW 以上 | 运送工人、牵引平板车等 |
| | 5 | 空气压缩机 | 9 $m^3$ 以上 | 钻孔机动力 |
| | 6 | 混凝土搅拌运输车 | 轮胎自行式 | 基础灌筑 |
| 专用机械 | 1 | 隧道作业车 | | 隧道测量、钻孔、灌筑、安装等 |
| | 2 | 工程列车 | 由下列车辆组成：<br>(1)机车（内燃）<br>(2)平板车 60 t　5 辆<br>(3)卧铺车　1 辆<br>(4)棚车　1 辆<br>(5)水罐车　1 辆<br>(6)守车　2 辆 | <br>立杆、运料等　（自备或租用）<br>列车牵引动力　（路用车）<br>装吊车及电杆等　（路用车）<br>宿　营　（路用车）<br>餐　车　（路用车）<br>装　水　（路用车） |
| | 3 | 架线作业车 | 由架线动力车及线盘平板车组成 | 架设承力索及导线、支柱装配、悬挂调整等 |
| | 4 | 安装作业车 | 带动力及作业平台 | 支柱装配、悬挂调整、设备安装等 |
| 小型机具 | 1 | 单滑轮 | 0.5 t、1 t | 吊装 |
| | 2 | 滑轮组 | 0.5 t、2 t | 架线、吊装、超重及牵引 |
| | 3 | 紧线器 | (1)钢铝导线紧线器<br>(2)双钩紧线器<br>(3)导线紧线器<br>(4)钢绞线紧线器<br>(5)单凸轮紧线器<br>(6)楔型紧线器 | 紧线、更换零件等<br>用于钢铝导线紧线调整<br>安装分段绝缘器、更换零件等<br>用于拉紧或调整各种导线<br>用于钢绞线紧线、调整<br>用于 GJ-25～50 绞线紧线、调整<br>用于导线的紧线、调整 |

续上表

| 序号 | | 名称 | 规格 | 主要用途 |
|---|---|---|---|---|
| 小型机具 | 4 | 导线校正扳手 | | 导线扭曲、弯曲调整 |
| | 5 | 支柱整杆器 | | 混凝土腕臂柱整正 |
| | 6 | 多用枪 | | 断线、冲孔等 |
| | 7 | 手扳葫芦 | 1.5 t、3 t | 紧线、牵引、超重等作业 |
| | 8 | 娄线钳 | DIJ | 断线 |
| | 9 | 分离式手动液压钳 | SYQ(F)-25<br>SYQ(F)-60 | 用于钢绞线、铝绞线、铜接触线、铝合金接触线的压接。<br>用于钢绞线、铝绞线、铜接触线、铝合金接触线终端线夹的压接 |
| | 10 | 放线架 | | 用于供电线、回流线、正馈线施工时放置整盘导线用 |

### 4. 施工组织计划

施工组织计划是施工单位为按期完成施工任务而制订的一项具体施工方案，编制计划时一定要结合施工队伍现状，根据批准的施工设计文件、工程合同、有关规范、规程、验收和施工技术标准，按上级下达的施工计划综合考虑。

(1)编制施工组织计划的主要内容如下：

①列出编制依据的文件名称、编号、日期、并作必要的说明。

②说明工程概况(任务量和范围、劳力、工期、投资、线路状况、作业方式等)和主要工程数量。

③确定施工方案，包括：划分施工任务，劳力组织，工点设置，施工顺序和方法等。

④制定主要工程经济计划指标，主要工程材料的调配使用方案和供应计划。

⑤采用的新技术、新工艺和提出全面质量管理的办法。

(2)接触网工程开工必须坚持开工报告制度，这是按照基建程序开工的重要措施之一，是保证组织均衡施工的关键一环。在开工报告前应该具备的条件有：

①设计文件、施工图纸能满足施工需要。

②施工复测已经完成，施工标桩完备。

③主要材料、设备的供应已基本落实，机具、劳动力能满足施工需要。

④施工组织设计安排计划已经编制。

⑤施工预算已经编制。

⑥前期工程，如线路、桥梁、隧道、站场股道等已基本完成，质量符合电化施工要求。

⑦路内、外拆迁工程和工程用地已有妥善协议和安排，并能满足开工要求。

⑧工地布置、临时房屋、运输便道、通信设施，以及施工用水、用电等都能满足开工需要。

⑨施工现场安全符合规程要求。

接触网工程属于电气化铁路建设项目中的重点工程，期中开工报告应由相当于工程处一级单位于开工前10天报工程局或铁路局审批。开工报告形式见表4-1-2。开工报告未经批准不得开工。开工报告是竣工验收文件的组成部分。

表 4-1-2 开工报告单

| 建设项目名称 | | 单项工程名称 | | 工程地点 | |
|---|---|---|---|---|---|
| 施工单位 | | 申请开工日期 | 年 月 日 | 实际竣工日期 | 开工<br>年 月 日<br>竣工 |
| 开工项目的主要工程内容 | | | | | |
| 准备工作情况 | | | | | |
| 存在问题 | | | | | |
| 审批意见 | | | | | |

申请开工单位: 签章 审批单位: 签章

附注:本报告单由申请单位规定期限,在开工前填报一式二份,经审批单位审查后,批复一份,另一份存查。

## 三、接触网工程设计概(预)算

接触网工程设计概(预)算,是确定接触网造价、编制接触网工程建设计划的依据,是控制接触网投资额和办理拨款或贷款的依据,是工程投标及签订合同的基础。

根据《铁路建设管理办法》规定,铁路建设应合理确定建设项目投资,建设项目初步设计批准概算静态投资超出批复可行性研究报告静态投资的部分不应大于批复可行性研究报告静态投资的10%,因特殊情况而超出者,须报原可行性研究报告批准单位批准。

根据《铁路基本建设工程设计概(预)算编制办法》规定,应按设计阶段进行,一般在计划任务书或设计任务书中规定设计阶段。在初步设计阶段编制总概算,它作为基本建设项目投资和阶段编制基本建设计划及技术设计的限额。在技术设计阶段编制修正总概算,据以修订基本建设计划,控制建设投资和拨款,签订合同,实行招标项目中编制标的依据。在施工图阶段编制投资检算,作为工程价款结算的依据。

设计概(预)算费用项目由以下几部分组成:

(1)建筑安装工程费。

(2)设备购置费。

(3)其他费。

(4)基本预备费。

(5)价差预备费。

(6)建设期投资贷款利息。

(7)机车车辆(动车组)购置费。

(8)铺底流动资金。

### (一)建筑安装工程费

建筑安装工程费,是电气化铁路建设投资的主要组成部分,它分为直接费、间接费和税金三部分组成。

#### 1. 直接费

直接费包括直接工程费、施工措施费和特殊施工增加费。其中,直接工程费是直接用于建筑安装工程上的有关费用,它包括人工费、材料费、施工机具使用费、价外运杂费和填料费。

(1)人工费指直接从事建筑安装工程施工的生产工人开支的各项费用,它包括:基本工资、津贴和补贴、生产工人辅助工资、职工福利费和生产工人劳动保护费。

(2)材料费指施工过程中耗费的构成工程实体的原材料、辅助材料构配件、零件、半成品、成品的费用,以及不构成工程实体的一次性材料消耗费用和周转材料摊销费用等。

(3)施工机具使用费指施工作业所发生的施工机械、仪器仪表的使用费或其租赁费。

(4)价外运杂费指根据设计需要,在编制单项概(预)算时,需在材料费之外单独计列的材料运杂费,包括材料自指定交货地点运至工地所发生的运输费、装卸费、其他有关运输的费用,以及为简化概预算编制,以该运输费、装卸费、其他有关运输费用之和为基数计算的采购及保管费。

(5)填料费指购买不作为材料对待的土方、石方、渗水料、矿物料等填筑用料所支出的费用。若设计为临时占地取填料,其发生的租用土地、青苗补偿、拆迁补偿、复垦及其他所有与土地有关的费用等纳入临时用地费项下。

### 2. 间接费

间接费指施工企业为完成承包工程而组织施工生产和经营管理所发生的费用。间接费包括企业管理费、规费和利润。

(1)企业管理费。指建筑安装企业组织施工生产和经营管理所需的费用。内容包括:

①管理人员工资。

②办公费。

③差旅交通费。

④固定资产使用费。

⑤工具用具使用费。

⑥检验试验费。

⑦财产保险费。

⑧税金。

⑨施工单位进退场及工地转移费。

⑩劳动保险费。

⑪工会经费。

⑫职工教育经费。

⑬财务费用。

⑭工程排污费。

⑮其他。

(2)规费。指按政府和有关部门规定必须缴纳的社会保障费用(简称规费)。内容主要包括:

①社会保险费。

②住房公积金。

(3)利润。指施工企业完成所承包的工程应获得的盈利。

### 3. 税金

税金指按照设计概(预)算构成及国家税法等有关规定计算的增值税额。税金包括建筑安装工程费税金和设备购置费税金。

(1)建筑安装工程费税金

建筑安装工程费税金按下式计算:

税金 =（基期人工费 + 基期材料费 + 基期施工机具使用费 + 价外运杂费 + 价差 + 填料费 + 施工措施费 + 特殊施工增加费 + 间接费）× 税率

税率按《费用定额》执行。

（2）设备购置费税金

设备购置费税金按下式计算：

税金 =（基期设备费 + 设备运杂费 + 设备费价差）× 税率

税率按《费用定额》执行。

## （二）设备购置费

设备购置费指购置的达到固定资产标准的设备、工器具、生产家具和虽低于固定资产标准，但属于设计明确列入设备清单的设备等所需的费用。购买计算机硬件设备时所附带的软件若不单独计价，其费用应随设备硬件一起列入设备购置费中。设备购置费包括设备费、设备运杂费和税金。

### 1. 设备费

设备费指根据设计确定的设备规格型号、数量，按相应的设备原价计算的费用。

### 2. 设备运杂费

设备运杂费指设备自生产厂家（来源地）运至施工安装地点所发生的运输费、装卸费、手续费、采购及保管费等费用的总称。

## （三）其他费

其他费指应由基本建设投资支付并列入建设项目投资内，除建筑安装工程费设备购置费、基本预备费之外的有关静态投资费用。不包括政府有关部门对建设项目实施审批核准或备案管理，委托专业服务机构等中介提供评估评审等服务所发生的费用。

## （四）基本预备费

基本预备费指为建设阶段各种不可预见因素的发生而预留的可能增加的费用。

## （五）价差预备费

价差预备费指为正确反映铁路基本建设工程项目的概（预）算总额，在设计概（预）算编制年度到项目建设竣工的整个期限内，因形成工程造价诸因素的正常变动（如材料、设备、征地拆迁价格等的上涨，人工费及其他有关费用定额的调整等），导致必须对该建设项目所需的总投资额进行合理的核定和的调整，而需预留的费用。

## （六）建设期投资贷款利息

建设期投资贷款利息指建设项目中分年度使用国内外贷款，在建设期应归还的贷款利息。

## （七）机车车辆（动车组）购置费

机车车辆（动车组）购置费指根据铁路机车客车投资有偿占用有关办法的要求，在新建铁路、增建二线和电气化改造等基建大中型项目总概（预）算中根据需要计列的机车车辆（动车组）的购置费。

## （八）铺底流动资金

铺底流动资金指为保证新建铁路项目投产初期正常运营所需流动资金有可靠来源，而计列的费用。主要用于购买原材料、燃料、动力，支付职工工资和其他有关费用。

## 四、基坑开挖工程

### (一)接触网施工测量与定位

接触网施工测量与定位的主要任务是把设计图纸上的内容和线路具体情况结合起来,将施工图纸上支柱、基础等接触网建筑物的位置落实到施工地点。为挖坑作业、隧道打孔作业提供依据,并核定接触网设计平面图与现场实际情况是否相符,初步检验设计是否合理、有无遗漏、缺陷和错误等。接触网施工测量主要是指线路的纵向测量和横向测量(即坑位测量)。

施工测量是接触网施工中的重要工序,它直接影响以后的立杆、架线、调整等工作,甚至关系着接触网建成后运营的好坏。因此,测量前要熟悉图纸,了解设计原则和有关规程,向工务、电务相关部门了解并索取线路有关资料,地下埋设情况以及铁路附近的架空线路等资料。测量过程中,要做详细记录。

测量前应准备好测量工具和绘制测量记录,测量工具见表4-1-3。

在接触网施工中应用仪器进行测量的主要项目有:确定支柱位置(如大站软横跨支柱定位)、软横跨测量(确定最高轨面与钢柱或钢筋混凝土柱地线孔位及股道轨面的高差,钢柱外缘顶端与钢柱底部的水平偏移值或钢筋混凝土支柱内缘顶端悬挂孔位与内缘地线孔位的水平偏移值等),以及交桩测量(线路复测)等。

表4-1-3　测量工具及仪器表

| 序号 | 名称 | 规格 | 单位 | 数量 | 用　途 |
|---|---|---|---|---|---|
| 1 | 钢卷尺 | 50 mm | 盒 | 1 | 丈量支柱跨距 |
| 2 | 钢卷尺 | 2 m | 盒 | 1 | 测支柱侧限等 |
| 3 | 计算器 | — | 个 | 1 | 累计跨距复核里程 |
| 4 | 记录作表格 | — | 本 | 2 | 记录有关事项 |
| 5 | 白油漆桶 | — | 个 | 1 | 书写标记 |
| 6 | 钢丝刷 | — | 把 | 1 | 钢轨除锈 |
| 7 | 小排笔 | — | 支 | 1 | 书写标记 |
| 8 | 粉笔 | — | 盒 | 1 | 书写临时标记 |
| 9 | 手电筒 | 7.5 V | 个 | 4 | 隧道照明 |
| 10 | 防护用旗 | 红黄色 | 副 | 1 | 行车防护 |
| 11 | 防护用品 | — | 个 | 2 | 行车防护 |
| 12 | 工具袋 | — | 个 | 4 | |
| 13 | 铅笔 | — | 支 | 2 | 记录 |
| 14 | 经纬仪 | 精度“6”级 | 台 | 1 | 支柱测量用 |
| 15 | 水平仪 | — | 台 | 1 | 支柱测量用 |
| 16 | 踏尺 | 5 m | 副 | 1 | 支柱测量用 |
| 17 | 花杆 | 2 m | 根 | 1 | 区间测量使用 |
| 18 | 花杆 | 3 m | 根 | 2 | 区间测量使用 |
| 19 | 望远镜 | ×30 | 个 | 1 | 特殊干扰使用 |

续上表

| 序号 | 名称 | 规格 | 单位 | 数量 | 用　　途 |
|---|---|---|---|---|---|
| 20 | 照相机 | 带胶卷 | 个 | 1 | 特殊干扰使用 |
| 21 | 水平尺 | 2 mm | 根 | 1 | 隧道测量使用 |
| 22 | 聚光测镜 | — | 台 | 1 | 隧道测量使用 |
| 23 | 抹布 | — | 块 | 若干 | |

## 1. 纵向测量

纵向测量的主要任务是将接触网平面图中有关支柱跨距的设计尺寸通过测量确定到线路上去,它决定着各个支柱之间的相互位置。

区间和站场的纵向测量均从接触网平面图中标注的测量起点出发,直线区段沿靠近支柱侧的钢轨丈量。曲线区段无论支柱在哪一侧,都应用丁字尺将测量尺过渡到曲线外轨的外侧进行丈量,测量转点宜选择在直缓点(ZH)附近,如图 4-1-1 所示。

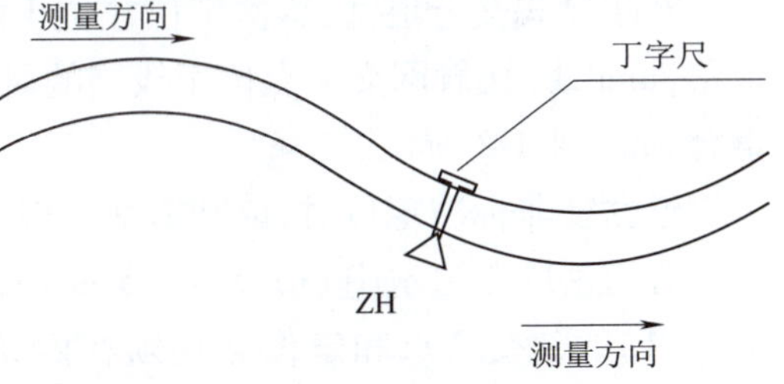


图 4-1-1　向曲线外侧钢轨转换示意图

测量顺序:首先由主管技术员根据设计图复诵跨距尺寸,拉尺人员则从测量起点根据跨距值依次丈量,并在每一杆位处的钢轨腰部作出标记。书写标记前应先用钢丝刷子对轨腰除锈,用抹布将锈迹擦干净,然后用白油漆书写,字体要端正醒目,如图 4-1-3 所示。

站内测量一般按正线进行,如为复线区段则按设计规定相应正线测量。测量工具和仪器见表 4-1-5。

道岔柱位置测量一般针对单开道岔,道岔定位柱位于道岔导曲线外侧两线间距为 690 mm 处线路侧,即标准定位点至道岔理论岔心的距离为 4 350 mm(1/9 道岔)或 5 720 mm(1/12 道岔)。如图 4-1-2 所示。此时道岔定位柱上两股道拉出值均为 375 mm。

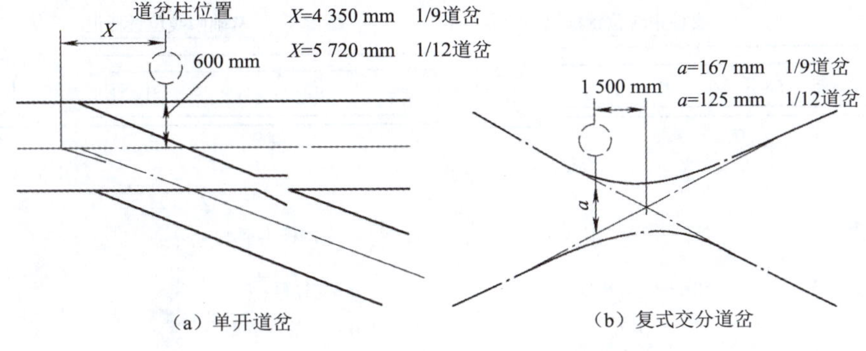


图 4-1-2　道岔标准定位柱位置

其他型号道岔柱与理论岔心的距离见表 4-1-4。

表 4-1-4 道岔柱与理论岔心的距离(单位:mm)

| 道岔型号 | 线间距 | | | | |
|---|---|---|---|---|---|
| | 700 | 650 | 600 | 550 | 500 |
| 1/8 | 4 960 | 4 370 | 3 780 | 3 180 | 2 500 |
| 1/9 | 5 640 | 5 070 | 4 350 | 3 670 | 2 970 |
| 1/10 | 6 200 | 5 490 | 4 690 | 4 000 | 3 200 |
| 1/11 | 6 750 | 5 980 | 5 170 | 4 310 | 3 420 |
| 1/12 | 7 500 | 6 030 | 5 720 | 4 840 | 3 870 |
| 1/18 | 11 270 | 10 050 | 8 790 | 7 470 | 6 080 |
| 1/38 | 20 740 | 18 060 | 15 300 | 12 440 | 9 480 |

对于复式交分道岔,道岔定位柱位于两线路中心距离为 167 mm(1/9 道岔)125 mm(1/12 道岔)mm 处(接触网交叉点位于线路的对称中轴上方),复式交分道岔中心与接触网线岔中心重合,如图 4-1-2 所示。

道岔柱非标准定位时,单开道岔一般取导曲线外侧两线路中心距离 400 ~ 700 mm 处,复式交分道岔取距道岔中心 1.5 ~2.5 m 处,支柱位置应满足以下两点:

(1)线岔交叉点和定位点均须在两条岔线的受电弓工作范围内,且不超过最大拉出值 450 mm的区域。

(2)线岔交叉点与受电弓始触区之间的距离,必须控制在一个安全长度内,以保证不刮弓。根据经验,认为该安全长度约 7.5 m(即 12 号复式交分道岔始触区距线岔交叉点的距离)。

## 2. 横向测量

当支柱或基础纵向测量定位后,还必须进行横向定位测量。横向测量的主要目的是依据纵向测量的中心线标记来确定支柱或基础的基坑位置。测量结果记录于靠近支柱侧钢轨内测,其测量标记如图 4-1-3 所示。

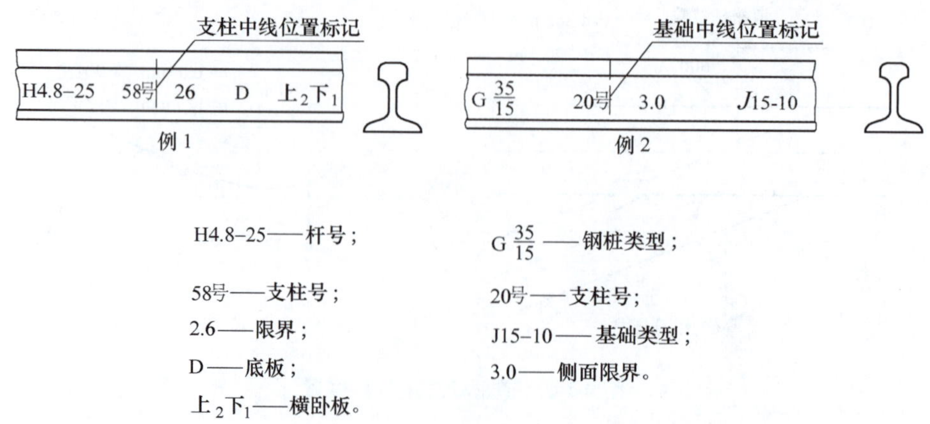


图 4-1-3 测量标记

测量方法是：区间使用丁字尺，根据支柱侧面限界，确定支柱基坑的位置，如图 4-1-4 所示。

图 4-1-4 中基坑内缘（$S'_{内}$）和外缘（$S'_{外}$）至线路中心线的距离可由表 4-1-5 查出。

表中数据均考虑了支柱外形尺寸，并结合了挖坑经验。

坑口宽度在不考虑安装横卧板和底板的情况下取 0.6 m，即从坑口中心线向平行于线路各量出 0.3 m。当安装横卧板或底板时，坑口和坑底的尺寸应能保证这两种板的安设，并留有充分的调整余量。

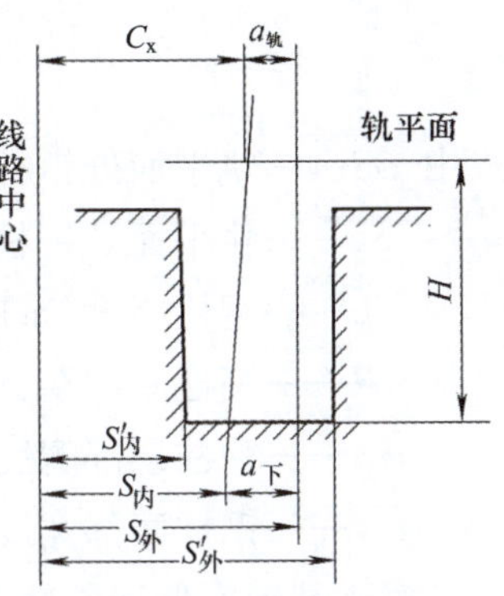

图 4-1-4　支柱基坑位置图

站内横向测量的主要工作，是将正线上的纵向测量点过渡到站场两侧靠近软横跨柱的钢轨上，要求两侧软横跨柱中心线的连线，在直线区段垂直于正线，曲线区段垂直于纵向测量点的切线，偏离不应超过 3°。

表 4-1-5　混凝土支柱坑坑口内缘至线路中心的距离（单位：mm）

| 支柱型号 | H38 | | H48-250，H78 | | H90 ~ H170-250 |
|---|---|---|---|---|---|
| 有无横卧板 | 有 | 无 | 有 | 无 | 有 |
| 坑口内缘至线路中心距离 $S'_{内}$ | $C_x-150$ | $C_x-150$ | $C_x-150$ | $C_x-150$ | $C_x-200$ |
| 坑口外缘至线路中心距离 $S'_{外}$ | $C_x+700$ | $C_x+700$ | $C_x+850$ | $C_x+700$ | $C_x+1\,000$ |

当站场只有三股道时采用三角形测量法确定基坑位置，如图 4-1-5 所示。

图 4-1-5 中 $O$ 点为站场纵向测量点，由 $O$ 点向两侧分别量出等距点（$A$，$B$），用钢尺连接 $A$、$B$ 点，并将钢尺中间拉至与基坑相邻的钢轨 $D$ 点处，则 $D$ 点即为该侧基坑中心位置。又由 $D$、$O$ 两点定出对侧基坑中心位置，然后在轨腰处按纵向测量的要求写上标记。当站场超过三股道时，宜采用经纬仪测量。

确定了基坑横向中心线位置后，即可根据侧面限界决定坑口尺寸，如图 4-1-6 所示。注意钢柱的侧面限界是指轨平面处，钢柱内缘至线路中心的距离，而不是基础内缘至线路中心的距离。

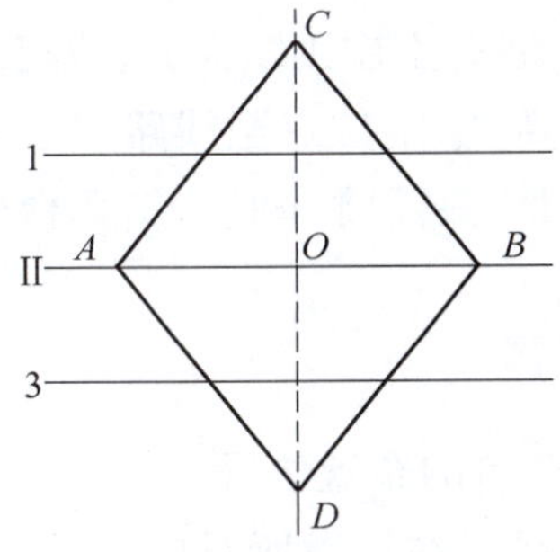

图 4-1-5　三角形测量定位图

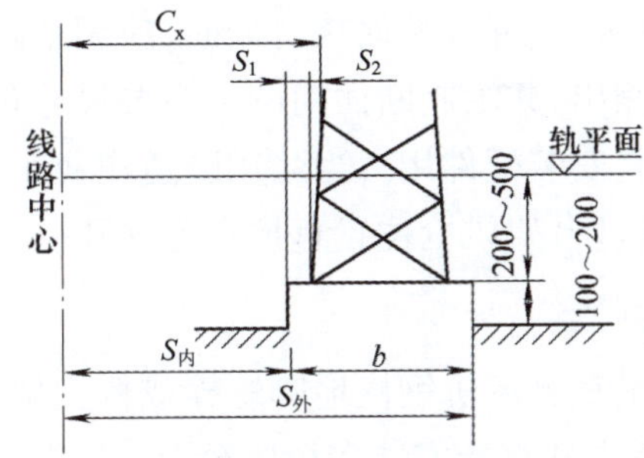

图 4-1-6　钢柱基础测量图（单位：mm）

根据钢柱和基础外形尺寸可知，钢柱底部边缘至基础边缘的距离 $S_1=125$ mm。

$$S_2=\frac{a_{下}-a_{上}}{2L}H$$

$$S = S_1 + S_2 = 125 + \frac{a_{下} - a_{上}}{2L}H$$

式中 $S$——轨平面处钢柱内缘至基础内缘的水平距离(m)；

$S_2$——轨平面处钢柱内缘至钢柱底部的水平距离(m)；

$L$——钢柱高度(m)；

$H$——钢柱底部至钢轨水平面的垂直距离(m)；

$a_{上}$——钢柱顶部宽度(m)；

$a_{下}$——钢柱底部宽度(m)。

对于基础面低于邻轨平面200～500 mm时，$S$值可取50～100 mm。采用这个数值钢柱侧面限界可保证在0～100 mm的施工误差范围内，所以坑口尺寸应为

$$S_{内} = C_x - S = C_x - (50 \sim 100)$$

$$S_{外} = S_{内} + b$$

式中 $b$——基础垂直于线路侧的长度。

坑口的宽度在垂直于基坑中心线的两侧，各量出基础顶宽的一半，如采用就地浇筑基础每边还应加大10～30 mm。

### 3. 隧道测量定位

隧道内的悬挂形式分为简单悬挂、链型悬挂两种，悬挂形式确定后，即可根据“隧道内接触网平面布置图”进行具体测量。

隧道悬挂点、定位点的定位测量有两种方法，一种是在无隧道打孔作业车时，人工测量。另一种是利用隧道打孔作业车直接测量孔位，这种方法简单准确、效率高。

按隧道接触网平面布置图，自隧道口开始，按跨距分布依次在轨平面用钢尺测出每个悬挂点纵向位置，在轨腰上写明标记，并同时写在隧道一侧墙壁上的相对位置距轨面1.2 m高度处，以便今后查找。标记内容为：设计位置竖线、悬挂点编号、定位编号，白底黑字。在纵向位置处用聚光灯置于水平尺上，按设计尺寸调整位置，再用绑在长竹竿上的白油漆刷子，在聚光灯所照射到的洞顶处点上标记。悬挂点间的距离应满足隧道平面布置图的要求。

测量中按防护规则在隧道两端设行车防护人员。隧道内测量应注意悬挂点处拱顶如遇有漏水、严重渗水、石缝或断面接碴处时，应调整跨距避开。遇有不规则断面时，应将悬挂点处断面主要尺寸测出，并绘制断面简图。主要尺寸包括：拱顶高度、定位点至线路中心的水平距离等，以供预制、安装配件用。当采用隧道作业车定位钻孔时，只需将作业车钻孔台架对准隧道壁测量标，通过台架风枪位置直接定位钻孔。

### 4. 桥梁测量

桥梁测量是测定桥钢柱地脚螺栓或桥支架螺拴在桥墩台的布置位置。

(1)当桥支柱直接安装在桥墩台上，其测量是用丁字尺卡在桥墩所对应的钢轨上，根据桥支柱类型不同和侧面限界算出桥支柱前排螺栓与线路中心的距离，在计算好的位置上吊下线坠，使框架的前排孔边线的线坠所对之处，摆正框架，各孔处即为桥支柱螺栓位置，核实无误后即可用油漆做上标记。

(2)当桥墩台上没有预留支柱位置，而使用桥支架时，则应在测量前搭好作业架。测量时

作业人员应系好安全带。用丁字尺卡在钢轨上，水平尺找平，按设计图中给定的尺寸，测出钢轨面至桥支架螺栓的距离，并使框架垂直线路对正桥墩中心，确认无误，用油漆画出螺栓位置。

## （二）测量记录及资料整理

### 1. 测量记录表的绘制

在测量过程中，要详细调查、了解本区段地形、土质、线路特征、干扰处理类型等情况，初步检验接触网设计图与实际情况是否相符，是否合理，这些情况都要作详细记录。具体内容主要有以下几个方面：

（1）支柱位置处是何种土质，填方、挖方情况与设计图纸是否相符，有无侧沟、盲沟及其他障碍物。现场浇制支柱基础的沙石和水源等情况，作为基坑开挖和劳动力配置的依据。

（2）向有关单位了解线路变化情况，作为施工时挖坑立杆的依据。

（3）校验实际里程与设计是否一致，里程是否闭合。

（4）重点建筑物附近支柱位置是否合理（如站台、地道口、平交道口、立交桥、隧道口、桥梁、信号机等）。

（5）道岔柱、锚段关节、分相绝缘器位置是否合理。

（6）其他事项。

将上述了解的情况作出详细记录，必要时可绘图说明。

### 2. 应交资料

测量资料是改善设计、保证工程质量的基本依据，为确保后续工序的顺利开展，应提出齐全、可靠的测量资料。

（1）测量日记：内容包括时间、地点、负责人、参加者、主要记事等。

（2）跨距变更表及简要说明。

（3）支柱侧面限界变更表及简要说明。

（4）土质及横卧板数量变更表。

（5）排水沟改造及处理方案草图。

（6）设计部门提供的有关特殊设计项目表。

（7）其他需要解决的问题及说明。

## （三）开挖基坑

支柱位置确定后，可以开展基坑开挖工作。接触网基坑分为钢筋混凝土支柱坑、基础坑和拉线坑。由于我国电气化铁路施工大部分是在运输繁忙的营业线路上，挖坑作业又具有点多、量少、分散的特点，因此接触网基坑作业仍将以人工开挖为主。

### 1. 开挖基坑的质量要求

（1）基坑位置由钢轨上标注的支柱号、限界、支柱类型及测量的支柱中心位置来确定。如必须移动坑位时，可按设计跨距允许误差 $^{+1}_{-2}$ m 来进行调整，调整后的跨距不得大于设计最大跨距，调整软横跨支柱基坑位置时，同一组软横跨支柱基坑应相应位移。道岔柱基坑位置应符合设计要求。

（2）各支柱基坑坑口尺寸应满足立杆、整杆要求。钢柱基础采用就地灌筑时，各部尺寸不得小于基础外形尺寸，当采用模型板灌筑时，坑口尺寸应考虑支护模型板和拆除模型板的活动余地。

(3)在直线区段钢筋混凝土支柱坑深为轨平面至坑底垂直距离，在曲线区段为内轨顶面 + $\frac{\text{电化后外轨超高}}{2}$至坑底的垂直距离。

坑深 = 支柱规定埋深 + 线路上部建筑高度(如有底板再加底板厚度)

线路上部建筑高度因线路等级不同而异，一般为 800 mm。当支柱位于站台上时，坑深为站台至坑底的垂直距离。

钢柱基础坑坑深根据选定的基础标高和基础尺寸计算确定

$$H = h + \Delta h + d$$

式中 $h$——基础高度；

$\Delta h$——基础面至轨面距离；

$d$——垫层厚度。

位于站台上的基础坑深为基础高度。坑深的施工误差为 ±100 mm。

(4)拉线坑应设在下锚支的延长线上，困难地带允许有一定夹角，但不得超过 15°，在任何情况下拉线各部分不得侵入建筑接近限界。锚板拉杆与地面有 45°夹角，特殊困难地区不得大于 60°。锚板埋深(以地面最低处算)不少于 2 m。

(5)基坑坑口应垂直正线线路，基坑上下方向一致，坑底平整，夯实虚土。

### 2. 安全注意事项

(1)每个基坑开挖小得少于 2 人，坑内有人作业时，坑上必须有人防护，列车通过时，坑内不得有人。

(2)在开挖过程中，发现地下埋设物，不能自行处理时，应立即停止工作，并与有关单位联系处理。

(3)基坑大小以能保证支柱安装或基础浇制为原则，须安装横卧板、底板的支柱，基坑断面尺寸应适当加大，基坑深度应符合支柱(基础)埋深的要求

(4)基坑开挖过程中，必须保证线路路基的稳定，保证行车安全。不准将弃土污染道砟。位于水沟中或水沟沿上的基坑，应及时立杆或浇筑基础，回填、疏通水沟。被破坏的水沟不能恢复原样时，应改移侧沟保证水沟畅通。

(5)坑边不得放置重物或工具，以免落下伤人，坑下工作人员必须戴好安全帽。

(6)为防止道砟塌落，在坑口四周用木板挡住道砟，火车通过时坑下工作人员应提前上坑，坑口堆土量不可过多，应随时移土，以免对坑壁压力过大塌落伤人。

(7)应随时检查坑形有无倾斜走形，并及时加以纠正。

(8)在土质松软、碎石和填方的基坑或有流砂产生的基坑，开挖时应设置防护板，防护板与坑壁间不应有空隙，挖坑深度超过 1 m 时，应随基坑的挖深将防护板打下直至基坑底部，且防护板用木撑撑紧。

(9)对于支柱侧面限界较小的支柱基坑，坑边距线路很近，为保证开挖期间行车和施工的安全，可采用吊轨防护，即在坑侧的枕木头上放置两根小面朝上的钢轨(长度一般不小于 4 m)，再在两轨间倒放一根钢轨，最后用夹板和螺栓固定在枕木头上。

(10)为了保证行车安全，接触网基坑挖好后，暴露时间应尽量缩短，一般不超过一昼夜，

特别是雨天更要加强对基坑的巡视检查。

### 3. 基坑开挖方法

基坑开挖方法应根据基坑土质不同而不同，根据经验，按路基土质类型，基坑开挖方法有以下四种：

(1)硬土类：包括普通土、土夹石、硬土、砂岩、风化石等，这类土质密实，自结合力强，非雨季人工开挖，不会塌方，无须坑壁支撑防护。

(2)碎石类：包括石夹土、碎石、填方土等，这类土质自结合力不均匀，稳固性较差，须采取基坑局部支撑的开挖方法。

(3)流沙、高水位土质类：宜采用钢筋混凝土防护圈进行施工，类似沉井法。采用此法可节省木材，经济、可靠，便于施工。

(4)坚石、次坚石类：这类基坑开采用控制爆破法。当采用法兰盘支柱时，只需按要求钻孔。灌筑锚栓应根据具体情况采取相应的基坑防护措施。

为了统一使用防护板，一般钢筋混凝土柱常采用套板，即统一了坑形，也便于防护板的回收，如图 4-1-7 所示。

套板一般为 30 mm 厚、20 mm 宽，制成 1.5 m×1.2 m 的木框，每 200 mm 下一层，注意木框结合处要互相抵紧、方框的长、宽边固定方式要交替使用。

在流砂地带开挖基坑时，采用混凝土预制井圈做防护。开挖时，要注意四周均匀取土，使圈均匀下沉，沉下一层再加一层，如图 4-1-8 所示。

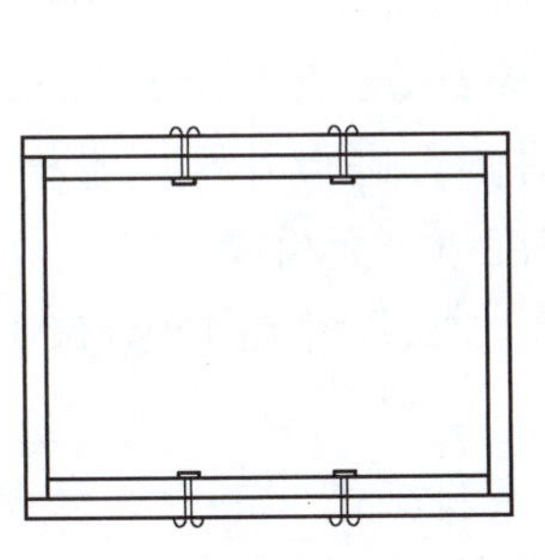

图 4-1-7 基坑防护套板图

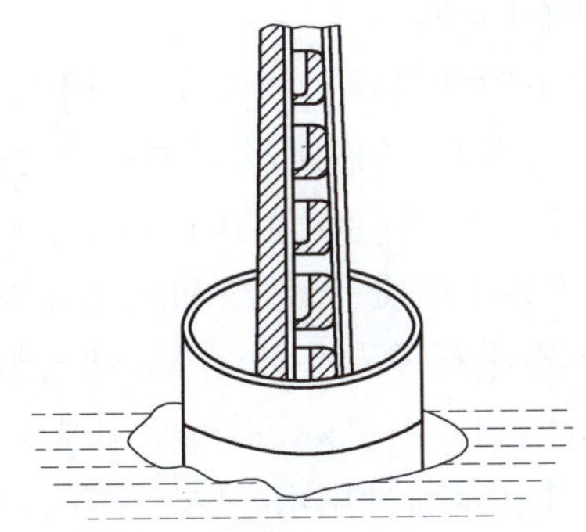

图 4-1-8 流砂地带基坑防护图

坚石地带的基坑必须用爆破法开挖，由受过专门训练的炮工操作，且必须做好防护工作。爆破后应检查铁路有无损坏或妨碍行车的物体，要保证铁路及通信线路畅通，若出现瞎炮必须由炮工处理。

## 五、接触网混凝土工程

### (一)混凝土基本常识

混凝土，一般是指用水泥作胶结材料，按一定配合比掺加砂、石子和水，搅拌均匀后经过硬化而形成的材料，又称人造石材。

### 1. 混凝土的组成

(1)水泥:水泥的种类很多,但在接触网工程施工中,主要使用普通硅酸盐水泥(简称普通水泥)、矿渣硅酸盐水泥(矿渣水泥)、火山灰硅酸盐水泥(火山灰水泥)三种。水泥是用标号来表示规格的。普通水泥有225、275、325、425、525、625六种;矿渣和火山灰水泥有225、275、325、425、525五种。水泥的名称、标号、出厂日期和生产厂名均在水泥包装袋上注明。不同标号、不同材质的水泥不得混合使用。水泥应存放在干燥、不漏雨的库房内,堆码时,堆放高度不超过10层,垛宽5~10袋为限,底层应用木板垫高30 cm。过期的水泥必须经检验确定标号后再使用。

(2)骨料:砂子和石子在混凝土中起着骨料的作用。

细骨料:85%以上的重量能通过5 mm筛子并且全部通过10 mm筛子为细骨料。

混凝土用的细骨料,一般选用表面坚硬、耐久的天然砂,亦可用硬质岩石砸碎制成的机制砂。天然砂是岩石风化,河海冲刷形成的粒度为0.15~5.0 mm的颗粒材料,按产地分为:河砂、山砂、海砂等;按粒径大小砂可分为:粗砂、中砂、细砂等。

基础施工中选用河砂最好,粒径在0.35~0.5 mm之间的中粗砂即可。

砂在应用前要进行质量检验,对砂要求颗粒坚实、洁净、不得含有过多的黏土、泥灰、粉末、煤屑、云母、硫化物和草根等有害杂质,颗粒透明有光泽,用手紧握感觉粗糙有棱角,并有轻微的锐音,无尘土沾手的为上品,取砂少许置于玻璃杯中,注入清水,搅拌后水微黄者,即表示含土不多,较为洁净。

粗骨料:过筛时5 mm筛子上存留重量在85%以上时称为粗骨料,在浇制基础中选用的粗骨料有碎石的片石两种。

碎石的来源主要是河卵石和火成岩,用人工敲打或机械碾碎而成,这种碎石因有棱角表面粗糙与水泥浆黏合力好,所以工程上多采用这种碎石。碎石分为四级:特细级5~10 mm,接触网基础施工宜采用30~50 mm范围的碎石,施工前应对碎石进行外观质量检查,每块碎石要求石质一致,不含黏土杂质,无裂纹和风化等现象,富有棱角表面粗糙。

片石来源于各种岩石及河卵石等天然石料,经加工而成,尺寸在150~500 mm范围,一般在300~500 mm间的片石最好,不得使用风化石。

(3)水:水(拌和及养护用水)不得含有影响水泥正常凝结硬化的有害杂质,如酸类、油脂等。一般能饮用的自来水和洁净的天然水都可使用。对有怀疑的水应进行水质化验,确认无有害杂质方可使用。

(4)外加剂:混凝土的外加剂是指混凝土的四种主要材料之外的原料。外加剂的种类主要有:早强剂、减水剂、速凝剂、防冻剂等。外加剂的加入,可显著改善混凝土的工作性能,提高混凝土质量(强度和耐久性)及节约水泥,而且适用于不良条件下施工,如冬季或工程抢险等。

### 2. 水灰比

水灰比就是混凝土中水和水泥的重量比。水泥在混凝土中骨料之间起着润滑作用。水灰比决定着水泥浆和稀稠及胶结骨料的质量,对混凝土的施工操作和混凝土的强度及耐久性有极大影响。水灰比小,水泥浆稠,与骨料的胶结力大,混凝土强度高,耐久性好;但水灰比过小,混凝土拌合物的流动性差,施工困难。水灰比大,水泥浆稀,和易性好,施工方便;但水灰比过大,会使混凝土黏聚性和保水性差,而且降低混凝土的强度和耐久性。因此,在施工中,应严格控制水灰比。常用的水灰比见表 4-1-6。

表 4-1-6　混凝土常用水灰比

| 混凝土标号 | 70 | 90 | 110 | 150 | 170 | 200 |
|---|---|---|---|---|---|---|
| 水泥标号 | 水　灰　比 | | | | | |
| 225 | 0.80 | 0.70 | 0.60 | 0.55 | — | — |
| 275 | 0.95 | 0.80 | 0.70 | 0.60 | 0.55 | — |
| 325 | 1.00 | 0.90 | 0.80 | 0.70 | 0.60 | 0.55 |
| 425 | — | — | 0.95 | 0.80 | 0.75 | 0.65 |
| 525 | — | — | — | 0.90 | 0.85 | 0.75 |

### 3. 配合比

配合比是指混凝土各组成材料之间用量的质量比例。一般以水∶水泥∶砂∶石表示，而以水泥为基数 1。

选择配合比应满足混凝土工程的四项基本要求：

(1)强度。

(2)耐久性。

(3)混凝土的工作性能。

(4)造价低。

确定配合比是一件比较复杂的工作，一般应以试验结果作为施工依据。

混凝土可采用人工和机械搅拌。所用的水泥、砂、石子和水必须根据施工配合比要求量取，搅拌必须均匀。倒入模型内的混凝土必须用捣固器或捣固铲捣实，待初凝后覆盖湿草袋加以养护。养护时间：当采用普通水泥时为 10～14 天；火山灰和矿渣水泥时为 14～21 天。

混凝土的主要性质包括：工作性、强度和耐久性。它的强度和耐久性是指混凝土在硬化后，能安全地承受设计载荷并在它所处的自然环境中经久耐用。

混凝土强度是指单位面积上所能承受的最大压力，是以标准制成品（150 mm×150 mm×150 mm 或 200 mm×200 mm×200 mm）在 15～20 ℃温度下养护 28 天的抗压强度值来表示。接触网混凝土基础强度标号为 110、150 和 170 号；钢筋混凝土支柱为 400 和 500 号；横卧板、锚板和底板为 200 号。

## （二）基础类型

按土质和钢柱类型，基础的分类情况见表 4-1-7。

表 4-1-7　13 m 钢柱基础选用

| 支柱型号 | 土壤允许承压力(MPa) | | | | | | 附注 |
|---|---|---|---|---|---|---|---|
| | 挖方 | | | | 填方 | | |
| | 0.1 | 0.15 | 0.2 | 0.25 | 0.15 | 0.2 | |
| $G\frac{15}{13}$，$G_S\frac{15}{13}$ | $J_{13}-4$<br>$K-10-24$ | $J_{13}-2$<br>$K-9-24$ | $J_{13}-2$<br>$K-9-24$ | $J_{13}-1$<br>$K-8-24$ | $J_{13}-4$<br>$K-10-24$ | $J_{13}-4$<br>$K-10-24$ | 软横跨柱双线路腕臂柱 |

续上表

| 支柱型号 | 土壤允许承压力(MPa) | | | | | | 附注 |
|---|---|---|---|---|---|---|---|
| | 挖方 | | | | 填方 | | |
| | 0.1 | 0.15 | 0.2 | 0.25 | 0.15 | 0.2 | |
| $G_S\frac{20}{13}$ | $J_{13}-6$<br>代 K－11－30 | $J_{13}-5$<br>K－10－30 | $J_{13}-3$<br>K－9－30 | $J_{13}-3$<br>K－9－30 | $J_{13}-5$<br>K－10－30 | $J_{13}-5$<br>K－10－30 | 双线路腕臂柱 |
| $G\frac{20}{13}$,$G_S\frac{15-25}{13}$ | $J_{13}-6$<br>代 K－11－30 | $J_{13}-5$<br>K－10－30 | $J_{13}-3$<br>K－9－30 | $J_{13}-3$<br>K－9－30 | $J_{13}-5$<br>K－10－30 | $J_{13}-5$<br>K－10－30 | 软横跨柱 |
| $G_M\frac{20-25}{13}$ | $J_{13}-6$<br>代 K－11－30 | $J_{13}-5$<br>K－10－30 | $J_{13}-3$<br>K－9－30 | $J_{13}-3$<br>K－9－30 | $J_{13}-5$<br>K－10－30 | $J_{13}-5$<br>K－10－30 | 软横跨柱 |
| 15 m 钢柱基础选用表 | | | | | | | |
| $G_S\frac{20}{15}$ | $J_{15}-5$<br>Π－3－30 | $J_{15}-3$<br>Π－2－30 | $J_{15}-1$<br>Π－1－30 | $J_{15}-1$<br>Π－1－30 | $J_{15}-7$<br>Π－4－30 | $J_{15}-7$<br>Π－4－30 | |
| $G\frac{25}{13}$,$G_M\frac{20-25}{15}$ | $J_{15}-9$<br>Π－3－30 | $J_{15}-5$<br>Π－3－30 | $J_{15}-3$<br>Π－2－30 | $J_{15}-1$<br>Π－1－30 | $J_{15}-9$<br>Π－5－30 | $J_{15}-7$<br>Π－4－30 | |
| $G\frac{30}{15}$,$G_M\frac{20-25}{15}$ | $J_{15}-8$<br>Π－5－24 | $J_{15}-4$<br>Π－3－24 | $J_{15}-4$<br>Π－3－24 | $J_{15}-2$<br>Π－2－24 | $J_{15}-10$<br>Π－6－24 | $J_{15}-8$<br>Π－5－24 | |
| $G\frac{35}{15}$ | $J_{15}-10$<br>Π－6－24 | $J_{15}-6$<br>Π－4－24 | $J_{15}-4$<br>Π－3－24 | $J_{15}-2$<br>Π－2－24 | $J_{15}-10$<br>Π－6－24 | $J_{15}-8$<br>Π－5－24 | |
| $G\frac{45}{15}$ | $J_{15}-14$<br>Π－11－24 | $J_{15}-13$<br>Π－9－24 | $J_{15}-12$<br>Π－8－24 | $J_{15}-4$<br>Π－3－24 | $J_{15}-15$<br>Π－12－24 | $J_{15}-14$<br>Π－11－24 | |
| $G\frac{20-25}{15}$ | $J_{15}-19$<br>AΠ－4－36 | $J_{15}-17$<br>AΠ－2－36 | $J_{15}-16$<br>AΠ－1－36 | $J_{15}-16$<br>AΠ－1－36 | $J_{15}-18$<br>AΠ－3－36 | $J_{15}-18$<br>AΠ－3－36 | |
| $G\frac{35-25}{15}$ | $J_{15}-19$<br>AΠ－4－36 | $J_{15}-18$<br>AΠ－3－36 | $J_{15}-17$<br>AΠ－2－36 | $J_{15}-16$<br>AΠ－1－36 | $J_{15}-19$<br>AΠ－4－36 | $J_{15}-18$<br>AΠ－3－36 | |

注:表中上行符号(例 $J_{13}$-4)为新型号基础,下行符号(例 K-11-30)为旧型号基础,以下同。

按基础外形分类,目前大概分为工字形基础(J 形基础通常采用此种外形)、锥形基础(AK 形基础采用此种外形)、单阶梯形(K 形基础及 R 形基础采用此种外形)、多阶梯形基础(Π 形基础及 AΠ 形基础采用此种外形)四大类,如图 4-1-9 所示。

一般用于 13 m 钢柱的基础多采用单阶梯形基础,用于 15 m 钢柱的基础采用多阶梯形,土壤承压力在 0.39 MPa 以上的基坑中经常使用工字形基础,锥形基础较少采用。

### (三)基础混凝土浇筑

钢柱基础混凝土的浇筑,目前均采用挖大坑模型板和挖小坑就地浇筑两种方法,但无论哪种方法,都要保证整个基础的结构尺寸和方向满足设计要求。如图 4-1-10 所示,在浇筑混凝土前,应按技术标准安装模型板并应掌握如下几项技术要求:

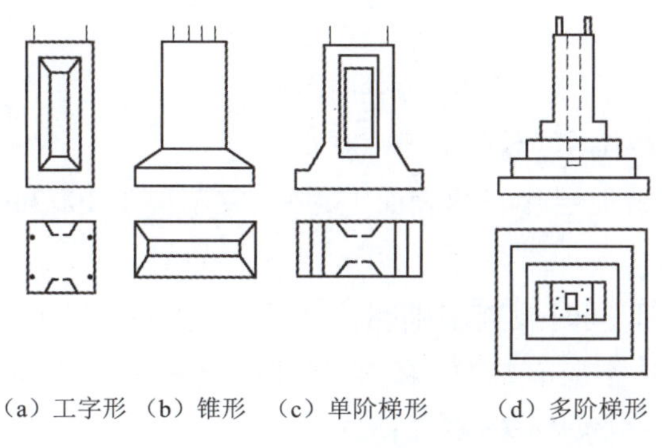


图 4-1-9 基础外形图

图 4-1-10 多阶梯形基础模型板安装

(1)基础模型板应按设计的基础外形尺寸制作。模板厚度应根据受力不同选用,一般木模板为 25 ~ 50 mm、钢模板为 2 ~ 3 mm。

模板不应有损坏,表面不应有泥污和干涸的水泥浆。灌筑混凝土前,木模板应充分湿润,模板接触面应涂抹隔离剂,要保证整个基础的结构尺寸和方向满足设计要求。因此在浇筑混凝土前,应按技术标准安装模型板并应掌握如下几项技术要求:

①基础模型板应按设计的基础外形尺寸制作。模板厚度应根据受力不同选用,一般木模板为 25 ~ 50 mm、钢模板为 2 ~ 3 mm。

基础浇制前,应检查基础螺栓间的相互距离,基础螺栓应除锈,高出基础面的螺栓应涂上机油并包扎好,各螺栓应垂直基础面。

②就地灌筑混凝土基础,在安装模型板前应复查坑的位置、标高、基础类型是否符合要求,基坑内如有积水、淤泥应予清除。

③模型板应可靠地承受灌筑混凝土的重力、侧面压力和一切荷重;保证基础各部分的形状、尺寸及相对位置的正确性,拼缝应严密,不漏浆,便于灌筑混凝土后拆除。

④校核基础方向是否满足设计要求,确定方法可在坑口前后片模型板中点各钉一个钉子,用木工轴线或其他细线来核对方向。

⑤应注意检查基础顶面的标高。

田野侧基础:应高出地面 100 ~ 200 mm,低于轨面 200 ~ 500 mm。

两线间的基础:应高出地面 100 ~ 200 mm,低于邻轨 200 ~ 500 mm。

站台上的基础:高出站台面 100 ~ 200 mm。

(2)浇筑混凝土前应首先在基础坑底铺 100 mm 厚的石砟或 75 号混凝土,然后将搅拌好的混凝土分层灌筑,其自由下落高度超过 3 m 时,应用串筒或溜槽。灌筑混凝土应连续进行不得间歇。应随灌随捣“快插慢拔”,捣固密实。

对无筋或稀疏配筋的基础允许填入片石，但要遵守以下规定：

①片石数量不应超过混凝土结构体积的25%。

②应选用无裂缝、无夹层和未煅烧过的片石，不宜使用卵石。

③片石的尺寸不应大于所在位置基础结构最小尺寸的1/3。

④片石的抗压极限强度不应小于$294\times10^5$ Pa。

⑤片石在填充前应用水冲洗干净。

⑥片石与模型板间的距离不应小于150 mm，并不得与螺栓或钢筋接触。

⑦片石间距离应能使插入式振捣器在其中进行捣实，不宜小于100 mm。

⑧上、下两层片石间距离不应小于100 mm，在最上层片石的表面上，必须有不少于100 mm的混凝土覆盖层。

(3)基础混凝土浇制完毕初凝后即进入养护期，同时检查基础螺栓尺寸，当基础混凝土达到一定强度后才能拆除模型板。基础表面应平整，不应有蜂窝、麻面、棱角损坏或露筋现象。如有蜂窝、麻面，可用钢刷清除干净以1∶2或1∶2.5的水泥砂浆修补。

接触网相关施工规范规定：每灌筑50 $m^3$混凝土(或每个小站)应做一组试块，每组三块，混凝土量大于500 $m^3$的车站，可每灌筑100 $m^3$做一组。试块上应注明车站和灌筑日期。

支柱基础应符合下列技术要求：

①金属支柱基础面应高出地面(或站台面)100～200 mm。基础外露400 mm以上者应培土，每边培土宽度为500 mm，培土边坡与水平面成45°。桥支柱的托架与接腿、支柱的连接应牢固可靠，螺栓应用双螺帽并涂油防护。

②填方地段的支柱外缘距路基边坡的距离小于500 mm时应培土，其坡度应与原路基相同。高填方地段培土困难、流失严重或土质强度不够者，应采用干砌片石或砂浆砌石加固，片石应挤压紧密、堆砌整齐，砂浆应饱满、标号符合规定。

### (四)杯形基础浇筑

杯形基础用于固定硬横跨圆形支柱。

首先安装用钢筋焊成的底盘，底盘主要用于固定内模，将底盘三个支腿打入坑底约150 mm，其中心孔应位于基础中心铅锤线上，且高出坑底300～350 mm。将中心定位钎通过孔中心打入坑底150～200 mm。

浇筑杯形基础前，先要在坑底铺垫100 mm石砟，基础底部要预先浇筑200 mm厚的混凝土。安放钢筋骨架和内模。在浇筑过程中应不断调整钢筋骨架、内模，使其铅锤中心与基础铅锤中心保持重合。要保证内模的铅锤度，否则硬横跨支柱将无法调整到位。

支柱整正后用细石混混凝土在支柱周围灌筑，并用钢钎捣实。先将一侧固定，另一侧支柱整正后用木楔做临时固定，待硬横梁安装后再填充混凝土。

施工技术要求如下：

(1)杯形基础内杯底距基础面的距离为1 500 mm；基础垂直于线路方向的中心线与线路中心线垂直，偏差不大于3°。

(2)杯形基础面应与路基面平齐，不得高于路基面，杯形基础面平整，外形尺寸及限界符合设计要求。

(3)杯形基础田野侧的土层不得小于 600 mm,否则需进行边坡培土或砌石;路堑地段的基础外侧与水沟外侧的间距不得小于 300 mm。

(4)要使用经过检测的标准混凝土配合比与水灰比,浇筑混凝土时按要求进行捣固。

(5)要使中保证基础内模铅锤中心线与支柱安装中心线相重合。

(6)基础浇筑后在支柱未设立前,要将基础杯口封堵良好,防止落入石块影响以后安装支柱。

(7)基础养护方法与软横跨基础养护过程相同。

### (五)隧道内接触网混凝土工程

隧道内接触网混凝土工程是根据设计要求,在隧道悬挂点处打眼灌筑混凝土,分人工打眼和机械打眼两种方法。目前除增补和维修等少量工作采用人工打眼外,一般都采用机械打眼。

由一台轨道车牵引打眼灌筑作业车,同时完成打眼和灌筑作业。作业车上安装有固定作业台架,设置空气压缩机一台,作业台架上安装有可以自由定位的风钻三台,其中一台用于定位埋入件钻孔,另一台用于悬挂埋入件钻孔。操作人员在密封的操作室内利用风动或电动装置进行控制。

隧道灌筑施工应有单独封闭线路的时间,灌筑混凝土前应将孔洞清扫干净,把混凝土灌至孔的一半深度后便可埋入杆件,灌满混凝土后用抹子抹平,并在表面覆盖棉纱,并派专人浇水养护 7 天。

隧道口下锚工程应根据设计图纸的要求在洞壁上定出孔位,各孔高度应以垂直轨面为准,不能沿洞壁斜面测量。可安设作业平台施工,作业平台应安设牢固,不得侵入限界。

### (六)基础质量要求

(1)基础顶面标高应符合:田野侧基础高于地面 100 ~ 200 mm,一般应低于轨面 200 ~ 500 mm。站台上的基础高出站台面 100 ~ 200 mm。

(2)基础外形尺寸及螺栓位置应符合设计要求,允许施工偏差为:

基础横断面: −20 mm

混凝土保护层: −10 mm

螺栓位置(各层): ±5 mm

螺栓外露长度: ±20 mm

基础高度: ±100 mm

(3)每灌筑 50 $m^3$ 混凝土(或每个小站)应做一组试快(每组 3 块);同批试块极限强度的平均值不得低于设计标号,任意一组试块的最低值不得低于设计标号的 85% 同批试块中低于设计标号的试块组数,当试块为 3 ~ 5 组时、不得多于 1 组,当试块为 6 ~ 16 组时,不得多于 2 组。

(4)基础的抗压极限强度,应以标准条件下养护 28 天的试块作抗压试验,其试验结果作为评定基础是否能达到设计标号的依据。

(5)基础外表不应有露筋和较多的蜂窝、麻面。

(6)每组软横跨基础中心连线,应垂直于车站正线,偏差不应超过 3°。

### (七)安全注意事项

(1)灌筑基础前应对基坑进行安全检查,检查基坑的稳定程度,核实是否有塌方的危险,有塌方危险的基坑应进行修整,保证在浇筑过程中的安全,坑内有杂物应清理干净。

(2)立模、灌筑、拆模均应在施工地点的线路两端设置防护(远离线路的除外)对行车安全有影响时,应事先与车站值班员联系办理线路封闭手续。

(3)施工前搭作业架、施工料具放置、施工过程、施工后拆除作业等均应稳固,不得侵入铁路建筑接近限界。

(4)支模前应检查基坑有无裂缝和塌方危险,坑边 1 m 范围内不得堆放料具,向坑内传递料具应放在工具袋内,不得上下投掷或随处乱放,装好的模板不得有露在模板外面的钉尖。

(5)施工过程中如有列车通过,应暂时停止作业,撤离现场至安全地点,面向列车尾部,等列车通过后再继续作业。

(6)人工搅拌时,搅拌台架必须牢固,由一人统一指挥作业,禁止站在模型板上或一只脚踏在模型板上和支架上工作。

(7)坑内有人捣固或其他作业时,坑上应有人防护,防止石砟落下伤人,使用振捣器捣固时,必须派专人负责电源开关,振捣器的接地线必须完好,并要随时整理电线,不得挤压、扭结或挂绕在导电物体上,不得侵入水中,移动时不得硬拉电线,有漏电现象时必须修好后方可使用。

(8)使用搅拌机前,必须检查电源开关、电机、接地线、防护罩、离合器和制动装置等,确认良好后,方可开始作业。

(9)向搅拌机料斗内倒搅拌物,不应蹬在料斗上,升降料斗时,下方工作人员必须躲开,清理料斗时,必须与司机联系,将料斗保险链扣牢后,再进行清理。

(10)禁止用手或工具从搅拌筒内加速卸出混合料,搅拌机在运转中,严禁用任何工具从搅拌筒中掏取搅拌物,清除残留在搅拌筒上的搅拌物时,必须切断电源,锁上开关箱。

(11)拆模时不得用大锤打拆或拉拆方法。应按拆模要求拆除,随拆随将模板送到指定地点,不准乱扔乱放。养护用的草帘、草袋用完后,应随时清理,堆放到指定地点。

(12)混凝土的添加剂应严格保管,浇筑后剩余的添加剂应有专人负责,瓶装添加剂使用后应回收空瓶,防止污染。使用时一般应佩戴橡胶手套,禁止与皮肤直接接触。

## 思考练习题

1. 说明铁路建设程序。
2. 对施工管理和施工监理有何要求?
3. 什么是水灰比和配合比?它们对基础强度有何影响?
4. 为什么要使用混凝土外加剂?有哪几种常用外加剂?
5. 什么是接触网横向和纵向测量?
6. 土壤承压力为 0.15 MPa,使用 G$\frac{20}{15}$的支柱,应选用什么基础?

## 第二节 立杆与整正

### 学习目标

1. 了解支柱的检查标准；
2. 掌握钢筋混凝土柱和钢柱的整正标准；
3. 掌握横卧板、底板、锚板的作用和拉线的安设要求；
4. 了解基坑回填的注意事项。

### 一、支柱的安设

支柱安设一般采用工程列车又称安装列车（简称安列）安装，它是接触网施工机械化的基本骨干力量。它主要担当接触网立杆、装卸杆、工地搬迁等任务，随着机械化程度的提高，它将担当支柱整正、支柱装配、架线等工作。

#### （一）准备工作

为了保证安装顺利进行，在立杆前要进行如下准备工作。

（1）工程列车在立杆前一个月由施工主管部门向铁路运输、行车部门及沿线各站联系，提出计划，说明立杆占用线路封闭点的时间、地点等。

（2）在立杆前十天，由施工队对所有施工线路有碍立杆作业的架空线路及其他障碍物调查清楚，并采取相应的措施，及时予以处理，确保立杆顺利进行。

（3）立杆前一天，由施工队对基坑、基础做如下检查，并将检查情况书面通知工程列车：

①基坑限界、深度及大小是否符合要求；基坑带底板的是否已下好；基坑内是否落入杂物，若有，应及时进行清理。

②检查基础螺栓位置是否正确；基础混凝土强度是否达到设计要求的70%以上；并于当天由施工班组派人去掉基础螺帽，清除螺栓及基础面泥土、污垢、锈蚀等。

（4）各类型支柱装车后，工程列车的有关人员应进行一次复查，并做记录。

#### （二）支柱检查

为了保证安装质量，支柱应符合下列标准者才能使用。

（1）横腹杆式钢筋混凝土支柱表面应光洁、平整。横腹板破损应及时修补，翼缘破损和露筋不超过两根长度且不大于400 mm应及时修补；露筋达两根以上但不超过4根且长度不超过400 mm者可以修补后降级使用；露筋超过4根或者露筋长度超过400 mm者，均应及时更换。

支柱翼缘不得有横向、斜向和纵向裂纹。支柱翼缘与横腹板结合处裂纹及横腹板裂纹宽度不超过0.3 mm时，要及时修补，大于0.3 mm时应更换。混凝土支柱破损不露筋者，可以用水泥砂浆修补后使用。

(2)环形等径预应力混凝土支柱表面应光洁平整,合缝处不得漏浆,不应有混凝土剥落、露筋等缺陷。横向裂纹宽度不超过0.2 mm、长度不超过1/3 圆周长,纵向裂纹宽度大于0.2 mm、不超过1 mm 的支柱要及时修补;纵向裂纹宽度大于1 mm 的支柱应更换。支柱弯曲度不大于2‰,杆顶封堵良好。修补支柱破损部位的混凝土等级比支柱本身混凝土高一级。

(3)法兰盘连接电杆,连接处要紧密;调直杆身时在法兰盘上加的垫片不得大于3 个,总厚度不得大于5 mm。

(4)钢圈连接的电杆,钢圈要对正;焊缝无严重气孔、咬边等缺陷。

(5)立杆前应将杆顶封堵严密。

钢柱检查标准:

①钢柱的角钢不应有弯曲、扭转现象;表面油漆层完整无脱落、无锈蚀。

②焊接处应无裂纹。

③基础螺栓孔距偏差不得大于 ±2 mm。

④钢柱弯曲度不应大于1/750。

金属支柱及硬横梁各焊接部分不得有裂纹、开焊;主角钢弯曲不得超过5‰,副角钢弯曲不得超过两根;锈蚀面积不得超过10% 。

接触网施工中,为了节省钢材,大量使用的是钢筋混凝土支柱。其特点是采用了高强度预应力钢筋,钢筋直径小,混凝土保护层薄。由于支柱从产地到施工安装现场,途中要经过多次转运,因此支柱堆放和运输是保证支柱质量的关键。

对于横腹杆式钢筋混凝土支柱,堆放时应用150 mm×200 mm 的方木垫起,排放时根部应朝一边,稍部统一在一边,堆放时不得超过3 层,如图4-2-1 所示。

图4-2-1　钢筋混凝土柱堆放图

运输、安装时应特别注意不要将支柱碰损、压折。层与层之间用方木垫在结点处,不要垫在腹孔中间,堆放时应使无腹孔侧朝上,软横跨是主筋多的一侧朝上,图4-2-1 中各种支柱垫木间的距离见表4-2-1。

表4-2-1　钢筋混凝土支柱垫木间距　（单位:m）

| 支柱类型 | *a* | *b* | *c* |
|---|---|---|---|
| H18　H38 | 2 300 | 6 700 | 2 300 |
| H48-250 | 2 500 | 7 200 | 2 500 |
| H78 | 2 400 | 6 900 | 2 400 |
| H9 H13 H17 | 2 500 | 9 200 | 3 800 |

## (三)支柱安装

支柱安装前应核对基础型号及支柱型号,作业负责人引导汽车吊到合适位置,打上支腿,同时运杆汽车配合汽车吊运行到位。支柱吊装应采用高强度尼龙吊装带,防止损伤支柱表面漆层及镀锌层。

### 1. 钢筋混凝土支柱安装

钢筋混凝土支柱均为单面一点起吊，H38 支柱一般吊第四腹孔处，H78、H48-250 支柱吊第三腹孔处，软横跨钢筋混凝土柱吊第二腹孔主筋多的一面，如图 4-2-2 所示。

吊车将钢筋混凝支柱吊起后，使支柱垂直放入基坑内，同时需 2 ~ 3 人扶持柱体，保证支柱安全放入坑中，避免碰塌坑壁。

图 4-2-2 钢筋混凝土柱吊起位置

### 2. 钢支柱安装

钢柱起吊时，将钢丝绳套挂在钢柱全长 3/4 处的一根主角钢上，并使钢柱底座孔对准基础螺栓，然后缓慢下落以免碰坏螺纹，最后将螺帽旋紧，确认稳固后，吊车即可摘钩，如图 4-2-3 所示。

(a) 钢筋混泥土柱

(b) H形钢柱

图 4-2-3 机械立杆

### 3. 硬横梁支柱安装

硬横梁支柱安装时，安装前一天将工具材料及所安装支柱装在安列平板车上，施工负责人对施工人员进行技术交底，向监管运输部门报施工封闭点计划。

用钢丝刷、扫把将地脚螺栓及基础面清理干净，用钢卷尺校核地脚螺栓间的相互距离且达标。

吊车司机听从施工负责人指挥，操作吊车升臂落钩，平板车上作业人员将尼龙套套在支柱上，待吊钩下落到位后，挂在吊钩上。吊车司机操作吊车起钩旋臂至基础上方。由立杆人配合扶、推，使钢柱底部孔位对准基础螺栓。吊车司机听负责人指挥落钩，使钢柱徐徐下落，待基础螺栓全部进入孔位直至钢柱置放在基础面上。

将每根螺栓各带上一个垫片、螺母后并紧固。吊车司机落钩摘下钩，并使吊臂吊钩归位。

### 4. 硬横梁安装

(1) 硬横梁安装时，首先根据施工图及材料计划表核对横梁各个分段，检查横梁边段、中段上所标注的号码是否一致。

(2) 测量横梁边、中梁拱度是否符合设计要求，检查横梁在运输过程中有无变形现象。硬横梁检查全部合格后，方可进行预组装。按设计图纸，组装同一组硬横梁。将横梁对接上，用木棍调整，并使其中心轴线在一条直线上。先连接一半连接螺栓预组装，用水准仪测横梁拱度 $f$ 值，$f$ 值达标后，可安装其余一半并连接螺栓。将预配组装好的硬横梁吊放在安列平板车上，并加固牢靠。

(3)安装硬横梁时，先测量横梁总长度和两支柱间距值，应基本吻合。两支柱分别各上两人，系好安全带，用小绳吊上紧固扳手及连接螺栓和定位销钉。安列停在距安装硬横梁位置6～7 m左右处，吊车伸出吊臂落吊钩，配合人员找出横梁重心，系好尼龙套，并把尼龙套套在吊钩上，在横梁两头各系好两条晃绳，吊车司机起动吊车、升臂、起钩、将横梁缓缓吊起。负责人指挥拉晃绳人员将横梁转向90°，杆上人员配合使横梁两端分别对准支柱，如图4-2-4所示。

图4-2-4　安装硬横梁

(4)吊车司机缓缓落吊钩，杆上人员扶梁对位，并利用定位销钉，对好横梁与支柱连接孔位，另一人配合将连接螺栓穿入连接孔，并用梅花扳手逐个循环拧紧，用力矩扳手检测达标。

(5)如横梁与实际跨度有微小差距时，可松开支柱地脚螺栓，用撬杠撬支柱底板，使横梁与支柱连接处密贴，连接螺栓并达标。

### 5. 硬横梁吊柱安装

(1)按施工表从库房领取安装的全部材料，并按规定进行外观质量检查。依据施工表，核对规格型号、数量并确认。根据平面图和安装图，将安装的吊柱及连接件配套，并编号标识。提前将施工工机具及预配成套的吊柱全部装在作业车上。

(2)施工人员在封闭点前全部上到作业车上。封闭线路后，作业车司机听从值班员指挥起动作业车，到达安装地点，施工负责人指挥作业车对位，升作业台，作业人员上作业平台，扶起作业凳，两安装人员系安全带，爬上横梁，上到安装位置，系好安全带。在合适位置挂好尼龙套和滑轮，穿大绳，将上下弦杆及连接螺栓吊上，安装人员按测量好的安装位置连接螺栓，作业车上作业人员上作业凳配合，安装上、下弦杆。用梅花扳手逐个拧紧并达标，如图4-2-5所示。

图4-2-5　安装硬横梁吊柱

(3)横梁上作业人员，将小滑轮组挂在尼龙套上，作业车上人员配合将吊柱吊起。横梁上作业人员按测量标记对孔位，并安装连接螺栓，用梅花扳手预拧紧。作业车上作业人员，用支柱斜率测量仪检测吊柱垂直度，调整采用在吊柱底部与下部固定弦杆之间加镀锌薄垫片的方法。吊柱垂直度达标后，将吊柱与下部固定弦杆连接螺栓拧紧，并用力矩扳手检测达标。

(4)吊柱连接螺栓从下向上穿，紧固力矩应符合设计要求。调节吊柱垂直度的垫片应镀锌。严禁使用未镀锌垫片。吊柱应垂直，施工允许偏差不应超过1°。

## 二、支柱的整正

根据钢筋混凝土柱和钢柱，分别采用不同的支柱整正方法。整正钢筋混凝土柱采用正反扣整杆器，整杆器两端分别固定在支柱和钢轨上，如图4-2-6所示。

图4-2-6 整杆器安装示意图

通过调整整杆器上的正反扣丝杆长度，即可将支柱扶正。调整支柱侧面限界时，可用方垫木垫在坑壁处。支柱承力面的扭斜可用木杠插在腹孔内校正，扭斜不得超过3°。

钢柱的整正是用撬棍插入钢柱底座与基础顶面之间，将底座撬起，根据支柱倾斜标准在缝隙中塞入不同厚度的钢垫片，每块垫片的面积不小于50 mm×100 mm每个底脚下的钢垫片数量不得大于3片，整正过程中不得将螺帽取下，只可拧松。

### 1. 钢筋混凝土支柱及钢柱调整标准

(1)接触网各种支柱均不得向线路侧和受力方向倾斜。

(2)安装在曲线外侧及直线上的支柱，在垂直线路方向要向受力的反向倾斜。腕臂柱的外倾斜率为0~0.5%。软横跨支柱的倾斜率：高度13 m的支柱为0.5%~1%；高度15 m及以上的支柱为1%~2%。硬横跨支柱应保证垂直于地面。

(3)曲线内侧的支柱、装设开关的支柱、双边悬挂的支柱、硬横跨支柱均应直立，允许向受力的反向倾斜，其倾斜率不超过0.5%。

(4)支柱在顺线路方向应保持铅垂状态，其倾斜率不超过0.5%。锚柱应向拉线方向倾斜，其倾斜率不超过1%。

(5)同组硬横跨的两支柱中心距离应符合横梁跨长，允许偏差±20 mm。

(6)大容量混凝土软横跨柱横线路方向向田野侧倾斜，允许偏差0.1%~1.5%。

(7)耐张、终端、转角支柱的中心应向受力反方向倾斜1%，允许偏差±0.5%。

(8)格构及实腹式钢柱顺线路方向应直立，允许偏差0.5%。

(9)桥钢柱横线路方向向受力的反侧倾斜0~0.5%。

(10)硬横梁钢柱顺、横线路方向均应直立，允许偏差0.3%。

### 2. 钢筋混凝土圆电杆整正标准

(1)直线杆：中心直立。

(2)承力杆：中心向受力反方向倾斜1%。

(3)埋深施工偏差为±100 mm。

(4)铁路附近的圆电杆，侧面限界施工偏差为$^{+100}_{0}$ mm。

### 3. 吸流变压器支柱整正标准

吸流变压器支柱应直立，支柱中心线距线路中心线的距离符合设计要求，施工允许偏差为

+100 mm。两柱应等距,不应错位,支柱埋深从地面算为3 m,两柱的实际埋深差不应大于100 mm。

回流线、供电线中间柱应直立,终端杆、转角杆的杆顶应向拉线方向偏移,其偏移不大于150 mm。

钢柱整正并承载一定时间后,为了保护螺栓,防止钢柱底部螺栓、螺帽锈蚀,应用基础帽将钢柱底部、螺栓和螺帽保护起来。基础帽要求用50级的混凝土浇制而成,表面光滑呈斜坡形,如图4-2-7所示。

图4-2-7　钢柱基础帽

### 4. H型钢柱安装整正标准

钢柱上CPⅢ预留孔朝线路侧,一般桥梁地段基础面距离轨顶面设计高度为337 mm,路基地段基础面距离距轨顶面设计高度为450 mm,其开孔位置执行《H型钢柱接触网预留孔位图》标准,如基础面与内轨面间距与标准偏差大时,根据测量结果,做特殊加工,一般以100 mm为间隔,统一型号。支柱安装时根据基础面标高测量数据、试验段轨面标高调整表对支柱打孔位置进行复核。

地脚螺栓紧固力矩应符合设计要求。

支柱支配采用预留孔内安装形式,钢柱底座位置预留了间距100 mm的三排孔,基础高度施工偏差在120 mm内选用标准钢柱,超过该值的选用特型(孔位)钢柱。

当侧面限界小于2.95 m或曲内正定位、转换柱等侧面限界小于3.0 m,通过软件验证不能保证零部件安装位置时,要作为特型柱,调整预留孔位置,支柱类型确定时特别注明。

基础顶板与支柱底板间填充的砂浆应符合设计要求(待定),每500根支柱做一组试块,试块强度不应低于设计强度。

支柱斜率(从钢柱底部算起)允许施工偏差。

支柱倾斜度用经纬仪测量,倾斜度达标后对角循环逐个拧紧连接螺母,紧固力矩应符合设计要求。

### 5. 硬横跨钢柱安装整正标准

硬横梁支柱整正前,先复测两支柱间距是否符合横梁跨长,先整正达标其中一根,另一根预整正,待横梁安装后,再调整达标。

支柱倾斜用经纬仪测量。支柱横、顺线路方向均应直立,柱顶倾斜施工误差0~30 mm,且应保证垂直线路方向,两支柱中心线重合。达标后,将连接螺栓螺母对角循环逐个拧紧。

### 6. 硬横跨安装标准

硬横梁支柱和横梁安装前应按《铁路电力牵引供电工程施工质量验收标准》中的有关规定和设计要求进行外观检查,合格后方可安装。

横梁按编号在平整的地面上将横梁拼装成整体,用经纬仪将各梁段调整到一条轴线上,再进行各梁段的连接,横梁连接应密贴,连接紧固螺栓紧固力矩应符合设计要求。

硬横梁安装采用一次吊装法,安装高度用接触网多功能激光测量仪测量。横梁安装应水平,施工偏差±30 mm。横梁下缘距离下行正线轨面高度为7.8~8 m,施工偏差为0~100 mm。硬横梁柱与横梁连接应密切,牢固可靠,连接螺栓紧固力矩应符合设计要求。

用经纬仪或支柱斜率测量仪测量支柱顺、横线路方向强度,先目测支柱顺、横线路方向强度,根据调整需要,松动螺母,在主角下加垫垫片,调整钢柱倾斜度。支柱顺、横线路强度达标后,用套筒扳手将螺母循环拧紧。

同一组硬横跨两支柱中心连线与横梁纵向中心线应重合。吊柱安装位置用接触网多功能激光测量仪和钢卷尺测量确定,施工偏差为 ±20 mm。吊柱应垂直安装,垂直度用经纬仪测量,施工偏差为 1°。连接螺栓紧固力矩应符合设计要求。吊柱安装后,在任何情况下不得侵入建筑限界。

## 三、横卧板、底板、锚板及拉线的安设

### (一)横卧板

横卧板的作用是增大支柱土内受力面与土壤的接触面积,保证支柱的稳定性,防止支柱向受力侧倾斜。

横卧板分为Ⅰ、Ⅱ两种型号,尺寸如图 4-2-8 所示。

横卧板的数量和种类由该处土壤安息角的大小(即土壤承压力的大小)决定。各类型腕臂柱横卧板和软横跨柱横卧板的选用见表 4-2-2 和表 4-2-3。

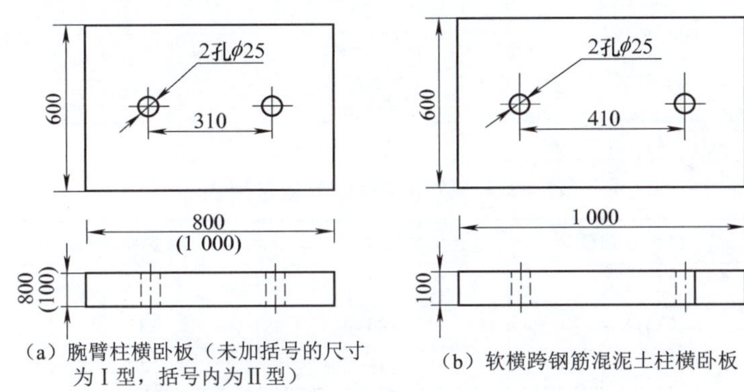


图 4-2-8 横卧板结构(单位:mm)

表 4-2-2 腕臂柱横卧板选用表

| 柱型 | 路堤及路堑 | 土壤安息角 | 安装位置及型号 | |
|---|---|---|---|---|
| | | | 上 | 下 |
| $H\frac{3.8}{8.7+2.6}$ | 路堤地段(+) | 17°~22° | 2-Ⅱ | 1-Ⅱ |
| | | 30°~32° | 1-Ⅱ | — |
| | | 33°~37° | — | — |
| | | 38°以上 | — | — |
| | 路堑地段(-) | 17°~22° | 2-Ⅰ | — |
| | | 30°~32° | — | — |
| | | 33°~37° | — | — |
| | | 38°以上 | — | — |

续上表

| 柱型 | 路堤及路堑 | 土壤安息角 | 安装位置及型号 | |
|---|---|---|---|---|
| | | | 上 | 下 |
| $H\frac{7.8}{8.7+3.0}$ | 路堤地段(+) | 17°~22° | 3-Ⅱ | 1-Ⅱ |
| | | 30°~32° | 2-Ⅱ | — |
| | | 33°~37° | 1-Ⅱ | — |
| | | 38°以上 | — | — |
| | 路堑地段(-) | 17°~22° | 2-Ⅱ | 1-Ⅰ |
| | | 30°~32° | 1-Ⅰ | — |
| | | 33°~37° | — | — |
| | | 38°以上 | — | — |
| $H\frac{4.8-25}{9.2+3.0}$ | 路堤地段(+) | 17°~22° | 2-Ⅰ | — |
| | | 30°~32° | — | — |
| | | 33°~37° | — | — |
| | | 38°以上 | — | — |
| | 路堑地段(-) | 17°~22° | 1-Ⅰ | — |
| | | 30°~32° | — | — |
| | | 33°~37° | — | — |
| | | 38°以上 | — | — |

**表 4-2-3　软横跨柱横卧板选用表**

| 柱型 | 路堤及路堑 | 土壤承压力(kPa) | 土壤安息角(φ) | 数量(块) |
|---|---|---|---|---|
| $H\frac{9}{12+3.5}$ | 填方(+) | 147 | 30° | — |
| | | 196 | 35° | — |
| | | 245 | 40° | — |
| | 挖方(-) | 147 | 30° | — |
| | | 196 | 35° | — |
| | | 245 | 40° | — |
| $H\frac{13}{12+3.5}$ | 填方(+) | 147 | 30° | 1 |
| | | 196 | 35° | — |
| | | 245 | 40° | — |
| | 挖方(-) | 147 | 30° | — |
| | | 196 | 35° | — |
| | | 245 | 40° | — |
| $H\frac{17}{12+3.5}$ | 填方(+) | 147 | 30° | 3 |
| | | 196 | 35° | 2 |
| | | 245 | 40° | — |
| | 挖方(-) | 147 | 30° | 1 |
| | | 196 | 35° | — |
| | | 245 | 40° | — |

续上表

| 柱型 | 路堤及路堑 | 土壤承压力(kPa) | 土壤安息角(φ) | 数量(块) |
|---|---|---|---|---|
| $H\frac{17-25}{12+3.5}$ | 填方(+) | 147 | 30° | 1 |
| | | 196 | 35° | 1 |
| | | 245 | 40° | — |
| | 挖方(−) | 147 | 30° | — |
| | | 196 | 35° | 1 |
| | | 245 | 40° | — |

选用横卧板时注意:

(1)土壤安息角为12°时按17°计,27°时按30°计,24.5°~25.5°按22°选用。

(2)土壤工程等级5级者按岩石考虑,可不设横卧板。4级者按大于或等于38°处理。

(3)施工时发现土壤情况与设计土壤情况不符时,其横卧板的使用应相应变更。

表4-2-2中横卧板一栏"1—Ⅰ",前面数字为横卧板数量,后面罗马数字为横卧板类型。横卧板的安设位置如图4-2-9所示。

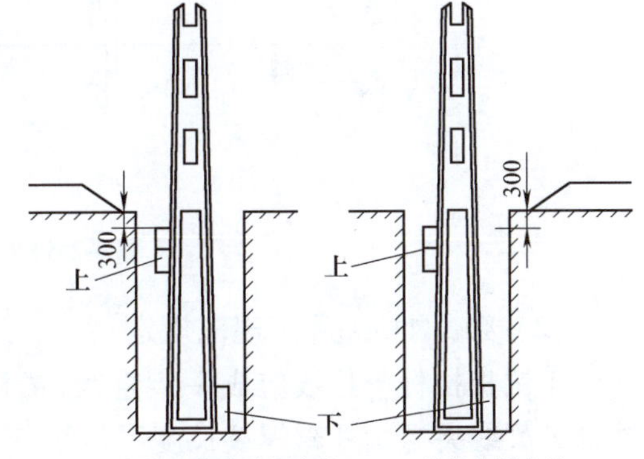


(a) 直线和曲线外侧支柱 (b) 曲线内侧支柱

图4-2-9 横卧板安设(单位:mm)

土壤承压力是指单位面积土壤上所受到的压力。工程上称土壤正常工作面不致发生破坏的压力为土壤允许承压力,单位是MPa。土壤承压力的大小与土壤的种类和土壤的物理状态有关,可经计算或是依据实验测定。

安息角是反映土壤工作性质的另一种表示方法。在散粒土壤自然堆积时,当再增加散粒而这个土堆的斜坡不再增大时,其斜坡面与水平面的夹角称土壤安息角,常用字母 $\varphi$ 表示。土壤的安息角与土壤允许承压力有着直接关系。当 $\varphi$ 为17~22°时,其土壤允许承压力为0.15 MPa;当 $\varphi$ 为23°~28°时,土壤允许承压力为0.2 MPa;当 $\varphi$ 为30°~32°时,允许承压力为0.25 MPa;$\varphi$ 为33°~37°时,其允许承压力为0.25 MPa;$\varphi$ 为33°~37°时,其允许承压力约为0.3 MPa;$\varphi$ 为38°及以上时,其允许承压力为0.4 MPa。

通常硬土、普通土的允许承压力在0.1~0.3 MPa之间,而软石类在0.3 MPa以上。

### (二)底板

为了防止安设在软土质类基坑上的支柱不致受垂直负荷而下沉,需在支柱底部增设底板,其作用是增大支柱底面与土壤的接触面积,减小对地的压强。普通锚柱的底板可用Ⅱ型横卧板代替,软横跨柱的底板采用1 200 mm×800 mm的钢筋混凝土板,底板上可不打孔。

### (三)锚板及拉线的安设

(1)下锚支柱除承受垂直线路的负荷外,还要承受接触悬挂下锚的负荷,因此锚柱承载很大。

为了使锚柱稳定,一般采用锚柱打拉线,用以平衡下锚悬挂张力对支柱产生的影响。下锚拉线设在锚支的延长线上,若因地形限制应按设计要求施工。拉线(拉线锚杆)与地平面的夹角为 45°，特殊困难地区不应大于 60°，拉线锚板坑深应能保证锚板埋深设计值（以地面最低处算，宜为 2 m）。

拉线坑测量定位的方法：一人站在与锚柱相邻的转换柱中心线与线路中心线的交点上，通过锚柱中心目测一条直线，另一人在此直线上距锚柱 10.4 m 处定点，此点即为拉线坑的中心，如图 4-2-10 所示。

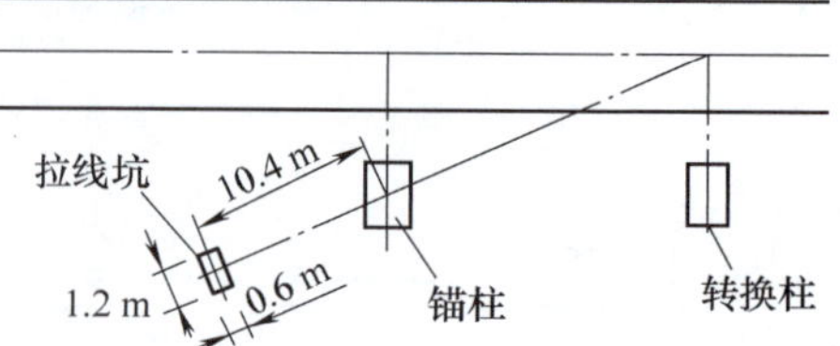

图 4-2-10　拉线坑位置示意

拉线采用 CJ-70 钢绞线，通过 UT 型线夹与锚板拉杆连接，拉杆的下端用 U 形螺栓与锚板连接，拉线的另一端则固定在支柱上的承、线锚角钢处，如图 4-2-11 所示。

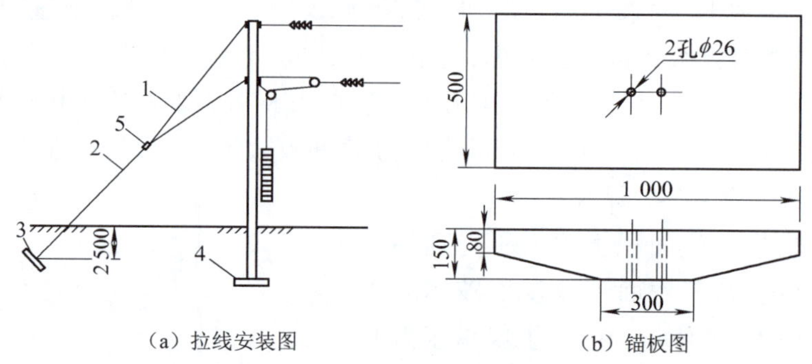

（a）拉线安装图　（b）锚板图

图 4-2-11　拉线结构（单位：mm）

（2）接触网相关施工规范规定：

①锚板拉杆与拉线应成一条直线，锚板应垂直于拉线，拉线不得有断股、松散、接头和锈蚀，UT 型线夹螺帽外露螺纹长度不得小于 20 mm，且有可调余量。

②拉线角钢应与支柱密贴，拉线应绷紧，两条拉线应松紧一致，拉线在楔形线夹内回头长度为 300 ~ 500 mm，端部用 $\phi$(1.6 ~ 2.0 ) mm 铁线密扎 3 圈，回头与本线用 $\phi$(1.6 ~ 2.0) mrn 铁线密扎 100 mm，施工偏差为 ±10 mm。

在坚石地带埋设锚板有困难时，允许用锚栓锚固，但要保证锚栓固定处为整体坚石，不能是风化石、孤石或断层处。具体施工时应由有关技术、安全和质量检查部门联合鉴定。锚栓灌筑方法是在坚石上钻两个深度不小于 700 mm，孔径不小于 25 mm 的孔，将 55(22) ×80 mm 的 U 形螺栓倒埋入孔中，U 形螺栓与拉线方向呈 90°角，然后用不低于 200 号的混凝土砂浆灌筑。

（3）预制拉线的长度为

$$L = \frac{H}{\sin 45^\circ}$$

式中　$L$——拉线长度（m）；

$H$——拉线在支柱上固定点至地面的垂直高度（m）。

（4）支柱拉线应符合以下技术要求：

拉线安装时，在任何情况下，拉线在轨面处距邻线线路中心不应小于 3 m。

靠近线路拉线连接螺栓从外向内穿（即线路侧向田野侧穿），靠近田野侧连接螺栓穿向线路侧。连接螺栓装好后，应穿开口销，并用钳子将开口销扳成 90°。

调整螺栓应预留今后运营维护调节余量;安装时应确定双耳楔形线夹的受力面,不应装反;双拉线受力应相等。桥上下锚拉线底板统一采用双孔连板,单拉线时安装在远离支柱的孔位上,双拉线时,远离支柱的孔位安装在上的拉线、靠近支柱的孔位安装在下的拉线;路基地段,单拉线采用单耳下锚底板,双拉线采用双耳下锚拉线底板,统一为靠线路侧耳安装在上的拉线,靠田野侧耳安装在下的拉线。当下锚为单拉线时采用田野侧锚环。

无补偿拉线支柱向拉线侧倾斜率为 5 mm/m,有补偿拉线支柱向拉线侧倾斜率为 15 mm/m。

拉线拉环应采用二级热浸镀锌防腐,拉线基础不得有积水。

## (四)基坑回填

### 1. 回填要求

填土要分层夯实,每回填 300 mm,应夯实一次。遇有炉渣、碎石、块石、或砂质地带,必须掺有黏土拌合回填。冬季施工时,应将冻土块打碎,并不得掺杂冰雪块等。拉线坑及支柱横卧板要加固夯实:混凝土支柱及钢柱的基础部分土层厚度小于规定埋设值时,应进行培土。位于填方处的支柱,其培土坡度应与原路基相同,当填方培土困难时,可采取适当加固措施。

### 2. 支柱培土

混凝土腕臂柱的基础部分土层厚度(即埋深)不应小于规定数值。支柱位于路堤区段,其田野侧土厚度应大于 500 mm。在高路堤地段为减少填方量,基础底面以下部分可埋设木桩。填土坡脚与路基面高度不小于支柱埋深。软横跨混凝土柱承载较大,由于回填夯实不够,当难以保证支柱的稳定时,现场施工中采用在支柱根部田野和线路侧填砌混凝土的方法来加固支柱。

钢柱基础土层厚度应低于基础面 100 ~ 200 mm。基础位于路堤区段应进行培土,其田野侧土层厚度应大于 500 mm,宽度自基础面侧处缘在顺线路方向扩展 500 mm。

### 3. 侧沟改移

侧沟通常设置于路堑路基的两侧,用以汇集和排除路堑边坡面及路基面范围内的地面水,一般用梯形断面,底宽 400 mm,深度 600 mm。接触网支柱和基础,在回填过程中经常和侧沟发生干扰,应按侧沟原宽和进行改移,如图 4-2-12 所示。侧沟采取何种方式加固仍用何种方法进行加固。

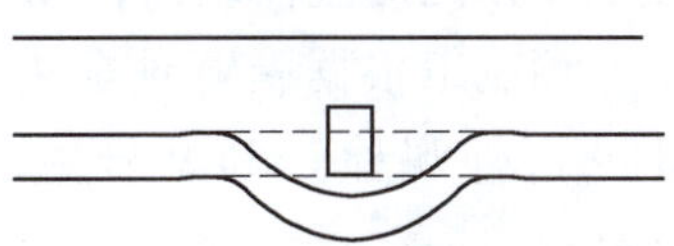

图 4-2-12 侧沟改移示意

## (五)安全注意事项

(1)在整正过程中,整正器、手扳葫芦等整杆工具不得侵入车辆限界,支柱各部分也不得侵入限界,混凝土软横跨柱的整正应向车站办理临近线路封闭手续,当利用行车间隔整正时,必须按规定设置行车防护。

(2)整杆器使用时,应用力均匀,注意平衡两整正器的动作,不得猛拉猛推,以防将支柱折断。

(3)使用手扳葫芦整正支柱时,三个方向的操作人员必须要密切配合,统一指挥,协调动作,不得擅自盲目操作。

(4)整正器或手扳葫芦安装并受力后,方可进入坑内工作,坑内有人时,严禁移动支柱。

(5)调整支柱限界时,应用垫木垫在支柱底部坑侧,严禁用石头等硬物代替垫木。

(6)钢柱整正时,严禁卸掉螺帽。

(7)由坑口往下放横卧板时,坑内不得有人,应用绳索系住缓慢下放,放好后,方可下人工作。

(8)回填后及时疏通水沟,并修复好,必要时改道。

(9)及时填写隐蔽工程记录。

## 思考练习题

1. 腕臂柱上安装管理开关时,应如何掌握整正标准?
2. 软横跨柱的整正标准是什么?
3. 什么是土壤安息角和土壤承压力?
4. 底板、锚板和横卧板的作用是什么?
5. 支柱起吊和运输中要注意什么事项?

# 第三节　支柱装配预配

## 学习目标

1. 了解支柱腕臂预配方法;
2. 掌握支柱装配安装的标准;
3. 掌握附加导线架设安装要求;
4. 了解附加导线架设注意事项。

### 一、腕臂预配

目前接触网结构普遍采用平腕臂结构,所以在平腕臂安装和预配过程中,需要准确确定平腕臂、斜腕臂长度和定位管安装位置,根据计算结果,在地面预配好整体结构,一次性安装成功。

预制组根据腕臂预配表提取材料,从库房领取,并进行外观检查和型号、数量确认,严禁使用不合格品。

图 4-3-1　腕臂预配车间

根据腕臂预制表,在作业台上用钢卷尺测量出平、斜腕臂、定位管及腕臂支撑的下料长度,并用划线笔在管上做标识。将腕臂管、定位管及腕臂支撑管用卡具卡紧,用切割机切取预配所需用料如图 4-3-1 所示,断面应整齐且与本体垂直。

平腕臂下料后需在与棒式绝缘子相连端单侧钻孔、打眼。

### (一)预配腕臂

(1)按支柱装配预制表尺寸,在斜腕臂上用钢卷尺测量出双套管连接器位置、定位环和安装腕臂支撑的套管单耳安装位置,用划笔划线标识。戴好定位环和套管单耳等连接螺栓处止动垫片,再用梅花扳手拧紧定位环和套管单耳的连接螺栓及斜腕臂的双耳终端线夹,并用力矩扳手检测达标。把止动垫片撼到位。

(2)按支柱装配预制表尺寸,在平腕臂上用钢卷尺测量出安装腕臂支撑和平、斜腕臂连接的双套筒连接器及承力索支撑线夹的安装位置,用划笔划线标识。戴好连接螺栓处的止动垫片,再用梅花扳手拧紧其连接螺栓,并用力矩扳手检测达标。把止动垫片撼到位,带上平腕臂管帽。

### (二)预配组合定位装置

(1)在安装好双耳套筒的定位管上,按计算长度,用钢卷尺测出安装定位器支座、吊线的钩头定位管卡子和安装防风拉线的 55 型环头卡子安装位置,用划笔划线标识。

(2)从另一头穿入限位支座线夹,定位管拉线用钩头定位管卡子及 55 型环头卡子,并按设计要求安装在各自位置,用梅花扳手拧紧其连接螺栓,并用力矩扳手检测达标。把止动垫片撼到位。安装好管帽。

(3)把定位管和定位器连接在一起,用 $\phi2.0$ mm 铁线捆扎在一起,在定位管上标记安装的支柱号(正定位可与腕臂捆在一起)。

(4)把定位支座与定位器的电连接,固定一端在定位支座另一端待正式安装时再进行连接。

### (三)加工防风拉线和定位管斜拉线

(1)在防风拉线预制平台上,按平台上的刻度测量、下料。

(2)用煨弯器将不锈钢线两头煨成规定的环如图 4-3-2 所示。

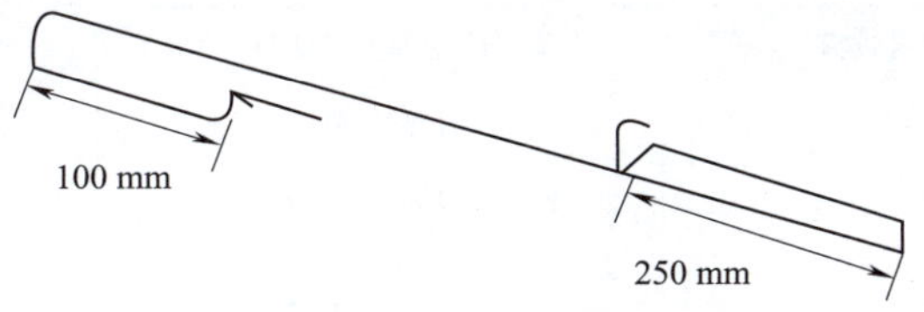


图 4-3-2 防风拉线示意图

(3)长环穿进定位环后,把一钢制圆环套进长环的回头,然后用钳子将回头煨成圆弧形。

(4)定位管吊线的钢丝绳长度为计算长度(须由现场定位调整后测量验证)再加两头回头的长度,量出后标出断点,在断点两边绑缠胶带以防散股,用切割机切断不锈钢绳。两头先将压接管套入,再将心形护环套入回头内,用力拉线头,按设计长度测量总长度并确认,用压接钳先压好一头压接管(每个压接管压两个坑),再复测一次,再压接第二个压接管,完成后将两线头压好线鼻子,全部结束后加贴上安装支柱号予以标识。

### (四)组装

(1)把定位管腕臂支撑杆、定位器及定位管吊线用 $\phi2.0$ mm 铁线捆扎好。

(2)把平、斜腕臂用 $\phi2.0$ mm 铁线捆扎成一整体。以锚段为单位整理、标识并标明支柱号。

(3)用塑料袋和草袋绑扎好绝缘子,与腕臂分开存放,安装腕臂时一起领取,现场安装前再与腕臂连接以便运输,使绝缘子不易损坏。

## (五)技术标准

(1)支柱装配的预配应采用专用预配台具,预配的各项长度尺寸偏差不应大于 3 mm。预配完毕后,应进行复测,未达标应重新预配。

(2)各零件的紧固力矩值见表 4-3-1,顶紧螺栓顶端为圆形杯口状,是防确保安装稳定的重要部件,不得用其他零件替代,确保紧固力矩值 75 N·m。

表 4-3-1 零件的紧固力矩参考值

| 序号 | 名称 | 螺栓直径(mm) | 螺栓紧固力矩(N·m) | 备注 |
|---|---|---|---|---|
| 1 | 定位线夹 | M10 | 25 | |
| 2 | 各种吊弦线夹 | M10 | | |
| 3 | 杵座鞍子 | U 形螺栓 M10 | | |
| 4 | 钩头鞍子 | U 形螺栓 M10 | | |
| 5 | 接地线连接线夹 | M12 | | |
| 6 | 压管 | M10 | | |
| 7 | 压管 | M12 | 44 | |
| 8 | 中心锚结线夹 | M12 | | |
| 9 | 电连接线夹 | M12 | | |
| 10 | 支持器 | M12 | | |
| 11 | 定位环 | U 形螺栓 M12 | | |
| 12 | 定位环线夹 | J 形螺栓 M12 | | |
| 13 | 单、双横承力索线夹 | U 形螺栓 M12 | | |
| 14 | 双横承力索线夹 | U 形螺栓 M12 | | |
| 15 | 接地线夹 | 钩螺栓 M16 | 59 | |
| 16 | 钩螺栓 | 钩螺栓 M16 | | |
| 17 | 定滑轮装置 | 底座 U 形螺栓 M16 | | |
| 18 | 底座槽钢 | 底座 U 形螺栓 M16 | | |
| 19 | 特型拉杆底座 | 底座 U 形螺栓 M16 | | |
| 20 | 套管绞环 | M16 | 70 | |
| 21 | 套管双耳 | U 形螺栓 M16 | | |
| 22 | 软横跨固定底座 | M16 | | |
| 23 | 长定位立柱 | U 形螺栓 M16 | | |
| 24 | 承锚、线锚角钢 | M22 | 98 | |
| 25 | 特型钢锚角钢 | M22 | | |

(3)定位管吊线固定钩,背向斜拉线安装,即正定位时朝向支柱,反定位时反向支柱,安装位置如下。

①中间柱和以下未经提到的安装类型的定位管钩：正定位方式安装时在距导线定位线夹支柱侧 400 mm，反定位方式安装时在距导线定位线夹线路侧 400 mm 处。

②非绝缘关节时：可以调节吊线固定钩的位置，以保障腕臂偏移时，定位管吊线不与另一支承（导）线相磨。

③绝缘关节时：应校核斜拉线与另一支承（导）线的绝缘距离，必要时可调整定位管钩位置。

④道岔定位支柱装配按图纸要求，个别情况可视实际情况而定。

(4)防风拉线环距定位器头 600 mm。防风拉线环的 U 形螺栓穿向补偿下锚方向（以中心锚结为界），与水平向呈 45°。防风拉线与定位器连接处钩与双线处于同一平面内，采用钢制圆环套进长环回头。

(5)定位管吊线（7 mm × 19 mm，$\phi$6 mm 不锈钢丝绳）两端均加装鸡心环，采用压接方法固定，线头上压接线鼻子，与载流吊弦预制相同。

(6)组合承力索座下悬挂定位管吊线的钩形线夹缺口，正定位朝远离支柱侧，反定位朝支柱侧。

(7)关节内（两线或三线并行段）支柱装配棒式绝缘子采用 16 kN 型；关节外的支柱（含接触悬挂锚柱）采用 12 kN 型。

(8)同一支柱有多根腕臂时，腕臂上应明确标明安装位置（如 123 号支柱有三根腕臂可用 123 – 北、123 – 中、123 – 南来区分）。

(9)对于侧面限界超标严重的支柱，须通过软件验证调整底座安装位置（预留孔位已预先考虑），保证定位环安装位置。为保证定位器的安装和受力符合要求，套管绞环偏离承力索座的距离最大可调整到 500 mm（提供督导确认）。

## 二、支柱装配与安装

在装配与安装支柱前，提前向线路临管单位运输部门提报封闭要点施工计划。施工前应将作业车停放在需作业区间的邻近车站。

### （一）组装绝缘子、腕臂管

按安装计划，从料库将所需棒式绝缘子、腕臂管领出，放在平地上。按设计要求，装配平、斜腕臂棒式绝缘子。用塑料布将棒式绝缘子包好，用 $\phi$2.0 mm 铁线绑三遍（两头、中），再用草袋包上，用 $\phi$2.0 mm 铁线同包塑料布一样扎三遍。按标识将平、斜腕臂管与棒式绝缘子连接上，拧好螺母和开口销，螺栓销应穿向来车方向。

根据施工计划将施工所需装配好的腕臂、腕臂底座等材料和工具提前装在安装作业车上。对安装作业人员进行技术交底和安装培训，使其清楚安装技术标准和安全注意事项。

### （二）安装腕臂底座（底座安装可提前安装完成）

(1)封闭施工当天，安装人员在封闭点前 20 min 到达车站并上作业车做好准备。

(2)司机接到封闭线路命令后，听从车站值班人员指挥，起动作业车运行至施工地点。

(3)停车后，底座安装人员下车，一人系安全带，带小绳上杆，扎好安全再上杆 1 人系好安全带，杆上一人拉绳，将底座提至安装位置。

(4)两人配合,按设计要求将腕臂底座安放在预留孔处,把上底座螺栓由线路侧穿向田野侧,一人把上底座扶正,另一人预带垫片螺帽,用梅花扳手紧固后,并用力矩扳手检测达标。

(5)上底座安装完毕后,两人下至下底座位置 1 m 左右,扎好安全带,完成下底座的安装。

### (三)安装腕臂

(1)检查腕臂底座安装完成后,施工负责人确定腕臂编号与安装地点相符。

(2)施工负责人指挥两式作人员上支柱,分别在上、下腕臂底座处,并打好安全带。

(3)处于上腕臂底座处作业人员打好滑轮,地面辅助人员用大绳将平斜腕臂拴好,待上部人员挂好滑轮后,地面辅助人员一起拉起大绳将腕臂吊起。

(4)当斜腕臂棒瓷到达下底座时,下底座操作人员将斜腕臂棒瓷的连接板插入腕臂底座,斜腕臂棒瓷连接板的孔与下底座连接板孔对齐,立即把螺栓销穿入(方向朝来车方向,然后装好 $\beta$ 销)。

(5)下部辅助人员再继续拉大绳,待平腕臂摆平后,上部操作人员将棒瓷连接板对准上底座的连接板,当两孔对准时,立即将螺栓销穿向来车方向,然后安装好 $\beta$ 销,如图 4-3-3 所示。

图 4-3-3　人工安装腕臂

(6)将腕臂支撑与平、斜腕臂上的套管单耳连接好。

(7)检查安装完成的腕臂,确认无误后,按上述步骤,继续安装下一个腕臂。

### (四)技术标准

(1)腕臂上底座安装高度应符合设计要求,下底座位置需要根据输入参数用软件验证确定,施工允许偏差为 ±50 mm。

(2)底座应呈水平状,用水平尺测量。螺栓紧固力矩应符合产品使用说明书的要求。

(3)腕臂棒式绝缘子的排水孔朝下。

(4)作业车平台的立柱距支柱 2.5 ~ 3.0 m(顺线路)。

(5)腕臂安装应采用上部安装作业车安装。安装后,水平腕臂应符合设计要求,稍有低头,关节道岔处腕臂应符合设计要求,但均应保证承力索至轨面的距离符合设计要求,施工偏差 ±20 mm。承力索和接触线应在同一垂直面内,施工偏差不得超过 ±30 mm。

## 三、附加导线架设

### (一)预配肩架及人工安装

#### 1. 预配肩架

(1)首先根据施工计划,按施工平面布置图、安装图从料库领取预配所需材料。然后按《铁路电力牵引供电施工质量验收标准》要求进行外观检查,凡不合格品,严禁使用并退给材料员,材料员应予以标识,隔离存放,待处理。

(2)根据平面图和安装图,对每根支柱的肩架各部尺寸进行组配,不便组配的可用铁线捆绑在一起,将安装支柱号用记号笔标注在肩架上。对照平面图核对肩架及螺栓连接型号是否符合设计要求,螺母垫圈是否齐全。

(3)测量安装高度。孔内安装的直接安装在预留孔内;孔外安装根据施工图安装高度尺寸,一人系安全带上到安装位置,系好安全带,放下钢卷尺,地面人员配合测出安装位置,杆上人员用记号笔作出标记。最后确认测量安装高度(复核)。

### 2. 肩架安装

(1)根据预制编号,安装人员将肩架运至所安装支柱下面,并将肩架组装好。

(2)再一人上杆至安装位置,套好尼龙套,挂上滑轮,穿吊绳。地面人员绑好肩架和晃绳,杆上人员配合,地面人员拉绳,将肩架吊至安装处。

(3)杆上人员扶起肩架,两人顺线路方向面对面配合,按测量高度共同安装好肩架,并用力矩扳手检测连接螺栓紧固力矩并达标。完成后进行下一处肩架安装。

### 3. 肩架预配技术标准

(1)绝缘子应经电气试验合格,零配件应齐全,规格型号应符合设计要求。

(2)区间 AF、PW 线一般设于田野侧,在车站多股道的地方通过硬横梁转换至正线股道,安在正线支柱上正线侧。

(3)安装高度:区间正馈线肩架安装在柱顶;保护线安装在距轨面 6 300 mm 的位置(位于上下底座之间,在田野侧的孔内),如果有 4 个孔安装下两个孔。车站 AF、PW 线公用一组肩架安装在柱顶。

(4)肩架安装应呈水平状,施工允许偏差为 $^{+50}_{\ 0}$ mm。

(5)连接背角钢与 AF 线,平肩架的螺栓从下往上穿,螺母在上面。背角钢有调节孔的面贴支柱上(孔距 100 mm)。AF 线肩架与支柱连接的水平螺栓穿向支柱里侧,螺帽在支柱内。

(6)AF 线肩架顺线路的螺栓都是背来车方向穿向来车方向,即螺帽在来车方向。

(7)在 PW 线下锚和正线去补偿下锚柱上要安装 PW 线跳线肩架,PW 线跳线肩架有缺口侧朝向来车方向,PW 线支座的螺栓穿向支柱里侧,螺帽在支柱内。PW 支座应安装在靠来车方向的孔里。

(8)PW 线支座(或 PW 线跳线肩架)与支柱连接螺栓处不应有油漆,安装前应先涂一层电力复合脂。

(9)紧固力矩应符合产品安装使用说明要求(设计要求力矩),无明确说明的按:M16 螺栓 60 ~70 N · m,M20 螺栓 120 ~135 N · m。

## (二)架设附加导线(人工)

将线盘及所用材料、人工机具装上汽车,运至施工地点。

### 1. 安置线盘和导线展放机

在下锚柱至另一锚第一支柱跨中 $L/2$ 处平整线盘放置场地,支好放线支架,将线轴穿入线盘,吊放在线盘支架上,支起线盘。把 4 根钢钎打入地下,用铁线固定好放线支架。在起锚柱至另一锚段第一支柱跨中 $L/2$ 处平整导线展放机场地,放置导线展放机,并用两根钢钎将其固定牢靠(钢钎固定在另一锚段第一支柱侧)。

### 2. 展放辅助绳

两人从导线展放机处拉出辅助线头向线盘方向展放,起锚柱上一人挂 1.5 t 铝滑轮,将辅

助绳拉过 $L/2$ 跨时，用棕绳提吊起辅助绳，将辅助绳放入铝滑轮内。

一人上杆，将铁线套在肩架上，挂上滑轮，当辅助绳拉过 $L/2$ 跨时，用带钩棕绳将辅助绳提起放入滑轮内。采用同样方法，把辅助绳拉至线盘（下锚柱与起锚柱相同）。

### 3. 连接辅助绳与附加导线

从线盘中拉出附加导线头并将附加导线头套入网套连接线内，网套口处用 $\phi 1.6$ mm 铁线绑扎牢固。将网套连接线通过旋转连接器与辅助绳连接好。

### 4. 导线展放机收线

指挥人用对讲机通知导线展放机负责人开始收线。指挥人随旋转连接器同行并观察通过滑轮时的运行情况。防护人员沿线分散观察防护。当接头收到起锚柱处附近适当位置停止收线。

### 5. 起锚

一人上杆，在接头附加导线适当处绕铝包带安装耐张线夹。展放机慢慢收线，杆上人员将耐张线夹与下锚件连接件连接上，缓缓打开展放机卷筒制动，使导线回窜。辅助绳无张力时打开网套连接线，展放机收回辅助线，收回滑轮、钢丝套及棕绳。

### 6. 落锚

在线盘处用人力拉导线，同时将导线回收。安装紧线器、拉力计、用倒链葫芦进行紧线。当拉力计显示的张力达到要求时，停止紧线。将连接件扶起，确定耐张线夹安装位置，绕铝包带，安装好耐张线夹，连接下锚件。根据跳线要求，预留足够导线长度，断线，将余线收起，收回滑轮和钢丝套及棕绳。

### 7. 固定导线

将导线从滑轮内提出并安装在杵座鞍子内，收回铁线套子和放线滑轮。收回线盘和展放机及全部工具，清理场地，填写施工记录。

## （三）技术标准

（1）按设计要求及《铁路电力牵引供电施工质量验收标准》要求对导线及材料进行外观检查。

（2）线轴应呈水平状，线盘离开地面约 50～100 mm。

（3）钢钎向受力反方向倾斜 30°，打入地下深度根据地质情况决定。

（4）导线展放机与线盘固定相同。

（5）铝滑轮高度与下锚角钢基本等高。

（6）放线速度一般为 2 km/h。

（7）导线在展放过程中，防护人员应观察，注意不该发生摩擦、背扣、断股等现象。若万一发生，应立即停止展放，做好标记，以便处理。

（8）张力应严格按设计附加导线弛度表中的张力或弛度值施工。

（9）紧线时，应注意观察支柱顺线路的倾斜度，并整治达标。

（10）安全距离：AF 线（正馈线）最大弛度时距地面：居民区及站台处不小于 7 m，非居民区不小于 6 m；PW 线（保护线）最大弛度时距地面：居民区及站台处不小于 6 m，非居民区不小于

5 m;不同分段的两正馈线水平排列时其悬挂点间距离不小于 2.4 m;最大弛度时同回路的正馈线带电体距接触悬挂的带电体间的空气绝缘间隙不小于 0.55 m。

(11)正馈线、保护线、架空线都有安装曲线表,下锚时根据温度、附加线锚段的当量跨距,选出附加线的弛度或张力进行下锚。

(12)正馈线架设:安装拉线底板时安装在上 6 孔。正馈线下锚绝缘子采用 12 kN 型合成绝缘子。

具体下锚连接如下:1 个 P-10 双板平行挂板 +1500 型双环杆($\phi$18 mm)+1 个 P-10 双板平行挂板 +120 型硅橡胶合成绝缘子 +1 套 AF 线预绞式导线耐张线夹(300 线)。相邻两锚段 AF 线连接时,采用一根 AF 线预绞式跳线接续条。

(13)PW 线架设:区间 PW 线与支柱不绝缘架设,作为支柱闪络电压的保护装置,所以要求要与支柱可靠连接,PW 线与支柱连接处不得有油漆,且须涂导电膏。在车站内与支柱绝缘。

PW 线下锚连接:1 个 P-10 双板平行挂板 +1500 型双环杆($\phi$18 mm)+PW 线预绞式导线耐张线夹(120 线)。相邻两锚段 PW 线连接时,采用一根 PW 线预绞式跳线接续条。

(14)GW 线架设:在车站,PW 线不再作为支柱闪络电压的保护装置,则须架设架空地线来保护闪络电压。GW 线的肩架采用 PW 线支座来与支柱连接,与支柱连接处也必须涂导电膏,保证导电的可靠性。下锚高度为 5 900 mm。

GW 线下锚零件连接:双板平行挂板(P-10)+1500 型双环杆($\phi$18 mm)+预绞式耐张线夹(60 型)。相邻两个锚段用预绞式接线条连接。

(15)所有下锚连接零件的螺栓穿向都由田野侧穿向线路侧,螺帽在线路侧,以便以后检修。

(16)相邻附加线锚段的接续:附加线接头统一设置在来车方向。所有相邻附加线锚段,都采用预绞式接续条进行对接连接。在对接时应注意以下要求:接续前必须用纱布将铝绞线上的氧化物和其他杂物清除掉,再在接续的地方涂抹导电膏;接线条在对接头两边应相等;预绞式接续条要均匀缠绕,不得漏股、散股。

接头处预留长度:PW 线:短端预留 1.1 m,长端预留 3 m;AF 线:短端预留 2.1 m,长端预留 4.3 m。

(17)倒鞍子

将 PW 线、GW 线安装在 PW 支座里,并用护线条将保护线均匀地包裹起来,涂抹导电膏,且支座两边外露的护线条应基本一致。

将 AF 线安装在悬垂线夹里时,要用铝绑带将 AF 线一圈紧贴一圈绑好后,放入悬垂线夹,悬垂线夹两端各露 50 mm,铝绑带一般长 2.7 m。倒好鞍子后瓷瓶应铅垂。

## 四、注意事项

(1)严禁使用不合格品。

(2)线盘在汽车(或安列)上也应固定牢靠。

(3)钢钎应牢固可靠。

(4)起、下锚柱用钢丝套挂 1.5 t 铝滑轮。

(5)对讲机指挥人一台,线盘、展放机负责人各一台,指挥人随接头行进,随时与展放机负责人联系，控制收线速度，发现异常立即通知展放机负责人停止收线。

（6）防护人员应均匀分布，观察展放情况，传递信号。

（7）线盘操作人员应控制盘转速度使其均匀，不应发生散盘、乱盘等现象，听到停止命令应立即制动，使盘停止转动。

（8）安装耐线线夹位置时，应根据跳线要求，预留出足够长的导线。

（9）如不加挂拉力计，可采用测量导线弛度方法掌握张紧力。

（10）断线时注意抓住两线头，以防线头弹起伤人。

### 思考练习题

1. 腕臂预配包括哪些项目？
2. 腕臂装配的技术标准有哪些？
3. 机械装配支柱腕臂的过程分哪些步骤？
4. 附加导线架设有哪些注意事项？

## 第四节　接触网架设

### 学习目标

1. 掌握承力索架设和弛度计算方法；
2. 掌握接触悬挂调整方法及粗调、细调的内容；
3. 了解接触线架设方法。

接触网悬挂上部工程施工是接触网施工的主要部分，接触网架设又是上部工程的重要环节。

接触网架设主要是指承力索、接触线架设和接触悬挂的调整。线索架设与调整的质量直接影响着列车的运行速度和供电质量，因而接触网架设与调整是接触网施工中非常重要的环节。

接触网弹性链型悬挂上部工程施工工序，如图 4-4-1 所示。

### 一、线索架设前的准备工作

目前，承力索、接触线的架设一般均采用由轨道车牵引的架线车利用封闭时间占用线路作业，采用带张力（或低张力）放线法，由车上与车下两组人员共同配合完成，线索架设工作需要占用站场或区间的运行线路，因此架线前必须先做好人员组织、工具材料的准备工作，以免过多地占用线路时间。

#### （一）办理架线申请手续

（1）施工区段开始架线前一个月，由工程段向铁路局集团公司（新建铁路为临管处），提出书面申请计划，并抄知沿线各站、工务、车务、电务等有关单位。内容包括：

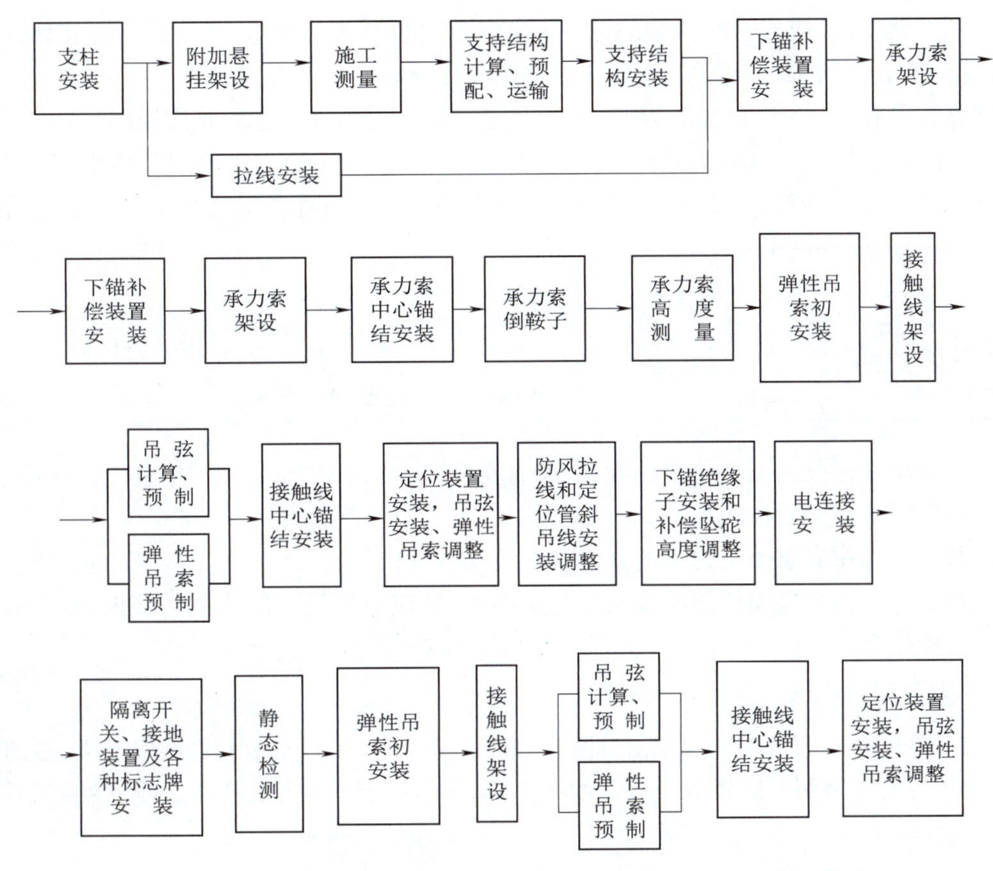


图 4-4-1 接触悬挂上部工程施工工序

①架线计划:包括架线区段、日期、地点、需占用的区段和股道、时间,以及架线进度等。

②架线所能保证的承力索和接触线的最底高度(在区间和中间站不少于 5 700 mm,旧线改造不少于 5 300 mm),要求有关单位对机车车辆限界进行严格检查和管理。如有扩大货物列车通过架线区段应事先通知施工单位,以便加强安全措施,预防刮线事故。

③工务部门若改变线路高差和中线作业时,事先与施工单位研究,能够保证行车安全及接触网安全时,方可施工。

④有爆破作业影响接触网安全和质量时,事先与施工单位协商,并采取可靠的安全防护措施,方可进行。

(2)施工队在架线前一天 18:00 前,应向行车调度员报告次日施工计划,由行车调度安排计划后,向有关车站下达同意施工的通知。计划内容如下:

①区间架线。架线锚段号、里程、锚段长度、起终锚杆号、所需时间及放线走向。

②站场放线。锚段号、锚段长度、起终锚柱号、架线所需时间、经过道岔号、跨越股道及放线走向。大型站场应附平面图,图中用红线示出放线路径、走向等。

## (二)架线前的检查

架线前由工程队长组织工程技术人员、安质检查人员和有关工长对架线区段沿线的实际情况进行全面检查,确认架线条件成熟,方可开始架线、检查内容包括:

（1）所架线区段，应对横跨铁路的各种架空线路进行详细的调查，电力线跨越接触网的高度是否符合规定；通信线、广播线、妨碍架线的照明线等应妥善处理完毕。

《铁路技术管理规程（普速铁路部分）》规定："架空电线路（包括通信线路）跨越接触网时，与接触网垂直距离：110 kV 及其以下电线路，不少于 3 000 mm；220 kV 电线路，不少于 4 000 mm；330 kV 电线路，不少于 5 000 mm。"特别是架线车通过高压电力线下方时，应保持一定的安全距离，见表 4-4-1。

表 4-4-1　架线车通过高压电力线下方时最小安全距离表

| 电压（kV） | 10 | 35 | 44 | 66 | 110 | 154 | 220 |
|---|---|---|---|---|---|---|---|
| 距离（mm） | 2 050 | 2 500 | 2 500 | 3 000 | 3 500 | 4 000 | 4 500 |

（2）检查架线区段的支柱是否已编号，所有支柱、支持结构、起锚和下锚柱上的拉线、补偿装置全部安装并符合技术要求。

（3）检查线路中有关平交道口的限界门是否安装合格。

（4）所放线区段与高压线路有较长平行距离时，还应对架设线路作临时接地，以防静电感应，危及人身安全。

### （三）准备架线机具

各施工单位自制的专用架线车由升降自如的作业平台、带制动装置的线盘支架、隧道内或夜间作业用的发电及照明装置等组成。起锚工具、架线工具、巡线工具和紧线、终锚工具同时配备。

### （四）配盘及准备材料

根据锚段长度和要求的线型选择线盘，并对线盘编号，标明线盘长度、锚段号等。然后按放线顺序将所需线盘吊装在架线车上。

配盘的原则是，每个锚段中线索的接头数不超过规定数量，并节省线材，应合理选择不同长度的线盘，做到长锚段用大盘，短锚段用小盘。必须做接头时，一般区间和车站正线上，每锚段不得多于 3 个接头，彼此间的距离不得小于 150 m。

架线前应将起、终锚用的补偿坠砣运到锚柱处。检查锚柱装配是否已按设计图预装好，有无缺少零配件，按作业顺序将零件和工具装于架线车上。

在股道较多的站场上架设承力索和接触线时，为了减少架线时的穿线次数，应根据设计图纸上接触网布置情况，事先做好架设程序表，见表 4-4-2。

表 4-4-2　架线程序

| 序号 | 锚段编号 | 当量跨距 | 起锚杆号 | 穿线次序 | 放线走向 | 下锚杆号 | 锚段长度 | 经过道岔及跨越股道 |
|---|---|---|---|---|---|---|---|---|
| 1 | 1 道 | 50 m | 10 | | 北→南 | 54 | 996.5 m | 1 号、2 号跨 5 道 |
| 2 | 2 道 | 50 m | 12 | | 北→南 | 52 | 980.1 m | 19,17,21,22 |
| 3 | 3 道 | 50 m | 8 | | 北→南 | 57 | 1 116.4 m | |
| ⋮ | ⋮ | ⋮ | ⋮ | | ⋮ | ⋮ | ⋮ | …… |

线索架设程序主要考虑两组线索在线岔处，应首先架设交叉点上方的线索。如果先架设

了交叉点下方的线索，则再架设交叉点上方的线索时会出现穿线问题，增加了施工难度和放线时间。应该尽量避免穿线。所以必须对车站接触网线索排定“架线程序表”。

## 二、承力索架设

采用链型悬挂的接触网，其放线程序是先架设承力索。

承力索架设可分为区间承力索架设和站场承力索的架设。站场承力索架设方法步骤与区间相同。但由于站场股道较多、道岔多，线路比较复杂，同时，又要考虑站场列车运行及股道空闲情况，以便争取有效作业时间，因此，站场承力索架设前必须编制详细的架线作业计划，架线时，应保持与站方密切联系，加强安全防护措施，确保运输、施工安全。

### （一）准备架线

(1)检查架线锚段的支柱装配及补偿装置是否安装正确，并调查所架设锚段范围内线路附近、线路上方电力线等干扰情况。

(2)加固腕臂，复线区段曲线处每隔 3 ~4 跨加固一次，方法如图 4-4-2 所示。铁线不宜过紧，能承受紧线时腕臂偏移力即可。转换柱采取将工作支与非工作支用双股 $\phi4.0$ mm 镀锌铁线绑在一起来固定。

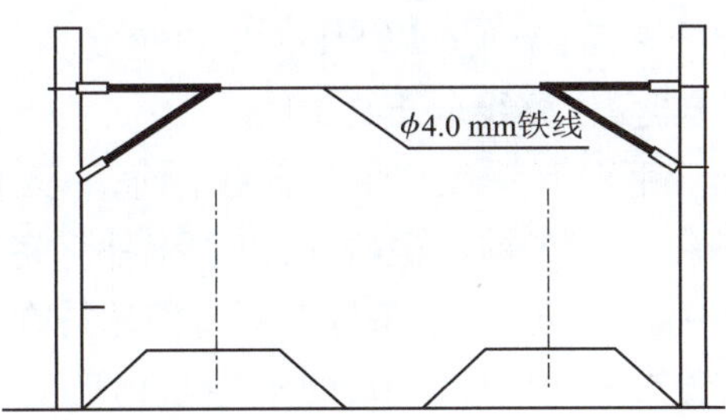


图 4-4-2　直线及曲线支柱腕臂对拉固定示意

(3)检查架线机械、工具和材料的质量及数量是否符合作业要求，并将工具和材料装在架线车组上。起锚人员提前到达现场，检查支柱强度及拉线、坠砣及棘轮补偿等是否达到要求。在支柱合适位置安装固定抱箍(这是对于大滑轮式补偿装置)，把坠砣提到设计位置后，固定在临时抱箍上，或用尼龙套固定在坠砣限制架适当位置处，使坠砣串在架线过程中基本保持在该位置。

(4)架线车编组顺序为：恒张力架线车 + 轨道吊车 + 平板车。检查线盘号与锚段号是否符合，打开线盘注意线头方向是否正确。

(5)架线作业人员将卷扬机钢丝绳缠绕在绞盘上，恒张力架线车司机按操作程序将张力和百分比的设定值设到放线状态挡位，工况转换开关也同时放在放线位；将压块与绞盘的间隙适当调大，把卷扬机离合器脱开位，按走线方向绕过绞盘，最后从绞盘下面向线盘方向引出并将承力索与网套连接好。助理司机摇动支架，将立柱顶部张力滑轮抬高。

(6)司机按程序操作，先把线盘与两个绞盘上的线收紧。司机将开关打到遥控位，把卷扬机离合器扳到接合位，操作遥控器收回卷扬机钢丝绳，同时将线盘上的金属线引出，缠绕在两个绞盘上。将液压装置全部恢复到原始位置，所有的定位销置于锁定位。将承力索头与网套分离，将卷扬机离合器扳到脱位，人工将卷扬机钢丝绳收回，把承力索拉向作业台。待放承力索起锚端引过柱顶部滑轮，将其拉到作业平台，架线人员安装好起锚端终端锚固线夹。

### （二）起锚

（1）在接到线路封锁命令后，架线车组运行至起锚支柱位置停车，将设备转换到液压走行挡位。将工作台栏杆扶起固定好，解除作业台回转定位，绞盘架摆动定位。司机将工况转换开关扳到放线位，恒张力架线车张力和百分比的设定值设定为零。

（2）司机按程序把工况控制板状态调至放线工作位，缓解线盘和绞盘。架线作业人员人工转动线盘与绞盘，将线索端头拉到补偿装置附近，将立柱升到工作高度，同时将立柱滑轮托架落到最低位置。

（3）架线车上两作业人员上作业平台组装绝缘子等起锚零件，旋转平台靠近锚柱补偿装置位置处。起锚人员一人上杆，配合架线车上人员把补偿滑轮递给架线车上人员，并检查补偿绳是否在棘轮槽内，架线车上人员应根据放线计划表看起锚是否穿线，如需穿线，则架线车停在需穿线位置然后穿线，穿线后起锚人员将承力索拉至锚柱与补偿装置连接。

（4）进行作业车与架线车解体，摆正作业车平台，起锚人员下杆，起锚完成，如图 4-4-3 所示。

### （三）放线

（1）起锚之后，架线车以 5 km/h 的速度均匀地前进，起动、停车要平稳，不得急停、急开。司机用遥控器操作放线车开始放线。

（2）作业平台上一人观察线条的走向，一人负责指挥司机操作。架线车向前运行至下一支柱时停车。线盘架前不得站人，以防意外。每当到一承力索悬挂点时，架线车停车，车上作业人员先将腕臂摆正，把准备好的开口滑轮挂在钩头鞍子吊线孔中或相应的零件上，两人将承力索抬起，置放于开口滑轮中，如图 4-4-4 所示。完成后，架线车继续往前架线。

图 4-4-3　起锚

图 4-4-4　承力索放线

（3）在放线过程中，线盘制动人员与作业台上人员共同检查线索外表质量，如发现有损伤、断股、腐蚀等现象，应按有关规定进行处理。应使线盘转速与车速相适应，以保持适当的放线张力，一般约为 2 000 ~ 4 000 kN。在线盘轴上随时加润滑油，以保证线盘转动灵活。当线放到最后几圈时，为防止线头弹出伤人，应及时停车，立即做好回头，与另一盘事先做好回头的承力索连接。

为了避免起锚侧绝缘子在放线过程中损坏，在起锚侧第一个转换支柱上卡一个线夹，以限制导线向下锚侧发生位移。

在架设车站承力索时,由于各种原因,如放线顺序临时改变,造成放线中在线岔处发生穿线现象。则在起锚端穿线比在终锚端穿线要容易得多,因此,总是将锚段的起锚方向选择在道岔多,交叉多的一端。

(4)当在起锚端进行穿线时,将架线车停在起锚端道岔区放线起始位置,从线盘上拉出线头,在交叉点前立梯子,将线头吊起穿越已放线索,地面人员利用大绳或直接牵引线索沿下锚路径拉到锚柱附近。然后将承力索回头处杵座楔型线夹与锚柱下锚装配的绝缘子相连,架线车开始向终锚方向正常放线。

在终锚端进行穿线时,当放线车沿锚段放线路径至终锚端须穿线区段时,暂不再将线索挂起,直至放线车到达终端锚柱时,停车将线索剪断。将线尾随同放线车折回至终端道岔区第一个穿线地点,利用放线车平台穿线。穿线后,利用放线车牵引线头,至下一个穿线点,直至连接到锚柱。

架线车上的作业平台基本接近下锚柱时,指挥人员与起锚人员随时联系,掌握起锚处的变化状况。指挥架线车停止展放,准备进行落锚。

### (四)落锚

(1)在架线车到达下锚支柱前,下锚紧线人员应在下锚支柱上挂好滑轮及绳索,固定好手扳葫芦;在坠砣杆装上全部坠砣数量的3/4,安装好杵环杆及下锚绝缘子串。

(2)架线到落锚地点后,司机将工况选择开关保持在3号位不动,司机遥控操作,将作业台转向锚柱,并使放线车体倾向下锚侧(田野侧)。

(3)落锚施工人员在承力索和下锚连接线之间适当位置安装紧线器,用链条葫芦连接补偿装置与承力索。下锚人员配合紧链条葫芦,当链条葫芦加力至葫芦逐渐向田野侧偏移,司机配合逐渐降低承力索的张力,待实际张力稳定后,把张力与百分比的给定值同时降为零,此时线索基本到下锚方向。

(4)链条葫芦继续紧线,起、下锚人员观察坠砣串及 $b$ 值,当 $b$ 值符合设计要求时,通知紧线人员停止紧线。

(5)司机将立柱缓慢下落,使立柱顶线索松开。立柱下落后,如张力与百分比值都已到零,但从外观看不出从架线车立柱顶部引出的线索完全松弛,此时可要求下锚人员向起锚方向稍微移动架线车(距离约0.5~1 m)以彻底使金属线松弛。此时,严禁使用遥控器移动架线车,必须在司机室内操作。

(6)断线并安装终端线夹。先准确对位(在起锚、落锚坠砣高度按规定调节都符合设计要求的情况下,进行对位剪线)剪线后,严格按承力索终端线夹安装作业指导书安装好终端线夹。

(7)将承力索锥套式终端锚固线夹与落锚补偿装置的复合绝缘子连接牢靠,如图4-4-5所示。

(8)紧线操作人员缓慢松链条葫芦,拆除链条葫芦和紧线器,架线车归位,即完成正式落锚连接。架线车司机操作使作业平台及车体归位至正常位置。

图4-4-5 承力索落锚

架线人员将卷扬机和钢丝绳与剩余线头连接,用遥控器收线。

(9)如封闭时间还可架线,施工负责人指挥架线人员吊装线盘,架设另一锚段线。

### (五)承力索归位

(1)作业车司机接到封闭线路命令后,听从值班人员指挥,起动作业车运行至作业地点。

(2)从中心锚结向起、下锚方向进行,先用激光测量仪和钢卷尺测出承力索支撑线夹位置至平均温度时承力索支撑线夹的距离,再根据施工表计算出承力索支撑线夹应该所处的位置。

(3)作业平台上人员扶起作业凳,上凳系好安全带,根据计算值用钢卷尺测量出承力索支撑线夹的位置,用记号笔在承力索上作出标记。

(4)作业车上人员松开承力索支撑线夹螺栓,在承力索支撑线夹安装处的承力索上涂抹电力脂,放好铜铝过渡衬垫,并将开口背向螺栓45°朝下压合,将承力索从滑轮内取出,并按要求将其放在承力索支撑线夹槽内,安装上螺栓并紧固牢靠。用力矩扳手检测达标。

(5)最后收回套子、放线滑轮,再进行下一支柱的承力索安装。

(6)承力索就位后便可安装吊弦,首先根据设计要求计算吊弦间距,在钢轨上测好吊弦位置,然后在承力索上用线坠或目测对准下面所测位置,将吊弦安装于承力索上。

### (六)安装承力索中心锚结

(1)承力索已架设完毕后,检查起、下锚两侧坠砣 $b$ 值,应基本达标。中锚下锚拉线及下锚固定角钢已安装,锚柱顺线路倾斜度符合设计要求。

(2)作业车司机拿到封闭线路行车命令后,听从值班员指挥,起动作业车,运行至作业点。

(3)将作业车停在中锚起锚处2.5 m左右,升起作业平台,旋转至起锚柱位置。一人上杆将单孔螺栓一头用U形线夹连接到下锚固定角钢上,另一头由平台操作人员接过连接好调整螺栓,再将调整螺栓与双孔连接板和复合绝缘子连接,再将起锚承力索锥套式终端锚固线夹连接到复合绝缘子上。

(4)作业台回转至正常位置,作业车以5 km/h的速度展放承力索中心锚结绳至中锚中心柱,挂上铁丝套和滑轮,并将承力索中的锚绳放在滑轮内,继续向下锚柱展放。

(5)放线车以5 km/h的速度展放承力索中锚绳至落锚处2.5 m左右停车,一人上杆将单孔螺栓一头用U形线夹连接到下锚固定角钢上,另一头连接调整螺栓,调整螺栓与双孔连接板连接,双孔连接板再和复合绝缘子连接,由作业人员接过,在双孔连接板处挂尼龙套,在承力索中心锚结辅助绳适当位置装紧线器,连接倒链葫芦,并串好拉力计,开始紧线。

(6)待承力索基本紧起时,停止紧线,作业车返回中心柱,作业人员卸下承力索支撑线夹盖上的螺母,拿出上盖,将铜铝过渡衬垫放入承力索支撑线夹槽内,将滑轮内的承力索中锚绳放在靠近支柱侧槽内,承力索放在另一槽内,合上上盖,预拧上螺母。

(7)作业车返回下锚柱处,继续紧线,当拉力计显示达到设计值时,停止紧线,测量好断线位置,断线并按要求安装好终端锚固线夹,与复合绝缘子连接上。

(8)落锚完成后,拆卸紧线工具。作业车以5 km/h的速度返回中心柱,作业人员调整中心柱腕臂,使其垂直于线路中心线,用梅花扳手拧紧承力索支撑线夹盖上的螺母,并用力矩扳手检测达标。在距腕臂中心约200 mm处安装中心锚结线夹。循环用梅花扳手拧紧四角螺栓,并用力矩扳手检测达标。

## 三、接触线架设

接触线架设方法与承力索相同,起终锚方式也类似。架设接触线前应具备的条件是承力索空载弛度已符合设计要求,承力索架设后,已按要求安装好吊弦,承力索中心锚结按要求架设完毕,站场软横跨下部固定绳已装好,接触线补偿装置安装好,并符合架线要求。

### (一)准备架线

(1)起锚人员提前到达现场,检查支柱强度及拉线、坠砣及棘轮补偿等是否达到要求。在支柱合适位置安装固定抱箍,把坠砣提到设计位置后,固定在临时抱箍上(或用尼龙套固定在限制框架合适位置上),使坠砣串基本保持在该位置。

(2)技术人员应按设计图纸提前做好放线计划及示意图,发给架线车司机、驻站联络人和施工负责人每人一份。施工前应将架线车组停放在需架线区间的邻近车站,将所放锚段的线盘装在车上,并将接触线平直度整正器安装调试好。

(3)架线当天,架线人员全体人员应在封闭点前一个小时到达车站,并上车准备。检查线盘号与锚段号是否符合,打开线盘注意线头方向是否正确。

(4)架线人员配合将卷扬机钢丝绳缠绕在绞盘上,最后从绞盘下面向线盘方向引出并将接触线与网套连接好。助理司机摇动支架,将立柱顶部张力滑轮抬高。

(5)司机先把线盘与两个绞盘上的线收紧,缓慢转动线盘,直到把线收紧为止。把选择开关打到遥控位,把卷扬机离合器扳到接合位,操作遥控器收回卷扬机钢丝绳,同时将线盘上的金属线引出,缠绕在两个绞盘上。

(6)司机按程序操作,解除线盘移动定位,并用细绑线将打开后的线盘移动定位板固定住。将液压装置全部恢复到原始位置,所有的定位销(定位板)置于锁定位。提前将接触线校直器安装在架线上立柱位置,并调整好,如图 4-4-6 所示。

图 4-4-6 接触线平直度校直器

(7)将接触线头与网套分离,将卷扬机离合器扳到脱位,人工将卷扬机钢丝绳收回,把接触线拉向作业台。待放接触线起锚端引过柱顶部张力滑轮,将其拉到作业平台,架线人员按技术要求装好起锚端终端锚固线夹,使终端锚固线夹的位置置于作业平台长度的 2/3 处,并将接触线放在校正器内,合好校正器,拧紧连接螺栓。

### (二)起锚

(1)接到线路封锁命令后,架线车组运行至起锚支柱位置停车,司机将工作台栏杆扶起固定好,解除作业台回转定位,将工况转换开关扳到放线位,缓解线盘和绞盘。

(2)架线作业人员人工转动线盘与绞盘,将线索端头拉到补偿装置附近。司机将立柱升到工作高度,同时将立柱张力轮托起。

(3)架线车司机遥控操作,旋转并升作业平台靠近锚柱补偿装置位置处。起锚人员一人上杆,配合架线车上人员将补偿连接件复合绝缘子递给架线车上人员,并检查补偿绳是否在棘轮槽内、平衡绳是否平顺,架线车上作业人员将接触线终端锚固线夹与复合绝缘子连接上。

(4)司机遥控操作,使架线平台归位。将架线车与轨道吊和平板车解体,起锚人员下杆,起锚完成。

### (三)接触线放线

(1)架线车司机在操作台上将放线距离数值清零,设定架线参数(即张力等)。将张力轮下降,司机用遥控器操作放线车开始放线。

(2)作业负责人负责观察线条的走向,并负责指挥司机和作业人员操作,一人准备“S”钩和滑轮,两人挂“S”钩和滑轮,架线车边走边挂,每跨不少于三个,“S”钩上部挂在承力索上,下部挂滑轮,再将接触线挂在滑轮内。

(3)展放过程中,指挥人员特别注意协调张力车走向速度和挂线作业人员的一致性,恒张力车应尽可能避免停车、起动,并避免两车间距过大。

(4)架线车上的作业平台基本接近下锚柱时停止展线,指挥人员与起锚人员随时联系,掌握起锚处的变化状况,并根据此情况指挥司机和架线人员使架线车停止前进,准备进行落锚。

### (四)接触线落锚

(1)架线到落锚地点后,司机将工况选择开关保持在保持位不动,司机遥控操作,将作业台转向锚柱,并操作使放线车体倾向下锚侧。

(2)落锚施工人员在接触线和下锚连线的适当位置安装紧线器,用链条葫芦连接补偿装置与接触线。紧链条葫芦,当链条葫芦加力至葫芦逐渐向田野侧偏移,司机配合逐渐降低接触线的张力,待实际张力稳定后,把张力与百分比的给定值同时设为零,此时线索基本到下锚方向。

(3)链条葫芦继续紧,起、下锚人员观察坠砣串及 $b$ 值,当 $b$ 值符合设计要求时,通知紧线作业人员停止紧线。

(4)司机将立柱缓慢下落,使立柱顶线索松开。立柱下落后,可应下锚人员要求向起锚方向稍微移动架线车以彻底使金属线松弛。此时,严禁使用遥控器移动架线车,必须在司机室内操作。

(5)安装断线终端锚固线夹,先准确对位剪线后,严格按接触线终端锚固线夹安装作业指导书安装好终端线夹。

(6)将接触线锥套式终端锚固线夹与落锚补偿装置的复合绝缘子连接牢靠,将接触线校正器螺栓松开,抬起校正器,取出接触线。

(7)紧线操作人员缓慢松链条葫芦,拆除链条葫芦和紧线器,架线车归位,即完成正式落锚连接。架线车司机操作使作业平台及车体归位到正常位置。

在一个锚段找 3 ~ 5 个跨距用接触线平直度检测尺检测所放锚段接触线平直度是否符合要求。

### (五)架线安全质量注意事项

(1)接触线架线前要使用轨道车将起终锚用的坠砣运到锚柱处。为保证接触网质量,充分、合理地利用线材,接触线架设前,必须做好配盘工作。配盘时,尽量使导线接头设在站场次要线路上。接触线放线时,架线车以 5 km/h 的速度向前进,每经过一个吊弦位置时,将接触线适当抬起,快速用吊弦将接触线作临时固定。

(2)当在小半径曲线地段或站场道岔区放线时,为了便于以后调整,使接触线定位点处的位置不与设计拉出值相差太大,这就需要对接触线进行临时定位。当支柱位于曲线内侧时,应事先安装反定位管,“S”钩挂在反定位管上的长定位环内。

(3)架线前,认真检查架线车各机械部件是否工作可靠,工具是否灵活、适用、安全,材料是否齐备、合格。放线时,严禁在放出的导线下面站人,道口设专人防护。在架线车作业台上工作时,作业台的栏杆一定要竖起并固定牢靠;作业台升降时,严禁上下人;在架线车转道或返回运行时,架线车作业架要降回到原处,栏杆放平,作业人员应全部撤离作业台。在隧道群区段架线时,应设专人做安全监护工作,特别要注意瞭望前方,加强联络;进隧道前一般应停车,降下作业台;隧道内作业,必须有充足的照明设备,防止悬挂零件刮车、伤人。在不符合安全距离要求的电力线路或其他架空线路下架线,要制定专门的安全措施,必要时应适当降低架设高度,或办理停电施工手续。为防止线条弹出,放线开口滑轮要封口。

(4)在锚段关节及站场道岔区架线时,应注意时正线及重要线的导线位于侧线及次要导线的下方;承力索交叉位置与接触线相同。承力索、接触线架设过程中,应考虑接触悬挂调整时的方便。应注意不发生损伤,如发现有损伤,应按下列规定进行处理:

新建线路每个锚段内不允许有接头。改造线路区段,铜接触线在同一截面处损伤超过其截面 10% 应截断重接;钢铝接触线同一截面处钢截面损伤超过钢截面 10% 应截断重接,钢铝接合开裂处应截断重接,铝截面有严重腐蚀斑点或截面严重损伤者应截断重接。钢承力索 19 股中断一股用同样质线扎紧使用;铜、钢承力索 19 股中断二股及以上应截断重接;绞线有交叉、松散、硬弯、折叠应修复使用,已成为无法修复的永久变形时应截断重接,有轻微松散受力后能复原的可不处理。承力索及接触线的补偿坠砣高度应符合安装曲线,并考虑线索初伸长、悬挂调整变化量等影响;半补偿链型悬挂时,承力索弛度应符合安装曲线,其偏差不超过 ±10% 。

## 四、接触悬挂的调整

(1)接触线架设后即可进行接触悬挂的调整工作。调整工作包括:安装中心锚结;调整导线面;安设定位装置;调整吊弦及导线高度、弛度;安装和调整线岔、锚段关节、坠陀高度、分段、分相绝缘器及各种电连接线等。

(2)由于接触悬挂调整工作直接影响工程质量和机车受电弓的取流,工作性质比较复杂,技术条件要求较高,因此施工现场一般分两步进行,即粗调和细调。

①粗调工作主要是安装上述各种设备,使接触线和承力索基本就位,腕臂、水平拉杆、定位装置、软横跨等处于正常工作状态,导线面整正,检查接触悬桂结构是否符合设计要求,对施工与设计不符的地方应及时与设计部门联系,采取变更措施。

②细调工作主要包括:全面检查、调整接触线的高度、弛度、拉出值及其他有关设备,使接触悬挂的工作状态达到冷滑试验的程度。

(3)接触悬挂调整应从中心锚结开始向两端下锚方向进行,安装中心锚结时,一般使用梯车(或大梯子),每台梯车需要 7 人(防护人员除外),如果安装全补偿承力索中心锚结及简单悬挂中心锚结,还须增设 5 名左右下锚人员。使用的工具是梯车、紧线器、棕绳、镀锌铁线、安全带等。

①首先选好中心锚结线夹的安装位置，用钢线卡子将中心锚结绳一端与承力索固定，另一端通过紧线器固定在承力索上，其中部(即中心锚结线夹处)用铁线与接触线临时捆住，且锚结绳能来回移动。

②然后摇动紧线器，当中心锚结线夹处导线高度高出定位点 50 mm 左右时停止紧线，随后安装中心锚结线夹，并用钢线卡子固定另一端锚结绳，最后检查中心锚结各部分尺寸是否满足技术要求。进行接触线高度及拉出值调整时，对于半补偿链型悬挂，应携带接触网平面布置图、安装曲线表、温度计、测杆、线坠、钢卷尺、丁字尺、梯车或大梯子，并配备行车防护人员和防护用通信器材。

(4)由于承力索没有补偿装置，其弛度随温度变化而变化，而且必然会影响接触线的弛度，因此导线高度的调整应先根据该锚段当量跨距，确定所使用的接触线弛度曲线，再查出调整气温下所检测跨距的弛度值，按等分原则，通过计算软件分别求出各吊弦点处接触线的弛度变化值($f_x$)，确定各吊弦点的导线高度。

为了在调整时节省工时，保证调整质量，可预先在室内列表统计，具体见表 4-4-3。

**表 4-4-3　接触线弛度、吊弦偏移调整施工统计表**

**________站(区间)第________锚段接触线弛度及吊弦偏移数据表**

**锚段长度　　　(m)　　悬挂形式：GJ－70＋GLCA $\frac{100}{215}$　　弹性半补偿 $l_D$ =　　　(m)**

| 弦温度(℃) | 支柱号 | | | 跨距长度及吊弦布置 | | | | | | | | | 支柱号 | | |
|---|---|---|---|---|---|---|---|---|---|---|---|---|---|---|---|
| | 01 | | | 52 m (定位) 12321(定位) | | | | | | | | | 02 | | |
| | 定位点 | | | 吊弦 | | | 吊弦 2 | | | 吊弦 3 | | | 定位点 | | |
| | 线高 | 弛度 | 弛度偏移 | 线高 | 弛度 | 弛度偏移 | 线高 | 弛度 | 弛度偏移 | 线高 | 弛度 | 弛度偏移 | 线高 | 弛度 | 弛度偏移 |
| | | | | | | | | | | | | | | | |
| 10 | | | | | | | | | | | | | | | |
| 15 | | | | | | | | | | | | | | | |
| 20 | | | | | | | | | | | | | | | |
| 25 | | | | | | | | | | | | | | | |
| 30 | | | | | | | | | | | | | | | |
| | | | | | | | | | | | | | | | |

由于全补偿链型悬挂的承力索和接触线都装设补偿装置，接触线弛度不受承力索的影响，所以跨距中每处吊弦点导线高度均调到设计高度。

(5)调整施工中要注意安全，主要事项包括：

①施工前应做好人员的分工，施工时防护人员应到位。各组作业人员应听从本组负责人的统一指挥，密切配合，各组间应加强联防联控，相互提醒监督。利用行车间隙调整时，一旦调度通知有车通过时，应立即撤出线路，清理材料，并注意施工工具及材料不能侵限。使用车梯时，每辆车梯不少于 4 人，梯车下最少不低于 2 人，作业时，应听从车梯上作业人员的指挥，密切配合，确保施工人员的人身安全。车梯在曲线上作业时，注意防止倾倒，作业台上应尽量不

放杂物和零散材料。利用作业车作业时,作业车司机应听从作业负责人的指挥,确保作业中车辆运行平稳,施工人员人身安全。作业平台升降时,严禁上下人,连接处严禁站人。

②调整作业期间,各施工负责人应时刻关心作业人员的身体状况,身体不适者不宜再安排作业,尤其是高空作业,传递料具时,严禁抛掷任何物品。调整时,应根据线索受力方向和大小,选定自己的站位,防止线索脱出弹击伤人。安装各类线夹时,应注意螺栓的穿向,防止打弓、碰弓。

③雨天施工时,应采取防护措施,防止感应电伤人。邻线为电气化股道时,要做好临时接地,在车梯和作业车上可以作短接地线。作业车梯应做好绝缘,防止短接轨道电路,干扰行车。如邻线有车通过时,应停止作业,并注意自身和材料的稳定。

④每次施工结束,必须详细清理现场,清点人员和工具材料,将梯车搬至安全地点。

### 思考练习题

1. 线索架设前要做哪些准备工作?

2. 承力索架设有哪些过程?

3. 某跨距内承力索无载时的标准弛度应为 170 mm,现用一标准测杆测量承力索弛度,已测得两悬挂点测量杆底部至轨平面的距离是 260 mm 和 280 mm,当测量跨距中心时,测量杆底部至轨平面的距离为何值时能够符合弛度要求?

4. 设计要求承力索无载弛度是 190 mm,用一测量杆测量某跨距两悬挂点和中点的数值分别为(是测量杆底部至轨平面的垂直距离)300 mm、320 mm 和 130 mm,求此时应确定承力索为紧线还是松线才能达到弛度要求?

5. 接触悬挂调整主要包括哪些工作?

6. 接触悬挂调整应从什么地方开始?

## 第五节　接触网竣工验收

### 学习目标

1. 掌握滑行实验的检查要求;
2. 掌握接触网竣工文件的整理内容;
3. 掌握接触网送电开通程序;
4. 了解接触网验工计价的方法。

当接触网施工的各项工作都已基本完成后,就进入施工的最后阶段,须及时办理有关验收交接的手续。它是全面考核基本建设成果,检验设计和施工质量的重要环节。

接触网工程应与电气化铁路的其他专项工程同步建成。按照《铁路建设管理办法》的有关规定,铁路建设项目按批准的设计文件建成后,必须按国家规定验收。未经验收或验收不合格的,不得交付使用。铁路建设项目由验收机构组织验收,验收机构按国家规定设立。验收包括初验、正式验收和固定资产移交。限额以下项目和小型项目可一次验收。建设管理单位确认建设项目达到初验条件后提出申请初验报告,验收机构认为达到初验标准后,组织对项目进行初验;初验合格后,方可交付临管运营。正式验收原则上在初验一年后进行。验收机构认为建设项目达到正式验收标准后,组织验收。验收合格后交付正式运营。建设项目正式验收合格后,按规定办理固定资产移交工作。

## 一、滑行试验

接触网在开通前要进行滑行试验,滑行试验的目的是检验接触网机械、电气适应性能是否满足运行需要。

滑行试验分两步进行,即冷滑和热滑。

冷滑试验是指在接触网不送电的情况下,由其他机车牵引电力机车在升弓状态下的滑行试验。接触网不受电的条件下,进行动态检查试验,即通过电力机车受电弓的正常运行状态,检验接触网机械性能状态是否满足运行需要。冷滑前应在受电弓滑板上标注明显的刻度以便观察,将受电弓临时接地,以随时放掉接触线上存留的静电电流,保证试验人员的安全。

### (一)冷滑前检查

冷滑前的全面检查由工程队长组织工程技术人员、安全质量检查,以及施工区段工班长等人员进行。工程段应按运输部门的要求提前向铁路局集团有限公司提出区间及站场各股道冷滑列车运行计划,以便各站协调配合。

检查人员应备平面图、记录本、梯车导线高度及拉出值测定工具。全面检查应逐杆、逐锚段沿线路观测。检查的问题及缺陷应详细记录,并提供处理意见,书写一式两份,一份交施工班组,一份存档备查。

检查的主要项目有:各种零配件装配符合设计图纸(包括变更设计),且安装牢固、安全可靠;接触线高度及拉出值、接触悬挂弛度、结构高度符合设计;各种空气绝缘间隙符合设计要求;补偿装置灵活、补偿器坠砣数量及位置正确,吊弦、定位器偏斜值符合设计要求;接触线平直、接头及导线面平整,线夹过渡平滑,无扭斜;电连接位置和驰度符合要求,电连接线夹安装正直、牢靠、无扭斜、楔子打紧、接触紧密;分相、分段绝缘器安装位置正确,接触面与导线等高,且平滑过渡;确认与邻接带电区段接触网的安全措施正确可靠,以及调查清楚不具备冷滑条件的线路及存在的其他问题。

### (二)冷滑试验检查项目和内容

目前冷滑试验的方法仍采用人工观察法,观测人员在电力机车后面的平板车作业台上进行检查,作业台高度可根据观测区段的导线高度自由调节,还应设置能够控制受电弓升降的压缩空气管路及机械降弓装置,以便在紧急情况时能及时降弓,防止刮弓事故,如图 4-5-1 所示。作业台上设观测员和记录员 2 ~ 3 人,主要检查下列内容:

图 4-5-1　接触网冷滑行试验

(1)接触线拉出值、“之”字值是否正确,接触线有无弯曲、扭转和不平滑的现象。

(2)接触线上安装的各种线夹,如吊弦线夹、定位线夹、接头线夹、中心锚结线夹、电连接线夹等有无偏斜和碰弓现象。

(3)分段、分相绝缘器的接触面,能否使受电弓平滑过渡,有无突出和扭斜。

(4)道岔线岔处是否有脱弓或刮弓的危险,定位器及隧道内定位管和定位棒式绝缘子有无碰弓。定位器的坡度是否满足设计要求,有无硬点。

(5)曲线区段绝缘锚段关节两转换柱间是否有脱弓危险。

(6)观测导线高度变化是否平稳,有无突变或跳动,尤其是导线接头处是否平滑,有无不符合技规规定的高度。

参加冷滑试验的人员应做好记录,记录情况见表4-5-1。

表4-5-1 ××站(区间)冷滑测试记录

| 杆　号 | 拉出值(mm) | | 发现问题或缺陷 | 处理意见 |
|---|---|---|---|---|
| | | | | |
| | | | | |
| | | | | |
| | | | | |
| | | | | |
| 日期　年______月______日　负责人______观测员______记录员______ | | | | |

### (三)冷滑试验的安全注意事项

确认试验区段接触网与各种跨越,以及平行线路的安全距离符合规定。冷滑试验时,试验观测人员一般应在特设观测舱内工作。如需在车顶工作,应迎向观测,且人体各部位均得超过机车限界,并需要采取安全可靠的防护措施。

冷滑试验应在昼间进行,隧道区段应备有充足的照明设备,以利观测。遇有雨、雪、大风天气应停止冷滑试验。冷滑试验时应有可靠的通信联络设备,保证试验负责人、车长、司机之间通话,加强电力车和动力车间鸣号联系,加强瞭望,非常制动可由电力机车进行。列车运行中不得上、下电力机车,非试验人员禁止上车,车上人应系安全带。为防止冷滑过程因刮弓事故损坏受电弓,应备有一副受电弓易损件,以保证冷滑不中断。

冷滑试验一般进行两次,第一次为低速冷滑试验,机车速度在直线区段不超过25 km/h;曲线区段不超过15 km/h;隧道内不超过10 km/h;岔区或重点观测区不超过5 km/h。未经低速冷滑试验合格(包括克服缺点)不得进行常速冷滑试验。第一次冷滑中发现的错误完全克服后,可进入第二次冷滑,一般按列车正常速度运行。如果仍有较严重的问题,可进行第三次冷滑试验。

在冷滑试验完毕并确认质量合格后,即可准备送电开通。热滑试验是在接触网送电后进行。

## 二、竣工文件

接触网工程竣工前,施工单位应提前做好自检及竣工文件、资料的整理汇编工作。绘制好全部工程竣工图，竣工图要反映实际现场的接触网结构，对已有设计变更说明的地方应调查核实，将图纸进行相应的修改，使之符合设计要求，并将这些资料（包括竣工底图）交接管单位统一保管或按规定送上级档案部门归档。竣工文件不齐全、不完整时不能验收交接。竣工文件应有如下内容：

（1）设计文件一份，由设计单位提供。

（2）接触网平面布置图四份，其中蓝图三份交接管单位，底图一份交接管单位报送档案馆。

（3）接触网供电分段示意图两份，接触网装配图两份。

（4）接触网主要工程数量表（表 4-5-2）三份。

**表 4-5-2　接触网工程数量**

| 1 | 区间（站场）名称 | | | | | | |
|---|---|---|---|---|---|---|---|
| 2 | 正线公里 | | | | | | |
| 3 | 钢筋混凝土支柱和铁塔 | 支柱 | | 铁塔 | | 合计 | |
| 4 | 拉线 | | | | | | |
| 5 | 绝缘子 | 棒式 | | 悬式 | | 合计 | |
| 6 | 软横跨、硬横跨 | 软横跨 | | 硬横跨 | | 合计 | |
| 7 | 腕臂 | | | | | | |
| 8 | 隧道悬挂点 | 类别 | | 锚段 | | 延长公里 | |
| 9 | 承力索 | 类别 | | 锚段 | | 延长公里 | |
| 10 | 接触线 | | | | | | |
| 11 | 接触网隔离开关 | | | | | | |
| 12 | 避雷器 | | | | | | |
| 13 | 地线 | | | | | | |
| 14 | 吸流变压器 | | | | | | |
| 15 | 馈电线 | | | | | | |

制表：________　　复核________　　主管________　　年　　月　　日

（5）工程施工记录

①钢柱基础隐蔽工程记录一份。

②支柱埋设隐蔽工程记录。

③接地装置埋设隐蔽工程记录。

④绝缘子和分段、分相绝缘器、开关、避雷器、吸流变压器试验记录。

（6）主要器材技术证书，如钢筋混凝土支柱、钢柱、接触线、承力索、供电线、绝缘子、分段、分相绝缘器、隔离开关，避雷器及吸流变压器等。竣工文件的整理要由专人负责，配备施工技术人员和具有一定绘图能力的专业人员。

（7）工程总结

工程竣工验收交接后，应对该工程做全面系统的工程总结，以便吸收施工中的经验教训，提高施工技术和企业管理水平。

工程总结应由各级施工组织分别按工程项目、施工范围并逐级汇总整理上报，一般应于工程竣工验收交接后半年内全部完成。

编写工程总结由各级施工组织技术负责人主持，组织编写小组，并吸收施工技术、安质检查、财务部门人员参加。为使工程总结全面、真实准确，在施工全过各中，各部门应注意积累有关资料，特别是施工中发生的问题及处理过程，变更设计项目及理由，采用新工艺、新方法、新技术的应用总结。

## 三、交接验收与开通

### （一）交接验收

电气化铁路工程是由建设单位组织验收的大中型建设项目由建设单位（或接管单位）按照《铁路建设项目竣工验收交接办法》组织全面验收交接工作。其主要工作是：制订验收交接工作计划；对设计、接管、施工三方单位有争议的问题进行协调；召集验收交接工作会议，对工程上的严重缺陷及遗留问题提出解决方案；审查和评定送电开通方案及工程质量。

接触网的交接验收工作，应在验交委员会的直接领导下开展工作，由设计、施工及主管该区段运行检修的供电段共同组成验交小组，对竣工后的接触网设备进行全面检查和必要的试验，各接触网工区则应配合施工单位进行本管辖区段的验收工作。供电段派出人员应熟悉《铁路电力牵引供电工程施工质量验收标准》中有关接触网部分的技术标准，对即将接管的接触网设备严格把关，逐项认真检查，如果出现质量问题要及时与施工单位协商，并向验交小组反映，由施工单位负责处理。

对于个别由于客观原因在正式验收时未能完成但不影响整个工程开通、安全投入使用的项目，经过协商，可以办理验收交接；未完成项目应根据设计文件和实际情况，在验收中审定其内容、数量、投资和完成期限。未完成项目可由原施工单位继续完成，也可协商由其他单位施工，完成后由建设单位办理验收手续。

（1）在接触网工程交接的同时，施工单位应向运营部门交付下列电子版（1、2、3 项）和书面竣工资料：

①竣工工程数量表。

②接触网供电分段示意图。

③接触网车站、区间平面布置竣工图。

④接触网装配图、设备零件图及安装曲线，接触线磨耗换算表。

⑤工程施工记录（含隐蔽工程记录和确认后的轨面标准线、侧面限界、外轨超高记录）。

⑥设备试验报告。

⑦主要设备、零部件、金具、器材的技术规格、合格证、出厂试验记录、使用说明书；对在产品上显示不出工厂标志的器材（例如各种线索），应按生产厂家列出具体安装地点。

⑧设计变更通知书。

⑨跨越接触网的架空线路（主要包括架空线路位置、电压等级、导线高度、规格型号、产权单位及联系方式等）和跨线桥（主要包括跨线桥位置、最近的桥墩距线路中心的距离，跨线桥净高、接触网带电部分距跨线桥最小距离、产权单位及联系方式等）有关资料。

（2）电气化铁路工程开通运行前，应按规定进行检查验收，接触网验收应进行动态检测，

符合下列条件方可接管运行:

①牵引变电所、接触网经过验收,具备供电条件。

②牵引变电所具备双电源,并能自动投切。

③各级调度、供电(维管)段及沿线所亭、工区的房屋(包括抢修值班人员宿舍)和水、电、通信、路(段部及工区的专用线、段部及所亭的公路)已竣工,并能交付使用。

④牵引供电设备管理单位、沿线工区及所亭的检修和检测所需的机具、交通工具、通信工具和安全用具,检修及抢修材料、配件、备品及消防用具配齐、到位,并能交付使用。

每个接触网工区应配备充足的夜间照明用具及接触网几何参数激光测量装置,照明用具应满足夜间200 m范围内照明充足,4个小时内连续使用。

160 km/h及以上干线的接触网工区应配备2台接触网快速多功能综合检修作业车。

200 km/h及以上区段的接触网工区应配备适用于高速电气化铁路检修的接触网接续、矫正机具。

铁路局集团公司应按管内接触网检修工作量集中配备接触网恒张力放线车和绝缘子水冲洗车。

⑤铁路局集团公司、牵引供电设备管理单位收到开通必需的竣工文件和图纸。

接触网投入运行前,接管部门要做好运行准备工作,配齐并培训运行检修人员,组织学习有关规章制度,熟悉即将接管的设备;配合有关部门共同做好电气化铁路安全知识的宣传教育工作。

(3)牵引供电设备管理单位要建立起正常的生产秩序,制定各项制度并具体落实;备齐技术文件和资料;建立各项原始记录和报表,并按时填报。牵引供电设备管理单位技术主管部门应有下列技术文件和资料:

①要有上述必备竣工资料。

②承力索、接触线的技术规格和接触线磨耗换算表。

③接触网零部件的技术条件、试验方法及图册。

④接触网有关标准。

⑤国铁集团(原铁路总公司)、铁路局集团公司颁发的有关规章和牵引供电设备管理单位自定的有关制度、办法和措施。

⑥与相关单位的设备分界协议。

⑦管内各车间、工区之间的设备分界及设备中各工种分工的规定。

⑧轨面标准线(俗称“红线”)测量记录。

⑨管内设备大修设计文件、设计审查意见及竣工报告。

⑩本单位设备技术履历簿。

上述所有事项具备后方可开展下面送电开通工作。

### (二)送电开通

接触网工程的最后一道工序是送电开通。送电前应对已完工的接触网进行全面质量检查。确认工程质量符合设计要求,影响安全送电的因素均已消除,方可申请正式送电。送电前检查项目应根据《铁路电力牵引供电工程施工质量验收标准》或有关施工技术标准执行,并将绝缘子清扫干净,同时组织职工进行送电安全教育,经考试合格后才能参加送电工作。

由于送电开通是对整个接触网工程设计和施工质量的一次真实检验,因此任何的疏忽都会使送电开通失败,造成恶劣的影响和无法挽回的损失。所以送电开通必须在严密的组织下实行统一领导,统一指挥,遵守各项安全规则,选择熟悉情况、具有一定技术水平的专业人员负责各项开通工作。施工单位与运营单位应互相配合,为保证送电开通和工程的顺利移交打下良好的基础。

送电开通的指挥部门应提前编制"送电开通实施方案",要求简明扼要,有具体的实施步骤,科学合理。实施方案的主要内容有送电日期、各供电臂供电范围及受电时间、供电示意图(图 4-5-2)、送电前的冷滑试验检查结果、通信联络及抢修组织的方法等。

接触网送电开通工作应在牵引变电所空载试运行 24 h 后进行。送电当日,组织指挥者、事故抢修人员等应按计划提前进入指定地点,开通程序由总指挥组按方案、计划并通过电力调度命令下达执行。首先从宣布线路封闭时间开始,下达拆除隧道内绝缘包扎物的命令,拆除后由各分段负责人乘轨道车全面巡视检查一遍,确认合格后向指挥组汇报,由指挥组向电力调度申请进行绝缘测试。电力调度向各分段指挥组下达各供电臂进行绝缘测试的命令,测试前应确认临时地线已拆除,杆上无人作业后才能开始,若干燥气候下约为数兆欧,如绝缘电阻为零,则说明该供电臂有接地故障,须分段检测查出故障点直至排除。

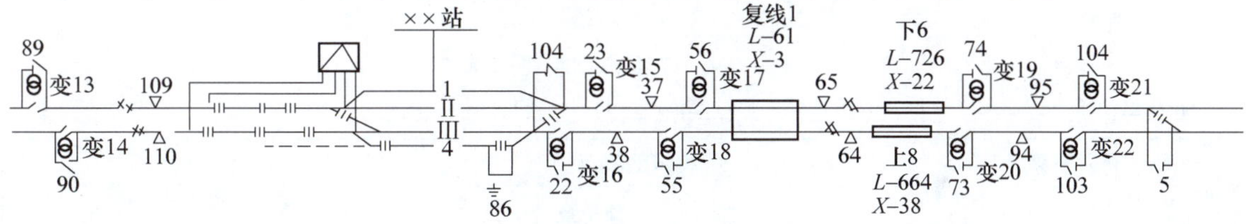


图 4-5-2 供电示意

当各供电臂测试合格后,将测试结果报告电调,即可令变电所拆除临时地线,合上 27.5 kV 断路器正式送电。送电成功后,解除线路封闭:通知行车调度分段开通或全段开通。开通 24 h 后,施工单位将线路全部移交给运营单位,验收开通工作全部结束。

## 四、验工计价

验工计价即基本建设工程验工和财务计价的总称,它是接触网施工管理中对基建工程费用进行结算的一种手段,是建设银行向施工单位拨付工程款的主要依据。通过验工计价,可以使建设单位准确掌握工程进度,有效的控制基本建设投资规模,提高投资效果,加强和监督施工单位改进施工管理体制,提高劳动效率,不断总结经验找出解决问题的方案,使接触网工程向着多快好省的方向发展。

验工计价工作由施工单位制订,分为月估价、季度验工、年度验工和竣工末次验工计价四个过程。

月估价为每月末进行。施工单位应根据当月实际完成工作量,以及施工预算所列单价和费用标准,计算已完工程价值,编制"已完工程月报表"(表 4-5-3)和"工程价款结算账单"(表 4-5-4),送建设单位和经办银行办理结算手续。

表 4-5-3　已完工程月报表(式样)　　　　年　月

<table>
<tr><td rowspan="3">预算编号</td><td rowspan="3">工程名称</td><td rowspan="3">预算数量</td><td colspan="9">已完工程数量及价值</td></tr>
<tr><td rowspan="2">数量单位</td><td colspan="2">自开工至上月底累计</td><td colspan="4">本月完成</td></tr>
<tr><td>数量</td><td>价值</td><td>数量</td><td>工时</td><td>料费</td><td>机械使用费</td></tr>
<tr><td>1</td><td>2</td><td>3</td><td>4</td><td>5</td><td>6</td><td>7</td><td>单价/合计</td><td>单价/合计</td><td>单价/合计</td></tr>
<tr><td></td><td>工　费</td><td></td><td>元</td><td></td><td></td><td>3 929</td><td></td><td></td><td></td></tr>
<tr><td></td><td>料　费</td><td></td><td>元</td><td></td><td></td><td>48 369</td><td></td><td></td><td></td></tr>
<tr><td></td><td>机械费</td><td></td><td>元</td><td></td><td></td><td>552</td><td></td><td></td><td></td></tr>
<tr><td></td><td>运杂费</td><td></td><td>元</td><td></td><td></td><td>2 902</td><td></td><td></td><td></td></tr>
<tr><td></td><td>各项津贴费</td><td></td><td>元</td><td></td><td></td><td>1 618</td><td></td><td></td><td></td></tr>
<tr><td></td><td>施工管理费</td><td></td><td>元</td><td></td><td></td><td>10 539</td><td></td><td></td><td></td></tr>
<tr><td></td><td>机车租赁费</td><td>(778 × 30)</td><td>元</td><td></td><td></td><td>23 340</td><td></td><td></td><td></td></tr>
<tr><td></td><td>车辆使用费</td><td>(6 × 13 × 30)</td><td>元</td><td></td><td></td><td>2 340</td><td></td><td></td><td></td></tr>
<tr><td></td><td></td><td></td><td></td><td></td><td></td><td></td><td></td><td></td><td></td></tr>
<tr><td></td><td>合计</td><td></td><td>元</td><td></td><td></td><td>93 589</td><td></td><td></td><td></td></tr>
</table>

表 4-5-4　工程价款结算账单

建设单位名称:　　　　年　月　日　　　　单位:元

<table>
<tr><td rowspan="2">单项工程项目名称</td><td colspan="2">合同预算</td><td rowspan="2">本期应收工程款</td><td colspan="5">应抵扣款项</td><td rowspan="2">本期实收款</td><td rowspan="2">备料款余额</td><td rowspan="2">本期止已收工程价款累计</td><td rowspan="2">说明</td></tr>
<tr><td>价值</td><td>其中法定利润</td><td>合计</td><td>预支工程款</td><td>备料款</td><td>建设单位供给材料价款</td><td>各种往来款</td></tr>
<tr><td>1</td><td>2</td><td>3</td><td>4</td><td>5</td><td>6</td><td>7</td><td>8</td><td>9</td><td>10</td><td>11</td><td>12</td><td>13</td></tr>
<tr><td></td><td></td><td></td><td></td><td></td><td></td><td></td><td></td><td></td><td></td><td></td><td></td><td></td></tr>
<tr><td></td><td></td><td></td><td></td><td></td><td></td><td></td><td></td><td></td><td></td><td></td><td></td><td></td></tr>
</table>

施工企业　　　(签章)　　　财务负责人　　　(签章)

说明:1. 本账单由施工企业在月末年终和竣工结算工程价款时填列,送建设单位和经办银行各一份。

2. 第 4 栏“应收工程款”应根据“已完工程月报表”或“验工报表”数填列。

季(年)度验工计价为每声(年)度末进行,将施工单位编制的“工程价款结算账单”(表 4-5-4)和“已完工程验工报表”(表 4-5-5)送建设单位和经办银行办理结算。

表 4-5-5　验工报表(式样)

<table>
<tr><td rowspan="3">单价编号</td><td rowspan="3">工作项目</td><td rowspan="3">单位</td><td colspan="7">本季(年)完成</td></tr>
<tr><td rowspan="2">数量</td><td colspan="2">工　天</td><td colspan="2">料　费</td><td colspan="2">机械使用费</td></tr>
<tr><td>单　价</td><td>合　价</td><td>单　价</td><td>合　价</td><td>单　价</td><td>合　价</td></tr>
<tr><td></td><td>建筑工程</td><td></td><td></td><td></td><td></td><td></td><td></td><td></td><td></td></tr>
<tr><td></td><td></td><td></td><td></td><td></td><td></td><td></td><td></td><td></td><td></td></tr>
<tr><td>一</td><td>基坑开挖</td><td>坑</td><td>100</td><td>8.06</td><td>806</td><td>43.03</td><td>4 303</td><td>2.52</td><td>252</td></tr>
</table>

续上表

| 单价编号 | 工作项目 | 单位 | 本季(年)完成 | | | | | | |
|---|---|---|---|---|---|---|---|---|---|
| | | | 数量 | 工天 | | 料费 | | 机械使用费 | |
| | | | | 单价 | 合价 | 单价 | 合价 | 单价 | 合价 |
| 二 | 基础浇制 | 个 | 10 | 39.36 | 393.6 | 628.06 | 6 281 | | |
| 三 | 钢筋混凝土支柱安装 | 根 | 50 | 3.26 | 163 | 298.42 | 14 921 | 4.11 | 206 |
| 四 | 钢柱安装 | 根 | 10 | 6.39 | 63.9 | 1 064.83 | 10 648 | 9.43 | 94 |
| 五 | 填土砌石 | $M^3$ | 100 | 0.86 | 86 | 8.48 | 848 | | |
| 六 | 横卧板、底板安装 | 块 | 100 | 0.34 | 34 | 18.23 | 1 823 | | |
| 七 | 软横跨装配 | 组 | 10 | 23.23 | 232.3 | 954.49 | 9 545 | | |
| | | | | | | | | | |
| | 小计 | | | | 1 777.8 | | 48 369 | | 552 |

对施工单位拨付建筑安装工程款,一般实行月中预支,月末结算和竣工结算的方法。工程款的预支应根据工程进度和施工计划,由施工单位财务部门填写“工程价款预支账单”(表4-5-6)。月中送建设单位及经办银行办理拨款。月终结算时抵充工程款。跨年度的施工工程,在年终进行工程盘点办理年度结算。

**表4-5-6 工程价款预支账单**

建设单位名称: 年 月 日 单位:元

| 单项工程项目名称 | 合同预算价值 | 本旬(或半月)完成数 | 本月(或半月预支工程款) | 本月预支工程款 | 应扣预收款项 | 实支款项 | 说明 |
|---|---|---|---|---|---|---|---|
| 1 | 2 | 3 | 4 | 5 | 6 | 7 | 8 |
| | | | | | | | |
| | | | | | | | |

施工企业 (签章) 财务负责人 (签章)

说明:1. 本账单由施工企业在预支工程款时编制,送建设单位和经办银行各一份。

2. 施工企业在旬末或月中预支款项时,应将预支数额填入第4栏内,如属按月预支,竣工后结算的,应将每次预支款额填入第5栏内。

3. 第6栏“应扣预收款项”包括备料款等。

竣工末次验工计价,由每个工程竣工后,根据竣工的工程数量及施工预算标准编制“末次验工报表”和“工程价款结算账单”,送上述单位办理结算手续。

建设单位收到“已完工程报表”后,应负责召集施工单位、建设银行对报表进行审议,批准盖章后生效。

已完工程月报表和验工报表的编制依据,应从如下几个方面去考虑:

(1)已批准的接触网工程施工预算标准。

(2)上级下达的季(年)、月份施工生产计划。

(3)已完成的工程数量。

施工工段长根据上级下达的季(年)度、月份施工生产计划,安排各工程队的生产任务。

各队生产任务的完成情况，由工程队调度员统计上报工程段生产调度，段调度员在月末负责整理本月生产任务的完成数量，交技术室（或专业统计部门）的验工计价编制人员，填写月报表和验工报表，并抄送上一级机关。“工程价款账单”由财务部门根据上述报表的内容填写价款。

已完工程数量应为月终或季（年）度末，按施工计划实际完成的工程数量。对由较多工序组成的工程项目（如接触悬挂调整），可能前几道工序已完成，达到了设计要求，而后道工序还须等较长时间才能进行，为及时反映工程进度和投资去向，不将该项工程全部列入已完工程数量，而是把前几道工序折合计算成已完工程量，但折算应合理，不能过高或过低，以免影响工程数量统计的准确度。

对已完工程项目，施工单位应按《铁路电力牵引供电工程施工质量验收标准》逐项进行检查，未达到标准的不能计算到已完工程项目中去。接触网工程应按设计文件和施工技术规则进行施工，如果遇到下列情况，不得作验工计价。

（1）工程质量不合格须返工或待处理者；混凝土强度未按规定进行强度试验，无试验报告，不能判定其质量状态者。

（2）由于施工错误或处理质量事故而增加的工作量。

（3）缺少应具备的隐蔽工程记录（证）及未经检查签证者。

（4）成品、半成品及设备无出厂合格证和应有的技术性能（数据）实验单者。

（5）未按变更设计规定手续，擅自变更设计者。

验工的工程质量应由监察部门负责监督检查，验工报表必须经监察部门签证，否则不得计价。

## 思考练习题

1. 冷滑试验要检查哪些内容？
2. 应如何进行接触网送电开通？
3. 接触网验工计价有哪些内容？
4. 供电运行部门应接收哪些竣工文件？
5. 接触网投入运行时，牵引供电管理单位应具有哪些技术文件和资料？
6. 说明送电开通程序。

# 第五章 接触网运营管理与维修

## 第一节　接触网运营管理

### 学习目标

1. 了解供电段管理机构情况；
2. 了解接触网工区应配备的设备和资料；
3. 了解接触网工区应具有的技术资料和台账。

### 一、管理机构及职责

接触网运行管理工作实行统一领导、分级管理的原则，充分发挥各级管理组织的作用。分为中国国家铁路集团有限公司（以下简称国铁集团）、铁路局集团公司、供电段（基础设施段、综合段等，下同）三个层级。国铁集团、铁路局集团公司分别负责全路和本铁路局集团公司的接触网运行管理工作。

铁路局集团公司：贯彻执行上级有关规程、规范和标准；组织制定本局有关标准、制度和办法；制定供电段管理职责和范围；监督、检查、指导、协调全局接触网运营管理工作；审批局管新产品试运行和重要设备变更；定期开展设备运行质量评价，安排更新改造工程，增强供电能力，改善设备技术状态，适应运输发展需要。

供电段：贯彻执行上级有关规章、标准和制度；补充制定相关管理标准、工作标准；制定接触网作业指导书；制定生产计划并组织实施；定期检查、分析、鉴定设备运行状态，组织评比和考核；组织技术革新和职工培训，保证设备运行质量和安全可靠供电。

供电车间（普速铁路）管辖运营里程以 120 ~ 80 km 为宜，枢纽地区宜单独设置。供电车间下设运行工区。供电车间主要负责日常运行管理和应急处置，组织接触网一级修（临时修），跟踪验收维修质量。

运行工区（普速铁路）管辖运营里程以 40 ~ 60 km 为宜，山区、隧道密集区段可适当缩小，接触网运行工区单方向管辖距离不宜超过 30 km，枢纽及区段站可单独设置。运行工区主要负责接触网设备日常运行管理，主要是一级修（临时修）、巡视检查、单项检查、非常规检查、施工配合和应急处置等，对接触网悬挂状态检测监测装置（4C）检测数据的全面分析，对二级修

(综合修)结果进行质量验收。

检测车间一般设置在供电段所在地。检测车间可按照6C系统的运用、维护和数据分析等职能设置检测工区。检测车间负责供电段6C系统综合数据处理中心工作,以及供电段6C系统检测装置的维护、运用、管理和检测数据分析。

维修车间(普速铁路)承担的维修任务以单线区段不超过500延展条公里、双线区段不超过1 200延展条公里为宜。维修车间下设维修工区,一般设在维修车间所在地,根据管辖范围可在异地增设。维修车间负责接触网二级修(综合修)工作,采用集中修方式组织实施。

电气化铁路接触网设备的管理和维修,由各供电段负责管理。供电段下设供电车间、检测车间和维修车间。供电车间管辖运营里程以120~180 km为宜,枢纽地区宜单独设置。供电车间下设运行工区。运行工区管辖运营里程以40~60 km为宜,山区、隧道密集区段可适当缩小,接触网运行工区单方向管辖距离不宜超过30 km,枢纽及区段站可单独设置。检测车间一般设置在供电段所在地。检测车间可按照6C系统的运用、维护和数据分析等职能设置检测工区。维修车间承担的维修任务以单线区段不超过500延展条公里、双线区段不超过1 200延展条公里为宜。维修车间下设维修工区,一般设在维修车间所在地,根据管辖范围可在异地增设。

## 二、接触网工区应配备的设备及资料

### (一)接触网维修工区应配备必要的工具和设备

#### 1. 交通工具

为了维修管辖内接触网设备,特别是发生事故时,能迅速出动及时抢修恢复。各接触网工区均应配备交通工具,铁路沿线公路交通便利时,工区宜配备4 t以上载重汽车一台,公路交通不便时,则应配备70 kW轨道车一部,并应配备平板车一辆。

#### 2. 接触网维修工具

(1)停电维修作业工具

接触网经常采用停电维修作业方式,停电作业所用工具为:停电作业车梯、大竹梯、滑轮组、棕绳、双钩紧线器、手扳葫芦、安全用品等。

(2)带电维修作业工具

带电维修作业工具包括专用绝缘车梯、绝缘硬梯、绝缘滑轮组、绝缘绳索、绝缘拉杆、绝缘腕臂、绝缘定位器、绝缘测量工具等。绝缘工具应存放在专门的绝缘工具库房内,绝缘库房内应设有烘干绝缘器具的红外线灯等设备。

(3)常用携带工具

各种作业中,常用的携带工具见表5-1-1。

表 5-1-1　常用工具

| 工具名称 | 规格 | 工具名称 | 规格 |
|---|---|---|---|
| 钢丝钳 | 200 mm | 羊角紧线器 | (专用工具) |
| 活扳手 | 200～450 mm | 接触线校正扳手 | (专用工具) |
| 管扳手 | 200～450 mm | 接触线紧线器 | (专用工具) |
| 管子割刀 | 25～80 mm | 游标千分尺 | 精度 0.02 mm |
| 钳工锤 | 0.5～1.0 kg | 万能式道尺 | (或木道尺) |
| 断线钳 | 600～900 mm | 水平尺 | 350 mm |
| 紧线钳 | 250～400 mm | 温度计 | 室外 |
| 双钩紧线器 | 20 kN 以上 | 钢卷尺 | 30 m、2 m |
| 接触线压弯器 | (专用工具) | 皮卷尺 | 50 m |
| 接触线直弯器 | (专用工具) | 手扳葫芦 | 15～30 kN |
| 楔形紧线器 | (专用工具) | 放线滑轮 | 开口(铝、铁) |

(4)工区设备及所配备的工具

除了上述所用的设备及工具外,为了对所辖接触网设备或零部件,以及停、带电维修工具进行简单的修理、加工、改造等,各接触网工区还须配备一些简单的修理设备和工具,见表 5-1-2。

表 5-1-2　工区设备和工具

| 名称 | 规格 | 名称 | 规格 |
|---|---|---|---|
| 台式虎钳 | 150～200 mm | 拉力表 | 25 kN |
| 台钻 | 13～19 mm | 喷灯 | — |
| 砂轮机 | 250～300 mm | 常用木工工具 | — |
| 铁砧 | 100 kg | 常用钳工工具 | — |
| 八角锤 | 3.6 及 7.2 kg | 普通天平 | 1 000 g |
| 汽油发电机 | 3 kW | 量杯 | — |
| 兆欧表 | 2 500 V、2 500 MΩ | 工具材料架 | 铁制 |

## (二)技术资料

在接触网投入运行时,供电段应建立正常的生产秩序,制订并落实各项制度,备齐技术文件和资料,建立各项原始记录,按时填报台账报表。

(1)新建电气化铁路,由施工单位标出轨面标准线及相关参数,开通前由供电、工务部门共同确认。接触网设备开通运行前,应按规定进行检查验收,符合下列条件方可接管运行:

①接触网设备经过验收,具备送电开通条件。

②危及供电安全的树木清理、35 kV 以下跨越线迁改、侵限建筑物拆除均已完成,上跨构筑物防护设施安装均已完成,接触网设备已采取必要的防鸟措施。

③供电段、车间、工区的房屋(包括轨道车库),水电、通信、道路、轨道车专用线和供暖等生产、生活、办公设施竣工并交付使用。

④供电段、车间、工区开展运行、检测、维修以及抢修工作所需的车辆、工机具、材料、备品

备件等配备齐全、到位。

⑤供电段应配备接触网检修作业车列、接触网抢修车列、绝缘子水冲洗车。运行和维修车间(或工区)应修建车辆停留线及配套车库。停留线具备地面供水、供电等车辆日常保养、维护、维修和随时出动抢修条件。

⑥铁路局集团公司、供电段收到开通所需的竣工文件和技术资料。

(2)接触网设备开通前,资产管理单位(或建设单位)应组织设计、施工、供应商等相关单位,向供电段提供下列书面和电子版技术资料:

①接触网竣工工程数量表。

②接触网竣工图纸。主要包括供电分段示意图,车站、区间接触网平面布置图,供电线路平面布置图,接触网装配图,设备零件图及安装曲线,接触线磨耗换算表等。

③工程施工记录及相关协议。主要包括隐蔽工程记录,锚栓拉拔试验记录,轨面标准线记录(主要包括支柱侧面限界、外轨超高等),不同电压等级附加导线、引线、接触悬挂等线索交叉时的最小间距及对地距离,电分相安装资料(分相标志里程,地面磁感应装置里程,中性区、无电区起止里程、长度及中心里程),起电分段作用的绝缘锚段关节资料(禁停标里程)等;相关征地证明、补偿协议、危树砍伐协议等。

④每根支柱装配图表(主要包括定位、支持装置、吊弦等)。

⑤各种线索、零部件、设备安装档案(主要包括生产厂家、批次、安装地点和安装时间等)。

⑥设备(含与供电专业结合部设备)、零部件、金具、器材的技术规格、合格证、出厂试验记录和试验报告、安装维护手册(使用说明书),承力索、接触线、绝缘部件及接触网零部件等抽样检验报告,电缆相关资料(主要包括电缆及附件合格证、出厂试验报告、现场试验报告、电缆清册、电缆路径图),隔离开关、避雷器安装试验报告等。

⑦项目可行性研究、初步设计及其批复文件、施工设计(含变更设计)、图纸及审核意见资料。

⑧设备招标技术规格书、采购的产品供应合同以及施工单位工程质量保证合同。

⑨上跨接触网电线路(主要包括上跨电线路名称、位置、两侧杆塔距线路中心的距离、电压等级、规格型号、上跨线高度、产权单位及联系方式等)、上跨接触网的构筑物(主要包括构筑物名称、位置、最近的构筑物墩距线路中心的距离,接触网带电部分距构筑物最小距离、产权单位及联系方式等)有关资料。

⑩开通前最后一次接触网几何参数静态测量数据、波形图,动态检测波形图及检测报告。

牵引供电设备管理单位负责轨面标准线的日常管理,保持其清晰醒目。牵引供电设备管理单位每年与工务部门共同对轨面标准线复核一次,轨面标准线、侧面限界、外轨超高每次测量后应填写"轨面标准线测量记录",共同签认。

每个接触网工区要有安全等级不低于三级的接触网工昼夜值班。值班人员应及时传达和执行供电调度的命令和要求,每天按规定时间向供电调度报告次日工作计划,认真填写"接触网工区值班日志"。

值班人员要按时做好交接班工作。交班人员要向接班人员说明值班期间设备的运行、天窗兑现、检修任务完成情况和其他有关事项。接班人员要认真审阅值班日志,明确上一班的情况并在值班日志上签字后,交班人方能下班。

工长要每天确认工具、备品、安全用具、抢修机具是否完备，认真审阅值班日志并签字。因特殊情况工长不能履行上述职责者，由工长指定的负责人完成。

## 三、技术管理

在接触网投入运行时，供电段应建立正常的生产秩序，制定并落实各项制度，备齐技术文件和资料，建立各项原始记录，按时填报台账报表。

(1)供电段技术主管部门应有下列技术文件和资料：

①国家铁路局、国铁集团、铁路局集团公司有关规章和制度(技术管理规程，行车组织规则，设计、施工、验收标准，安全、维修、抢修规则、细则等)。

②接触网设备有关标准(企标、铁标和国标)和作业指导书。

③接触网零部件技术条件、试验方法及图册。

④一杆一档管理台账和设备技术履历。

⑤与相关单位设备分界协议，管内车间、工区之间设备分界及各专业分工规定，以及路局发布的各专业分界文件。

⑥供电 LKJ 数据和设备建筑限界资料，自动过分相地面磁感应装置，分相断电标、合电标的位置，关节式分相无电区、中性段长度，电力机车、动车组禁停标位置资料。

⑦第十七条规定的技术资料。

⑧供电段有关制度、办法和措施。

(2)接触网车间、工区应分别备有表 5-1-3 所列的技术资料：

表 5-1-3　技术资料

| 序号 | 技术资料名称 | 供电车间 | 运行工区 | 检测车间 | 检测工区 | 维修车间 | 维修工区 |
|---|---|---|---|---|---|---|---|
| 1 | 供电分段示意图 | √ | √ | √ | √ | √ | √ |
| 2 | 管辖范围内的接触网平面布置图、装配图、安装曲线 | √ | √ | √ | √ | √ | √ |
| 3 | 接触网“一杆一档” | √ | √ | √ | √ | √ | √ |
| 4 | 作业指导书 | √ | √ | √ | √ | √ | √ |
| 5 | 电分段、电分相结构图 | √ | √ | √ | √ | √ | √ |
| 6 | 上跨接触网电线路、构筑物有关资料 | √ | √ | √ | √ | √ | √ |
| 7 | 隔离(负荷)开关、避雷装置、绝缘器等设备安装调试、使用说明等 | √ | √ |  |  | √ | √ |
| 8 | 设备和工具试验记录 | √ | √ |  | √ | √ | √ |
| 9 | 有机绝缘部件寿命管理记录 | √ | √ |  |  |  |  |
| 10 | 接触网外部环境有关资料(防洪重点处所、周边污染源、彩钢房、广告牌、塑料大棚、危树等) | √ | √ | √ | √ |  |  |
| 11 | 接触线磨耗换算表 | √ | √ | √ | √ | √ | √ |

续上表

| 序号 | 技术资料名称 | 供电车间 | 运行工区 | 检测车间 | 检测工区 | 维修车间 | 维修工区 |
|---|---|---|---|---|---|---|---|
| 12 | 轨面标准线记录 | √ | √ | √ | √ | | |
| 13 | 有关隐蔽工程记录 | √ | √ | | | | |
| 14 | 管内设备更新改造情况记录(包括时间、地点、更新改造内容、质量评定等) | √ | √ | | | | |
| 15 | 供电 LKJ 数据和设备建筑限界资料 | √ | √ | | | | |
| 16 | 自动过分相地面磁感应器资料 | √ | √ | | | | |
| 17 | 接触网几何参数静态测量数据、波形图 | √ | √ | √ | √ | √ | √ |
| 18 | 接触网设备履历 | √ | √ | √ | √ | √ | √ |
| 19 | 作业门、可调用视频资料的探头位置 | √ | √ | √ | √ | √ | √ |
| 20 | 应急抢修预案、抢修路线图 | √ | √ | | | √ | √ |

(3)接触网运行维护应根据环境、气候特点,针对风、洪(雨)、雷、冰、污(雾)闪、锈蚀、鸟害、异物、危树,桥、隧、涵构筑物及上跨线等影响供电安全的外部环境因素,建立有效机制,减少对接触网设备运行安全的影响。

(4)供电段技术主管部门、车间、工区相关工作人员应定期对技术资料进行检查,并不断修订完善,确保技术资料完整准确。

(5)接触网使用的工器具、仪器仪表,应由具有资质的机构按规定进行检定或校准。

(6)接触网设备统计单位包括运营里程、正线公里、接触网延展公里、接触网换算公里。

运营里程指线路起点至终点之间的距离,为起、终点公里标之差。单位:公里。

正线公里指正线线路的延展长度之和。单位:公里。

接触网延展公里指接触网接触导线长度之和。单位:条公里。

接触网换算公里指将接触网不同设备按照系数换算为线条公里的数量总和。单位:换算条公里。

换算公里数量 = $\sum$(设备数量 × 换算系数)。各设备及部件的换算系数见表 5-1-4。

**表 5-1-4　设备及部件的换算系数**

| 序号 | 设备及部件名称 | 单位 | 换算系数 |
|---|---|---|---|
| 1 | 正、站线接触网延展公里 | 公里 | 1.00 |
| 2 | 隧道内(含桥梁)悬挂延展公里另增 | 公里 | 0.30 |
| 3 | 附加导线延展公里(供电线、回流线、架空地线、避雷线) | 公里 | 0.20 |
| | 附加导线延展公里(正馈线、保护线) | 公里 | 0.40 |
| | 附加导线延展公里(双正馈线、供电线、保护线) | 公里 | 0.60 |
| 4 | 高压电缆 | 公里 | 0.80 |

续上表

| 序号 | 设备及部件名称 | 单位 | 换算系数 |
|---|---|---|---|
| 5 | 限界门 | 处 | 0.15 |
| 6 | 线岔(交叉) | 组 | 0.12 |
|  | 线岔(无交叉) | 组 | 0.25 |
| 7 | 隔离开关(手动) | 台 | 0.12 |
|  | 隔离开关(电动) | 台 | 0.20 |
|  | 隔离开关(负荷) | 台 | 0.30 |
| 8 | 分段、分相绝缘器 | 台 | 0.12 |
| 9 | 避雷器 | 台 | 0.05 |
| 10 | 软(硬)横跨 | 组 | 0.13 |
| 11 | 越级变 | 台 | 0.15 |
| 12 | 接触网末端测试装置 | 套 | 0.05 |
| 13 | 中心锚结 | 组 | 0.10 |
| 14 | 锚段关节 | 组 | 0.25 |
| 15 | 补偿装置(含下锚拉线) | 组 | 0.10 |
| 16 | 关节式分相(含自动过分相装置) | 组 | 0.45 |
| 17 | 隔离开关远动控制系统 | 套 | 5.00 |

(7)运行接触网有变更者,应按以下规定逐级报批。

①属下列情况之一者,由铁路局集团公司报国铁集团审批:

a.由于接触网变化而降低带电或停电通过超限货物列车的高度和宽度;

b.变更接触网局界。

②属下列情况之一者,由供电段报铁路局集团公司审批:

a.变更悬挂类型;

b.变更接触线、承力索、附加导线材质和截面;

c.拆除或长期停用接触网;

d.变更绝缘水平;

e.变更接触网分段(相)位置和开关操作方式;

f.非铁路产权专用线架设接触网的供电和开通方案;

g.改变供电方式或供电单元。

## 四、计划与天窗

接触网生产计划包括年度检测、维修计划和月度维修计划三部分。

年度检测和维修计划,由供电段于前一年的11月底以前分别下达到车间,同时报铁路局集团公司。月度维修计划由供电段编制后下达维修车间。

鉴于各地区设备性能及运行条件不尽相同,铁路局集团公司可调整检测的项目、周期和范围,并报国铁集团核备。

(1)为保证定期检查和及时处理设备缺陷,在列车运行图中须预留接触网维修"天窗"。

对较大车站（如枢纽、区段站等）和必须利用垂直"天窗"作业的区段，应根据设备状况定期安排"天窗"停电维修。

对接触网进行批量零部件更换时，天窗计划原则上应逐日连续安排。

（2）列车调度员和供电调度员要密切配合，按"天窗"时间组织接触网停电维修。如因运输需要等原因必须取消"天窗"时，应按照有关规定执行。

遇有危及安全的故障或缺陷必须立即停电维修时，供电调度员应于停电前通知列车调度员，列车调度员根据供电调度员停电通知及时发布相关行车调度命令。

（3）供电段要做好检测、维修组织工作，实施周期不宜超过规定周期的 20%（按天计算）。

（4）供电段各工区、各工种（包括变电、电力等）在同一停电范围、同一封锁区段内作业，应尽量安排同时进行。

## 五、质量管理

（1）为保证维修质量，接触网用料入库前，验收部门应对接触网重要零部件和线材进行检查（承力索、接触线须由具备国家检验资质的机构逐盘进行检验，并出具检验报告），确认出厂合格证、检验报告与产品一致后实施验收，向供电段提供验收报告，否则不得上线使用。

（2）更换线索、零部件、支柱、绝缘部件后，应记录所更换设备的日期、处所、名称、材质、规格、型号、厂家等信息，并修订相关技术资料。

（3）运行工区一级修（临时修）或单项设备检查完成后，由当日工作领导人负责检查验收，确认作业质量。维修工区进行的所有作业，运行工区应进行质量检查验收。

（4）检测车间、供电车间应及时将相应区段 6C 数据的即时分析、定期分析以及缺陷通知单报供电段检测分析室，将审核后的一级缺陷下达至供电车间，同时将一、二级缺陷报段技术科。维修工作完成后，供电车间、维修车间应将缺陷反馈单反馈技术科、检测分析室，维修记录留存备查。

（5）铁路局集团公司负责组织接触网设备更换检查验收工作。设备更换完工，经供电段验收并签认后，由铁路局组织现场检查验收。

接触网运行、检测、维修工区应分别建立相关记录（表 5-1-5），实现网络化管理和数据共享。

表 5-1-5　接触网运行维修记录

| 记录名称 | 主要内容 | 检测工区 | 运行工区 | 维修工区 |
| --- | --- | --- | --- | --- |
| 接触网工区值班日志 | | √ | √ | √ |
| 接触网工前预备会及收工会记录 | | √ | √ | √ |
| 接触网检测监测记录 | 1. 监测图像视频 | √ | | |
| | 2. 动静态参数（波形） | √ | | |
| 接触网检查记录 | 1. 巡视检查 | | √ | |
| | 2. 全面检查 | | | √ |
| | 3. 单项检查 | | √ | |
| 接触网分析诊断记录 | 1. 即时分析/定期分析 | √ | √ | √ |
| | 2. 缺陷通知单、反馈单 | √ | √ | √ |

续上表

| 记录名称 | 主要内容 | 检测工区 | 运行工区 | 维修工区 |
| --- | --- | --- | --- | --- |
| 接触网维修记录 | 1. 一级修(临时修) |  | √ |  |
|  | 2. 二级修(综合修) |  | √ | √ |
|  | 3. 绝缘部件清扫 |  | √ | √ |

注:本表记录名称及主要内容供参考,铁路局集团公司可根据具体情况制定。

(6)接触网运行维修要落实记名制度。每次作业完成后应及时填写相应记录并签认。车间主管人员每月、工长每周检查各项任务完成情况并签认。

(7)供电段技术主管部门和车间每月、铁路局集团公司主管专业部门每季度应组织开展接触网运行质量分析,并分别编制质量分析报告。

质量分析应根据接触网检测和运行过程中存在问题,对接触网质量状态进行综合诊断,找出设备在运行中出现的特殊性、普遍性、趋势性问题及质量状态变化规律,针对反映出的质量问题,制定整治措施,纳入维修计划。质量分析报告主要内容包括:

①设备安全运行情况。

②检测、维修计划完成情况。

③设备更改、大修完成情况。

④检测、维修及设备运行中发现的具体问题。

⑤产生问题的原因分析及采取的措施。

⑥接触网质量状态的变化规律和趋势。

⑦下一步主要工作。

(8)铁路局集团公司组织供电段每季度对接触网动态运行质量进行评价,每年10月底前对设备整体技术状态进行质量鉴定。对季节变换、频繁发生故障等特殊情况可不定期组织质量评价。

## 六、成本管理

(1)接触网设备维修成本实行预算管理。对达到寿命周期的设备更换实行项目管理。

(2)铁路局集团公司应根据接触网设备使用状况,科学合理安排维修费用,保证接触网设备维修工作顺利实施。

(3)铁路局集团公司供电处作为业务主管部门,应根据预算对成本费用预测、分析和审核。

(4)供电段应建立以预算管理为核心的成本核算体系,以及供电段、车间、工区预算责任考核机制,发挥主要职能科室的作用,加强成本管理,严格成本控制。

(5)供电段应定期召开经济活动分析会,检查成本费用情况,分析超支原因,提出整改措施;应大力开展技术革新活动,努力降低能源、材料消耗,严禁支出超预算。

## 七、新产品试运行

(1)在运营普速铁路接触网线路上进行新产品试运行时,研制单位应事先提出书面申请报告,按规定权限报有关部门,经批准并与承接试运行任务的供电段签订协议后方可实施。新产品试运行申请报告应包括下列内容：

①研制单位简介、规模及相应资质等。

②产品生产及管理条件。

③产品研制报告。

④产品技术条件及型式试验报告。

⑤铁路局集团公司技术评审报告或省部级技术评审报告。

⑥安装维修及使用说明。

⑦拟安装地点、试运行期限，试运行中需检测内容，与既有设备的接口及影响。

(2)承力索、接触线试运行由总公司审批，其余设备及零部件试运行申请报告应报送供电段、资产管理单位审查，由铁路局集团公司批准。

对纳入《中国铁路总公司铁路专用产品认证采信目录》的铁路专用产品，应取得产品试用证书后方可上道试用。

(3)供电段承接试运行任务后应及时组织实施。试运行期间要按规定加强监测、检查和维护，认真记录分析运行情况。试运行期满后提交新产品试运行报告。

供电段出具的试运行报告需经铁路局集团公司审批后，方能交给研制单位。未经铁路局集团公司审批的试运行报告无效。

(4)新产品试运行期一般不少于 1 年。遇有产品质量缺陷危及安全时必须立即拆除，同时做好记录并通知研制单位。

### 思考练习题

1. 说明我国电气化铁路的管理机构。
2. 接触网工区应配备哪些台账和技术资料？
3. 接触网工区应配备哪些工具？

## 第二节　接触网规程与规章

### 学习目标

1. 掌握接触网常用规程与规章；
2. 掌握接触网安全工作规则和检修规则；
3. 掌握接触网事故抢修规则与牵引供电事故管理规则。

我国电气化铁路经过多年运行实践，在不断总结经验教训的基础上，已逐步形成了一整套规范化管理制度。对于接触网维修人员，应严格遵守“普速/高速铁路接触网安全工作规则”“普速/高速铁路接触网运行维修规则”《电气化铁路接触网故障抢修规则》《牵引供电事故管理规则》和“行车组织规则”中有关电气化区段的特殊规定等要求，每年都要根据上述规程、规则，对从事接触网工作人员进行必要的考核，在基层站段，从段长到工人都要按期参加考试，考试合格后方能上岗作业。对其中不合格者下岗培训，然后再经考核竞争上岗。

学习接触网规程、规章，已成为接触网工的自觉行为，它是保证电气化铁路安全运行的法定条文。

由于铁道供电专业教学计划中有牵引供电规程、规章课，因此本节只对接触网规程、规章进行简单介绍。

## 一、接触网安全工作规则

《普速铁路接触网安全工作规则》（简称《安规》）包括总则、一般规定、作业制度、受力工具和绝缘工具、高空作业、停电作业、间接带电作业、倒闸作业、作业区防护和附则共十章内容，共计116个条目。

《安规》所列条目，都是总结了接触网上发生的各种事故，从中吸取经验教训甚至是血的教训而编写出的。因此它有绝对权威性，任何人不得违反，所以现场又称安规是“保命”的规程。

《安规》说明了作业制度中的有关规定，高空作业要求和不同作业方式下应办理的手续及注意事项，如在一般规定中，要求凡是从事接触网运行和检修工作的所有人员，都必须经过考试评定安全等级，取得安全合格证后方可参加相应的接触网运行和检修工作。如遇雷电禁止在接触网上进行作业，遇有雨、雾及风力在5级以上的恶劣天气时，一般不进行接触网带电作业。在作业制度中要求作业前要填写工作票，工作票分为三种：即接触网第一种工作票，用于停电作业；接触网第二种工作票，用于间接带电作业；接触网第三种工作票，用于远离带作业即距带电部分1 m及其以外的高空作业、较复杂的地面作业（如安装或更换火花间隙和地线、开挖支柱基坑、未接触带电设备的测量等）。开工前，作业组工作领导人要宣读工作票内容，作业结束后，工作领导人要将工作票和相应命令票交工区统一保管。

在高空作业中明确规定，凡在距离地（桥）面2 m及以上的处所进行的作业均称为高空作业，要设专人对作业人员进行监护，特别指出攀杆作业、登梯作业和接触网作业车作业的有关要求。从事接触网工作的人员，都应对上述条目牢记在心，随时能背诵出来。

《安规》中还具体规定了各种作业方式的安全距离、命令程序和安全措施，如停电作业时，应由何人办理停电手续，明确要求由安全等级不低于三级的作业组成员为要令人员，向供电调度申请停电命令。经供电调度审查批准发布作业命令后，才能开始作业。对停电作业前，验电接地的操作方法和安全注意事项都有严格的规定。对间接带电作业中的一般规定、命令程序、作业结束和安全技术措施，都作了较详细的说明。总之，《安规》是接触网规程中最重要的规则。

## 二、接触网运行维修规则

接触网运行维修规则分为《高速铁路接触网运行维修规则》和《普速铁路接触网运行维修规则》两部分。接触网运行维修应坚持“预防为主、重检慎修”的方针，按照“定期检测、状态维修、寿命管理”的原则，遵循专业化、机械化、集约化维修方式，依靠铁路供电安全检测监测系统（6C系统）等手段，建立信息资源共享平台，实行“运行、检测、维修”分开和集中修组织模式，确保接触网运行品质和安全可靠性。

《普速铁路接触网运行维修规则》作为普速铁路接触网运行维修工作的基本规章，在规范和推进普速铁路接触网专业管理工作中有着重要作用。《普速铁路接触网运行维修规则》共分八章和八个附件，明确了普速铁路接触网运行维修管理、修程修制、机构设置与职责、技术质量管理等相关要求，规定了普速铁路接触网运行管理、检测与分析诊断、质量评价与鉴定、设备状态界定和维修等应遵循的相关管理和技术标准等，共计 176 个条目。其中最重要的是第七章维修技术标准，接触网检修人员在维修接触网设备时，应严格遵守规则中的技术标准，特别是对重要设备中的有关参数要牢记，如拉出值、导线高度、锚段关节、线岔、定位器、补偿器、中心锚结和软横跨等有关技术规定，这些设备中的技术指标已在第一章中讲述。

## 三、电气化铁路接触网故障抢修规则

《电气化铁路接触网故障抢修规则》有总则、正文和附则共七个章节，57 个条目，其中主要有抢修组织、抢修处置、机具材料、情况报告和总结，以及人员培训。附件包括常见接触网故障判断查找方法、常见接触网故障抢修方案、接触网抢修材料储备定额和接触网抢修机具储备定额 4 个部分。

接触网故障抢修规则主要说明，在接触网故障抢修中应遵守的原则、抢修组织工作和抢修的方法。在抢修组织中，为了加强接触网故障抢修工作的领导，做到临阵不乱、指挥得当、有条不紊，必须建立健全各级责任制，铁路局集团公司应成立接触网事故抢修领导小组，加强人员培训、装备配置、物资储备、预案演练等基础管理工作。每个接触网工区应以比较熟练的工人为骨干，组成抢修组，抢修组现场负责人由工长或安全技术等级不低于四级的人员担当。

每个接触网工区必须经常保持一个作业组的人员在工区值班。制订抢修方案时，应本着“先通后复”的原则，即先达到通车要求，然后再作彻底恢复，以最快的速度设法先行供电，疏通线路，必要时可采取迂回供电、越区供电、降弓通过或限制列车速度通过等措施。

抢修规则中要求，接触网工区接到抢修通知后，应按抢修组内部分工，带好材料、工具等，白天 15 min、夜间 20 min 内出动。到达事故现场后，要组织全面了解故障范围和设备损坏情况，制订抢修方案，并报供电调度员，得到供电调度员同意后，立即组织实施。抢修方案一经确定一般不应变动，确属必须变动时要经过供电调度员同意，并通知有关部门和单位。各供电段应配备抢修作业车、轨道车、架线放线作业车，供电段、接触网工区及抢修基地抢修列车应按附件 3 的标准配齐抢修材料、工具、备品、通信和防护用具等。抢修用料应组装成套分库存放，并随时注意补充。

供电段要加强抢修队伍的定期培训，积极开展故障预想和日常演练，务必使每个人都能掌握各类故障的抢修方法。每半年组织各级抢修领导小组成员、工区抢修组长进行一次轮训，讲解故障抢修知识，学习有关规章命令，分析典型案例，总结经验教训，制定改进措施不断提高指挥抢修能力。供电车间每半年组织管内各工区进行一次故障抢修演习。

附件中还说明了常见接触网故障判断查找方法和常见接触网故障抢修方案，这都是现场处理事故中经常采用的方法。

## 四、牵引供电事故管理规则

《牵引供电事故管理规则》中包括事故分类、事故抢修、事故处理和事故报告四章内容。

(1)在事故分类中，对供电事故划分为重大事故、大事故、一般事故和障碍 4 种，在这 4 种事故范围内，如符合下列情况之一者列为重大事故：

①接触网停电时间超过 5 h；

②牵引变电所全所停电超过 3 h；

③牵引变电所主变压器破损需整组更换线圈或拆卸线圈才能进行的铁芯检修；

④牵引变电所一次侧的断路器破损达到报废程度。

(2)符合下列情况之一者列为大事故:

①接触网停电时间超过 4 h;

②牵引变电所全所停电超过 2 h;

③由于牵引供电设备反常、工作失误迫使列车降低牵引重量或限制列车对数超过 48 h;

④牵引变电所主变压器破损需检修线圈或铁芯;

⑤额定电压为 27.5 kV(包括 35 kV 和 55 kV)的主变压器或断路器破损达到报废程度。

重大事故由铁路局集团公司组织处理。

事故报告分为电话速报和书面报告,并规定了上报时间,要求重大事故 7 日内由铁路局集团公司报国铁集团,大事故 5 日内报铁路局集团公司。

## 五、铁路行车组织规则

普速铁路行车组织规则是根据《铁路技术管理规程》的规定,并结合各铁路局集团公司的具体情况和广大职工生产实践经验制订的补充规则,是各铁路局集团公司行车组织的基本要求,本书以《中国铁路北京局集团有限公司普速铁路行车组织规则》为例进行介绍。

在行车组织规则中有针对电气化铁路维修方面的 16 个条目,其中规定了在接触网支柱上标明的轨面红线和数据是确定轨面接触网导线、隧道出墙及接触网支柱相对位置的依据,是工务线路维修,接触网检修作业时共同遵守的标准。要求电气化铁路开通前,供电段、工务段要共同确认轨面红线、线路中心线至接触网支柱及隧道壁间的距离,并在支柱和隧道壁上标明,开通后供电段(工务段配合)每年至少检查一次。

为了保证接触网检修作业的顺利开展,行车组织规则中明确了,利用接触网“天窗”检修的有关规定,要求列车运行图须为接触网检修预留至少 90 min 的“天窗”时间,“天窗”一般不取消或占用,如需要取消或占用,必须经过上级领导批准。在“天窗”时间内,除检修所需机动车及轻型车辆外其他车辆均不得进入,遇特殊情况必须进入时,要取得供电调度员的同意。

在车站货物线和机车库线、整备线上的隔离开关进行操作时,行车规则上规定,必须指派操作人,在安全监护人的指挥下进行操作。操作人和安全监护人须由供电段、车务、机务部门共同培训,并经考试合格,由供电段发给合格证后方准进行作业。上述开关的定位状态是合闸位置,操作完成后均应加锁,其中一把钥匙交车站值班员保管,存放在固定地点,每次开闭须分别向车站值班员汇报登记,车站值班员在取得列车调度员的命令后(此命令需经供电调度员同意)方能办理。合闸后应立即向列车调度员报告合闸时分,操作时应严格按隔离开关操作程序办理。

行车规则中有关电气化区段的特殊规定,主要是针对参与电气化铁路维修管理的行车人员规定的,其中包括机务、车辆、电务、车务和工务等部门,供电段检修人员应熟悉这些条例,与各部门间协调配合,共同完成电气化铁路接触网的维修工作。

## 思考练习题

1. 有哪些与接触网相关的规程和规章?
2. 接触网最重要的规程、规章是什么?
3. 说明接触网重大事故和大事故的划定要求。

## 第三节　接触网的维修方式

### 学习目标

1. 掌握接触网的维修程序；
2. 了解普速接触网维修方式；
3. 了解高速铁路接触网安全检测监测系统(6C 系统)。

接触网开通送电即投入运行，由于接触网是露天装置，其结构、零件等必然要受到各种自然条件变化的影响，加上电力机车受电弓沿接触线高速摩擦滑行，使接触网经常处在振动、摩擦、电热及构件本身物理变化影响之中，接触网技术状态极易发生变化。为了确保电力机车的安全行驶，应严格保证接触网的技术状态和供电质量，这样就必须对接触网进行经常性的检查、调整和维修。

接触网运行维修应坚持“预防为主、重检慎修”的方针，按照“定期检测、状态维修、寿命管理”的原则，遵循专业化、机械化、集约化维修方式，依靠铁路供电安全检测监测系统(6C 系统)等手段，建立信息资源共享平台，实行“运行、检测、维修”分开和集中修组织模式，确保接触网运行品质和安全可靠性。

### 一、接触网维修程序

#### (一)接触网巡视检查

接触网维修包括对接触网设备与结构的巡视检查和维修作业，接触网巡视检查的主要目的是观察接触网的工作状态，及时发现不正常的运行状态和隐患，以便及时处理将事故消灭在未发生之前，保证接触网始终处于良好运行状态，接触网巡视检查包括步行巡视检查和登乘巡视检查。

**1. 步行巡视检查**

由单人或双人(要符合技术等级)沿铁路线步行巡视观察接触网的工作状况和设备完好情况。

**2. 登乘巡视检查**

由单人或双人(符合技术等级)添乘电力机车或其他车辆，观察电力机车受电弓与接触线工作取流状况等。

巡视检查的内容、方法和注意事项应按《普速铁路接触网运行维修规则》要求执行。

接触网维修作业方式分为：停电作业、间接带电作业和远离作业三种，各种作业均应按接触网安全工作规则要求办理手续，遵守命令程序中的规定。

#### (二)接触网停电作业

接触网停电作业，是在接触网不带电情况下的维修作业方式，接触网停电作业必须在列车运行图中规定的“天窗”时间内完成，在运输繁忙的电气化铁路干线，由于“天窗”时间较短，限制了接触网维修作业内容，因此一般只对带电作业难以进行的维修作业才安排进行停电作业。

接触网停电作业一般按下列程序进行：

(1)根据接触网安全工作规则规定填写“停电作业工作票”，即接触网第一种工作票，要求发票人应在作业 6 h 之前将工作票交给工作领导人，使他有足够的时间熟悉工作票中的内容并做好准备工作。

(2)工作领导人应提前组织作业组成员(含作业车司机)召开工前预备会，宣讲工作票并进行作业分工、安全预想，将本次作业任务和安全措施逐项分解落实到人，并进行针对性安全提示。

(3)每个作业组停电作业前，由工作领导人指定一名安全等级不低于三级的作业组成员作为要令人，向供电调度员申请停电命令。几个作业组同时作业时，每一个作业组必须分别设置安全防护措施，分别向供电调度员申请停电命令。供电调度员在发布停电作业命令前，要审查作业内容和安全防护措施，确定停电的区段。通过列车调度员办理停电作业的手续，对可能通过受电弓导通电流的部位采取行车封锁或限制措施，防止来电的可能。确认有关馈电线断路器、开关均已断开。

(4)供电调度员发布停电作业命令时，受令人应认真复诵，经确认无误后，方可给命令编号和批准时间。在发、受停电命令时，发令人将命令内容进行记录，受令人要填写“接触网停电作业命令票”。

作业组在接到停电作业命令后后须先验电接地，然后方可进行作业。一般采用抛线法验电和验电器验电。抛线验电是用一根截面积为 6 ~ 8 $mm^2$ 的裸铜软绞线(该线不得有接头)，其一端先接于钢轨，验电人站在线路一侧，向已停电的接触网设备抛掷，抛线时要使之不可能触及其他带电设备，抛线抛出后人体随即离开抛线，抛出的抛线不得短接钢轨。

近年来，也采用了电子音响(或转轮式)验电器。作业组成员手持验电器在接触网附近地面上即可验明接触网是否带电。当接触网有电时，验电器发出蜂鸣声(或转轮旋转)。为了确认验电器状态是否正常良好，它带有自检按钮，按下自检按钮会发出蜂鸣声(或转轮旋转)。

(5)当验明接触网确已停电后，须立即在作业地点的两端和与作业地点相连、可能来电的停电设备上装设接地线，接地线应使用截面积不小于 25 $mm^2$ 的裸铜绞线制成并有透明保护套保护。接地线不得有断股、散股和接头，挂接地线的步骤如下：

①先将地线的一端用接地靴接在钢轨上，另一端用耐压 35 kV 的绝缘杆将地线挂在已停电的接触网设备上。装设接地线时，人体不得触及接地线，接好的接地线不得侵入未封锁线路的限界。

②应先挂来电侧地线，然后接另一侧地线。拆除接地线时，应先撤另一侧地线，然后撤来电侧地线，防止在挂地线时突然来电。地线接好后方能作业。

一定严格按上述程序执行，要注意防止静电影响，特别是复线区段，在接地靴未连接好前不得上支柱挂地线，接触网上地线未拆除前，不得提前将钢轨端地线撤掉。

(6)工作票中规定的作业任务完成后，由工作领导人确认具备送电、行车条件，清点全部作业人员、机具、材料撤至安全地带，拆除接地线，宣布作业结束，通知要令人请求消除停电作业命令。

### (三)接触网间接带电作业

间接带电作业是人处于接地状态，通过操纵绝缘工具对带电的接触网设备、零件进行维修或测量等作业。间接带电作业要保证绝缘工具的绝缘强度和有效绝缘长度。

间接带电作业须办理的程序如下：

(1)作业前,由工作领导人指定安全等级不低于三级的作业组成员作为要令人向供电调度员申请作业命令。要说明间接带电作业的范围、内容、时间和安全防护措施等。

(2)供电调度发布间接带电作业命令前,将所有间接带电作业申请进行综合安排,审查作业内容和安全防护措施。作业过程中如发现馈电线的断路器跳闸,供电调度员在未查清作业组情况前不得送电。作业组如果发现接触网无电时,要立即向供电调度员报告。

(3)工作票中规定的作业任务完成后,清点全部作业人员、机具、材料并撤至安全地带,由工作领导人宣布作业结束,通知要令人向供电调度员申请消除间接带电作业命令。几个作业组同时作业时,要分别向供电调度申请消除间接带电作业命令。

(4)供电调度员确认作业组已经结束作业,不妨碍正常供电和行车后,给予消除作业命令时间,双方均计入记录中,整个间接带电作业方告结束。

无论停电与否,作业组开展间接带电作业均应按间接带电作业程序及要求进行作业。

### (四)远离带电体的作业

在距离接触网带电部分1 m及其以外的高空作业、较复杂的地面作业(如安装或更换火花)间隙和地线、开挖支柱基坑、未接触带电设备的测量等。按规定应填写“第三种工作票”,并将作业地点及内容通知供电调度员,作业时,应有监护人负责安全监护,确保安全距离。

## 二、普速铁路接触网维修方式

接触网运行维修是通过对设备定期检测、分析诊断、质量评价和鉴定,并依据结果实施修理,恢复设备正常运行状态的循环管理过程。主要包括运行、检测、维修等管理工作。通过维修,对设备进行分析,不断改进、提高设备质量,以确保安全和不间断地供电。

维修是指在接触网系统实际运行状态出现不允许的偏差或发生故障时,对接触网系统进行必要修复,以恢复接触网系统正常功能的过程。普速接触网维修分为一级修(临时修)、二级修(综合修)两级修程。

一级修(临时修)与二级修(综合修)是近年来出现的对接触网维修体制和维修方式的改革,其指导思想是在确保安全供电的前提下,做到不失修、不提前修、不过剩修,力图把维修工作量减少到最低限度,最大限度地满足铁路运输生产的需要,达到少投入多产出。其内涵就是在工作寿命期限内,将运行设备按照规定的状态值来监察其运行参数,只要设备运行参数,在规定的状态限界值内,就一律不维修。当运行参数超出规定的状态限界时,按照规定的工艺进行维修,使其恢复到规定的状态值后继续运行。设备达到有效使用期限时,予以更换。

当接触网设备达到或超出限界值的一级缺陷纳入一级修(临时修),由运行工区及时组织修理;达到或超出警示值且在限界值以内的二级缺陷纳入二级修(综合修),由维修工区按计划修理;标准状态是设备最佳运行状态,作为新线投运、大修改造质量验收的依据。

通过维修中的处理和分析,对某些设备和结构进行改革,随着科学技术的发展和应用,各种先进的测试和维修手段将逐步替代现有维修手段。

接触网维修作业一般采用车梯或维修作业车,离线路较远的设备可利用大梯子或其他工具进行维修。当进行带电作业时,对地绝缘工具应采用高强度绝缘材料制成,并严格按照带电作业操作程序进行维修,确保人身及设备安全。

这种维修方式要求大力采用新技术、新设备、新材料和新工艺,提高接触网设备零部件的可靠性并延长其使用寿命,并实现检测手段现代化。利用科学的、现代化的检测手段,制订合理的监察周期。准确掌握运行参数的动态状况,使其始终处于受控状态。其管理方式为限值管理和寿命管理,在实行状态修过程中,要确定设备的安全运行状态值及其限界值,并逐步确定各项设备和零件的工作寿命。所以实行状态修要做大量细致的基础工作。

## 三、高速铁路供电安全检测监测系统(6C 系统)

接触网自动化检测是一种应用计算机及其他检测实验设备,对接触网进行监控的最新技术,其任务是保证接触网更安全可靠的供电;向维修人员提供接触网状态信息;实验、研究接触网受流情况;为改善接触悬挂结构提供必要的技术参数。

为确保高速铁路动车组运营秩序,提高动车组的供电安全性、可靠性,铁路部门构建了高速铁路供电安全检测监测系统(6C 系统)。其目的是对高速铁路的牵引供电系统进行全方位、全覆盖的综合检测监测,主要功能包括对高速接触网悬挂参数和弓网运行参数的检测,对接触网悬挂、腕臂结构、附属线索和零部件的检测,对接触网参数的实时检测,对动车组受电弓滑板状态及接触网特殊断面和地点的实时监测,对接触网运行参数和供电设备参数的实时在线检测等。

该系统采用了我国铁路现有的成熟技术和装备,技术性能和功能适应高速铁路供电设备运行检测和监测的需要。高速铁路供电安全检测监测系统(6C 系统)是对牵引供电和接触网设备进行全面检测与监测的综合系统,为高速铁路供电设备的安全运行、运行状态和参数的综合分析、设备的维修提供技术依据。

高速铁路供电安全检测监测系统(6C 系统)包括高速弓网综合检测装置、接触网安全巡检装置、接触网运行状态检测装置、接触网悬挂状态检测监测装置、受电弓滑板监测装置、接触网及供电设备地面监测装置。其系统组成框图如图 5-3-1 所示。

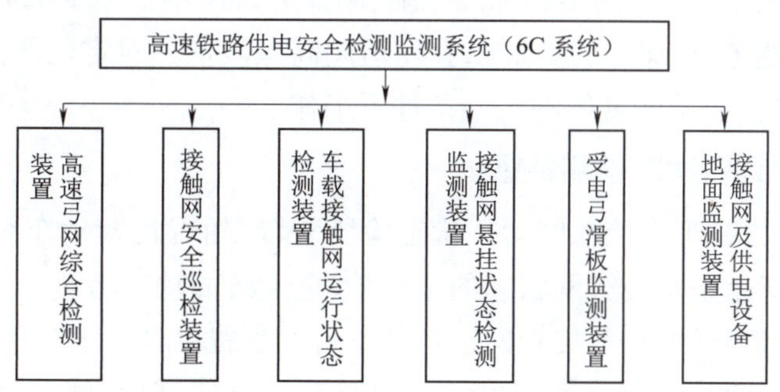


图 5-3-1　高速铁路供电安全检测监测系统(6C 系统)结构框图

### (一)高速弓网综合检测装置

高速弓网综合检测装置为在综合检测列车安装的车载式接触网检测设备,随着综合检测列车在高速铁路上巡回检测运行,对高速铁路接触网的参数和状态、高速弓网关系进行综合性检测。

高速综合检测列车为高速铁路检测的专用动车组,车顶设备及车内平面布置均为特殊设计。弓网检测设备要根据综合检测车对设备的安装和布置要求对各种参数的测量技术进行专门的研究和设计。其检测目的是主要对接触网悬挂参数和弓网受流参数进行高速车载检测,检测参数包括:弓网接触力、接触网网压、接触线高度、接触线动态拉出值、硬点、弓网离线火花、检测速度和里程等,检测装置配备完善的电源系统、测量信号传输系统、弓网运行视频系统、数据采集系统、检测数据传输系统、检测信息数据库等。装置的主要技术指标见表 5-3-1。

表 5-3-1　高速弓网检测装置技术指标

| 测量项目 | 测量范围 | 精度 |
| --- | --- | --- |
| 硬点(垂向加速度) | 0～100$g$ | 1$g$ |
| 接触导线高度 | 5 000～7 000 mm | <10 mm |
| 弓网接触力 | 0～500 N | 5 N |
| 离线火花 | 0～100 ms | 1 ms |
| 拉出值 | -600～+600 mm | 25 mm |
| 接触网电压 | 0～40 kV | 1% |
| 距离定位 | 0～5 000 km | 5 m |
| 速度测量 | 0～500 km/h | 0.1 km/h |

### (二)接触网安全巡检装置

接触网安全巡检装置由铁路局集团公司供电段负责管理,接触网安全巡检装置为在运营动车组上临时安装的检测设备,接触网安全巡检装置采用便携式视频采集设备,对接触网的状态进行视频采集,对接触网的状态进行检测,统计分析接触悬挂部件技术状态,指导接触网状态维修。

巡检装置主要技术要求如下。

(1)检测方式:装置采用高清摄像机在动车组上记录行车沿线接触网设施全景,对接触网的关键区域进行采集并能输出高清图片。

(2)全景视频画面应达到高清标准,覆盖行车沿线接触网设施;成像图片的清晰度应能分辨定位器区域零部件的松动、脱落、裂损等故障现象。

(3)成像图片采用 JPEG 压缩编码标准压缩,图像分辨率不低于 1 024×1 024。

(4)适应线路上隧道、桥梁、弯道情况,在轨道超高区段依然对定位器区域成像。

(5)在无强烈雨雪、能见度良好的天气条件下工作。

### (三)车载接触网运行状态检测装置

在运营的动车组加装车载接触网运行状态检测装置,随着运营动车组的运行监测接触网的运行状态,以实现高速铁路接触网状态的全覆盖、全天候的动态检测。

根据动车组的安装条件,车载接触网运行状态检测装置可具备下列单一功能或组合功能。

(1)能测量接触网动态几何参数:如动态拉出值、接触线高度、线岔和锚段关节处接触线的相互位置。

(2)能定量测量接触网的主要弓网受流参数,包括:弓网离线火花、硬点等。

(3)能利用非接触方式检测接触网绝缘子的绝缘状态。

(4)能对弓网运行状态进行视频录像,录像资料中能叠加里程标数据。

(5)检测装置应用简单,无须人为干预,装置自动完成参数检测和数据发送,检测数据也可以在车上转存。

(6)装置在全天候(昼、夜、风、雨、雪、雾)的条件下正常工作。

### (四)接触网悬挂状态检测监测装置

接触网悬挂状态检测监测装置安装在接触网作业车或专用车辆上,周期性地对接触网悬挂系统的零部件及接触网几何参数,特别是腕臂区域的零部件进行高分辨率成像检测,在检测数据的自动识别与分析的基础上，形成维修建议，指导接触网检修。

接触网悬挂状态检测监测装置主要功能包括：接触线几何参数、接触网接触悬挂、绝缘部件、线路开关、附加导线、各种拉线、硬横跨及软横跨、上跨桥及交叉跨越线路情况、线夹、吊弦、定位管等技术状态检测。基本功能如下：

(1)精准定位接触网腕臂安装支柱(或吊柱)位置。

(2)准确拍摄腕臂组成的清晰图像。

(3)连续采集相邻支柱(或吊柱)间接触线及悬挂的清晰图像。

(4)对接触网悬挂部件典型缺陷自动识别。

(5)准确记录发现的接触网缺陷并提供分类汇总报告。

(6)对同一套腕臂历史存档图像进行自动比对分析。

### (五)受电弓滑板监测装置

在高速铁路的车站、动车组出入库区域、车站咽喉区加装受电弓滑板监测装置，监测动车组受电弓滑板的技术状态，及时发现运营动车组受电弓滑板的异常状态，指导故障消除，确保接触网和受电弓的运行状态良好。

监测装置主要技术指标要求如下。

(1)高清摄像机的技术要求：摄像机应采用可调焦距、具备夜视能力的高速摄像机；应配置可全方向调整的、调整后可自动闭锁的云台功能。

(2)视频传输系统技术要求：视频传输系统可利用高速铁路已有的数据传输系统，经过处理分析过的图片可采用无线方式传输。

(3)监测装置技术指标：该装置应采用高清摄像机采集受电弓滑板区域的图片；该装置能对受电弓滑板技术状态进行分析处理，能够分辨出受电弓滑板的损坏、断裂等；成像图片采用JPEG压缩编码标准压缩后存储，图像分辨率不低于2 448×2 048。

### (六)接触网及供电设备地面监测装置

接触网及供电设备地面监测装置为在接触网特殊断面(如定位点、隧道出入口)及牵引变电所设置的监测设备，监测接触网张力、振动、抬升量、线索温度、补偿位移；供电设备的绝缘状态、电缆头温度等参数，指导接触网及供电设备的维修。

地面监测装置主要功能：

(1)对高速铁路特殊断面的接触网性能进行监测，监测参数应包括接触线和承力索的张力、接触线振动、接触线定位点抬升量、线索温度、补偿位移等。

(2)监测绝缘子、高压电缆头、高压瓷瓶绝缘、避雷器等供电设备状态。

(3)接触网及供电设备地面监测装置应能通过无线方式进行数据传输。

(4)地面测点的监测参数可以根据需求进行扩增。

## 思考练习题

1. 接触网分为哪几种作业方式？各种作业方式的程序是什么？
2. 高速铁路供电安全检测监测系统检测的内容包括哪些？
3. 结合所学知识，论述你对综合修的理解。

# 参考文献


[1] 谭秀炳.交流电气化铁道牵引供电系统[M].2版.成都:西南交通大学出版社,2007.

[2] 李群湛,连级三,高仕斌.高速铁路电气化工程[M].成都:西南交通大学出版社,2006.

[3] 于万聚.高速电气化铁路接触网[M].成都:西南交通大学出版社,2003.

[4] 中铁电气化局集团有限公司.电气化铁道接触网规划、设计、施工[M].北京:中国电力出版社,2004.

[5] 李宗文.接触网施工与检修[M].北京:中国铁道出版社,1996.

[6] 中国铁路总公司.高速铁路接触网运行维修规则[S].北京:中国铁道出版社,2015.

[7] 中国铁路总公司.普速铁路接触网运行维修规则[S].北京:中国铁道出版社,2017.

[8] 李伟.接触网基础知识[M].北京:中国铁道出版社,2008.

[9] 中铁电气化局集团武广客专四电集成项目部,武广客运专线武汉综合试验段.高速接触网施工工艺技术标准[S].2008.

[10] 铁道部运输局供电部,中国铁道科学研究院,西南交通大学.高速铁路供电安全检测监测系统(6C系统)总体技术规范[S].2012.

[11] 中国铁路北京局集团有限公司.普速铁路接触网安全工作实施细则[S].北京:中国铁道出版社,2017.